当代中国文化符号学研究丛书
总主编 赵毅衡 胡易容

国家社科基金重大项目"当今中国文化现状与发展的符号学研究"（编号：13&ZD123）成果
获新华文轩共建四川大学出版学院专项课题资助

文化传播符号学论纲

胡易容◎著

科学出版社
北　京

内 容 简 介

本书是作者以符号学的视角讨论传播问题的第三部作品。第一部《传媒符号学：后麦克卢汉的理论转向》讨论媒介技术与符号的关系；第二部《图像符号学：传媒景观世界的图式把握》研究图像转向的媒介图景；这本《文化传播符号学论纲》是国家社科基金重大项目"当今中国文化现状与发展的符号学研究"的总纲，从文化的生成逻辑探索传播符号学理论基础。全书围绕意义的认知、转换和解释展现传播符号学的"意义形式论"特质，并显示其对赛博时代意义问题的理论解释力。在本书中，中华文化符号不再仅仅是"东方主义"式的对象，而是传播符号学不可或缺的理论资源。

本书广泛适用于新闻传播学各领域的学习者和研究者，也可为语言及文化学者提供一个跨学科的参考。

图书在版编目（CIP）数据

文化传播符号学论纲 / 胡易容著. -- 北京：科学出版社，2024.6. --（当代中国文化符号学研究丛书 / 赵毅衡，胡易容总主编）. -- ISBN 978-7-03-078907-5

Ⅰ.G0

中国国家版本馆 CIP 数据核字第 20241Z39T0 号

责任编辑：常春娥 / 责任校对：贾伟娟
责任印制：师艳茹 / 封面设计：有道文化

科 学 出 版 社 出版
北京东黄城根北街 16 号
邮政编码：100717
http://www.sciencep.com

河北鑫玉鸿程印刷有限公司印刷
科学出版社发行 各地新华书店经销
*
2024 年 6 月第 一 版 开本：720×1000 1/16
2024 年 6 月第一次印刷 印张：18 1/4
字数：320 000
定价：128.00 元
（如有印装质量问题，我社负责调换）

"当代中国文化符号学研究丛书"序

"当代中国文化符号学研究丛书"是在四川大学符号学–传媒学研究所 2013 年承担的国家社会科学基金重大项目"当今中国文化现状与发展的符号学研究"最终成果的基础上，积十年之功，多次反复修订而成。丛书以符号学为视角，观照当今中国社会文化，并形成了一系列理论主张。其中最基础的内容是要处理"文化""符号"等基本问题。符号是用来表达意义的，任何意义必须用符号才能表达，符号学就是意义学。符号学的任务，是为当代人文社科各种课题，提供一个共通的方法论。而文化，是社会所有相关表意活动的总集合，所有的文化问题，分析到底都是有关意义的产生、传播、阐释等问题，符号学的核心领域就是文化，这是丛书讨论的理论出发点。

应当说明的是，对当今中国文化的现状与发展的研究，已经有相当成果，但多集中在社会学、思想史、文化理论等领域，从符号学视域讨论中国当代文化的系统性工作还有很大空间。从符号学角度讨论文化问题，特点是不局限于现象描述，深入寻找现象背后的规律，从而能够对文化的发展趋势做出前瞻与建议。集中讨论文化，并不是说文化之外，符号意义之外的其他重大变化无须重视。中国经济力量的崛起，中国政治的有效稳定是中国社会发展的主导因素，文化作为一种软性的、长期性的要素，可能会对中华民族的未来具有更深远的影响。因此，分析改变文化格局的各种力量及其结构，找出对中国文化现状的影响方式，对这些影响的符号学特征展开研究，或可为中国文化当前形势做出估量，并提供建设性的展望。

要完成如此综合性、系统性的工作，就必须建立一个总体理论框架，从整体层面上讨论中国文化的重要方面，并进行综合和学理上的提升，而中国符号学史上尚未有系统地完成这一工作的先例。这种探索的意义无论是在理论和自主知识话语上，还是在社会文化的阐释与读解上，都意义非凡。

人类对意义行为（表意，传达，理解）一直非常关注，此种关注，历史上以认识论、语言学、逻辑学、修辞学、阐释学等各种形态出现，而符号学是关于意义问题的最终综合探讨。因此，文艺学、诗学、美学，甚至动物学、心脑神经与认知科学、计算机科学，都为符号学的勃兴提供了重要思想资源。当代符号学正是综合各学科才建立了意义研究的成熟方法。因此，只有从根子上弄懂符号学理论的各种变体及其最新发展，才能建立具有可操作性的文化符号学理论，才不至于为解决文化中不断冒出的新问题奔命应付，也不至于对一些"新潮流"、新术语浅尝辄止。就符号学理论而言，李幼蒸的《理论符号学导论》评述西方符号学诸家，相当详备；胡壮麟、王铭玉、张杰等发展了语言符号学，使之成为中国符号学的最大支脉；赵宪章对现代形式美学作了相当系统的整理和发展；叶舒宪、彭兆荣、徐新建等在符号人类学上卓有所成。合起来看，国内符号学学界，已做出不少成绩，但是留下的空白更多，建立一个中国自己的文化符号学体系，还有待学者们努力。

这倒不完全是中国学界的责任：从世界范围看，符号学本身的发展就遇到了比其他理论更多的困难，至今没有一个比较完整而合用的文化符号学理论体系。国内外一些题称"文化符号学"的著作，大多只是罗列各种应用范围（如传媒、时尚、影视等）的专题讨论或文集。建立一个文化符号学理论体系，涵盖并指导各种可能的应用领域，是一个紧迫的任务。

但建立文化符号学的确相当困难。首先，因为文化本身是个"开放概念"，当前的变化使其边界更为流动，本丛书对文化的定义也必须有一定弹性，必须避免套入僵化的模式。其次，文化符号学发展至今，文献资料虽然丰富，研究路线却相当散乱。绝大部分文化符号学理论文献是汇集各家之作的文集，说明至今国际符号学界没有一个具有普遍说服力的文化符号学理论。最后，文化符号学理论的建立并非细读国内国外已有资料就能完成，因为没有一种文献建成了这样一个理论体系。我们不得不对一个世纪以来各个学派及其主要代表人物的思想，包括学科融合与课题应用方面的成绩进行总结提升，尤其是结合中国符号学的思想资源，从而在当今文化转型的关键时刻，推进符号学这门当代文化批评理论的支柱性学说。

尽管困难重重，但可发展的空间也是可观的。

首先，在理论建设和话语范式上可望建构一套具有中国特色的自主知识话语体系。现有的文化符号学的理论研究多为散论，唯一具有系统性的研究是塔尔图–莫斯科学派建立的"符号域"理论体系，该学派过分依靠自然科学来进行对文化意义生成机制的探索，过度科学化容易失去人文色彩。该学派和神经科学的结合具有新意，却还不具备严谨、完备的科学证据支撑。综合各家理论和话语模式，尤其是针对中国文化的特殊性，建立一整套文化符号学理论，是中国符号学界不能回避的学术责任。

其次，通过与其他学科的结合，将形成基于中国文化符号资源整合的"中国符号学"理论谱系。符号学本身就具有跨学科发展的特点。然而，符号学至今被广泛视为"西学"，这是一个致命的偏见。中国传统符号学思想非常丰富，亟待系统整理。本丛书将对中国传统的文化符号学资源进行总的理论整合，建立一个具有中国特色的文化符号学理论体系，为符号学的发展开拓新的疆域。

要建立一个文化符号学，我们采取的方式，一是沿着符号学发展脉络，总结符号学至今为止的理论成果，将其作为进一步讨论的基础；二是检阅今日符号学发展的现状，尤其是与其他现代批评学派，以及与中国传统符号理论的结合；三是总结符号学以人文社科为主的各个领域的应用。在总结这三个方面发展的基础上，综合出一个比较系统的文化符号学理论。

如前所述，"文化"是个伞形术语，覆盖面极广，必须讨论的问题很多，本丛书以文化符号学的基本观照着重在五个具体面上深入开展，分别为：

（一）当今中国的媒介文化与传播符号学

（二）当今中国消费文化与商品符号学研究

（三）当今中国信息文化的社会符号学研究

（四）当今中国文化的传统符号思想根源与伦理符号学研究

（五）当今中国生态文化与发展的符号学研究

以上选择，并不能代表当今文化发展的所有方面，因为研究本身不可能面面俱到，那样只会每处都浅尝辄止，流于表面。不作选择的文化符号学最后必定是抽象到脱离实际的，因此，选择是必需的。本丛书以文化现象为牵引，力图不仅作理论层面的分析，还尝试把文化符号学理论应用到当今中国文化最突出的现实问题之上，为当今中国文化发展提供一种基于符号逻辑的观察。

"当今中国文化现状与发展的符号学研究"课题组

2024 年 2 月

序一：走下象牙塔的梯级

符号学常被认为是形式研究的集大成之学，但符号学面临着这样的处境：研究意义问题的学科多矣，都比符号学"资格"老得多。

语言学几百年来作为独立学科，有庞大的研究群体，有独立的研究体制，以至于巴尔特反对索绪尔，认为语言学应当是符号学的上位学科。这个说法于理不通，这个做法却是通行天下而少有例外。叙述学应当也是符号学的下线学科，但是叙述学直接为文学批评服务，学界之庞大，应当说是符号学界的若干倍；修辞学之发端，至今应当近二千年，近半个世纪推进到图像修辞，离符号学近了一些，修辞学依然古老而独立。要汇总意义研究之大成，本来就是符号学不自量力的妄说。更切实的做法，是从所有学科汲取营养，让符号学覆盖面更广一些。

不过有个重要的现代学科，几乎与符号学同时诞生，至今互相携手并进，这就是传播学。传播学理论奠基者之一米德，就是"符号互动论"的创立者。传播学的最早任务就是把符号学的理论应用于当时大规模兴起的新闻业。至今，传播学已经发展成规模庞大、拥有强大社会需求的学科。半个世纪来"大传"一直挂在研究生嘴上被念叨着，就像现在的"大厂"一样。除了自己的学科史，传播学的主要理论支柱还是符号学。

当然，符号学也一直从传播学及其细分方向（新闻、出版、品牌、广告）得到理论发展的机会。尤其是在飞速发展的数字时代，传播学日新月异，紧跟潮流，符号学也就获得了更新迭代的机会，有了跟上社会实践的可能。

实现跟上社会实践这个目标任务需要精通符号学理论的传播学者，以及有充分传播学实践经验的符号学者。从学术刊物的论文来看，我相信有一批这样的学者。这几天阅读胡易容这本新著，我收获了惊喜，我认为胡易容教授就是这样的一位学者：两边都是专门家，两边都站在门内，也就是站在两个圆的叠合之处。

"文科的数学"是符号学最骄傲的一个绰号，它或许是最合适的一个称呼，但又是最让人窘迫的一个称呼：数学可看作是理工科目的通则，它有最大的广度，能覆盖内容很不同的学科。而符号学是研究意义形式的学科，无论是"意义"，还是"形式"，其主要涉及的是跨学科的广度。

符号学要有所作为，需要学者兼具踏实实践精神并掌握思想实验方法，即需要学者既能操作又有理论：下得厨房善于掌勺，上得厅堂辩惊四座。最主要的是在当今数字科技大潮中，能适意自然，将这个时代的各种新事物"如吾家事"细细说来而毫不违和，这就需要传播符号学者立足当今，笑对这个时代的变化。

有科学器质的人文学者，不可多得。在我的四川大学同事中，胡易容是比较特殊的那一个。他的兴趣面极广，什么都愿知道，想知道，什么也都知道。从他这本书也可以看出，他对科学史如数家珍，跟得上数字时代的新动态。他虽然在坚守符号学与传播学的阵地，却时时不忘吸纳当今科技时代的实践成果。他对数字科技大浪潮并不迷信，因为他能清醒看到其中的各种病弊，也更不是敬而远之，而是在新浪潮中游泳。这样的学者，不可多得。

胡易容此书指斥时弊而不发牢骚（牢骚是鄙人的"特权"），切实提出如何用"数字人文"避免时代的盲目追求，如何用思想平衡当今时代过多的利益驱动；这样，他就把象牙塔（鄙人的自囚之所）的闭门之思与传播符号学面临的火热社会结合起来。他这本书是对这极难的双面任务一个几近完美的理论回应。

赵毅衡

2024 年 5 月

序二：集结到巴别塔下

符号学可以视为传播学研究的一个重要分支，也是传播学的基础理论之一。

1985 年在复旦大学新闻系召开的一次学术会上，居延安提交的大百科全书词条"传播学"初稿，把传播学的方法论基础归结为"四论"，即控制论、信息论、系统论和象征互动论。其中，"象征互动论"（也称"符号互动论"）即符号学中一种较为系统的理论。这可能是国内传播学界最早对符号学与传播学关系的讨论。但此后较长时间，符号学在传播学中的应用比较少见。那时国内传播学研究主要集中于中国正在急速发展的大众传播，对符号学还不够了解，对其重要性尚没有充分认识。

1844 年，一位德国哲学家企图寻找一种凌驾于一切词汇之上的词、一种不能说出来的语言。两年后，马克思和恩格斯针对他的观点指出："语言是思想的直接现实。……哲学家们只要把自己的语言还原为它从中抽象出来的普通语言，就可以认清他们的语言是被歪曲了的现实世界的语言，就可以懂得，无论思想或语言都不能独自组成特殊的王国，它们只是现实生活的表现。""从思维过渡到现实，也就是从语言过渡到生活的问题。"在这里，他们论证了两个问题：语言是现实生活的表现；思维与语言同轨迹。任何信息传播的基本元素都是符号。从整个人类的视角来看，作为同一物种的人类思维在根本上是一致的，不同的语言之间存在着原生的共通性，理解并掌握了这种共通性，人与人之间的沟通是可能的和现实的，而通往当代巴别塔的阶梯，就是符号学（semiotics）。

有感于符号学对传学的重要理论基础价值，我在《对我国传播学学科建设的几点意见》（1995）中提出："为了强化我国传播学的理论基础，需要对符号学有扎实的功底。"此后，我关注符号学并发表了《符号学：通往巴别塔之路——读三本国人的符号学著作》（1996）、《近年来我国出版的几本符号学译著》（2000）等文章，介绍国内符号学的新进展，组织曾庆香翻译出版了梵·迪克的《作为话语的新闻》（2003）。在传播学学派的分类中，我将"结构主义符号—权力学派"与"经验—功能学派"、"技术控制论学派"并列为传播学的三个基础学派。"结构主义符号—权力学派"的基本假设是：人的思维和信息的传播，受制于传播的基本符号系统——语言，而每个族群、民族万千年形成的文化意识和传统，无形地积淀在语言中，通过语言系统而内化为社会成员的集体心智。换句话说，任何传播都早已被"结构"了。

2000 年以来，国内传播学界对符号学的应用逐渐深入并广泛，不少学者投入到传播符号研究中来并做出了各自的成绩。2008 年起，四川大学符号学—传媒学研究所做了大量工作，遍及文化符号传播各个领域。胡易容这本《文化传播符号学论纲》是在传播符号学蓬勃发展背景下产出的成果之一。

这本书摆脱了早期符号学应用于传播学流于表面的术语借鉴，展现了符号学与传播学基础理论深度融合的新面貌，例如，其中，以"意义契约"回应"后真相"问题，是以一种符号意义论思维来丰富传播学的理论，展现了方法论的价值；此书不拘泥于既有的符号学理论，结合时代语境对符号学本身做了创新，例如"符号'宏文本'"的提出，这是基于当今信息碎片化的特征对"语境论""伴随文本论"等理论的改进；此书重视中国传统文化遗产的引入和理论探讨，例如关于"讳"文化的"沉默"传播机制、"空符号"与"符号空"的"意""境"等章节，展现了作者作为中国学者的学术自觉。

一种学术研究的发展成熟，往往需要几代学者的积淀和付出。胡易容多年专注于传播符号学基础理论，从他的《传媒符号学：后麦克卢汉的理论转向》到《图像符号学：传媒景观世界的图式把握》，再到这本《文化传播符号学论纲》，所展现的既是他个人的学术追求，也是我国传播符号学发展路径上一个令人欣慰的印记。在这些努力和探索中，传播符号学逐渐展现了它的学术魅力。这方面的研究远未完备，但未来可期。

陈力丹

2024 年 6 月 6 日

目　　录

引 言

对于人文学科而言，世界性学术的发展历程，不仅是学术本身的逻辑推演问题，也包括对时代问题的回答。根本上讲，在当今新媒体时代，文化符号学本身就是"文化传播的符号学"。换言之，对当今中国符号学学者而言，有两个集中的背景：一是近半个世纪以来，"传媒的变革"及其造成的当代文化的新形态；二是以中华文明复兴对世界文明样态的新贡献。在这两个背景下的"中国文化符号学"实际上要求中国学者立足"当代传媒"展开对符号学的探讨。因此，对文化和传播的关注是本书的核心。文化既是人类意义的结果，也是由表意、传达、理解等构成的"传播"过程。因此，本书定名为《文化传播符号学论纲》。

文化传播符号学，就是用符号学的方法解析以新媒体革命为典型引发的当今文化剧变，包括新媒介、全球化、商品化、消费主义等浪潮对当今文化造成的冲击。在当今中国社会，文化急速发展、加速变型，社会生活各方面出现"泛符号化"的现象要求文化传播符号学的对象不仅是符号的社会文化性质与其运行规律，还应包括高度符号化的当今社会的各种文化现象，尤其是中国文化自身格局中出现的新的文化表意方式、表达风格，从而为中国文化在全球化带来的激烈文化碰撞中建立"主体自我"探索方向与可能的路径。从理论层面，本书的主要内容包括对符号再现经验世界、符号再现社会化与文化符号学体系的建构研究，以及当今文化高度符号化的原因，文化符号运作的多种表现和深层规律；目的是建立一个兼具抽象性和适用性的文化传播符号学理论。这一理论体系面向的对象，是当今中国文化正在经历的剧变中最显著的方面。

第一章从基础概念入手，以意义论为立足点考察作为术语的"传播"，进而进入传播学内部，从实然的学术史流派到应然的范式，从学理上反思当前拘泥于社会学分析的传播学之不足，也从一代学人的历史使命思考符号学中国学派的建构路径。

第二章以具体例证展示传播符号学理论范式如何在前人理论基础上实施新的构建与创新。本章分别展示了以帕洛阿尔托学派（Palo Alto Group）为思想脉络的"元传播"理论的发展；以比较文学形象学为基础，通过突破对象边界限制而形成的"普遍符号形象学"，以及结合新语境发展恩斯特·卡西尔（Ernst Cassirer）的文化符号哲学，以开展传播符号学范畴——意义世界的合法性论证。

第三章考察传播符号认知从个体到群体再到社会的过程，展现了从最基础的刻板的"印象"到元认知范畴的"镜像"的符号认知觉醒；进而从个体的符号认知到文化社群的整体认知——象征的意义传播机制。

第四章关注符号的传播实现，从"意义共享"这一最终目标反推符号如何实现对时空距离、符号编码差异、文化语境差异等传播障碍的跨越。

第五章旨在回应"数字时代"导致的与意义密切相关的典型问题——信息的碎片化（fragmentization）、信任的缺失、意义的匮乏。本章分别提出或重新阐释了"宏文本"（macro-text）、"意义契约"、"数字人文"三个关键概念以应对上述问题，并试图为数字时代的人提供一个意义充盈的符号栖居之所。

第六章是基于中华文化思想遗产的学理性与合法性论辩。一方面，直面理论创新，尝试以中华文化中"讳文化"、"空符号"所具有的特殊意义机制开展理论创新实践；另一方面，从话语体系的角度反思西方语音中心主义及其隐含的"符号达尔文主义"，为中华文化传播符号学建构提供理论基础。

总体上，本书由宏阔到具体，由自然世界到文化社群，由普遍理论到中国问题，由传播学与符号学两个学科脉络的联结进而切入具体的文化编码问题。通过这样一个循序渐进的逻辑，试图构建起一个文化发生、发展、传播、解析的尽可能完整谱系。不过，我们自知研究的局限，将本书集中于"文化"与"传播"，以这两个关键词为线索，勾连起当代符号学理论整体的不同观相，以促进多维度的文化传播符号理论体系的建构。

第一章 传播符号学：一种意义形式

提要：本章从意义形式论出发，从传播的术语以及传播学研究的流派、范式辨析出发，反思中国符号学的历史、现状并追问中国传播学的理论突破与自主知识体系建构的路径。对传播基础术语的考释表明，传播学在很大程度上受到其历史实然发展脉络的限制而部分地成为社会科学的分支。通过与符号学的对接，传播学可以在意义论视角下展现其人文维度的思想力以及作为一种文化形式论的深度。从学派与范式的区别入手，可以清晰看出传播学研究发展的历史脉络实然的情形，并指出其可能的应然和理论潜力。这种尚待开发的理论潜力与当代新媒介引发的传播剧变关系密切，其展现的"文化"与"传播"两个关键，是当代符号学发展的未来面向，也是中国符号学自主知识体系建设的重大机遇。

第一节 "传播"的意义论考释

当笔者敲下这些文字时，地球村已经进入了后疫情时代。回望几年疫情生活，不出门成为对社会的重要贡献方式之一——既保护自己也避免因"传播"病毒而危害公共安全。关于"传播"，这里有两个值得玩味的意涵。一方面，是"不传播"的消极行为，被赋予了积极正面的"意涵"——从而构成了一种"不传之传"的双重否定结构。另一方面，这里用"传播"一词，描述病毒通过携带者发生传染的传播过程。尽管当生物学和医学的具体意涵包含在内时，可以用污染（contaminate）、感染（infect）来表述，但"传播"一词，却适用于对包括"病毒"在内最宽泛意义的表述——具有某种普遍的理论形式结构特征。日常使用词汇与专门性的学科词汇或许存在使用差异，但却折射出这个词潜在的理论可能。显然，对于这种理论的可能性，日渐自我定位为"社会科学"的传播学并未试图充分穷尽这种理论可能性，而是自限于社会领域内特定形态的"传播"。

由于现代传播学被视为舶来品，因此"传播"一词考源，也多重视印欧语系的脉络。我们今天所谈及的传播，有其技术发展的历史背景。从学科设置的实际情况来看，尽管通信工程（Communication Engineering）专业与传播学（Communication）分属于工科与文科，但它们在学科的发生方面都与技术发展息息相关。在我国针对研究生培养的学科目录中，"信息"与"通信工程"连用，构成一级学科"信息与通信工程"（Information and Communication Engineering），而传播学则与其学科形成的最初应用领域"新闻学"共同构成一级学科"新闻传播学"（Journalism and Communication）。不过，这些情况反映了部分学科归属的实然，但可能在某种程度上遮蔽了学科交叉和基于普遍常识可能的更深入追问。雷蒙德·威廉斯（Raymond Williams）指出，要理解关于"传播系统"与"传播理论"方面的论证，有必要回溯 communication 当初尚未定论的名词意涵。①如威廉斯所言，若要试图为传播学理论提供一种更具雄心的基础，当初意涵的回溯不仅需要考察传播的向度，还至少需要考察如下几个方面。

一是，对舶来的传播学传统的局促保持某种警醒，同时对本国传统文化的传播思想遗产予以重视。由此，我们可以对中国学界引进和翻译"communication"这一术语中的意涵"变异"稍加关注。

二是，暂时搁置传播学目前主要从事的具体实用目标，从理论"应然"方面讨论传播的本质、外延。这意味着不仅要考虑主流的大众传播、小众传播、人际、群体等传播形式，也应当考虑人内传播、跨物种传播、人机传播乃至跨生命传播这些极端的形式，以穷尽传播的逻辑范畴和理论边界。

三是，越出学科的界限探讨"传播"的一般意涵，为所有关于"传播"的现象提供抽象的共项指涉，并进而上升至哲学的高度考察传播。

---

① 雷蒙·威廉斯：《关键词：文化与社会的词汇》，刘建基译，北京：生活·读书·新知三联书店，2005年，第73页。Raymond 的规范翻译为雷蒙德，所引文献保留原貌。

一、从"传播"到"传播学"的符用理据及反思

（一）"传播"的符用理据

根据威廉斯的考证，可追溯的最早词源为拉丁文 communis，意为"普遍"。陈力丹提到 communication 或 kommunikation 源于古希腊的两个词根：一个是 com，指与别人建立一种关系；一个是 munus，指效用、产品、作品、利益、服务等。两个词根合起来，意为"共有""共享"。①到 17 世纪，有一个新的重要引申意涵——"传播媒介，通讯工具"。到"道路、运河、铁路普遍发展时期"，"communications"作为一个抽象名词，普遍地指代这些设施。"进入 20 世纪，随着其他传递讯息（message）与维系社会联系的工具不断发展，communications 也可用来指涉这些媒介。"②由此，传播学也顺理成章地将自身与现代媒介的发展联系在一起，尤其是与这个学科兴起时的"大众传媒"联系在一起。

古代汉语中，传播一词并不多见，通常意为广泛流传。《宋史·卷四四三·文苑传五·贺铸传》："铸所为词章，往往传播在人口。"这个意思同"传扬"。及至近代，传播一词的使用随着西学东渐而逐渐有增多的趋势。学术期刊所反映的学术性使用更能说明这一点。较早可见的使用，如 1915 年《清华学报》第一期第二号开篇"小引"中说，"学报者，交换知识之渊薮也。清华学子以学报有益于学业者其大，特于课余之暇译述欧西有用之书报传播学术"③。这里"传播"的意思当作"广为扩散"解。1917 年刊出的严继光的论文《法国大哲学家柏格森学说概略》④中说"氏（柏格森）学说之传播所以能如此之广且速者"，若按照传播学的子门类来划分，这属于知识传播。同一时期的使用，《私立无锡小麦试验场推广良种报告》中提到的"……育成良种，传播农村"⑤，则是典型的创新扩散的"科技传播"。再如，陈寅恪在《三国志曹冲华佗传与佛教故事》中说，"夫三国志之成书，上距佛教入中土之时犹不甚久，而印度神话传播已若是之广。社会所受之影响已若是之深……"⑥，这里的传播则可以归入文化

① 陈卫星：《传播学是什么——〈传播的观念〉导论》，《博览群书》，2004 年第 1 期，第 39-45 页。陈力丹：《传播学是什么》，北京：北京大学出版社，2007 年。

② 雷蒙·威廉斯：《关键词：文化与社会的词汇》，刘建基译，北京：生活·读书·新知三联书店，2005 年，第 73 页。

③ 《小引》，《清华学报》1915 年第 1 期，第 1 页。

④ 严继光：《法国大哲学家柏格森学说概略》，《清华学报》1917 年第 8 期，第 21-35 页。

⑤ 顾述之：《私立无锡小麦试验场推广良种报告》，《教育与职业》1929 年第 108 期，第 1405-1408 页。

⑥ 陈寅恪：《三国志曹冲华佗传与佛教故事》，《清华学报》1930 年第 1 期，第 17-20 页。

传播之类了。值得注意的是，在医学领域，疾病、生物等传播的使用与西方科技术语用法基本相同，如《传染病之讨论 续第二卷第六期》用法"生殖传播"①，即是对西方生物医学的引述。

从五四一代不同学科的学人对"传播"一词的使用来看，传播的现代意涵已受到西方学术用语的影响，同时连通了古代汉语的基本意思。再往后，语言学家王力将"传播"与"途径"连用以描述方言与人口社会流动的情形②。传播一词的意思已经基本接近当前日常所用。不过，在信息科学与传播学引进之前，传播一词未作为现代汉语规范用词被普遍接受，这从 20 世纪 80 年代修订完成的大型辞书《辞海》未收录该词中可见一斑。这种情形确实因信息、传媒相关学科引入而发生改变。

（二）"传播学"译名：争议与俗成

作为一门学科的"传播"译名定名并非一帆风顺，学界一直对该词的使用有争议。当时对传播较有影响力的译法包括"交通"（郑北渭）、"通讯"（张隆栋）、传意、"传"或"传通"（余也鲁）等。及至 1978 年，郑北渭、陈韵昭等改为"传播学"，1982 年，在中国社会科学院新闻研究所的召集下，我国学界初步统一了"传播学"等关键概念的中文译名。③

应当说，译名本身在一定程度上遵循约定俗成的规则。从传播学引入之后的四十年间，"传播"已经深入人心，再更弦易辙或许没有必要，但仍然留下了很多问题需要探讨。比如，就汉语语境和词汇本身，传播的单向度、单中心向多个对象的扩散意涵是明显的。在英文中，communication 一词的意思既包括单向的"扩散"，也包括"交流""交往"。翻译家何道宽对"communication"的考察表明，在向度上，communication 可以是单向度，也可以是交互的；在面向和路径上，它可以是点对点、点对面的交流或撒播；而交互的双方或多方，既可以是人与人，也可以是物与物、动物与动物、机器与机器。④可见，中文的"传播"与英文的"communication"的意涵迄今仍不是完全对应的关系。

---

① 余泽兰：《传染病之讨论 续第二卷第六期》，《清华学报》1917 年第 8 期，第 67-73 页。
② 王力：《两粤音说》，《清华学报》1928 年第 1 期，第 1519-1565 页。
③ 刘海龙：《中国语境下"传播"概念的演变及意义》，《新闻与传播研究》2014 年第 8 期，第 113-119 页。
④ 威尔伯·施拉姆、威廉·波特：《传播学概论》（第二版），何道宽译，北京：中国人民大学出版社，2010 年，第 61 页。

对此，刘海龙认为："在使用中逐渐对其进行改造，重新赋予这个传统的词汇以新双向互动意义。"①实际上，重新赋义的困难在于，在传播这个同义复合词的基本意思中并不具备"双向性"意涵。作动词时的"传"（chuan）是从一方给予另一方的行为；另一个主要意涵本身即包含了"推广，散布"的意思。此行为的附加性质可以在传的构词中补充修饰，如传递、传导。但与"播"组合时，不仅更明确了单向性特征，还凸显了"一对多"的意思。因为"播"的两个意涵要么是具体的动作，如"播种"，要么是包含广泛对象的"散布"。

由此，学界表述"双向性"意涵的传播时，并不是通过直接赋予"传播"以互动意涵实现的，而是通过将"传播"中性化之后，添加前缀或将其置于某种上下文语境来实现的，如人际传播、人内传播、自我传播、交互传播等。在一些具体的传播领域，不一定是广泛播撒的"传播"，而是其他向度的传播。例如，当我们说"网络传播"的时候，并未直接施加"双向"的意思，但互联网的特性使我们能意识到当中的双向性特质。另外，在学术译介或撰写中，若遇到更为明确的"双向"意涵，又不便通过添加前缀的情形，就干脆舍弃"传播"的译法，而改用"交流""交往""沟通"等，如曹卫东译尤尔根·哈贝马斯（Jürgen Habermas）《交往行为理论》（*Theorie des kommunikativen Handelns*）。陈力丹撰写的《精神交往论：马克思恩格斯的传播观》的主副标题分别用"交往"和"传播"以实现意义的互为补充，正是由于"传播"一词并未能直接包含双向的交流意涵。可见，主副标题的微妙意涵差异，是难以用一个词来统摄的，否则就应直接是"马克思恩格斯的精神传播论"了。

（三）"传播"的窄化与"传播学"范畴反思

与"传播"一词在术语上存在的限制相比，传播学的自我窄化才是更关键的问题。至少在三个层面上，传播学因"传播"的术语阐释限制了它向一门更具普适性思想的学问发展。

一是，在涵涉门类上将"传播"等同于"大众传播"：由于"传播学"基本上是伴随着现代媒介兴起"大众传播"运动而蓬勃发展的，于是，"传播学"无须明言地就是大众传播学。早些年国内引进的传播教程中，沃纳·赛佛林和詹姆士·坦卡德《传播理论：起源、方法与应用》的标题翻译中其实省略了"在大众

---

① 刘海龙：《中国语境下"传播"概念的演变及意义》，《新闻与传播研究》2014 年第 8 期，第 113-119 页。

媒介中"这个场域说明。标题"Communication Theories: Origins, Methods and Uses in the Mass Media"的完整直译实际上是《传播理论：起源、方法及其在大众传媒中的应用》。尽管在概念上，一些教材会将人际传播、人内传播等其他形式的传播涵盖入内，但在实际研究当中，大众传播之外的深入研究展开相对边缘化。瑞典学者约伦·索内松（Göran Sonesson）指出两种学科构建的方式，一种是基于特定领域，如法国艺术史等；另一种是基于某种视角，他认为符号学属于后一种。照此逻辑，传播学的可能涉及领域极其宽泛，但若不能建构起一种基于"传播观念"的学科视角，这种学科本身的存在之合法性就是值得怀疑的。传播学要在外延和内涵方面实现有效扩展，一种可能的途径是将社会学维度、媒介论维度、文化学维度整合于传播学自身的体系化视角之中。

二是，在时间维度上将传播预设为"现代媒介"传播。诚然，作为系统学科的现代传播学的兴起，很大程度上是基于现代媒介技术和现代信息观念的发展的。现代传播学的兴起引发的"传播"问题，构成了关乎人们存在方式的终极追问。正如帕洛阿尔托学派在对传播做了深入考察后提出的"人类不能不传播"的命题所启示的——人类对"传播"这种行为的需求正如空气和水那样，是人之存在的基本生存需求。现代传播工具技术可以说催动"传播"这一学科成为显学，其所反映的人类作为"传播生物"[正如格雷戈里·贝特森（Gregory Bateson）的断言"人类不能不传播"]的基本生存方式是一个具有高度本质性的永恒主题。现代传播工具技术展现出来的学科前景将远远超出"现代媒介"的范畴，且不同于"技术哲学"的一般讨论。人类的符号传播需求不能被简单地压缩为对"技术媒介"的依赖（dependency），不能忽略传播的综合整体性、表意的过程性。这也是媒介环境学派在做出巨大贡献之后，发现自身的局限性并进行的拓展尝试。林文刚将苏珊·朗格（Susanne Langer）这样并不直接讨论技术性媒介的理论家纳入所谓"媒介环境学派"范畴恰恰说明，他们已经清醒地意识到"传播"不能被完全压缩为媒介问题，更不能被压缩为特定技术时段的某种技术问题，其指向人类存之于世的基本方式。

三是，在卷入的对象范畴上，将"传播"在理论上预设为"人类传播"的场域。如上所述的"传播"的"大众传播"还有一个更基础的"自明的"前提，即发生于人类社会。威尔伯·施拉姆（Wilbur Schramm）和威廉·波特的那本经典的《传播学概论》两个原标题分别为"Men Message and Media: A Look at Human

Communication", "Men, Women, Message and Media: Understanding Human Communication"。他清楚地表明：当我们研究传播时，我们在研究人，研究人的关系，研究人与群体、组织与社会的关系……。斯蒂芬·李特约翰（Steven Littlejohnn）和凯伦·福斯（Karen Foss）的《人类传播理论（第九版）》同样清楚地表明了自身的理论场域。书中认为，对"传播"的研究自古皆有，但"传播"确实是在 20 世纪伴随着通信技术的发展而成为一个特别重要的课题的。[①]问题在于，传播并非人类社会的专属现象。这些研究、教程之所以将"人类"标注为传播理论的前缀，恰恰说明该范畴并非不言自明，同时也折射出这些学者对自身研究范畴的审慎。然而，当"人类"这一前缀说明在使用中被"自然地"略去而无须声明时，传播学就出现了自我窄化的倾向，而这种倾向在实用的意义上似乎又无可厚非。

实际上，我国在引介传播学的语境下讨论传播问题，集中于"社会传播学"语境下的传播问题。如郭庆光将传播定义为"社会信息的传递或社会信息系统的运行"[②]。我国学者对各种传播学概念进行梳理时，可能在这种无意的"默认"之下，自然承认"社会传播学"这一前提。例如，陈力丹和易正林将"传播"的定义归纳为"线、面、网"三种视角："线"是传播的向度问题——交互或是撒播；"面"的视角着眼于传播的社会影响面；"网"是传递之外的社会关系——共建共同体、形成价值观（"仪式观"）。[③]刘海龙曾经总结过三种维度：关系、知识与权力。这三种维度确定了人类传播的阈限，将传播的主体预设为"人"。其中，关系说是施拉姆的一贯主张。他认为，正是传播的特征使人类社会区别于其他动物社会。[④]知识和权力就是在这个场域中的不同传播形态的凸显形式。在这个语境中，知识当然就"不是自然科学中的那些关于世界的客观描述，而是由社会建构起来的关于世界的叙事，它处于事实与信仰之间"[⑤]。

以上视角无疑都是在"人类社会"这个维度下展开的。固然，任何理论的展开都是在自我预设的前提下自圆其说，但对于传播学而言，上述设定提供了一种

---

① 斯蒂芬·李特约翰、凯伦·福斯：《人类传播理论（第九版）》，史安斌译，北京：清华大学出版社，2009年，第 4 页。

② 郭庆光：《传播学教程》，北京：中国人民大学出版社，1999 年，第 5 页。

③ 陈力丹、易正林：《传播学关键词》，北京：北京师范大学出版社，2009 年，第 1-3 页。

④ 威尔伯·施拉姆、威廉·波特：《传播学概论》，何道宽译，北京：中国人民大学出版社，2010 年，第 3 页。

⑤ 刘海龙：《中国语境下"传播"概念的演变及意义》，《新闻与传播研究》2014 年第 8 期，第 113-119 页。

相对固化的社会学框架，从而使得传播学在某种意义上成为社会学的延伸旁支或等而下的学科门类。由此，仅仅讨论人类社会中大众传播或人际传播这些具体的传播门类，那么就会对更普遍的传播范式缺乏足够的观照和哲学思考。至少要将处于边界的一些问题纳入思考范畴；穷尽传播的可能边界，并深化至"一般规律"。约翰·杜翰姆·彼得斯（John Durham Peters）的《对空言说：传播的观念史》具有思想价值，正是由于他将"传播"置入一个更广义的思想维度当中考量。在他看来，受传双方不必是"活着的人"，而传播既可以克服"空间距离"也可以跨越包括"死亡"在内的"意义距离"。

我们所说的社会，常常是在相对稳定的共时性群体的内部，但跨越时间的传播却必然越出这个边界。相应地，交互双方就不仅仅是社会学框定下的"人—人"关系。机器、动物、外星人这些特异的对象也成为可能的探讨对象。当对传播作一种更一般的预设时，社会学提供的框架就不必然构成传播发生的"母体"，而退居为可能的视角之一。实际上，这种探讨并非纯然的理论玄想。以"人—机交互"为例，这种并不符合"人与人"关系的传播或交流形式已经成为可能影响人类生存方式的核心话题之一。社会学提供的界说依然不得不诉诸于对"人—人"关系的改变，而一种基于"传播本体"的媒介观可能更有助于我们将"人—技术"从其他语境中抽离出来加以考察——日益聪明的机器是否具有"准主体性"或"亚主体性"。即便是在最坚定的"人类中心主义"者看来，人与其他生命形式的交流也不可避免。在为数不多像彼得斯这样的研究者看来，更多样的交流形式是自然而然的。它不仅包括连同可能存在的外形生命形式在内的诸生命形式的交流，甚至包括与亡灵、机器在内的交流。反驳者或会提出，这不过是人类自我想象的他者化对话，所谓交流对象不过是人的另一个自我投射。暂且搁置这类争议，连这种自我投射的他者都未在现有传播学得到足够充分的解读——作为普遍存在于宇宙间的传播现象，并非为人类社会所独有。不同生命形式各自有其独特的交流"语言"。在非生命世界，物体之间也有着各自的物理规律，有造成彼此状态改变的"互动"规律。这些互动形式是否为传播，至少在学理上是值得思考、探讨的。而这种思考，是传播学由一门应用性的无学之学上升至人类本质高度的哲思之学的必然路径。

二、基于"传播"定义的传播学范畴考察

总体来看，对于现代"传播学"的基础定义，欧美学者已经有着较为全面的思考。如弗兰克·丹斯（Frank Dance）和卡尔·拉尔森（Carl Larson）梳理了126种传播学定义，并主要围绕观察层面（可抽象出相应概念）、意图性（有目的的发送与接收）、合乎规范（是否发生成功的传播）展开传播与非传播的区分。[①]李特约翰基于此，围绕"传播是否必须具有意图？"和"传播是否一定要被接受？"两个问题辨析了九类与传播相关的行为（表1.1）。

表 1.1　李特约翰对九类与传播相关行为的辨析[②]

接收者行为	信源行为		
	无意图行为 （症候类）	有意图行为	
		非言语的	言语的
未接收	1A 未被察觉到的症候型行为	2A 未被察觉到的非言语信息	3A 未被察觉到的言语信息
偶然性接受	1B 被偶然察觉的症候	2B 偶然性的非言语信息	3B 偶然性的言语信息
加以注意	1C 被注意的症候	2C 被注意到的非言语信息	3C 被注意到的言语信息

李特约翰的贡献在于探讨了围绕"人"展开的各种行为是否属于传播的问题。然而，对于这类传播问题，符号学中不仅已探讨得十分清楚，且走得远得多。不同的是，传播学者所讨论的"是否构成传播"在符号学者的探讨中成了"是否构成符号"。

例如，赵毅衡在总结前人成果的讨论中，将符号过程的必要条件总结为"时间距离""空间距离""表意距离"。[③]这三个距离涵盖上述九种传播行为。除了外在地考察了"符号过程"（即传播）的"可见"距离，还更加本质地呈现出传播过程的意义本质，进而让符号传播的过程理论化为一种形式逻辑，而非李特约翰分类中纠结的行为的"频率"是偶然（happenstance）发生还是经常发生。符号学在考察"自我传播"时，常常将自我作为对象来处理以形成完整的传播逻辑。不仅

---

　① Dance, F. E. X. and Larson, C. *The Functions of Human Communication: A Theoretical Approach*. New York: Holt, Rinehart and Winston, 1976.

　② 斯蒂芬·李特约翰：《人类传播理论（第七版）》，史安斌译，北京：清华大学出版社，2004年，第8页。

　③ 赵毅衡：《符号学：原理与推演》，修订本，南京：南京大学出版社，2016年，第61页。

如此，这种形式逻辑并未将自身局限于人类社会，而是提供了符合此形式逻辑的普遍考察可能。例如，为了考察"符号传播"的普遍问题，自我传播的典型不仅包括人类对镜自观或书写日记，以下行为也都可以被纳入探讨范围：蝙蝠、海豚的回声定位，小狗用撒的尿而蚂蚁用留下的气味标记回家的路。

传播学的传统将"传而不通""不传而通"的情形排除在传播行为的考察之外，更限制了传播学的学理化。

"传而不通"的情形是传播的常态，将其排除在传播学的考察范畴之外是机械的物理信息的干扰而导致的思维方式。一旦有"传"的意图，符号事实上已经在意图发生主体的大脑中形成了某种预编码，或者说，已经发生了自我传播，而仅仅是对特定对象的"不通"。如表 1.1 中"未被察觉到的非言语信息"（未被搭理的挥手致意）的情形下，是一个"传而不通"的过程。传播符号学可将此种符号过程视为"未实现意义共享的符号"，因为，你无法否定一个表意的意图已经在场，也无法否定意图发出者的"自我传播"，只是意义暂时未能实现基于特定目标的传播而已。

再如，无意图的传播，实际上涉及如何看待人造符号之外的自然界与人的交互关系。李特约翰根据丹斯梳理的"九类行为"并未包括人类之外的非意图发出者在人类认知中发生的"符号过程"。比如，人类通过对自然现象读解、释义而生成的理解是否可以界定为自我传播？又如，人与电脑、产品等界面的交互过程属于"自我传播"还是"人机传播"？在当今新技术汹涌澎湃的语境下，这些话题尤其值得探讨，而符号学通过形式逻辑的方式对这些问题均有很好的纳入。在物理和技术论裹挟的传播"过程论"中，这些无法构成外在线性过程的"传播"便不是传播。但对于早已完成结构主义向后结构主义转型的符号学者而言，"释义之所及，符号之所在"（Nothing is a sign unless it is interpreted as a sign）。[1]

这里所说的"传播学视角"仅代表常被过分典型化了的"美国式"的实证经验的范式，而不是传播学的"应然"。如何从一个更普适性的角度界定"传播"成了这个路径的关键。当我们说"传播"一词的时候，我们在说什么？

传播的物理基础是其"媒介性"的表现。人们通过媒介克服时空障碍来实现意义的分享。哪怕是人内传播，也存在某种神经生物电传导过程。当我们预设该

---

[1] Selg, P. and Ventsel, A. *Introducing Relational Political Analysis:Political Semiotics as a Theory and Method.* London: Palgrave Macmillan, 2020.

过程是一个内部黑箱时，这个人被视为一个整体，但若深入其中，便会发现物理过程是不可绕过的基础环节。这里的物理过程并非亚里士多德（Aristotle）所说的"质料因"的范畴，而是物理时空的跨越和克服。任何传播都必然发生某种时间或空间要素的转换才能实现信息或意义的共享。这里的转换是逻辑前提。一旦我们将所有的要素预设为"静止"，即不存在传播，也就不存在后述所讨论的符号、意义的发生。媒介环境学派的主要学者集中讨论了传播学的媒介维度，以及媒介技术的哲学基础，并在此基础上构建起观照人类文明的总体视野。以马歇尔·麦克卢汉（Marshall McLuhan）、哈罗德·伊尼斯（Harold Innis）为代表，媒介环境学派通过媒介物理传输方面的特征所界定的"冷、热""时空偏倚"理解人类文化的差异，进而以媒介为视点构建起了人类文明的分期，理解人类社会的兴衰。可以说，媒介环境学派对于传播学的独特重要性在于，该学派抓住了传播学中未被其他学科所涵盖的独特要素——媒介。无论是社会学还是文化研究，对媒介技术本身的涉猎都不像媒介环境学派那样，将媒介作为"视点"。这就将传播学从一个缺乏学理性的"对象领域"转化为基于"自身方法视点"的学科。

就物理层面来看，传播可以被视为经由某种媒介而发生的相对时空转移。我们也可以将传播必然包含的这种物理过程界定为传播的第一性（firstness）——"媒介性"。前文提到，这是媒介环境学派的优点，不过其中也隐藏着他们的局限，即传播学本质上并不能被压缩成"媒介学"。尽管后期媒介环境学派尝试了各种理论修补，如将技术决定论修补为"软决定"进而自我平庸化为"文化与媒介共生论"；再如不仅讨论基于"硬科技"的媒介，也讨论字母和符号性介质。这些越出媒介环境学最初界限的讨论，使得媒介环境学在发展的过程中，在一定程度上迷失了初衷。

由上，须在构筑物理规则"媒介性"的基础上提出"信息"作为传播的第二性。这是由于，"信息"是客观的尺度，但并不是媒介时空所指向的那种"物理性"，而是一种客观的秩序。在我们所知的宇宙中，时空的位移是无时不在、无处不在的，但为什么我们并不认为传播在宇宙中也是无时不在、无处不在的。或者说，即便在最广义的范畴上讨论传播，我们也仍需预设某种讨论的边界，以实现一个学科的逻辑自洽。发生时空的转化在未被设定特定的参考坐标时可能并不构成传播。无边际的布朗运动的微粒若没有方向，那通常意义上的传播就是不存在的。一旦我们进入更微观的视角，这些微粒的碰撞当然涉及动能的传导——传播之一种。因此，电流和信号（signal）是通过某种方向性的方式实现传播的。

实际上，纯然的物理运动不可能存在纯然的无序和绝对的无信息。但至少我们已知的世界有一个曾经无序或未知的起点——"奇点""混沌"（chaos）。在卡尔·波普尔（Karl Popper）的三个世界理论中，物理世界（世界1）和精神世界（世界2）之外的"世界3"是前两者联结的结果，即"精神活动的产品"，但波普尔所未深入探讨的是世界1"客观世界"与世界2"主观世界"的联结并不是自然而然的。客观世界本身并不必然具备与特定主观世界的连接意图，支持进入精神世界的是客观世界的秩序的显性——亦即"信息"。信息不是某种实存的物质，而是世界的存在方式——这也是将"信息"置于比"符号"更基础位置的原因。前两个基础是一个辩证唯物论式的工作预设：首先，世界是具有其特定属性（包括物理属性在内的无穷方面）的客观存在；其次，世界运行有规律、有秩序，且这些秩序不因人的主观意志而转移，但可被人认知。由此，信息是传播赖以存在的"环境界"（Umwelt），是符号的"承载世界"。

信息论式的表述是传播学界非常熟悉的，因为大众传播学的兴起很大程度上是基于信息理论的构建。正如克雷格·约翰逊（Craig Johnson）和乔治·R. 克赖尔（George R. Klare）指出的，今天，在所有促使人们普遍对模式发生兴趣的贡献之中，要数克劳德·艾尔伍德·香农（Claude Elwood Shannon）的贡献最为重要。就传播研究的技术方面来讲，后来在这方面的所作的许多努力，都是由香农的数学公式激起的。[①]因此，若将"媒介性"视为传播客观物理存在的本体论基础，那"信息"特性则是这一基础的秩序性和连接性延伸。但自然界所展现出来的这种秩序并不是决定传播的全部要素，而是构成传播的"客观条件"，信息本身也是客观存在的要素。故此，仅仅有信息仍是不够的。正如约翰·费斯克（John Fiske）评价道，"信息论是一种机械性的理论。……信息论视野中的信息是信号的物理形式而非意义"。[②]

未被"感知"或"认知"的信息依然处于某种"自在"或"待在"的状态。因此，在传播活动中，处于主体感知或认知环节的信息就是"传播"在媒介性和

---

① Johnson, F. C. and Klare, G. R. General models of communication research: A survey of the developments of a decade. *Journal of Communication*, 1961, 11(1): 13-26, 45.

② 约翰·费斯克等：《关键概念：传播与文化研究辞典（第二版）》，李彬译注，北京：新华出版社，2003年，第138-139页。

信息属性之上的第三性——符号。符号就是对信息的形式化接受和主体化处置。传播学界常常将"符号"作为传播的"要素"，将其界定为传播内容的表意方式。实际上，符号无法从传播的整体过程中被割裂，原因是，不能将"符号"简单理解成一个一个的"点"，它们是涵盖结构形式在内的表意形式。就此而言，"符号"是世界秩序的映射（mapping）和信息的唯一映现渠道。若将传播对时空克服的物理方面称为"质媒"——声波、光线、石碑、莎草纸；则符号形式就构成传播的"意媒"——语言、文字、图像、姿态、信号。这里将"符号"与"信息"的概念明确区分出来，是因为在逻辑上有必要清楚地区分"客观世界"与"意义世界"的关系。

与符号是一种包含主观感知的"意义"相比，"信息"则是客观世界的秩序——既可以是自在的，也可以是人为制造的。两者尽管在对象上可以具有交集，但其逻辑边界却清清楚楚。2019 年天文学界的大事之一是拍摄到了"黑洞"的图像。我们知道"黑洞"包含的特定运行规律和秩序——不依赖于人的主观意志而存在但可被认识。但黑洞或任何客观对象并不是符号的充要条件，符号是一个包含无穷观相的对象。只有当我们以某种方式去感知理解黑洞时，我们才说我们拍摄到了所谓"黑洞"，而实际上我们所"看到"的黑洞，并不是单纯的光波，而是许多基于"黑洞"物理特性的射线等计算的结果。这个结果就成为黑洞的"图式符号表意"方式。之所以是"图式"的，是由于图式符合日常感知方式与传播之需求。作为意义的形式的符号即从这个意义上来说的。由此，我们在进一步界定"传播"的讨论中，又可以说传播是符号意义的呈现。

由上，我们发现，媒介性与信息秩序构成了传播的客观条件，却不构成传播的全部。大到天体运行、宇宙洪荒，小到量子涨落，信息与秩序无处不在，而这些自然的物理交换关系是科学范畴的对象，不是传播学的对象，否则传播学就将无以为边界。即便在生物体内乃至人大脑中的神经元生物电，在人们未曾意识到这些内在的发生机制过程时，也依然只是信息而不是"传播"。

以信息论为基础依托的传播学诸模型的基础预设将"信息过程"作为传播学的基本工作框架，其机械化已经广受诟病。这种机械化的传播理论模型的具体局限在于将信息的流动过程作为核心线索，从而简化主体的复杂性（complexity）。这种简化在大数据和当前网络传播的诸种研究当中依然盛行。反过来，从意义学或符号学的角度来看，传播乃是"表意距离的跨越"，或者说其必然是"意义之敞开"，而不是指机械的信息流动。传播必然是在"遮蔽"中实现跨越的，但同时又必然构成"双重遮蔽"。马丁·海德格尔（Martin Heidegger）所言的"惟作为这种双重的遮蔽才发生出来"①的澄明才是传播的本来追求。

三、传播符号学及其意义论视角

相对于从语义学（semantics）或者语用学（pragmatics）来考证"传播"的全部含义，从传播学范畴的可能拓展来考察这一术语的学术意指更具有学科价值。要解决传播的学术主题、主体、范畴、范式，就不能依赖于从既有热门研究领域中做经验性归纳，而要从逻辑上穷尽传播的不同方面，而这些不同方面构筑的传播将成为我们所谈的传播的具体意涵的指向。传播的意义就成了传播在其使用中的语境指向。因此，如何解读传播就成了传播学的扩展。传播学作为一个复杂系统，不能被简化为某一个方面。同时，传播也并不一定指向所有的这些方面，传播学系统具有边界开放性，并有许多具体语义构成的意义集合。从传播学被作为"某种对象范畴"的学科，向传播作为"分享意义"的"形式方法论"转进。

第二节　传播研究的符号学范式

国内关于传播研究的学派、范式方面的讨论非常多，且受到北美大众传播学研究的影响较深。学术发展受到何种流派的影响是一个包含客观因素的历史进程，再自然不过。但将理论范式的应然指向和学派发展实然统而论之就会产生一些混淆，若将实然代替应然，甚至可能对一门学科的可能潜力产生误解。对传播学而言，若从理论分类或分节（articulation）的基础层面来看，从意义维度出发的"符号学"路径与从信息论出发的"过程效果"路径可以形成有效的互补，且它们的融通将使传播学更具说服力。

---

① 马丁·海德格尔：《林中路》（修订本），孙周兴译，上海：上海译文出版社，2004年，第40页。

一、关于理论的"理论"

（一）经验世界的"分节"建构

学科、理论是建立在特定分类逻辑基础之上的特定规律阐释方式。这里的特定就是可被区分的意思。因此，所有的工作又是建立在分类基础上的，而"分类"本身就是一个可探讨的问题。尽管人们通常认为，分类学（taxonomies）并不直接提供经验世界的解释，而只是将经验世界分割成不同的归属或类别，但实际上，它通过区别世界解释的维度来模塑我们所知的全部经验世界——意义世界因此得以澄清。意义经验是具体的、内容的，而分类是抽象的、形式的。符号学作为一种形式理论尤其注重"区分"。在符号学中，将对事物指称的分类称为"分节"。分节是多重的，多重的分节指示着世界的多维度性。人们对事物的认知依赖概念，而概念只是人们根据自身有限认知的归纳，是具体生活的需要的反映。被概念片段建构的经验世界实际上延绵不绝而从未断裂。然而，分节在提供某种世界观时，往往造成对其他观照维度的遮蔽，以及对这延绵不断之世界的片面化处置和割裂。

在人类求知的早期，并没有系统的学科分支。在西方早期哲学是关于"爱智慧"的一切，而东方中国则以"易"为大道之源。知识是笼统的，而人类文明进入工业文明主导的现代化以后，人类分工高度发展驱动了学科专业高度细分。这种分节令学者们更易于成为"专科医生"而难以处理"全科"问题。但学科间从来都充满了渗透与相互跨界的张力，并在这种分与合的关系中形成新的知识体系。例如，巴鲁赫·斯宾诺莎（Baruch Spinoza）用几何规律研究伦理学、赫伯特·斯宾塞（Herbert Spencer）用生物有机体来看待社会，广受争议的"谜米学"（meme）是理查德·道金斯（Richard Dawkins）及其追随者将"生物基因"借用到了对文化和社会的解读上。这种学科方法论之间的跨越与重聚似乎是理论发展源源不竭的动力。一方面，在原有理论框架下穷尽边界；另一方面，也启发我们有意识地回到对混沌世界的整体观，才不至于用一种方法去遮蔽其他认识世界的可能途径。而对于具体的门类学科而言，分节变化往往带来理论范式和维度的转进。不同分节方式意味着不同参照坐标，每一个新的坐标都具有重构整个世界认知维度的潜力。查尔斯·罗伯特·达尔文（Charles Robert Darwin）以演化之维，西格蒙德·弗洛伊德（Sigmund Freud）以力比多之维，卡西尔以符号使用之维重构了那个我们原以为只是"两脚无毛直立行走"的动物。每种理论范式提供的都是观照世界的独特维度，新知正是从这些一度被卷曲的维度中敞开。这种敞开是人类主体性与生存价值的自我确证，也是人文科学永不停息的目标。不过，每一次敞开，同时也是一次遮蔽。因此，范式的探索必是历时性的而无终点的旅程，且应对所敞开之洞见有着深刻的自我怀疑。

（二）理论、范式与学派

"理论"是一个日常使用最广泛的概念，通常指人们在某一活动领域中联系实际推演出来的概念或原理，或是假设的一系列事实、原理。它是通过对事实的推测、演绎、抽象或综合而得出的评价、看法或程式。根据威廉斯的考证，理论一词本身的意指经历了一个演变的过程，其最早的英文形式就是 theoriques（14 世纪），可追溯的最早词源为希腊词源 thea。到 17 世纪其意涵已相当广泛。包括：①景象；②冥想中所浮现的景象（contemplated sight）；③（思想的）体系；④用以解释的体系。第四种意涵在 18 世纪得到了较大发展，并使理论与实践产生了更大的区别。而第三种意涵仍然被使用并使理论的概念具有"信念"的意涵。在人文科学领域中，"信念"是支持一种理论的重要内在力量。或许也正是这一原因导致学界经常将"理论范式"与学派混用。①

一般而言，理论被视为一种客观规划，是人们经由实践概括出来的知识系统结论。因此，理论具有系统性，并需要一定的假设、方法。当我们说某一种理论的时候，强调的是该理论与其他理论的区别：一是有效范畴的区别，如在中观层有效的经典物理学不能完全解决量子微观层面及包含仍不明确性质暗物质的宇观层面问题；二是范式的区别，范式是基于一系列具有内在连贯性的系统集合。

"范式"对应的英文词 paradigm 来源于希腊文。托马斯·S. 库恩（Thomas S. Kuhn）于 20 世纪 70 年代在《科学革命的结构》中使用了范式这一概念。在他看来，范式指的是一些范例，或是明确而具有意义的"地图"，不仅为科学家提供了地图，而且也提供了制作地图所必需的方向指引。在应用某个范式展开研究时，科学家必然同时掌握基本理论、方法和标准。因此，当范式发生变化时，通常会

---

① 雷蒙·威廉斯：《关键词：文化与社会的词汇》，刘建基译，北京：生活·读书·新知三联书店，2005 年，第 488 页。

引发理论的重大突破和颠覆。范式是确定问题合法性的基准，也是一个共同体成员所共享的基础学术观念。或者说，范式是存在于某一科学论域内关于研究对象的基本立场。不同的范式规定各自领域内什么应该被研究、什么问题应该被提出、如何对问题进行质疑以及解释答案所遵循的规则。范式具有集合性，能够将存在于科学中的不同范例、理论、方法和工具加以归纳、定义并相互联系起来。① 可见，作为科学范畴的"范式"不是能被经验证实或证伪的个别命题的集合，而是由许多相互联系、彼此影响的命题和原理组成的系统整体。

就意涵而言，"学派"与理论范式并不相同。理论范式可能受到一定学科史发展阶段的客观制约，但它本身是指向应然的逻辑归纳，而学派的意义则更多地包含历史因素和偶然性。学派这一概念本身的形成史源远流长，而历史上的各种学派也形形色色，多不胜数。陈吉生对学派一词的源流与本意做了归纳。他指出，现代英文"scholastic"（现代含义包括经院哲学家、学究、学生）通过以下路径演变而来：希腊文"skholē"（讲学场所=学校）→希腊文"skholazeine"（学习）→希腊文"skholastikos"（好学的，博学的）→拉丁文"scholasticus"（好学的，博学的）。古希腊最负盛名的"柏拉图学园"（由此形成了"柏拉图学派"，又称"学园派"）、"吕克昂学园"[Lykeion，或逍遥派学校（Peripatetic School）]（公元前335—323年，雅典城外亚里士多德任教的学校）、"莱森"（lyceums）（亚里士多德派讲学的学园）等中的"学园"，大多以拉丁文"lyceum"（学园、讲学场所、学术讲演场所）表示，它在当时与拉丁文的"schola"（讲学场所）的含义大同小异。中文"学派"可以上溯至先秦，"百家争鸣"就描述了一种学派繁荣的景象。在中国古代，学派特别讲究师承关系。《辞海》（第七版）"学派"词条解为"一门学问中由于学说师承不同而形成的派别。"因师承传授导致门人弟子同治一门学问而可以形成"师承性学派"。因以某一地域，某一国家、民族，或某一文明，或某一社会，或某一问题为研究对象而形成具有特色的学术传统的一些学术群体，同样可称为"学派"，或曰"地域性学派"（包括院校性学派），或曰"问题性学派"。② 由上，学派的形成大致可归于三种因缘：师承、地域、问题。相应地，学派也可以此标准分为"师承性学派""地域性学派""问题性学派"。实际上，由于地缘因素、师承因素或问题性因素，学派往往因彼此关联交织而兼具这三种特点。

---

① Kuhn, T. S. *The Structure of Scientific Revolutions*. 2nd ed. Chicago: University of Chicago Press, 1970, p.10.

② 陈吉生：《试论中国民族学的八桂学派（一）》，《广西社会科学》2008年第7期，第17-20页。

归纳而言,"理论"是一个泛指的概念,而"范式"是特指具有共同要素、规范或信条的研究谱系集合。作为一种学术身份的"范式"必须被进一步界定。反过来,范式作为一种学科理论所遵循的信条,必须具有内在逻辑自洽性。在同一范式内部,理论应当具有普遍有效性。"学派"是对师承、地域、问题等学理之外的历史发展结果的实然性描述。埃弗里特·M. 罗杰斯(E. M. Rogers)归纳李·哈维(Lee Harvey)的观点并指出,一个学派须具备以下四个条件:①一个提供思想领导的中心人物;②一个学术的和地理的位置;③财政支持;④传播其工作的手段。①下面以对传播学批判研究影响深远的法兰克福学派为例来加以说明。

首要的条件是提供思想领导的中心人物。法兰克福学派的核心领袖有着密切的合作意识与共同的学术信念。他们受到共同的以哲学为主的学术训练,以左派马克思主义为主要意识形态。马克斯·霍克海默(Max Horkheimer)、西奥多·阿多诺(Theodor Adorno)、赫伯特·马尔库塞(Herbert Marcuse)不仅具有相当的学术影响力,也有着密切的学术交往。法兰克福学派以其"社会批判理论"而著称。这种一致性和连贯性无论是在早期代表人物那里,还是在被称为第三代学术领袖的哈贝马斯那里,都一以贯之。他们提出"交往理性"命题,并通过质疑媒介商业化而提出"公共领域"等概念,对于批判学派分析、区分媒介发挥作用的场域,提供了启示性的思路。

其次是一个学术的和地理的双重位置。除了法兰克福这个具有辨识度的地理位置之外,更重要的是学派许多杰出成员均有自己独特的影响力。马尔库塞在20世纪六七十年代西方青年学生运动中被奉为新左派的思想导师和精神领袖。人们将他同卡尔·马克思(Karl Marx)、毛泽东并称为"三M"。法兰克福学派虽然形成于第二次世界大战之前,但直到20世纪60年代中期之后,才由于马尔库塞的影响力而声誉日隆。当然,这里的"学术的位置"不应仅仅从其"客观的影响力"来看。正如学者的学术影响力不能以其明星效应的粉丝数或是"论文引用数"来界定,而要看其在一个学术谱系脉络中的独特贡献。无论从哪种意义来看,法兰克福学派的"位置"都是不言而喻的。

再次是财政支持。尽管财政支持只是外部因素,但其对于学派的作用仍不言而喻。不过,对于不同学科而言,财政支持的重要程度也有所不同。对于自然科

---

① E. M. 罗杰斯:《传播学史:一种传记式的方法》,殷晓蓉译,上海:上海译文出版社,2021年:第205页。

学，尤其是其中的实验性和应用性学科而言，没有一定的经济基础几乎不可想象。但对于人文和社会科学来说，经济的决定性和影响程度就要相对弱一些，甚至有时候是一柄双刃剑。对于保罗·拉扎斯菲尔德（Paul Lazarsfeld）为代表的这类具有明确服务对象的社会研究，经济支持方有可能会影响到研究本身；当然，在西方一些国家的公益基金支持传统并不直接干扰学术研究的取向。法兰克福学派的学术探讨并未受到过多的经济因素制约。谷物经营企业大亨提供了慷慨的资助。由此，经济上相对独立的法兰克福学派的批判理论家们获得了更大的自由行事的空间，他们视野非凡且充满批判精神。法兰克福学派学者流亡美国后，这笔资金也被转移至美国，但显然不如从前那样宽裕。在美国期间，批判学派也曾与拉扎斯菲尔德等一批经验主义学者达成合作以获得商业性资助，但他们的研究范式差异使得这种合作并不如意。

最后是传播学术工作的手段。实际上，这一点也很难有统一的标准。不仅传播的范围难以简单界定，对传播的评价也难以一概而论，往往以后来的学术共同体进行所谓学术公论的方式予以认定。在影响当代传播学的诸种思潮中，法兰克福学派的学术传承和传播无疑是成功的。法兰克福学派不仅在学术共同体范围内获得了广泛认同，在越出学界的社会经济政治领域也为社会发展变革提供了思想工具。

由此，在传播学的各种分类中，学派的界定是一种基于学术共同体的公众性认知，而范式则是一种理论的系统性界说。不同学派、不同范式的传播理论讨论的对象具有共同属性，可以广义地归为某个具体类型的传播行为，但这些不同流派的方法与立场却千差万别。

二、传播学诸流派及划分依据

（一）传播学流派二分法辨析

在传播学界，通常所说的传播学流派二分法是指，以欧洲为中心的批判学派和美国主导的实证经验学派。拉扎斯菲尔德最早意识到两种学派的分歧。1941年，拉扎斯菲尔德组织编辑了一期法兰克福学派的学刊《哲学和社会科学研究》，收集发表了两个学派的代表人物的观点。他本人也在上面发表了《关于行政管理的和批判的传播研究》（"Remark on administrative and critical communication research")①。在这篇文章中，他第一次区分了两种学派，并分别取名为"行政管理研究"（administrative research）和"批判研究"（critical research）。"行政管理研究"指以拉扎斯菲尔德及其美国同行为代表的"为服务公共或私人的经营管理机构而进行的那种类型的研究"，也就是为解决经济或社会问题而进行的研究。这种方式的研究后来被称为传播学的"传统学派"或"经验主义学派"。拉扎斯菲尔德认为，以阿多诺为代表的法兰克福"批判研究"是为了研究现代社会的一般趋势以及人的基本价值。②

到 20 世纪 70 年代，两个阵营在传播学内部开始正式对峙。1977 年，英国学者詹姆斯·柯瑞（James Curry）等的著作《大众传播与社会》（*Mass Communication and Society*）③拉开了这一序幕。1985 年，在夏威夷召开以"典范对话"为主题的国际传播年会，首次形成两大学派共同探讨的局面。此后，学界从研究方法、立场等多个因素比较了美国经验主义传播学传统与欧洲批判学派的传统。④

至此，传播学界所称的"美国经验学派"，主要指以实证性方法来考查传播现象的社会科学流派，特别的典型是从美国学者尤其是芝加哥学派发展而来的传播学研究思潮。它既是方法论的概念，又在很大程度上代表了一定的传播社会观。不过，这个概念范畴的方法论背景却并不仅仅局限于实证性社会科学。罗杰斯对北美实证经验传播学历史渊源作了清晰的勾勒。他将传播学思想先驱的崇高荣誉给予了三位欧洲思想家——达尔文、弗洛伊德和马克思，将传播学的兴起看作是芝加哥学派的直接影响结果。

由于批判学派并不像北美经验学派那样边界明晰，它甚至不是一个主动的自我称谓，而是一种被赋予的立场。如果严格按照哈维关于学派应具备的四个条件来看，批判学派并不能算是一个学派，而更像是一种思潮或一种宽泛的理论立场。陈力丹认为，传播学批判学派是相对于美国传播学的实证经验主流学派而言的，没有特别的衡量标准，只是依据研究方法、内容、指导思想的差异而进行的大致的划分。因此，批判学派与经验学派的划分并非是绝对严格意义上的。可以

① Lazarsfeld, P. F. Remarks on administrative and critical communications research. *Administrative and Critical Communications Research*, 1941(23): 493-509.

② Lazarsfeld, P. F. Remarks on administrative and critical communications research. *Administrative and Critical Communications Research*, 1941(23): 493-509.

③ Curry, J. et al. *Mass Communication and Society*. London: Edward Arnold, Open University Press, 1977.

④ 陈力丹：《试论传播学方法论的三个学派》，《新闻与传播研究》2005 年第 2 期，第 40-47、96 页。

根据不同语境下的使用情况，将批判学派概念区分为三个层次：第一个层次，在最广义上仅指持有批判理论立场的学者，这些学者难以用任何其他的方式进行归类。这种广义上的称谓并不具有学派或研究范式的区分意义，而更接近于一般意义的批判性学术思维持有者。第二个层次，是以法兰克福学派为起点的社会文化批判思潮研究范式。它可以部分包括不那么持有典型批判立场的英国伯明翰学派，也包括美国本土或其他地区对媒介权利等问题进行批判的流派。第三个层次，也就是狭义所说的批判学派，几乎可以等同于法兰克福学派。

　　批判学派与经验学派虽然看起来彼此两分，但其关系可谓"同源不同流"。经验学派的先驱们同样充满批判精神。罗杰斯所说的经验主义学派三大思想先驱（达尔文、弗洛伊德和马克思）都是原有主流观念的挑战者：达尔文因声称人类起源于猿而遭到谴责；弗洛伊德的精神分析理论被希特勒称为"犹太科学"而遭到焚毁；马克思则长期在流亡中战斗。他们的理论既是对以往学术的"批判"，也是对新的范式的建构。这些先驱的思想对于批判学派和经验学派来说都构成了其共通的基础。以达尔文的影响为例，芝加哥学派中的社会学家受到进化论的吸引，其中的代表是斯宾塞。斯宾塞也被称为"社会达尔文主义之父"，将达尔文的进化论思想应用至社会研究领域。斯宾塞的社会学理论将社会与生物有机体进行类比，他的社会进化论和社会有机体论都是从这种类比出发和展开的。他在达尔文《物种起源》（1859）发表之前数年就提出了社会进化思想，认为进化是一个普遍规律。但他仍受达尔文生物进化论的影响，将生存竞争、自然选择的原则移植到社会理论中。斯宾塞提出，社会是一个由相互联系的各个部分构成的紧密整体体系；这个体系只能从其结构运转的意义上去理解；体系要存在下去，它的需求就必须得到满足。这些体系观开启了结构功能理论的先河。受斯宾塞的影响，格奥尔格·西美尔（Geory Simmel）的研究围绕着社会进化、城市社会生活、城市生态学等问题展开研究。芝加哥学派是西美尔的实验场，他的《货币哲学》就是对一种人类社会网络关系的研究。[①]

　　此后，被称为批判的学派与被称为经验学派之间发生了更复杂的内在联系。法兰克福学派将马克思主义和精神分析理论结合起来；倡导互动传播的帕洛阿尔托学派通过研究交互行为来反对弗洛伊德的精神理论；哈罗德·拉斯韦尔（Harold

---

① E. M. 罗杰斯：《传播学史：一种传记式的方法》，殷晓蓉译，上海译文出版社，2021年，第64页。

Lasswell）曾热衷于精神分析的思考；而卡尔·霍夫兰（Carl Hovland）的说服研究在弗洛伊德理论那里发现了一个间接的基础；西美尔的作品《陌生人》激励了被誉为"第一位大众传播研究者"的罗伯特·帕克（Robert Park），而他的《团体分支机构之网》（1922）启发了社会网络分析研究。①因此，可以说芝加哥学派与美国经验主义传统之间有直接关系，他们同时从批判传统中吸取了大量养分。

实证与批判的简单二分对国内学界影响很大。不少理论都被以这种二分的方式来划分。符号学因其偏向于质性分析和文本研究，且确实被包括法兰克福学派成员、伯明翰学派一些具有批判意识的重要学者所使用，而常常被作为"批判学派"阵营的方法论之一。如国内较早将符号学方法引介于传播学研究的李彬，即将符号学作为传播学中的批判流派所持有的一种方法。②丁和根从话语分析与意识形态分析论入手，非常关注意义的生成与批判③，他的《大众传播研究的符号学方法论》是同一时期中对符号学方法论研究较为突出的文献。他也倾向于认同符号学路径的批判取向，并指出，传播符号学虽然不能等同于批判学派，但与批判学派理论有着天然的内在联系和共同的学术取向。他进而认为传播符号学不可能弱化甚至消除批判的意识。④

不过，从传播学实证与批判的简单二分来看，两者的对立是一个实然的发展结果，而并不完全构成全然的逻辑对立。实证作为方法手段，而批判指向立场。逻辑上讲，"批判"的对立面更应是立场上的"建构"。回到符号学方法论基础处，无论是费尔迪南·德·索绪尔（Ferdinand de Saussure）开创的结构主义语言学，还是查尔斯·桑德斯·皮尔斯（Charles Sanders Peirce）奠基的逻辑修辞符号学，均很难说是法兰克福式的典型"批判"。结构主义大潮对控制论及其影响的传播基础模型具有深远的影响，皮尔斯的逻辑修辞符号学则旨在发展出一门符号逻辑"科学"。符号学的"批判学派化"实际上是在文学和文化、社会学等研究领域被研究者使用所造成的影响逐渐形成的印象。关于符号学的属性，瑞典符号学家索内松的观点具有代表性。他认为："有些科学是由其所描述的现实领域来定义

---

① E. M. 罗杰斯：《传播学史：一种传记式的方法》，殷晓蓉译，上海译文出版社，2021年，第154页。

② 李彬：《批判学派在中国：以传播符号学为例》，《新闻大学》2007年第3期，第68-73页。

③ 丁和根：《后现代与大众传媒的话语霸权》（《江苏社会科学》2000年第6期，第185-190页）；《论大众传播研究的符号学方法》（《新闻大学》2002年第4期，第10-15页）；《大众传媒话语分析的理论、对象与方法》（《新闻与传播研究》2004年第1期，第37-42页）。

④ 丁和根：《论大众传播研究的符号学方法》，《新闻大学》2002年第4期，第10-15页。

的，如艺术史、法国研究；另一些则以其对全部或部分现实世界的特定视角来加以定义，如社会学和心理学。在我看来，符号学属于后者，它关注'事物如何携带意义'，并以这一研究旨趣为定义。"①这一观念清晰地展现了符号学作为一种"形式论学科"的方法论属性，而并不必然具有特定的立场。近年来"认知符号学""精神分析符号学""生态符号学"等新兴符号学领域的交叉融合发展，更凸显了符号学作为一种方法论学科的特质。

（二）传播学研究的三分法及其"元模式"（metamodel）分析

直观来看，相比简单地二分，传播理论三分法的角度更为丰富多元，能避免二分法非此即彼的机械论逻辑。或可在这些不同分类视角中多维度地考察符号学与传播研究的关系。并且可以从"元模式"上考察这些分类的学术范式本质。所谓"元模式"或"超理论"是在各种具体的理论流派之上的底层逻辑。康德以来的自然科学与人文科学的分野是这种底层逻辑的基础架构。这种基础架构几乎统摄人类迄今为止的全部知识范畴，传播学自然也不例外。例如，李特约翰在《人类传播理论（第七版）》中提出，所有的学术研究都可以归为三类：科学的研究、人文的研究、社会科学的研究。并且，他将传播学定性为一门交叉特色的"社会科学研究"。为了更细致地介绍传播学的发展脉络，他从历史发展的角度列举了七大传统：修辞学、符号学、现象学、控制论、社会心理学、社会文化、批判理论。但他并未满足于对这七种传统的介绍，而是寻找一种理论的"元模式"（中文版译为"超模式"）来区别不同研究范式。②

"元模式"展现的是应然与理论范式，而法国学者贝尔纳·米耶热（Bernard Miège）的三种奠基性从不同于美国学者的视角展现了方法论实然历时性脉络。米耶热在《传播思想》中归纳了 20 世纪 70 年代以前的三大奠基性思潮——控制论模式、经验–功能主义、结构主义方法及其语言学应用。在新的思潮面前，老三论的基本核心"系统论"的局限被显示出来。费斯克则认为，信息论是"一种机械性的理论，用来测量某一确定信道所传输的信息总量，并寻求使这个过程的效率

---

① 约伦·索内松：《认知符号学：自然、文化与意义的现象学路径》，胡易容、梅林、董明来等译，北京：社会科学文献出版社，2019 年，第 4 页。

② 斯蒂芬·李特约翰：《人类传播理论（第七版）》，史安斌译，北京：清华大学出版社，2004 年，第 11 页。

达到最大化的途径"①。

其中，第三个奠基性思潮"结构主义及其在语言学方面的应用"——实际上就是指索绪尔结构主义符号学及其 20 世纪下半叶在语言、文化与社会的普遍应用。不过，"结构主义"并不是一个被清楚界定的"流派"，而是一种具有许多不同变化的概括研究方法。结构主义对传播学的直接影响来自于结构主义语言学领域的应用拓展。索绪尔是将结构主义思想运用到语言学研究的第一人。赵毅衡指出，在 20 世纪 60 年代，结构主义实际上与符号学是同一运动的两个不同名称。凡是承认深层结构为系统控制与重组力量的人，都是结构主义者。例如，人类学家克劳德·列维–斯特劳斯（Claude Levi-Strauss）的研究将结构符号学应用到了人类文明的诸多方面。这位早期结构主义实践者，分析了包括神话学、宗族以及食物准备这些文化现象。他于 1945 年发表的《语言学的结构分析与人类学》，第一次将结构主义语言学方面的研究成果运用到人类学上。他把社会文化现象视为一种深层结构体系，把个别的习俗、故事、神话看作"语言"的元素。他对于原始人的逻辑、图腾制度和神话所做的研究就是为了建立一种"具体逻辑"。他不靠社会功能来说明个别习俗或故事，而是把它们看作一种"语言"元素，一种概念体系。他随后的一系列研究成果引起了其他学科对结构主义的高度重视。从 20 世纪 60 年代开始，许多重要学科都与结构主义发生了关系。结构主义大规模进入各个学科。

米耶热认为，结构的方法及思想对传播理论产生了深远而持久的影响，特别是在三个方面②：

> 首先，从文学文本出发，叙事的结构主义分析首先得到了修正。
>
> 其次，对视觉讯息的分析……使人们得以跳出严格的语言学传播研究具有的还原论框架。从独立于语言学的符号学来检视视觉传播。
>
> 最后，话语分析技术使得传播研究取得了重大进展，这个领域就是信息化文献领域。

随着传播学及其他应用门类的发展，结构主义的局限也逐渐表现出来。索绪

---

① 约翰·费斯克等：《关键概念：传播与文化研究辞典（第二版）》，李彬译注，北京：新华出版社，2003年，第138页。

② 贝尔纳·米耶热：《传播思想》，陈蕴敏译，南京：江苏人民出版社，2008年，第21页。部分内容有改动。

尔认为：既然语言是一个符号系统，系统内部各要素之间的关系是相互联系、同时并存的，因此作为符号系统的语言是共时性的。至于一种语言的历史，也可以看作一个相互作用的系统内部诸成分的序列。这种把语言事实当作孤立静止的单位对待的方式被称为"共时性"。共时性观点注重把具体的语言行为（"言语"）和人们在学习语言中所掌握的深层体系（"语言"）区别开来，把语言看作一个符号系统。产生意义的不是符号本身，而是符号的组合关系。在米耶热看来，符号学的构想也并未全面取得成功，原因是符号学家过度局限于对学术性文化作品的研究。

米耶热提出，20 世纪 70 年代后，传播学思潮向着更复杂的分化方向发展。这一点在 20 世纪 60 年代已经显现端倪。如埃德加·莫兰（Edgar Morin）《时代精神》提出了独特而富于启发的"复杂思维范式"①、阿多诺与马尔库塞开启的批判思潮、贝特森及帕洛阿尔托学派建立的传播语用学路径、伊尼斯和麦克卢汉的媒介技术范式。到 20 世纪 70 年代后，不同传播理论的轮廓更加清晰，但同时向着更多元的方向发展。20 世纪 80 年代之后的传播理论在三大奠基性思潮的相互作用和新的社会生活现实的刺激下得到了新发展。传播（批判的）政治经济学派、语用学、传播民族志、常人方法学及符号互动社会学（陈卫星称为象征互动，此处遵循惯例，通称为"符号互动"理论）得到了长足发展。

尼克·史蒂文森（Nick Stevenson）也认为传播学的研究大致分成三种范式：①各种批判的范式：主要围绕大众传播的政治经济学以及与意识形态和公共领域相关的问题，总体上关注众媒介、民主和资本主义之间的联系。如英国的马克思主义和法兰克福学派的研究，这些研究着意于重新审视在当代社会里各种媒介已成为一种社会权力的各种方式。②各种象征和文化的范式：主要是对受众与媒介文化之间的关系进行阐释的受众研究。③媒介影响的范式：主要考察媒介本身对我们共同视野的影响，如感官的延伸。经验学派的许多效果理论模式也属于该范式。②

国内学者大都接受了三分法的说法。较早的讨论如，潘忠党于 1996 年根据传播媒介的功能提出了探讨媒介与文化之间关系的三种理论模式：表述模式（认为媒介是表述现实的工具）、传送模式（认为媒介是传递信息的工具），以及把传播视为社会交往仪式和文化的生存与再生的模式。较早引入传播学新的分类观的是

---

① 埃德加·莫兰：《时代精神》，陈一壮译，北京：北京大学出版社，2011 年。
② 尼克·史蒂文森：《认识媒介文化：社会理论与大众传播》，王文斌译，北京：商务印书馆，2001 年。

陈卫星和胡翼青两位学者。陈卫星早年留学法国，接受了米耶热对于传播理论流派的看法。1998年，他撰文介绍了米耶热的学科分类观。①胡翼青在《传播学：学科范式与范式革命》中从范式的结构维度将传播学研究划分为经验主义、技术主义、批判主义②——这一划分分别应对了李特约翰所说的科学的研究、人文的研究、社会科学的研究三分逻辑。其中技术主义的兴起是他关注的一个焦点。

陈力丹肯定了三分法的重要性，并且在综合前人的基础上做了自己的微调。他认为，斟酌用词，"批判学派"之说，难以显示出所指学派的方法论特征，概括得过于笼统；而"结构主义方法论"，体现不出该学派的另一个共同特征，即追究表象背后的权力因素；"经验主义"亦没有完整地表现出这个学派的方法论特征；技术主义的理论来源可以追溯到"三论"，特别是控制论。出于以上的考虑，陈力丹认为，应使用"经验—功能""技术控制论""结构主义符号—权力"这样的表述，以从方法论角度将传播学研究划分为三个学派。③陈力丹的思路对结构主义符号学的处理偏于批判论的研究，但将技术控制的麦克卢汉学派单独另列以强调其与批判或经验的方法之不同。对麦克卢汉和媒介环境学派的归属问题，赵毅衡的看法略有不同，他认为麦克卢汉的研究符合"符号学"精神。他指出："麦克卢汉的看法之所以震惊世人，是因为媒介与传播研究，一直是被视为社会学领域的实证科目。用艺术符号学的方式进行探索，就意味着放弃逻辑推理式的话语和研究方式。……应当说，这种跨学科研究姿态，符合符号学的精神。"④

在刘海龙的三分类中，用"诠释经验主义"涵盖符号学等方法，强调了这类方法的"非批判"人文性。根据他的分类，麦克卢汉的传媒理论似可归于诠释经验主义，这与前面所提赵毅衡的看法有不谋而合之处。众所周知，媒介环境学派并不进行数理统计或控制实验，而是通过"发现"媒介对文化的主导性作用，从而建构媒介的文明史观。从这个角度上来说，媒介技术学派并不是停留在对技术的内在规律观照上，而是对技术与文化（意义之维）的关系进行解读。因而可以被称为诠释；而一种不通过数理实证方法进行的解读，自然可以归类为诠释经验主义的研究。在这个分类逻辑下，麦克卢汉的研究的确与符号学研究具有某种相

---

① 陈卫星：《西方当代传播学学术思想的回顾和展望（上）》，《国外社会科学》1998年第1期，第2-6页。
② 胡翼青：《传播学：学科危机与范式革命》，北京：首都师范大学出版社，2004年，第183页。
③ 陈力丹：《试论传播学方法论的三个学派》，《新闻与传播研究》2005年第2期，第40-47、96页。
④ 赵毅衡：《符号学：原理与推演》，南京：南京大学出版社，2011年，第129页。

通之处。

前两种分类中，客观经验主义是自然科学及其数理逻辑在人文科学领域的延伸；诠释经验主义的本质是"意义"的建构与解释，可以等同于广义的符号学传统——其研究对象在于"意义"的建构。批判理论的划分方式再次回到了立场主导问题上。若就其方法论来看，也是诠释经验主义范式，是一种符号意义的研究方法。

三、传播符号学派的基本理论立场：意义形式论

从传播学理论分类方法的多样性（multiplicity）可知，分类不过是一种逻辑上自洽的看问题的视角，而不是唯一真理。对于符号学与传播学的直接关联，不仅可以从这些分类当中窥见，更可以进入特定学者的理论中观察。例如，在《传播学概论》中施拉姆辟专章写"传播的符号"，并指出"符号是人类传播的要素"。[①]而法国学者皮埃尔·吉罗（Pierre Giraud）认为，传播学与符号学从某些方面来说是"同义语"。

对于传播学与符号学的关系，费斯克关于"传播符号学派"的理论主张与文化研究实践最具代表性。费斯克这样一位对当代文化传播研究影响巨大的学者通过《传播研究导论：过程与符号》这部概念清晰的书为"传播符号学"提供了重要的背书和论证。今天从事传播符号学研究的学者，都得益于他对传播符号学所做的重要贡献。

他的贡献是双重的，第一个重要的贡献在于他对传播符号学范式的清晰界定。他在《传播研究导论：过程与符号》（Introduction to Communication Studies）中将传播学所有的研究划归为两大阵营：注重过程的效果的流派与注重意义交换的符号学流派。他指出："我们迄今所考虑的各种模式，都在不同程度上强调了传播的过程性。它们基本上都假定传播是讯息从 A 到 B 的传递。因此，它们最为关心的是媒介、渠道、转换器、接收、噪音以及反馈，因为这些都是与讯息的发送过程相关的术语。"[②]据此，他将其称为"注重研究效果的过程学派"，同时，他将

---

① 威尔伯·施拉姆、威廉·波特：《传播学概论》，何道宽译，北京：中国人民大学出版社，2010 年，第61 页。

② 约翰·费斯克：《传播研究导论：过程与符号（第二版）》，许静译，北京：北京大学出版社，2008 年，第33 页。

注重研究"意义"的研究范式称为"符号学派"。①

费斯克的这一区分的重要作用是矫正了以往两分法将批判作为经验对立面的逻辑错位。他抛开立场的问题，回归方法论探讨传播学研究路径。

费斯克对传播符号学的第二重贡献来自他对符号意义论的理论实践。他首先是一位文化研究学者，他的理论建树是以这一对象为线索展开的——正是费斯克所说的作为"意义学派"的传播学的最核心实践。费斯克一生从事的大众传媒文化研究都可以视作诸种"意义交换"的"传播符号学派"研究实践。比如，费斯克的大众媒介分析话语理论模型强调了"多义性"。丹尼斯·麦奎尔（Denis McQuail）根据费斯克话语理论绘制的媒体话语模式，也关注了文本的含义问题。该模式认为，文本含义是存在于受众的话语世界与植入媒体文本的话语的复合或相似。这里提出的文本与读者之间的多义关系问题清晰地昭示了隐含信息对传播的重要性。这一模式是从电视节目的观众心理研究出发解释文本与含义之间的差异关系到受众的态度和体验、外在的话语和文本等诸多要素的影响，避免了过于表面化地看待信息传播过程。

费斯克二分法的重要价值不仅在于认知上的便利，还在于他为传播符号学的理论立场提供了明确的定位和主张。费斯克对媒介和传播持有广义的包容性媒介观，他感慨广义媒介概念的用法正在被淡化，人们日趋将其定义为技术性媒介，尤其是大众媒介。在他看来，这是一种遗憾和缺憾。他直言不讳地指出信息论是一种机械性的理论，用来测量某一确定信道所传输的信息总量，并寻求使这个过程达到效率最大化的途径。信息论视野中的信息是信号的物理形式而非意义。这为"传播符号学"的"意义学"理论立场提供了明确的定位。

作为"意义学派"的"传播符号学"具有非常大的延展性，且能对传播学的理论范式的提升起到重要的互补作用。众所周知，尽管符号学与传播学理论逻辑联系密切，但两者在百余年的学科发展进路中，发展路径截然不同。符号学的学科化始于索绪尔于1907—1911年在日内瓦大学讲授《普通语言学》课程，其以语言符号（language sign）为对象系统阐述了结构主义符号学的基本理论框架。传播学始于1905年威拉德·G.布莱尔（Willard G. Bleyer）在威斯康星大学开设的新闻学课程。符号学擅长于理论模型的架构，而传播学通过借用多学科的资源，对社

---

① Fisk, J. *Introduction to Communication Studies*. 2nd ed. London: Routledge, 1990, p.xv.

会网络中问题的解决贡献很大。索内松将符号学界定为"因特定的视角"而建构的学科，并以此区别因特定研究对象范畴而成立的学科。①

从文本的广度和跨度展现传播符号学的理论与操作维度来看，当代符号现象的自由"无限衍义"（infinite semiosis）构成了"网络文化符号元子汤"②，新的符号样态与意涵涌现于符号理据与规约性的博弈中。符号学当今所涉猎的跨度极大的文本折射出作为一种"世界观式"③的传播意义本体论色彩，并为传播学基础概念提供了再审视方案。这种意义本体论的理论探索及其在对象文本中的检验，是当代研究者在传播学与符号学融合发展理论的重要探索方向。

第三节　传播符号学与中国话语

符号学是研究"意义"的学问，同时也因其模式化特征而被学者视为人文科学的通用方法论。不过，一种学科的发生却是实然的，现代符号学的学科化发展的主要阶段基本上是在西方国家完成的，前苏联和东欧国家在一些阶段为符号学的学理化发展也做出了不容忽视的贡献。中华传统文化符号形式丰富多样，且在历史上出现过以"名学"为代表探讨符号意义关系的专门学派，遗憾的是，它们并没有得到发扬和体系化传承。在 20 世纪，中国学界再度错过了世界符号学发展的两次高峰时期。在当前新的国际符号学运动兴起之际，中国符号学者如何厕身国际符号学运动，成为中国符号学研究同仁必须面对的问题。

一、传播符号学：世界与中国

（一）符号学基本范式及其新动向

中国传统文化中的符号资源丰富，并有优渥的符号学土壤，但并未形成现代

---

①　约伦·索内松：《认知符号学：自然、文化与意义的现象学路径》，胡易容、梅林、董明来等译，北京：社会科学文献出版社，2019 年，第 2-3 页。

②　胡易容：《符号达尔文主义及其反思：基于汉字演化生态的符号学解析》，《兰州大学学报》（社会科学版）2018 年第 3 期，第 158-166 页。

③　张骋：《"符号传播学"与"传播符号学"：一对不能相互替代的术语》，《符号与传媒》2017 年第 1 期，第 56-65 页。

学术体系上的符号学理论范式。20世纪初，形式论曾再度在中国传播，但由于历史原因，并未形成完整的学术体系，也未得到连续传承，中国错失了符号学的奠基和发展阶段。因此，国内学人通常将符号学作为一种舶来学科，其主要原因即中国学者和中华文化符号对象基本上未进入以20世纪初为起点，延续半个世纪的"模式奠定与解释阶段"。①根据赵毅衡的总结，这期间国际符号学的发展为现代符号学大致奠定了四种基础理论范式，具体如下。②

第一种范式，是以索绪尔为引领的语言符号学范式。索绪尔以语言为范例，提出了一套通用理论，其中涵盖许多具有操作价值的成对概念。如能指/所指（Signified）、聚合轴/组合轴等。虽然语言只是人类符号中的一种，但对这种特殊的超大符号系统的研究却反映了人类符号行为的很多典型特征，索绪尔通过对语言的研究为符号学提供了基本模式。因此，索绪尔的符号学实为符号语言学。20世纪前期，"索绪尔式语言学"在路易斯·叶尔姆斯列夫（Louis Hjelmslev）、安德烈·马丁奈（André Martinet）、埃米尔·本维尼斯特（émile Benveniste）等学者的研究中逐渐成熟并有所拓展。

符号学的第一种范式即语言符号学范式在20世纪60年代能进一步发展，得益于语言学为之提供的清晰的理论框架，但也使之长期难以摆脱语言学模式。如罗兰·巴尔特（Roland Barthes）《流行体系》研究时装，但他的理论仍然是用结构语言学的方式集中于分析时装的语言符号。语言或许是人类符号中最成熟、庞大而详备的符号系统，但它与图像的关系问题，以及它是否构成所有符号的"元符号"仍然值得探讨。索绪尔的语言符号学也还有其他诸多不足。比如，它总体上是一种相对封闭的结构系统理论；此外，由于索绪尔拒绝讨论符号中的理据性，这使得结构主义语言学范式无法处理包括图像在内的很大一类符号；再则，索绪尔主要研究对象是以希腊字母为原型的表音语言系统，这种基于特定符号类型推演出来的理论使得他的理论并不完全适用于处理文字尤其是汉字这样具有理据性的文字和语言，因而其理论的普遍有效性是存疑的。

符号学的第二种范式是皮尔斯于20世纪初提出的逻辑-修辞符号学。这种范式中，对符号基本模型的处理与索绪尔的对符号表意过程的成对二元概念描述最大的不同在于它是一种三元关系，我们也可以将其称为"符号三元结构模式"。在

---

① 范式也常被称为"模式"，相较而言，笔者认为"范式"更具有理论体系、理论框架，故而选用此概念。

② 赵毅衡：《符号学：原理与推演》，南京：南京大学出版社，2011年，第12-13页。

"三元模式"中，皮尔斯模式提出了所指的复杂构成，解释项成为进一步表意的起点，形成无限衍义。由此，符号学突破了语言学模式的封闭系统。托马斯·A. 西比奥克（Thomas A. Sebeok）、翁贝托·埃科①（Umberto Eco）等从皮尔斯理论出发，把符号学推进到后结构主义阶段。这种范式认为，符号与意义之间不仅可以有"理据性"，甚至提出任何符号都必然是"理据"（像似、指示）与"非理据"（规约）按一定比例的混合——这就促使符号学向图像等非语言符号甚至非人类符号扩展。因此，皮尔斯理论成为当代符号学的出发点。赵毅衡等学者认为皮尔斯范式是对当今中国文化乃至当前世界符号学更具广泛适用性的理论基础。②

　　符号学第三种范式的奠基人卡西尔是一位新康德主义哲学家。他的理论具有较浓厚的欧陆哲学色彩，对"人文"与"科学"有着深入的讨论，他开创的符号学思潮可概括为"符号形式的文化哲学"。他试图通过符号建构人类文化的普遍语法，并认为人与动物所处的是不同的"意义宇宙"。卡西尔关于符号最著名的命题是从符号的角度提出了人的定义，即"人是符号的动物（animal symblicum）"③。他的思想继承者朗格将这种文化符号形式理论应用于艺术与美学领域，以"情感形式"的理论在美学领域占有重要地位。他们也被并称为"卡西尔–朗格"学派。

　　符号学第四种范式的建立者是苏俄符号学家，即以米哈伊尔·巴赫金（Mikhail Bakhtin）、尤里·洛特曼（Juri Lotman）、维·V. 伊凡诺夫（Vyacheslav V. Ivanov）等为首的塔尔图–莫斯科学派。他们从形式研究文化的传统，长年用符号学研究社会和文化，提出了"符号域"等许多具有创见的理论。这一派早期理论在术语上主要借鉴信息论、控制论和热力学等当时的前沿科学理论，尤其崇尚伊利亚·普利高津（Ilya Prigogine）热力学的耗散理论，因而显得技术色彩较浓。洛特曼认为人对文化的自由创造只是一种幻觉，而符号的生产不过是"符号域的自我生产"；符号域是由诸种符号及其间的相互联系、相互作用而形成的整体场域。这一概念成为分析文化动态过程的一种"整体分析"方法论，这个思路本身有泛科学化倾向。此后，塔尔图学派的继承者们，延续了对自然科学的借鉴，但目光从物理学向生物学转移，通过融合生命科学推进"生态符号学"研究，其思路仍

---

　　①　Eco 的常见中译有"埃科""艾柯"，根据新华通讯社译名室编《世界人名翻译大辞典》，以及 Eco 的意大利语发音，笔者采用"埃科"，所引文献保留原貌。

　　②　赵毅衡：《回到皮尔斯》，《符号与传媒》2014 年第 2 期，第 1-12 页。

　　③　恩斯特·卡西尔：《人论》，甘阳译，上海：上海译文出版社，1985 年，第 34 页。

有明显的对自然科学概念的借鉴的痕迹。

现代符号学理论的奠基性工作，很大程度是建立在上述范式基础之上的。此后，符号学经历了一个相对平缓的发展期，理论的推进主要体现为学派之间的互鉴与融合。其中，符号学与马克思主义、精神分析、认知科学、女性主义、新媒介研究均有不同程度的交叉，并产生出一系列新的成果。

及至20世纪80年代改革开放，中国学术迎来新的发展契机时，符号学对于中国学界而言，成了一种不折不扣的舶来品。这个阶段，重启的中国符号学研究，很大程度上是在做"补课"的工作。这些工作主要是由一批在海外留学的学者回国后的引介和研究带动的。[①]

诸种迹象表明，当今时代正在酝酿全新知识变革，而具有跨学科优势的符号学极有可能发生新一轮的模式更新。事实上，当今国际符号学运动已经出现了许多新的动向。除了塔尔图学派在继承科学与文化交融传统的基础上对生命符号学领域有所拓展之外，当代美国符号学的研究具有方法论的综合性色彩，并在认知论、行为主义及非语言主义方向卓有成就；法国符号学发展表现出极强的语言文学特性，并与后结构主义文化研究发生融合。[②]以埃科为代表的意大利符号学界，在艺术门类结合方面成绩突出——建筑、绘画、电影均有卓越的研究，并在一般理论方向上关心意识形态研究。其中，意大利都灵学派的社会符号学特色鲜明；德国符号学则依然体现出优良的哲学传统，并与现象学传统、存在论传统以及阐释学传统融合；北欧符号学既具有浓厚的哲学思辨色彩，又融合了经验研究的新技术手段。丹麦、芬兰、瑞典等国的符号学结合了主体哲学、认知学等跨学科传统，与美国的系统论（贝特森）语用论及行为主义［莫里斯（Charles Morris）］传统遥相呼应。

结合前两次的运动，这些动向是否可视为世界符号学的第三波运动尚可探讨，这些新的符号学发展，能否复现前两个阶段符号学那种跨学科的全面辉煌也难以一概而论，但多元化、流派融合的语境为理论的新突破提供了良好的契机。这种契机又是与当今时代环境密切结合的。

在这个百年未有之变局的大时代，对"意义交流"的需求比以往更加凸显，构成了学术发展的问题导向。而问题发展的基础则植根于所在的知识传统。做出

---

① 赵毅衡：《中国符号学六十年》，《四川大学学报（哲学社会科学版）》2012年第1期，第5-13页。

② 李幼蒸：《理论符号学导论》，北京：社会科学文献出版社，1999，第22页。

卓越贡献的学者，也植根于其所在的学术土壤。符号学界常常热衷谈论皮尔斯与索绪尔的区别，但从学术传统的根源来看，他们的理论却有着共同的西方哲学起点。从研究对象来看，古希腊以来的语言逻辑修辞传统在索绪尔的理论模式中得到了充分体现。众所周知，索绪尔将研究只限于表音体系，特别是以希腊字母为原始型的体系①，这一研究对象就是西方语音中心主义的承袭。而皮尔斯的符号学起点，是亚里士多德以来的西方逻辑学。皮尔斯的逻辑修辞符号学模式，在某种意义上可看作是他的理论抱负——"构建亚里士多德传统能适应于各门学科的科学的逻辑"的结果。另一位现代符号学奠基人，新康德主义者卡西尔则在西方哲学的问题主线基础上提出了"人是符号的动物"这一关于"人"的新命题。

近年来，生物符号学、认知符号学、传播符号学、社会符号学、文化符号学等跨学科和超学科的发展不断涌现②。其中，传播符号学仍然清晰地呈现出建设性策略与思想传统的分化。这种分化，是基于特定文化土壤与理论传统，并结合相应社会问题需求的结果。

（二）中国符号学的脉络与现实问题

现代符号学的兴起虽然是 20 世纪初的事情，但是符号学思想却源远流长。希腊罗马、两河流域，以及印度的古代哲人都曾经对表意问题进行深入思考，而中国先秦的儒家、道家、名家、墨家、法家的学者的思考与探索，亦毫不逊色。《周易》或许可被解读为世界上第一部呈现全部人类经验的符号系统。③从狭义的符号学角度来看，几乎在古希腊斯多葛学派（the Stoics）讨论符号和语义问题的同时，中国的"名家"学者也在讨论"名实之辩"。各自代表人物为公孙龙（约公元前320年—公元前250年）和芝诺（公元前335年—公元前263年）的估算出生年仅差十五年，东西方的伟大贤者不约而同地在那个伟大的轴心时代远隔重洋思考着符号与意义的问题。

遗憾的是，尽管先秦名学充满符号学式的思辨智慧，却并未成为"正统"并得到很好的延续。此后各家思想均对符号与意义观念各有表述，儒家仁爱与礼仪的规约与符号表意贯了千年中国古典文化史，道家的伦理符号思想包含着生命

① 费尔迪南·德·索绪尔：《普通语言学教程》，高名凯译，北京：商务印书馆，1980年，第51页。
② 赵星植：《当代符号学新潮流研究（1980—2020）》，成都：四川大学出版社，2021年。
③ Zhao Y. The fate of semiotics in China. *Semiotica*, 2011(184), pp.271-278.

符号学的主题，法家伦理符号学思想中的义利思辨，汉代的阴阳五行、谶纬术数、河图洛书；唐代的唯识学与禅学思想，宋明的理学与心学，晚清诸学者的贡献。中国思想史这条宏大深邃的思想脉络，紧扣着意识面对世界生发意义这根本问题，理应成为中国的符号哲学的厚实基础。

及至现代符号学发轫的 20 世纪，符号学也曾一度在中国有所发展。1926 年，赵元任曾独立于西方符号学两位开创者提出符号学这一术语并阐述了自己的构想，并写成《符号学大纲》。遗憾的是，赵元任的符号学构想也缺乏后续传承与发扬。中国错失了 20 世纪符号学发展的两个黄金时期：一个是 20 世纪上半期的"模式奠定与解释阶段"，这一阶段形成了索绪尔结构主义语言学、皮尔斯逻辑修辞学、卡西尔–朗格文化符号哲学及莫斯科–塔尔图高技术文化符号形式论等基础理论模式；另一个是索绪尔及其追随者引领的世界性结构主义思潮。此后，符号学经历了一个相对平缓的发展期。有阿尔吉尔达斯·朱利安·格雷马斯（Algirdas Julien Greimas）、埃科、巴尔特、艾弗拉姆·诺姆·乔姆斯基（Avram Noam Chomsky）等一批重要学者在前人奠定的基础模式上进行再发现或局部创新。符号学自身的发展方式，也转而通过学派融合或应用领域的扩展来实现。

20 世纪 80 年代，在中国学术复苏时，符号学发展第二阶段已接近尾声。符号学对于中国学界成了不折不扣的舶来品。重新起航的中国符号学研究，很大程度上是由一批在海外留学的学者带动的。他们译介西典、著书立说、教书育人，影响了一批中国学者。①王铭玉认为，中国的符号学研究起步较晚但起点较高，在非常短的时间内基本追赶上了国际研究潮流。②他将中国符号学发展分为三个阶段。第一个阶段指 20 世纪 80 年代上半段（1981—1986 年）。这一阶段可称为"学科引介"阶段，以译介工作为主。如 1981 年王祖望翻译了西比奥克（当时的译名为谢拜奥克）的《符号学的起源与发展》③；史建海发表了《符号学与认识论》④；金克木发表了《谈符号学》⑤；等等。随后，一批符号学经典论著在国内翻译出版：索绪尔的奠基之作《普通语言学教程》、池上嘉彦的《符号学入门》、特伦斯·霍

①　赵毅衡：《中国符号学六十年》，《四川大学学报（哲学社会科学版）》2012 年第 1 期，第 5-13 页。

②　王铭玉、宋尧：《中国符号学研究 20 年》，《外国语》2003 年第 1 期，第 13-21 页。

③　C. 皮尔逊、V. 斯拉米卡：《信息学是符号学学科》，张悦校，《国外社会科学》1984 年第 1 期，第 45 页；T. 谢拜奥克：《符号学的起源与发展》，王祖望译，《国外社会科学》1981 年第 5 期，第 61-65 页。

④　史建海：《符号学与认识论》，《内蒙古社会科学》1984 年第 4 期，第 80-85 页。

⑤　金克木：《谈符号学》，《读书》1983 年第 3 期，第 68-76 页。

克斯的《结构主义和符号学》、罗兰·巴尔特的《符号学原理》、吉罗的《符号学概论》、埃科（所引原文献为艾柯）的《符号学理论》①。到 20 世纪 80 年代末，中国学者自己撰写的符号学专著相继面世。余建章、叶舒宪的《符号：语言与艺术》、赵毅衡的《文学符号学》②等是我国学者贡献的最早一批符号学专著，代表了中国学者在符号学理论方面独立探索的"重新"开始。

中国符号学的发展经过十年左右引介，逐渐呈现出多学科的发展态势。

从 20 世纪 80 年代后半段，符号学的术语开始偶见于新闻传播学。较早的如四川大学崔荣昌老师写于 1985 年的《新闻写作中的"符号"辞格》从符号修辞理论视角探讨新闻学问题的论述。③不过，这一阶段对符号的处理多指向具体的符号对象。例如，1986 年铁成的《版权符号》、王志灵于 1987 年发表的《非语言符号对采访的影响与作用》④。约从 20 世纪 90 年代初开始，符号学术语频繁出现在新闻传播学诸领域的研究中。符号出现在传播学的各个子门类中。如：教育传播、电视新闻、广告、艺术设计⑤。这些文献大量使用了符号学术语与典型分析方法。其中比较多的是巴尔特的文化分析，索绪尔的能指所指结构。但是，这一时期大量的应用并未对符号学与传播学学科之间的关系进行深刻反思。处于一种对问题解释的自然需求状态，缺乏从方法论本身进行学理性反思。

20 世纪的最后几年，传播学学科方法论受到了更多重视，出现了以符号学为

① 从《普通语言学教程》到《符号学理论》的文献信息如下：费尔迪南·德·索绪尔：《普通语言学教程》，高名凯译，北京：商务印书馆，1980 年。池上嘉彦：《符号学入门》，张晓云译，北京：白酒国际文化出版公司，1985 年。特伦斯·霍克斯：《结构主义和符号学》，瞿铁鹏译，上海：上海译文出版社，1987 年。罗兰·巴尔特：《符号学原理》，李幼蒸译，北京：生活·读书·新知三联书店，1988 年。皮埃尔·吉罗：《符号学概论》，怀宇译，成都：四川人民出版社，1988 年。艾柯：《符号学理论》，卢德平译，北京：中国人民大学出版社，1990 年。

② 《符号：语言与艺术》和《文学符号学》的文献信息如下：余建章、叶舒宪：《符号：语言与艺术》，上海：上海人民出版社，1988 年。赵毅衡：《文学符号学》，北京：中国文联出版公司，1990 年。

③ 崔荣昌：《新闻写作中的"符号"辞格》，《新闻界》1985 年第 4 期，第 36-37 页。

④ 《版权符号》和《非语言符号对采访的影响与作用》的文献信息如下：铁成：《版权符号》，《图书馆学刊》1986 年第 4 期，第 61 页。王志灵：《非语言符号对采访的影响与作用》，《新闻爱好者》1987 年第 3 期，第 27-28 页。

⑤ 教育传播类举例：许雄、徐红：《传播符号与电化教育》，《华中师范大学学报（哲学社会科学版）》1991 年第 6 期，第 75-78 页。电视新闻类举例：张谊：《电视符号与电视文化》，北京：北京广播学院出版社，1994 年；张骏德：《试论电视新闻的传播符号》，《新闻界》1998 年第 4 期，第 50 页。广告类举例：范亚刚：《符号学与广告分析的若干问题》，《北京大学学报（哲学社会科学版）》1995 年第 4 期，第 66-73 页；邵志择：《商品符号与传播》，《现代传播（中国传媒大学学报）》1998 年第 4 期，第 21-24 页；任一鸣：《电视广告符号与人类文化》，《社会科学杂志》1990 年第 11 期，第 49-52、26 页。艺术设计类举例：何洁：《创意：体现在符号设计的始终》，《装饰》1990 年第 1 期，第 7-8 页。

方法研究传播问题的文献，如周军《传播学的"前结构"：符号活动的社会根源和基础》①、陈道德《传播学与符号学散论》②。但此时具体研究新闻或电视的门类符号理论仍然占据较重要位置。如唐迎春、徐梅发表的《论新闻传受的不对等性——从符号学角度的解读》③；刘智专著《新闻文化与符号》④。丁和根将 1994—1999 年称为国内传播符号学的"起步期"，并认为此后进入一个"发展期"。⑤

进入 21 世纪，传播符号学形成了爆发之势。从研究数量来看，2000 年开始研究数量迅速增长；从研究维度上看，此后的研究不再局限于"新闻符号""广告符号"等门类的具体应用，而更多呈现为传播学与符号学的方法论层面正面碰撞与学科对话。更重要的是 2000 年前后，学界明确提出"传播符号学"这一具有门类性意义的学术分支概念。这是 21 世纪以来传播学研究方法论一个新动向，也是符号传播学在中国建构的初步探索。可以将这一批自觉应用"传播符号学"的研究者的切入角度归纳为学科框架建构、学科间的学理对话、理论分析应用三种典型。

其中，李彬较早系统地介绍传播符号学。他从狭义和广义两个层面界定了传播符号学的学科范畴。他指出狭义的传播符号学"主要为新闻传播学所关注、由新闻传播学所推展、被新闻传播学所吸纳"的与符号学相关的研究内容；根据他的理解，可推论广义传播符号学则可理解为与新闻、传播相关的符号、话语、文本、叙事等方面的研究。⑥进而引介了传播符号的学理性框架以及重要的理论家。⑦

---

① 周军：《传播学的"前结构"：符号活动的社会根源和基础》，《北京广播学院学报（人文社会科学版）》1994 年第 1 期，第 70-72 页。

② 陈道德：《传播学与符号学散论》，《湖北大学学报（哲学社会科学版）》1997 年第 2 期，第 48-52 页。

③ 唐迎春、徐梅：《论新闻传受的不对等性——从符号学角度的解读》，《国际新闻界》1997 年第 6 期，第 54-57 页。

④ 刘智：《新闻文化与符号》，北京：科学出版社，1999 年。

⑤ 丁和根：《中国大陆的传播符号学研究：理论渊源与现实关切》，《新闻与传播研究》2010 年第 6 期，第 79-84 页。

⑥ 李彬：《批判学派在中国：以传播符号学为例》，《新闻大学》2007 年第 3 期，第 68-73 页。

⑦ 李彬主要传播符号学文献：《从片段到体系：西方符号学研究一瞥》（《国际新闻界》1999 年第 6 期，第 52-56 页）；《传播符号的分类及功能》（《中国青年政治学院学报》2000 年第 2 期，第 107-112 页）；《符号与世界：萨丕尔—沃尔夫假说初探》（《新闻大学》2000 年第 2 期，第 19-21 页）；《传与符号：罗兰·巴尔特思想述略》（《国际新闻界》2000 年第 3 期，第 59-64 页）；《语言·符号·交流：谈布拉格学派的传播思想》（《新闻与传播研究》2000 年第 2 期，第 61-67 页）；《传播学的关键概念》（《国际新闻界》2002 年第 5 期，第 41-47 页）；《批判学派在中国：以传播符号学为例》（《新闻大学》2007 年第 3 期，第 68-73 页）。

2003 年，他的这些工作集结成国内第一本传播符号学介绍性著作《符号透视：传播内容的本体诠释》。作者在引言开篇即指出："本书的主题是传播符号，本书的主体自然也是传播符号，本书的主旨同样还是传播符号。……其实，传播符号不仅是人类传播的'生命基因'……而且也是人类文明的'精神细胞'。"①该书为符号学与传播学的结合及交叉性研究做出了重要贡献。从研究方法和理论立场来看，李彬的研究有两个特点：一是将符号学作为传播内容研究的方法；二是将符号学作为传播学中的批判流派所持有的一种方法。②李彬对国内传播符号学发展的贡献可描述为"引介与学科概念框架搭建"。

几乎同一时期，另外几位学者也开始从不同的角度探讨传播符号学。丁和根从话语分析与意识形态分析论入手，关注意义的生成与批判，并上升至方法论的学理性探讨。③他的《大众传播研究的符号学方法论》一文是同一时期中，对符号学方法论研究较为系统的文献。该文从符号学的跨学科角度及四个学术方向的经典论述中引证了符号学与传播学联姻的必然性。他的研究特别注重传播学与符号学的学科间对话。在重点考察了话语分析在新闻传播学中的应用后，他提出，话语（文本）分析和叙事学的研究取向已经成为整个传播符号学的重中之重。因为"话语分析最能够体现符号学的整体性思维和研究方法，是传播学研究借鉴符号学方法的便捷之途"。④他倾向于认同符号学路径的批判取向。他认为，传播符号学虽然不能等同于批判学派，但与批判学派理论有着天然的内在联系和共同的学术取向。符号的方法更着眼于深度思辨而不是表层量化，为批判学派提供研究方法和理论资源，是传播符号学重要的意义和价值之所在。进而，他认为传播符号学不可能弱化甚至消除批判的意识。

李彬和丁和根均将传播符号学作为传播学中的批判传统看待，并注重传播背后的隐含性价值，而李杰（笔名李思屈）则注重开掘传播符号学的建构性研究。

①　李彬：《符号透视：传播内容的本体诠释》，上海：复旦大学出版社，2003 年。

②　李彬：《批判学派在中国：以传播符号学为例》，《新闻大学》2007 年第 3 期，第 68-73 页。

③　丁和根：《后现代与大众传媒的话语霸权》（《江苏社会科学》2000 年第 6 期，第 185-190 页）；《论大众传播研究的符号学方法》（《新闻大学》2002 年第 4 期，第 10-15 页）；《大众传媒话语分析的理论、对象与方法》（《新闻与传播研究》2004 年第 1 期，第 37-42 页）。

④　丁和根：《中国大陆的传播符号学研究：理论渊源与现实关切》，《新闻与传播研究》2010 年第 6 期，第 79-84 页。

李思屈从广告及消费文化入手，进入消费洞察与建构性操作①。从 1998 年开始，他贡献了一系列广告符号学的论文。这些文献特色鲜明，立足广告但富于学理分析，主张建构又富含思辨。这在其两本代表性著作中体现得非常明显。在稍早出版的《东方智慧与符号消费：DIMT 模式中的日本茶饮料广告》②中，他结合中国传统智慧，创造性地提出了能够用以指导广告传播实践的"DIMT"模式，即言（Discourse）、象（Image）、意（Meaning）、道（Tao）；而 2004 年出版的《广告符号学》则是国内较早冠之以"学"的系统广告传播领域著作。这是他多年的研究中一以贯之的思路。2008 年出版的《传媒产业化时代的审美心理》一书，仍然立足符号学，兼备思辨与量化分析，对当代大众传媒产业中的大众消费经典案例提出了自己翔实的案例分析。

2008 年以后，我国符号学与传播学的融合发展进入了新的阶段。以四川大学符号学–传媒学研究所的一系列工作为例。2008 年，赵毅衡创办四川大学符号学–传媒学研究所；2009 年，该研究所创办我国第一份符号学专业学术期刊《符号与传媒》（*Signs & Media*），同年，四川大学传播学下设的传播学二级学科博士点下设传播学与符号学方向，并发展成为隶属于新闻传播学一级学科的符号学二级学科博士点，也是迄今为止国内唯一符号学二级学科博士点。在四川大学赵毅衡、蒋晓丽等学者的呼吁倡导下，中国中外文艺理论学会于 2014 年成立"文化与传播符号学分会"，2018 年，中国新闻史学会成立"符号传播学专业委员会"，自此每年举办年会、学术论坛，深入推进符号学方法论与传播学融合发展，产出了一系列成果，推出的"中国符号学丛书"（四川大学出版社出版）、"符号学译丛"（四川大学出版社出版）、"当代符号学译丛"（四川教育出版社出版）、"传播符号学丛书"（社会科学文献出版社出版）、"符号学·学科系列教程"（重庆大学出版社出版）等丛书已经出版超过 150 余种，在国内外产生了广泛的影响。

---

① 李思屈主要传播符号学文献：《意义阐释与话语策略》（《文艺争鸣》1998 年第 3 期，第 9-11 页）；《广告的传播学性质与广告符号》（《西南民族学院学报·哲学社会科学版》2000 年第 2 期，第 100-102 页）；《广告符号与消费的二元结构》（《西南民族学院学报·哲学社会科学版》2000 年第 5 期，第 119-122 页）；《传播"修辞学"与广告符号的运用》（《西南民族学院学报·哲学社会科学版》2000 年第 6 期，第 74-77 页）；《传播的"修辞幻象"与广告效果》（《西南民族学院学报·哲学社会科学版》2000 年第 7 期，第 84-85 页）；《广告中的女性符号：一种跨文化的比较》（《西南民族学院学报·哲学社会科学版》2000 年第 8 期，第 75-78 页）；《中西方广告的女性符号比较》（《西南民族学院学报·哲学社会科学版》2000 年第 9 期，第 92-97 页）；《霍尔传播模式与接受美学》（《西南民族学院学报·哲学社会科学版》2001 年第 6 期，第 193-198 页）；《传媒业的产业融合与传播符号学的新视域》（李思屈、关萍萍合署，《浙江大学学报（人文社会科学版）》2009 年第 3 期，第 137-143 页）。

② 李思屈：《东方智慧与符号消费：DIMT 模式中的日本茶饮料广告》，杭州：浙江大学出版社，2003 年。

应当说，经过近半个世纪的努力，中国符号学发展取得了长足的进步。王铭玉等学者对中国符号学的发展提出了极高的期望和评价。国际符号学界也对中国符号学予以了更多关注，但就世界符号学的理论构成来看，中国学者在国际符号学领域的声音，还是多以对西方传统理论的阐释为主，涉及中国的对象问题，仍主要体现为"东方主义"式观照，并试图通过与西方的比较意义得到解读。另一个更加根本性的缺场，是中国传统文化符号思想价值并未在符号学中得到充分体现——而这与中国文化深厚的蕴含并不匹配。无论是被视为第一套人类经验的符号学表述的《周易》，还是几乎与斯多葛学派同时建立名称与意义专论的东方"名学"，都未在今天符号学基本模式中占据一席之地。总体上，在世界符号学运动中，中国学者提出的核心模式或理论的贡献，以及基于中国问题生发的、具有普遍规律及世界影响的理论仍然缺场。

摆在当今中国传播符号学研究者面前的问题转而成为：中国符号学以何种姿态处身全球化学术语境。换言之，若今天正在发生的知识更新在符号学领域引发的变革，将酝酿第三次世界性符号学运动，那么中国学者将如何跻身国际学界？

该问题只能由中国学者自己回答，且此问题的答案，或取决于中国学者如何解答人类面临的符号文化变革共通问题。这种努力应是有意识地从追随西方理论的阐释转向融通中西与新意独出并重。涉及中国的对象问题的思考，则必须走出"东方主义"式二元对立框架，以越出仅仅通过与"西方"的比较来实现自身意义的存在。这就必须对符号学开展双重创新——既融通传统中国文化符号遗产，也接轨当下中国变革的独特现实。在这场学术创新话语交融中，中国学者提出的理论模式或做出的贡献，应然是基于中国问题生发的，同时关涉"人类意义共同体"的一般规律。

二、符号学的中国路径

（一）现代性困局与中国的"意义观"

当今传媒文化的剧变，为符号学乃至整个人文科学提供了理论创新条件，同时也提出了亟待解决的现实问题——物理学对宇宙起源解析的突进冲击了哲学与宗教的世界观；人工智能正在改写"智域"的主体和边界；媒介剧变重铸着人类社会连接结构；生物工程，尤其是基因科学的进展，让人类不断尝试僭越造物主的角色……

与此相对的是，在人类技术文明进步的同时，人类的意义生活却进入了空前危机：消费社会的物化和异化使传统社会的信仰边缘化从而导致伦理缺失；数字化生存的现实让"真""谬"关系发生了某种不对称的"后真相"（post-truth）转向；诉诸感官沉浸的碎片信息令传统文化生活的仪式感走向消失。在内爆的信息冲击下，人们反而迷失了意义的追寻方向。国与国之间、民族与民族之间的文明冲突却没有因媒介技术带来的传播便利而稍减——恐怖袭击、暴力冲突有了更大规模的杀伤性手段；核威胁、生化武器以及具有更恐怖杀伤力的人工智能武器，仍是悬在全人类头上的达摩克利斯之剑。

这个时代对"意义交流"的需求比以往更加凸显，构成了符号学发展的根本问题导向，而问题发展的基础则植根于其所在的知识传统。中国符号的特殊性价值未能占据一席之地，甚至在理论价值上受到了不公正的边缘化，不过是一种"线性符号达尔文主义"①的结果。当今中国符号学参与世界符号学运动的方式，如果仅仅承袭西方意义的符号学理论，将无法在理论本身上实现超越，而至多形成某种稍有差异的解释与应用。以这种方式构筑起来的中国符号学理论，或许能够部分地描述当今中国在外来文化思想下推进的现代化浪潮，但它并不能完全解决西方文化自身遭遇的问题。以科学与物质生产为基石而构筑起的现代性逻辑已经面临严重危机。无论是"物质文明"还是"人本"，在这种先导的合法性论证中，隐含的仍是盘旋西方数千年的"逻各斯"（logos）及其延伸逻辑。

然而，以科学与物质生产为"元逻辑"的发展路径在当今已经出现了严重的"刹车失灵"现象。两次世界大战对人类文明的巨大冲击尚未远离：切尔诺贝利核电站所在区域依然是无人区，覆盖在核泄漏反应堆的"石棺"下，还封存着约200吨核原料；"基因编辑"婴儿的降生再度引发人类对科学技术与伦理限度的广泛争议。诸多事实表明，相对于人类掌握的技术能力来说，其表现出来的伦理智性却像一个巨婴。这种智行孱弱的表现，无论是"意外的核泄漏"，或是蓄谋发动的战争，还是以个别疯狂科学家表现出来，其背后的逻辑，实际上是"现代性"错误地预设了"文明"的线性进步，从而导致"人"从上帝的桎梏中挣脱出来以后主

---

① 胡易容：《符号达尔文主义及其反思：基于汉字演化生态的符号学解析》，《兰州大学学报（社会科学版）》2018年第3期，第158-166页。

体性的过度膨胀的结果。伴随这种结果的，是启蒙运动以来，人文与科学被作为分而治之的对立范畴。符号学家卡西尔曾在这种分治中，将"人文"作为局部的感性之真，而将科学作为普遍真理。

以"人"的至高无上性为元话语的文化理论，其"意义"始终围绕着谋求人类现实享用的"福祉"，实质上是一种"好处逻辑"，且这种"好处"是"人类中心"主义的。因为，即便在考虑到人与自然和谐（harmony）关系时，前一种理论也可能只是借助生物学逻辑来演绎人类中心主义的不同版本。若以此为基础来构建一种文化符号学理论，不仅理论上无助于东方思想的价值体现，而且在实践上也可能是将线性的科学进步作为解决当今文明危机的办法。其结果即，以更多的技术来解决目前技术的问题，以更强大的机械蛮力来应对今天的机械蛮力所造成的危害，包括人工智能在内的被称为"智能"的计算蛮力，不过是这种机械蛮力在计算领域的表现形式罢了。

由于尚未建立足够的文化自信，现代化的中国目前将西方现代文明中的"发展""进步"等关键词作为文化自信的外显性指向。在这个逻辑下，中国将不可避免地采取某种外在显示度指标作为"崛起"的确证，而同时面临的风险是基于文明深处内在精神价值被一定程度地忽视。以是否建造"中国大型粒子对撞机"为例：主张建造者的支持论证是"能量级别与建造规模强于西方数倍"——依然是西方逻辑在科学领域的诉求。实际上，个别基因编辑科学工作者对违背伦理进行的辩解，恰恰就是以"科学进步"和"造福绝症患者"为名义的。两千年前，庄子借"为圃者"之口，表达了对此类以技术谋取便利好处的事"羞而不为"。现代文明线性意义上进步的"理所当然"与庄子认为失道而"羞而不为"的立场是两种伦理的鲜明对照。

在"科学"与"人文"分治的逻辑上，"文化"与"文明"成为两种不同的概念：其中，文化作为差异化的意义存在的价值受到贬抑，而包含了物质生产与科技进步的矢量指标——文明被拔高为全人类共同追求的普适性真理。西方发达国家正是在这种逻辑上对其他民族进行所谓的价值观念输出。不可否认的是，在这个输出过程中，技术得到了普遍进步，但人类的福祉是否总体有效增加则值得追问。或者，在一种更包容的维度下需要追问的是，在接受西方文明意义上的科学与进步时，谁来为这种被绑架在现代科技上的人类文明刹车？

依靠科学家或科技伦理的自身约束显然效果有限，因为科学的根本逻辑是进步，而其最高宗旨——服务对象"人类"则是被"上帝化"了的人类中心——其实质也是物化了的"人"。在这一语境下的科学伦理所讨论的主要是"安全性"和程序伦理。只要科学是服务于人类的"好处"，这种科学就会被视为正当。好处与正当的等价使得科学前行的动力并不存在禁区——无论是核物理、基因工程还是人工智能，科学都无法为科学自身刹车。我们已经从今天的现实见到，建立在"市场需求"基础上，以殖民火星为理想的马斯克成了全人类的英雄。以此类推，设若一项技术能可靠安全地使人类获得永生（也即最大化的好处），恐怕没有任何来自科技的力量有充分理由阻止这一技术。谁是现代世界的文明中具有"羞而不为"的"精神自觉"的"为圃者"？

这种为现代技术刹车的自觉，应该是基于理论基础上的反思与警醒导向。这个理论基础，首先需要重新思考并区别"文明"的"文化"。当人们追问，一种文化如何有助于文明发展，甚至有助于科学进步的时候，其基本逻辑混淆则已经将"文化"与"文明"等同。这对概念的等同，导致了文化从属于"物质"文明，而放弃了文化的本位——意义及差异性。恢复"文化"的意义本位，而不是使其服务于"现代科技"为优先选项的"文明"。并非只有中华传统文化具有此种功能。实际上，任何文化都内在地包含的精神追求，其指向的人类幸福的归宿都具有反思功能，只是在一些情形下有些文化被以"更适合于技术发展"来作为文化之好坏的评价标准。例如，新教伦理被解释为可促进资本主义发展的文化，因而成为了某种具有现代适用性的"好文化"；与此类似，新儒学一度被期望作为中华文化圈经济奇迹的秘方。这种以文化解释经济或科技发展的方式裹挟了太多对"经济""科技"的好处或用处，实际上部分地丧失了"文化价值"更加重要的"刹车"作用。

因此，刹车作用的回归，本身即中国传统文化与伦理符号学的重要价值。

（二）符号学对象偏倚与中国补充

从符号学的对象层面来看，中国问题对象呈现整体性失语，并受到了偏见甚至污名化对待。格奥尔格·威廉·弗里德里希·黑格尔（Georg Wilhelm Friedrich Hegel）代表了其所在时代对中国文化的偏见。他认为，拼音文字自在自为地更符合理智的要求……而象形（pictographs）文字语言只有对精神文化处于停滞状态的民族才是适合的；让-雅克·卢梭（Jean-Jacques Rousseau）则认为，汉字是只比最原始的描画物体高级的第二阶段，而字母文字对应文明社会和秩序。①受西方启蒙思想影响的中国近代知识分子某种程度上也受到这种偏见的影响。时代的局限让他们将中国的落后部分归咎于文化因素，甚至从中国文字找原因。在救国图强的诸种策略中，他们尝试了包括拉丁化运动在内的废除汉字运动。若当年去汉字化运动成功，其可能造成的文化断裂损失将是无法想象的。这种损失甚至比具体的文物损坏更加深刻，因为作为器物的文物固然宝贵，但至多是已经逝去的符号记忆，而中华文字历时数千年，作为超越时空连接整个华夏文明的纽带，是仍然活着的精神符号载体。

从"文化"作为一种意义生活的差异来看，文字符号系统是中华民族精神文化生活区别于其他文明的独特展现方式。在全球化语境和网络导致的信息平均化进程中，人们可能无法从城市或地理意义上区分身处何地，但一种语言文字符号却自然而然地建构起了思维方式的差异化。形成鲜明对照的是，在我们拼命消除这种差异拥抱全球化的时候，法国人却在自觉地抵制着自身的语言被英语化，并且已经坚持了四百余年。

反观中国被迫打开国门以来中华文化自我认知的百年历史，经过自我否定式的学习西方及全球化之后，在当今中华文明复兴之际，民族文化主体问题凸显出来。尤其是在以西方为标杆的全球文明进程中，科技为先导的文明演化模式遭遇了其自身无法回避的深层逻辑困境时，"存异"的紧迫性尤为凸显。就符号对象而言，中国符号与西方符号逻辑的诸种区别中，书写符号与语音符号的区别尤为显著，因为这种区别深深植根于各自文化信仰之中。尽管在东西方文明中，都同样认同"语言符号"赋予人类以超越性的神圣力量，但两者所指向的符号类型，却在文明的早期就分别指示出了这种符号向度的差别。在西方文明中，这种超越性力量指的是"语音"。《圣经》中《出埃及记》的巴别塔故事中，当人们彼此协作建造出一个通天塔时，主说，"看那，他们彼此协作，没什么事情是他们不能做成的了。我们下去，变乱他们的口音，使他们彼此无法沟通"②。而在表现语言力量的东方叙述中，其符号形态明确指向"文字"——昔者仓颉作书，而天雨粟，鬼夜哭。③据张彦远的解释，其原因是"造化不能藏其秘，故天雨粟，灵怪不能遁其

---

① Rousseau, J.-J. *Essai sur l'origine des langues*. Paris: Presses Électroniquesde France, 1781, p.26.
② 冯象：《创世记：传说与译注》，修订版，北京：生活·读书·新知三联书店，2012 年，第 263 页。
③ 刘安：《中华国学经典读本：淮南子》，哈尔滨：北方文艺出版社，2013 年。

形，故鬼夜哭"。①

张彦远的上述解释被视为"书画同源"说的最早来源。这也反映出，在东方中国文明体系中，书写体系的图像理据性植根于文字的创造。由于中华文字传承的连续性，东方中国的书写文明与很早即建立纯粹表音语言的西方文明在语言符号形式上呈现出了关键性区别——图像理据性。

在索绪尔的符号学理论当中，符号系统是规约性的系统，而理据性符号因被视为偶发的、非系统的而不被纳入符号系统中来考察。皮尔斯的逻辑修辞学模式，固然弥补了索绪尔理论因对象局限而带来的理论偏颇，将理据性与规约性视为同样重要的基础要素，但作为一种"逻辑学"，皮尔斯几乎不涉及具体的文化对象问题。如此一来便使符号学成为一种纯然的"符号形式逻辑"。

如何在理论结构上含括理据性，同时具有坚实的理据性文化符号对象佐证？西方学界将主要的视觉焦点集中于当今图像符号（pictogram）。但图像符号确实因其体系性不足而在理论建构中遇到了一些问题。尤其是超高度像似性图像（如镜像）是否应归属于符号等问题给符号学研究者造成了巨大的困扰，如埃科曾用长篇专章论述镜像不属于符号。尽管许多符号学者已经反驳了这一点，②但这一争议反映出来的问题是，普泛的图像符号研究与索绪尔的语言符号研究并不构成一种对称性补充。

综上，既具有系统的文化规约形制，又保留高度理据性，还同时与表音语言体系形成对观，中华文字体系无疑是最适合的研究样本。不过，中华文字符号体系中，汉字作为较为成熟的规约体系，其图像理据性已经相当弱。一些学者认为，汉字中的理据性，不必追索，也无须追索了。其理由是，我们使用汉字的时候，依据的并不是原初的那种图像理据，而是社会反复规约的"使用理据"。这一点确是事实，从甲骨文开始，中华文字就已经是成熟的规约系统。因此，如果要从中华文字谱系来建构一种基于图像理据的文化符号学，在包括甲骨文的基础上，若能补充一种具有图像理据的"文字"或"类文字"，将成为最有力量的证据。

（三）基于文字语图性的符号学

如果用生命演化来比喻文字符号的演化，每种文字符号的创生、发展演变则

---

① 张彦远：《历代名画记》，北京：人民美术出版社，2016年，第1页。

② 胡易容：《论镜像：意义奇点与符号演绎》，《中外文化与文论》2015年第3期，第50-62页。

应当有一个过程。大多数学者认为，现在呈现在世人面前的甲骨文，作为一种体系完备的成熟文字符号系统，应当经历了一个较长的演化成熟过程。不过，这一过程仍然缺乏翔实的佐证材料。更加缺乏的，是包括前文字时代在内的中华文化符号整体演化过程的研究。这种立体生态维度的缺失所导致的对中华文字符号系统的孤立视角，实际上不利于从整体上理解这种符号所承载的文明演变。建立一种"中华文字符号谱系的立体、动态场域视角"，推进在符号生态场域关系中呈现的中华古文字谱系，将构成中华文字符号体系的立体维度。

从中华文字谱系内部来看，应加强巴蜀图语、古彝文、古纳西文、甲骨文等不同书写符号内在谱系的关系研究，它们将为中华文字谱系的整体面貌呈现提供重要依据。同时还应将眼光放得更远，从其在世界文字符号的总体谱系中的位置梳理文字起源的逻辑及可能存在的文化关联性。

上述研究的推进，也是包括汉字在内的中华文字符号系统可能建构起不同于西方表音体系的可能路径。索绪尔曾认为，语言学的对象是由口语单独构成的，而不是语言与文字的结合，而文字存在的唯一理由是为了表现口语。[①]索绪尔不无偏颇地认为，（口语主导的）语言是不断发展的，而文字却有停滞不前的倾向。[②]中华文字谱系这样具有原始图像理据性的符号，或是反驳这种语音中心论有力的证据。不仅如此，包括巴蜀图语在内的中华文字文明的动态演化史的深入研究，将直接构成文字与口头语言共同发展的佐证。

中华文字与文化符号对象研究的深入推进，不仅将有助于我们厘清华夏文字文明谱系的丰富性和立体性，也将在理论上构成对我国符号学理论体系的有力支持。相对于符号对象的理据性分析及其理论归纳，更困难的是精神性价值对符号学理论的充实。

综上，从学术史的成因，结合当今国际符号学运动来看，中国符号学须通过"意义"与"对象"双重维度来寻求突破。其中，意义维度是从中华思想文化出发，厘清启蒙运动以来，以"科学"与"人本"为先导的文明进化及其局限，探索有别于此的"文化"价值观念，并建构对当代世界所面临的问题具有普遍价值的"文化符号学"；从对象维度来看，则是从以中华文字谱系为典型的广义符号学研究出发，构建一种普遍理据性的分析体系，在符号谱系类型上形成不同于索绪

---

① 费尔迪南·德·索绪尔：《普通语言学教程》，高名凯译，北京：商务印书馆，1980年，第47页。

② 费尔迪南·德·索绪尔：《普通语言学教程》，高名凯译，北京：商务印书馆，1980年，第52页。

尔以"希腊字母为原型"的语音中心传统建构的符号对象体系。后者实际上是一个关于中国学者的思想和中国符号学遗产在当今新媒介时代的国际传播问题。而这里的"传播",既包括以中国符号为载体的文化全球传播问题,也是符号学与传播学之间的双向转向、融合。

一种学术范式的推进,必然是社会问题需求与学术传统的累积、碰撞以及革新等多种要素共同作用的结果。近现代以来,中国没有产生世界性的学术思潮,归根结底是由于全世界的现代化是以西方为坐标体系的历史观。在西方现代文明遭遇了其在理论上难以克服的现实困境的情况下,中国哪怕以西方的标准开始超越西方并引领世界时,相应的"元理论"的迫切性就被提上日程。全世界都在见证,中国承诺了宏伟的双碳计划而欧洲国家却在倒退,中国让伊朗和沙特握手言和而美国却在为以色列送上军火,中国以遵守世界贸易规则的方式成为世界第一大汽车出口国而美国却宣布筑起高墙……这些正在实际发生的历史背后应当有超越于具体方案的元理论逻辑。在这种理论逻辑上,文化价值方才可能凸显。作为表意符号总集合的文化价值的实现将是中华民族伟大复兴的见证。换言之,中国学者以及中华文化精神应当有所作为。这种作为,显然不是简单贩卖传统文化遗产和符号,而是以一种更大的胸怀和自信,以及为人类文明负责任的姿态,提出一种当代文明语境下的"意义理论"。

第二章 传播符号学的理论资源

　　提要：本章旨在展示传播符号学理论的建构是以"意义形式论"为原点，在传播学相关的学派和研究范式基础上形成的具有交叉学科性质的理论体系。它既是对原有理论和学派的吸纳、整合，又是结合当今新媒介和学术语境下的观念突破。本章以有限篇幅枚举了这种理论谱系的思想脉络和更新方式。如第一节"元传播"的提出是 20 世纪中叶结构主义浪潮背景下"神经控制论"与"符号-语用论"（pragmatics）结合的成果之一。它同时为新语境下"认知传播学"的兴起提供了理论线索，并形成了"元媒介"（meta-media）"元话语"等一系列适应于当今新媒介的研究命题；第二节"符号形象学"这一术语是将原来限定在文学文本论域的源自比较文学法国学派的"形象学"扩展到当代传媒符号景观这一更普遍的符号形象论域而提出的创新概念。从一种意义形式论的角度，它关注从所有形象（image）中抽象出的形式规律。第三节探讨的"意义世界的边界"，沿着卡西尔"人文"与"自然"分殊的路径，是文化传播符号学不得不处理的范畴边界问题。该节在处理边界问题时，将"信息"作为世界秩序规定性的显现，避免了传播符号学滑向一种纯然的主观感知论，为符号意义世界提供了实在的基础。

第一节 "元传播"的语用学与神经控制论思想谱系

　　文化是动态的，因而必须是传播的。从"元语言"到"元传播"经历了一个学术范式的转型。本节通过考察"元传播"的思想谱系，试图厘清其与"神经控制论"及"符号-语用论"的关系，并对"元语言"到"元传播"理论跃迁的内在逻辑进行剖析。20 世纪 40 年代，帕洛阿尔托学派创始人帕特森等在符号语用学和精神病理学的启发下提出的"元传播"，是当时被称为"新传播思潮"的重要概念，对传播研究影响深远。这些思想在当前新媒体语境下衍生出"元媒介"等一批概念。帕洛阿尔托学派应属于当前博兴的认知传播符号学早期流派，其"元传播"思想对当前新媒介语境下文化符号学有重要借鉴价值。

"元传播"思想及其复兴。"元"是一个具有广泛附着力的伞形概念，在哲学、语言符号学、文学、心理教育方面都得到广泛应用。"元"对应的英文 meta 出自希腊语 μετά（metá），意思是"之后"或"之上"。Metaphysica 作为亚里士多德所著《形而上学》（古希腊语 μεταφυσικά，拉丁转写 metaphysica）一书的书名，意指"第一哲学"，是"在具体科学之后"。他称为"being as being"，即一切存在背后的存在。《形而上学》原名《物理学之后诸卷》，"之后"与其第一哲学的概念相符，有"上"或"超越"的意思。中文译名"形而上学"语出《易经》，所谓"形而上者谓之道，形而下者谓之器"。"元"的概念用于描述交流活动最早出现在 20 世纪初的语言分级观念中，为此后"元语言""元传播"的提出奠定了基础。

贝特森及帕洛阿尔托学派当时引领的新传播思潮也因其主要理论主张而被称为"互动论传播学派"①或"符号–语用传播学派"。贝特森的早期研究主要涉及人类学和学习理论。从 1946 年开始，他先后研究了精神病学、肢体语言学和学习理论以及进化论。1948 年受到沃伦·麦卡洛克（Warren McCulloch）神经控制论观点的启发，约尔根·吕施（Jurgen Ruesch）和贝特森结合符号–语用论提出了人类传播的"元传播/元交流"（metacommunication）观点。当初这个术语主要限于讨论人际交流，后来被广泛应用于大众传播研究，"元交流"自然也就转变成"元传播"问题。吕施和贝特森称之为"关于传播的传播"（communication about communication）。②

"元传播"的概念对于传播而言至关重要。法国学者米耶热认为，它（对传播而言）独自提供了不可或缺的理解要素③；传播符号学家克劳斯·布鲁恩·延森（Klaus Bruhn Jensen）也将元传播视为包括人际传播、大众传播、网络传播等在内

---

① Rogers, E. M. *A History of Communication Study: A Biographical Approach*. New York: Free Press, 1997, p.88.

② Ruesch, J. and Bateson, G. *Communication: The Social Matrix of Psychiatry*. New York: W. W. Norton & Company Inc., 1951, pp.207-208.

③ 贝尔纳·米耶热：《传播思想》，陈蕴敏译，南京：江苏人民出版社，2008 年，第 44 页。

的任何传播形式必不可少的构成部分①。不过，这一重要概念很长时间内未引起国内外传播学界的足够重视。主要原因有二：从研究对象来看，元传播思想预设研究对象是人际传播，而第二次世界大战后飞速发展的大众传播是主流研究范式；从研究关注点来看，贝特森重视语言意义和生物神经病理学的结合研究，而早期主流的大众传播学以物理通讯为基础模型，并且将传播心理视为"黑箱"，总体重视讯号的通达过程而轻视意义的解释。

国内有关"元"的理论多见于哲学和语言学领域。早在 1960 年，周煦良译介玛格丽特·马斯特曼（Margaret Masterman）的《象意语言》时就介绍了"元语言"研究，并指出其与西方近代哲学的密切联系。很长时间内，国内传播学界对"元传播"话题明显"失语"。偶尔涉及相关概念也并未进入该术语的学术史并有所推进，如《元媒介地位下手机的交往特性——"在场"视角下的哲学思考》一文提到，"手机已经取得了'元媒介'的统治地位"②——该文将"元"媒介视为一种具有主导地位的强势媒介，对"元媒介"的理论内涵并未进行学术界定，也未基于学术史的概念加以沿用。

近年来，国内外对元传播的讨论均有起色，丹麦学者延森从传播符号学角度讨论了元传播的"三重维度"③；国内学者潘忠党将"元传播"视为"新闻变迁的核心问题"④；全国科学技术名词审定委员会·新闻学与传播学名词审定分委员会辟特约专栏论述"元传播"概念及其五条公理⑤。当前重提"元传播"有两个重要背景：一方面，是新媒体传播实践引出的"元媒介"观念以及"元媒介时代"命题兴起。正如延森指出，我们必须在数字媒体语境下，重新审视元传播这一概念。⑥。潘忠党认为，正是"新媒介将元传播推向前台……元传播创新型塑新闻变革"⑦。另一方面，是认知传播学的兴起，使得心理黑箱成为可讨论的话题。帕洛

① Jensen, K. B. *Media Convergence: The Three Degrees of Network, Mass and Interpersonal Communication*. London: Routledge, 2010, p.100.

② 廖华力、宋艳：《元媒介地位下手机的交往特性——"在场"视角下的哲学思考》,《东南传播》2011 年第 7 期，第 71-73 页。

③ Jensen, K. B. *Media Convergence: The Three Degrees of Network, Mass and Interpersonal Communication*. London: Routledge, 2010, p.100.

④ 潘忠党：《新闻变迁的核心问题》,《中国社会科学报》2016 年 7 月 7 日，第 3 版。

⑤ 王金礼：《元传播：概念、意指与功能》,《新闻与传播研究》2017 年第 2 期，第 118-125 页。

⑥ Jensen, K. B. Media convergence: *The Three Degrees of Network, Mass and Interpersonal Communication*. London: Routledge, 2010, pp.98-99.

⑦ 潘忠党：《新闻变迁的核心问题》,《中国社会科学报》2016 年 7 月 7 日，第 3 版。

阿尔托学派及其"元传播"思想谱系是"神经控制论"与"符号-语用论"结合的典范，是当前"认知传播符号学"不可绕过的学术史重要节点——这一点尚未被国内认知传播学界充分认识。

由此，本节试图从"元传播"概念入手，一方面，厘清其两大主要思想来源——"神经控制论"和"符号-语用论"的思想谱系及演化；另一方面，从"元语言"向"元传播"跃迁的理论过程出发剖析元传播观念的内在逻辑，进而说明其对"认知传播符号学"的理论价值，以及对理解新媒介社会的启示意义。

一、"元传播"思想谱系

（一）意义凸显：从"信号传输"到"符号传播"

早期传播学研究的预设，主要建立在"信息论"基础之上，偏重信息的物理传递。费斯克指出，信息论"是一种机械性的理论"，信息论视野中的信息是"信号的物理形式而非意义"①。以香农提出的线性传播模式为例，该模式主要涉及的是传播渠道所能运载的最大数量的信号传递问题。②线性模型常被视为北美大众传播基础模型。正如约翰逊和克赖尔指出，今天，在所有促使人们普遍对模式发生兴趣的贡献之中，要数香农的贡献最为重要。就传播研究的技术方面来讲，后来在这方面所作的许多努力，都是由香农的数学公式激起的③。此后一批大众传播模型增加了信息过程变量。如梅尔夫·德弗勒（Melven Defleur）提出的德弗勒互动过程模式是通过增加"反馈"机制实现了对香农模式的升级。总体来说，这些模式仍然集中于信号的过程性结构，而割裂了意义的认知、解释。费斯克认为我们迄今所考虑的各种模式，都在不同程度上强调了传播的过程性，都假定传播是从讯息 A 到 B 的传递。因此，它们最为关心的是媒介、渠道、转换器、接受、噪音以及反馈，因为这些都是与讯息的发送过程相关的术语。④

随着传播研究的展开，传播理论模型中信息内涵和解释性要素逐渐得到更多

① 约翰·费斯克等：《关键概念：传播与文化研究辞典（第二版）》，李彬译注，北京：新华出版社，2003年，第138页。

② 丹尼斯·麦奎尔、斯文·温德尔：《大众传播模式论》，祝建华、武伟译，上海：上海译文出版社，1987年，第20页。

③ 丹尼斯·麦奎尔、斯文·温德尔：《大众传播模式论》，祝建华、武伟译，上海：上海译文出版社，1987年，第19页。

④ Fisk, J. *Introduction to Communication Studies*. 2nd ed. London: Routledge, 1990, p.39.

关注。1954 年奥斯古德–施拉姆模式（Osgood Schramm Model）提出的循环模式引入了编码和释码者概念。[1]尽管其理论模式依然是物理信号的还原思想，但至少通过引入解释者的要素，为"符码（code）解释"提供了可能。此后，德国学者格哈德·马莱兹克（Gerhard Maletzke）于 1963 年提出的大众传播系统模式应用了"场论"思想（麦奎尔和温德尔，1987：51-55），[2]从环境与物体的关系上把握传播的总体关系，进一步考虑到接收者（addressee）的身份、环境等因素可能对释码造成的影响。

对传播意义的阐释的深入，势必要求对传播意义生成内在机制展开更深入的探索。不过，对意义探索的深入并非是在单一学科中完成的，而是在不同分支领域发生的。同一时期，对交流意义机制的探索，是语言符号学的长项。

（二）分层逻辑：结构主义与神经控制论

在 20 世纪初，传播学生发于新闻学的同时，符号学也萌发于语言学。语言是人类交流最庞大和完善的符号系统。意义的阐释是语言交流活动的应有之义，有关意义层次的思考很早就出现于人们对语言符号交流实践的探索中。这些思考以及后来形成的"元语言"构成了元传播的基础，对其提供了借鉴。

古希腊时期麦加拉学派（Megarian School）提出的"语义悖论"现象引发了对语言结构问题的讨论。许多学者创造出各种包含语义悖论的命题，如"只给不为自己理发的人理发"的"理发师悖论"，在数学上称为"罗素悖论"。[3]20 世纪三四十年代，波兰逻辑学家阿尔弗雷德·塔斯基（Alfred Tarski）进一步提出区分"谈论周围世界的语言"和"谈论对象语言的语言"[4]，后者即"元语言"——其性质是任何语言指称其他语言的符号。[5]此后的"元语言学"发展成为语言学中的专门领域，而讨论元语言时使用的语言又被称为"元元语言"[6]。

元语言的分层逻辑是任何系统结构的共通特性。结构主义语言学家索绪尔将

---

① 丹尼斯·麦奎尔、斯文·温德尔：《大众传播模式论》，祝建华、武伟译，上海：上海译文出版社，1987 年，第 22 页。

② 丹尼斯·麦奎尔、斯文·温德尔：《大众传播模式论》，祝建华、武伟译，上海：上海译文出版社，1987 年，第 51-55 页。

③ 《数学辞海》编辑部编：《数学辞海（第三卷）》，北京：北京大学出版社，2002 年。

④ 郭聿楷：《关于"元语言"》，《中国俄语教学》1999 年第 3 期，第 46-47 页。

⑤ Pei, M. and Gaynor, F. *Dictionary of Linguistics*. Lanham: Philosophical Library, 1954, p.135.

⑥ 冯契主编：《哲学大辞典》，分类修订本，上海：上海辞书出版社，2007 年。

整个符号系统视为建构在任意性基础上的系统集团。①他的后继者将这种系统结构观念应用到包括传播在内的诸多领域。比如，斯图尔特·霍尔（Stuart Hall）借助索绪尔语言符号学的系统论思想来论述符号与编码的关系。在霍尔看来，传播实践的"对象"是以特定方式组织的符号载体携带的意义和讯息，其通过操作会话中组合链中的符码（code）而实现的②；结构主义人类学家列维-斯特劳斯认为，符码是社会文化行为的底层规则，每一个符码都指向一个几乎涵盖整个人类历史构筑的意义系统③文献；埃科从符号生产的角度将符码/代码界定为"复杂规则的形式"④。这些观念均将交流中的"元语言"视为一种对交流内容的解码。

　　20 世纪中期，结构主义的影响越出了语言范畴，成为社会科学和自然科学的普遍思潮。这一思潮影响下的生物神经控制论是贝特森提出"元传播"的重要背景。⑤1943 年，神经生理学家麦卡洛克和沃尔特·匹茨（Walter Pitts）进行了建立神经网络的数学逻辑模型的开创性工作。他们的研究成为控制论在生物学领域的重要组成部分——神经控制论。⑥受到麦卡洛克神经控制观念的启发，吕施和贝特森指出，每一个神经细胞的信号发送都既具有一个"报告"的性质，又具有一个"命令"的性质。⑦"命令"是大脑通过神经细胞指挥身体器官活动的"信号"，而"报告"则是大脑对所传达的各个命令的知晓和管理。不仅如此，贝特森还发现，这个原理适用于所有人类语言交流行为。由此，他和吕施在《传播：精神病理学社会模型》（*Communication: The Social Matrix of Psychiatry*）一书中提出了"元传播"的概念，并将其描述为"关于交流的交流"（communication about communication）。⑧

　　尽管当时尚未提出独立的"认知科学"这一学科名，但"元传播"所反映的理论背景"神经控制论"是认知传播研究的早期认知研究形态。当前的认知传播

　　① Saussure, F. *Course in General Linguistics*. New York: Philosophical Library, 1959.

　　② Hall, S., Hobson, D, Lowe, A., et al. *Culture, Media, Language: Working Papers in Cultural Studies 1972-79*. London: Routledge, 1980.

　　③ Levi-Strauss, C. *The Savage Mind*. Chicago: University of Chicago Press, 1966, p.260.

　　④ Eco, U. *A Theory of Semiotics*. Bloomington: Indiana University Press, 1976, p.3.

　　⑤ Branco, A. U. and Valsiner, J. *Communication and Meta-communication in Human Development*. Charlotte, NC: Information Age Press, 2006, p.3.

　　⑥ 江云九、顾凡及：《生物控制论研究方法》，北京：科学出版社，1986 年。

　　⑦ Ruesch, J. and Bateson, G. *Communication: The Social Matrix of Psychiatry*. New York: W. W. Norton & Company Inc., 1951, pp.179-180.

　　⑧ Ruesch, J. and Bateson, G. *Communication: The Social Matrix of Psychiatry*. New York: W. W. Norton & Company Inc., 1951, p.152.

学所依据的技术基础无疑更先进，其涵涉的认知领域也更丰富，但学术史的连续性不应被割裂。可以说，贝特森及其帕洛阿尔托学派是具有较为明确神经科学背景的"认知传播学流派"。

（三）关系模式：符号–语用论与整体交流观念

"元传播"提出的第二个重要背景，是"符号–语用论"①。莫里斯继承了皮尔斯符号学理论的三分法，将人类活动涉及的三个要素界定为"符号、人、世界"。莫里斯的三个分类要素分别组合为三个与意义相关的学科：一是语义学，处理符号与符号的关系；二是句法学，处理符号与世界形态的关系；三是语用学，讨论符号与人（使用者）的关系②。符号–语用学强调的使用者、环境以及过程性要素也是传播学研究的题中应有之义。

贝特森指出，元传播作为一个命题，包括"符码化"（codification）和人际关系（interpersonal relationship）两个子命题。在具体的交流过程中，这两个子命题之间经常交叠、转换……③第一个子命题所说的符码化就是"元语言"。不过贝特森对元传播的构想比由系统符码构成的元语言增加了一个"关系维度"，这种将"符号与使用者的关系"纳入传播过程考量，是与莫里斯符号–语用学思想相通的。

贝特森观察到，这种关系维度必须符码化才能构成元传播的要素。他指出，人际关系的陈述成为元传播要素的前提是它们也必须被符码化，并且支持前一种符码（元语言符码）④。在贝特森的影响下，帕洛阿尔托学派主要成员保罗·沃茨拉维克（Paul Watzlawick）、珍妮特·希尔米克·贝弗（Janet Helmick Beavin）等合撰了《人类传播语用学：交往模式、病理学和悖论的研究》（*Pragmatics of Human Communication: A Study of Interactional Patterns, Pathologies, and Paradoxes*）（1967）⑤。贝特森随后也发展了他的理论，在 1972 年的重要文集《心灵生态学进

---

① 莫里斯提出的符号-语用学，赵毅衡因持有广义语言即符号的观点而称其为"符用学"。考虑到学界"语用学"的通行译法，本节使用"符号-语用学"兼顾其符号意义属性与惯用。参见：赵毅衡：《符号学：原理与推演》，南京：南京大学出版社，2011 年，第 174 页。

② Morris, C. *Foundations of the Theory of Signs*. Chicago: University of Chicago Press, 1938, p.16.

③ Ruesch, J. and Bateson, G. *Communication: The Social Matrix of Psychiatry*. New York: W. W. Norton & Company Inc., 1951, p.214.

④ Ruesch, J. and Bateson, G. *Communication: The Social Matrix of Psychiatry*. New York: W. W. Norton & Company Inc., 1951, p.214.

⑤ Watzlawick, P., Bavelas, J. B. and Jackson, D. D. *Pragmatics of Human Communication:A Study of Interactional Patterns, Pathologies, and Paradoxes*. New York: W. W. Norton & Company, 1967.

路：人类学、精神病学、进化论与认识论文集》①（*Steps to an Ecology of Mind: Collected Essays in Anthropology, Psychiatry, Evolution, and Epistemology*）中通过在多个抽象层次上观察人类语言交流同步操作行为开启了一种"游戏与幻想理论"（play and fantacy）。他提出，有两种超越字面层次的抽象层次，它们隐含于交流过程中：一是"元语言"（关于语言的讯息）；二是元交流（关于交流者关系的讯息）。②

　　贝特森对元传播的界定，越出了狭隘的符码系统元语言，进入更广义的符号-语用范畴。延森认为，贝特森的研究更接近于符号学从而补充了控制论的不足。③可见，"元传播"思想谱系是在结构主义思潮下"神经控制论"与"符号-语用论"的结合。神经控制论背景要求深入探索身心交流的"黑箱"而"符号-语用论"要求兼顾对交流意义的阐释。这种结合不仅弥补了控制论单方面的不足，而且带来了一种双向的影响。

二、从"元语言"到"元传播"

　　随着符号-语用学的兴起，语言学自身也在发生深刻的变化。哲学家卡尔-奥托·阿佩尔（Karl-Otto Apel）认为，符号-语用学为现代逻辑经验主义的关键阶段提供了支持，在狭义的语言分析中哲学走向彻底语用化的"语言游戏"模式，走向受规则指导的"生活形式"语境中的语言使用模式④。从这个角度上说，符号-语用学才是根本的语言转向。在这一趋势影响下，语言学自身开始关注更多语言之外的"交流"要素。1958 年罗曼·雅各布森（Roman Jakobson）从交流的整体性出发，提出了交流过程六种主导因素的交流模式，后形成了影响意义的六个要素：发送者（addresser）、讯息、对象、媒介、符码、接收者。⑤（表 2.1）。相比大众传播诸模式，雅各布森模式侧重交流中的意义生成机制。当传播侧重于符码

　　① Bateson, G. *Steps to an Ecology of Mind: Collected Essays in Anthropology, Psychiatry, Evolution, and Epistemology*. San Francisco: Chandler Publishing Company, 1972.

　　② Craig, R. T. Meta-communication. *The International Encyclopedia of Communication Theory and Philosophy*. Malden, MA: Wiley Blackwell and the International Communication Association, 2016, pp.1-8.

　　③ Jensen, K. B. *Media Convergence: The Three Degrees of Network, Mass and Interpersonal Communication*. London: Routledge, 2010, p.96.

　　④ Apel, K.-O. *Towards a Transformation of Philosophy*. Milwaukee: Marquette University Press, 1980, pp.94-95.

　　⑤ 该模式提出时主要针对语言交流，赵毅衡结合一般符号的情形对术语做了调整，本书结合传播学的术语习惯，将 message 译为"讯息"，在赵毅衡后引书中译为"文本"。赵毅衡：《符号学：原理与推演》，南京：南京大学出版社，2011 年，第 177 页.

时，传播信息往往提供线索对自身进行解码，"元语言性"就成为较为显性的特征——元传播中的"符码问题"。

表 2.1　雅各布森交流六要素[1]

意义发出阶段	意义过程阶段	意义接受阶段
发送者	对象 讯息 媒介 符码	接收者

雅各布森的模式所涉及的六种要素远远越出符码和元语言。如当交流过程偏向于发送者时，情绪性（emotive）表达占据主导；当交流过程侧重于接收者时，意动性（conative）表达占据主导；当交流过程侧重于媒介时，交流过程成为保持接触的手段。显然，雅各布森的交流六要素展现的整体观更加完备地呈现了交流过程意义的可能来源。（表 2.2）

表 2.2　交流意义主导倾向的结果[2]

意义发出阶段	意义过程阶段	意义接受阶段
发送者 情绪的	对象-指称的（referential） 讯息-诗性的（poetic） 媒介-交际的（phatic） 符码-元语言的（metalingual）	接收者 意动的

事实上，"讯息不提供也不可能提供交流活动的全部意义……意义存在于全部交流行为中"[3]。如果接受贝特森对元传播的定义——"提供交流双方编码方式及受传关系有关的所有线索和属性信息的过程"[4]，那么，对象、媒介、发送者、接收者等所有六种要素广义上都是元传播的要素。问题的焦点在于，若将雅各布森的六要素都视为"元传播"的要素，则必须处理好"元传播"与"元语言"的关系以及"元语言"与其他要素的关系。在这个体系中，"元语言"需要具备足够的边界弹性，以进入传播过程诸环节，进而构成适用于现代媒介语境的"元传播"。

根据赵毅衡的分类，元语言可区分为：文本自携元语言、语境元语言、能力

---

① 赵毅衡：《符号学文学论文集》，天津：百花文艺出版社，2004 年，第 175 页。

② 赵毅衡：《符号学文学论文集》，天津：百花文艺出版社，2004 年，第 182 页。

③ 特伦斯·霍克斯：《结构主义和符号学》，翟铁鹏译，上海：上海译文出版社，1987 年，第 83 页。

④ Ruesch, J. and Bateson, G. *Communication: The Social Matrix of Psychiatry*. New York: W. W. Norton & Company Inc., 1951, p.209.

元语言（competence metalanguage）。这种广义的元语言观念，将元语言范畴扩展到雅各布森六要素的所有方面，进而将雅各布森的"语言交流"在适用范畴上跃迁为"经由现代传媒发生的符号传播"。可以结合赵毅衡"全文本/伴随文本（co-text）"①观念来讨论元语言与雅各布森六要素的关系。

（一）文本自携之外的伴随文本元语言

雅各布森六要素中，"元语言"是构成"符码"关系的信息。雅各布森本人列举了交谈中的追问过程：

"这个 sophomore 落榜了。"

"可落榜指什么？"

"落榜就是不及格。"

"不及格又指什么？"②

按照雅各布森的解释，元语言是有关交谈内容直接构成代码和解释关系的信息，如一套密码的代码本、一个设备的说明书都是相对于信息内容的"元语言"。他还注意到，在实际生活中使用元语言时，我们并未注意到我们说出的话包含了元语言特征。这种隐性的元语言更广泛地存在于交流的伴随文本中并扩展了元语言的范畴。雅各布森提到"莫里哀笔下的约尔旦在用散文说话……"③，这显然是指说话者使用的体裁。正如赵毅衡指出，"作为体裁的型文本……也参与制造了元语言"④。对此，延森表达了同样的观点，他用威廉斯关于体裁的三个元素（主题、形式、言说模式构成的体裁框架）来讨论元传播的维度。⑤

可见，参与构成"元语言"的伴随文本的具体情况，远远越出狭义"元语言"的"解释符码"关系，而进入了有助于释义的所有文本。对此，赵毅衡用"调制鸡尾酒"来说明传播活动中元语言的巨大可调节性。从最宽的可能性来看，"伴随文本勾连的巨大文化网络都参与制造元语言"⑥。这是一个典型的符号–语用

① 赵毅衡：《"全文本"与普遍隐含作者》，《甘肃社会科学》2012 年第 6 期，第 145-149 页。

② 转引自赵毅衡：《符号学文学论文集》，天津：百花文艺出版社，2004 年，第 160-184 页。

③ 转引自赵毅衡：《符号学文学论文集》，天津：百花文艺出版社，2004 年，第 179 页。

④ 赵毅衡：《符号学：原理与推演》，南京：南京大学出版社，2011 年，第 234 页。

⑤ 克劳斯·布鲁恩·延森：《媒介融合：网络传播、大众传播和人际传播的三重维度》，刘君译，上海：复旦大学出版社，2012 年，第 95 页。

⑥ 赵毅衡：《符号学：原理与推演》，南京：南京大学出版社，2011 年，第 234 页。

论判断，但无疑这更契合贝特森对元传播"提供交流双方编码方式及受传关系有关的所有线索"这一思路。至此，实际上"元语言"已经并非"语言"，而是涵涉传播诸环节的"元传播"。

（二）外部语境元语言进入"元传播"

在讨论"语境元语言"时，赵毅衡将语境分为两个部分：内部语境与外部语境。其中，内部语境就是伴随文本；外部语境被称为"场合语境"，不进入伴随文本。[①]这一观点在后来有所修正。赵毅衡在《哲学符号学：意义世界的形成》中提出，"意向性"激活了事物的部分观相。[②]这意味着，并不存在一个静态、稳定的伴随文本边界，而外部语境也须通过进入伴随文本才能对符号表意发生作用。正如赵毅衡指出，广义的前文本（伴随文本的一种）就是"全部文化史"[③]。从这个角度来看，广义的伴随文本就应当包含所有语境。相应地，语境元语言也包含内部语境元语言和外部语境元语言。不过，并不是所有语境要素在参与文本的符号元语言构筑时起到均等作用。参与一次传播活动的要素仅仅是与"获义意向"相关的部分。

"解释性语境"是另一种常常被认为不进入伴随文本的外部语境。这种观念多少包含了残留的"文本中心"思想。赵毅衡指出，"文本的构成整体，并不在于文本本身，而在于他的接收方式……"[④]，"全文本"不仅应包含发送语境，也包含作为元语言的解释语境。一部《莎士比亚全集》的所有笔记、版本考证、评论，都可能成为后人阅读威廉·莎士比亚（William Shakespeare）的参照——伴随文本理论将其称为"解释性伴随文本"。[⑤]在传统阅读语境下，"解释性伴随文本"无法在同一次释义中构成自己的"解释性伴随文本"，通常只是构成另一次阅读的参照。然而在数字网络媒介时代，这种时空上截然分离（disjunction）的情况正在发生变化。一个实时在线的多媒体直播文本导致弹幕、评论与文本自身的时空关系几乎完全坍缩。在一场互动晚会上，它们不仅进入伴随文本，甚至直接进入核心文本——接受语境文本化，并成为同一时间所有接收者的伴随文本。

由上，处在"外部"的"场合语境"以及"解释性语境"作为一个传播的整

---

① 赵毅衡：《符号学：原理与推演》，南京：南京大学出版社，2011 年，第 182 页。

② 赵毅衡：《哲学符号学：意义世界的形成》，成都：四川大学出版社，2017 年，第 76-77 页。

③ 赵毅衡：《符号学：原理与推演》，南京：南京大学出版社，2011 年，第 145 页。

④ 赵毅衡：《"全文本"与普遍隐含作者》，《甘肃社会科学》2012 年第 6 期，第 145-149 页。

⑤ 赵毅衡：《"全文本"与普遍隐含作者》，《甘肃社会科学》2012 年第 6 期，第 145-149 页。

体过程，都是"元传播"应当纳入的范畴。

（三）能力元语言与认知转向

"能力元语言"看上去比"外部语境"与中心文本的关系更远，因为它常常并不显现为具体的符号文本形态，也并不在语言/符号对象文本中，而是委身于受传者心智并在具体认知过程中发生作用。能力元语言被认为"常常无法客观测定"。[①]传播学也通常将认知过程视为心理黑箱，而认知传播学的旨趣恰恰在于探索这个黑箱。从文化符号理论本身来看，能力元语言也并不外在于文化语境。如前所述，如果广义的前文本是"全部文化史"，则能力元语言和文本解释者必然共享广义前文本——全部文化史，只不过具体的符号接受、释义是在"全部文化史"这个广义前文本下的具体投射。

在具体的传播活动中，接收者的"能力元语言"常常需要被"文本化"并进入元传播过程。尤其是当接收者作为群体对象，这个对象群需要具备一个在内部通用的能力元语言为传播提供基础条件：宣传要预判传播对象的心理、广告传播要洞察消费者偏好、影视文化产业应用"大数据"来制作符合市场"口味"的作品、现代营销学根据接收者的"意图"来设计商品文本。在这里，符号传播通常的得鱼忘筌的单向过程被逆转了；同时，能力元语言也被文本化了——对受众能力元语言的读解，构成了现代符号传播活动中重要的环节。换言之，对象能力元语言文本化、符号化是广义文本构成的必要部分。此时，它们并不是一种语言，而是意义的体认能力与方式，既包括贝特森所说的"认知、情感、意志"的基础完形能力，还包括习得经验和社会文化属性。

如果说雅各布森的元语言可以被视为一种狭义的"符码-元语言"，则元语言就通过转化为元传播而几乎涵盖了雅各布森六要素的全部内容，这也呼应了贝特森将元传播作为"传播中所有信息线索"的界定。由上，我们通过对"元语言"概念的扩展，从文本形式的角度获得了对"元传播"更充分的理解。

从范畴的幅度来看，元传播可以有两种界定视角：第一种是狭义的符码系统论视角，元传播指传播行为中作为符码的元语言系统，它是对传播内容意义的一种传播解释；第二种是符号-语用论的视角。元传播涵盖了对符号释义造成影响的所有线索；它同时意味着符码关系的多维度化、语用化并且令符号意义不再简单

---

① 赵毅衡：《符号学：原理与推演》，南京：南京大学出版社，2011年，第234页。

局限于"系统性代码"而走向开放衍义。元传播包含三层潜在意义机制：一是元传播相对层级差，从具体传播节点动态构成社会网络的复杂巨系统；二是符号语用的释义开放性，元传播通过另一次传播表意提供开放的解释线索，并在动态中无限趋近社会文化总体；三是自反性表征，元传播中所呈现的符号表意不仅提供外在解释线索，也呈现传播者的自我认知。此外，从直观的形态来说，元传播不是某次特殊的传播，而是"任何传播实践的构成部分"。①元传播是理解元媒介时代传播的透视方式。任何一次被作为元传播看待的传播活动，都体现上述意义机制。

　　元传播及其理论谱系折射的是交流行为中生物性与社会性的统一，是认知论和新媒体交互作用下生成的传播理论分支——这也是当前重提元传播思想的原因。作为 21 世纪最具潜力的领域之一，认知科学及其背后的跨学科思潮引发了人文科学一系列"认知转向"。保罗·萨伽德（Poul Thagard）提出的认知科学的四个趋势之一，是认知神经科学所代表的生物维度与社会文化维度的相容与整合。②1978年 10 月 1 日，认知科学现状研究工作小组递交斯隆基金会（The Alfred Sloan Foundation）的报告，把认知科学定义为"智能实体与他们的环境相互作用的原理的研究"③。这个定义也适用于描述社会环境下的语言与符号交流认知。

　　可见，传播学的认知转向发生较晚，却有着深刻的学理渊源和广阔的发展前景。概括而言，认知传播学有两个并行发生的轨迹：一是认知神经科学，包括控制实验心理学路径及其当代科技进步的成果，尤其是心脑神经科学与技术算计科学的发展在传播黑箱方面的贡献；二是符号的认知阐释理论，持续强调意义生成与阐释的重要性。在帕洛阿尔托学派及其元传播的思想正是"神经控制论"与"符号–语用论"结合的产物。罗伯特·里伯（Robert Rieber）指出，贝特森发展了一种普遍认识论，并将认知、情感、意志作为认知不可分割的基础完形（gestalt）。④相较于文化领域的符号学研究，帕洛阿尔托学派的研究更注重从交流

---

① Jensen, K. B. *Media Convergence: The Three Degrees of Network, Mass and Interpersonal Communication.* London: Routledge, 2010, p.95.

② 其他三种趋势分别是：a.以功能性磁功能成像（functional magnetic resonance imaging，FMRI）脑扫描为代表的认知神经科学技术发展对传统哲学基础问题的探讨；b.基于统计模型在视觉语言加工和人工智能等领域令人瞩目的应用；c.强调具身性（embodiment），并且一定程度上可以在心智计算–表征中得到揭示。参见：Thagard, P. *The Cognitive Science of Science: Explanation, Discovery, and Conceptual Change.* Cambridge: Mit Press, 2012, pp.2-300.

③ 艾卡特·席勒尔：《为认知科学撰写历史》，仕琦译，《国际社会科学杂志（中文版）》1989 年第 1 期，第 7-20 页。

④ Rieber, R. W. *The Individual, Communication, and Society: Essays in Memory of Gregory Bateson.* New York: Cambridge University Press, 1990, p.17.

参与者的状况而非符号文本来理解交流的发生，这种从参与者出发的视角对符号文本理论有所补充。

从元媒介与元传播的关系来看，元媒介是元传播在数字时代的具体表征，其完整地表达了元传播的三种意义机制。延森认为元媒介是针对新的数字媒介的特定概念，它涉及对旧的模拟媒介技术和机构的整合。[①]以计算机为典型的数字网络媒介在时间上出现最晚，但它的向前兼容性表达了元传播的动态层次性。20 世纪70 年代，阿兰·凯（Alan Kay）和阿黛勒·戈德堡（Adele Goldberg）首先将计算机描述成元媒介[②]。布莱曼指出，计算机成为元媒介是因为它能够重塑自身成为别的媒介。[③]由此，它具有一种上层媒介的特质。在交流类型上，元媒介整合了面对面人际交流，也涵盖了大众传媒时代的传播特质，与此前媒介的异质性功能转变不同的是，计算机几乎完全兼容此前的传播形式，它是一个复合体。特别需要指出的是，计算机作为元媒介并非指单个的计算机，而是计算和数字化提供的多媒介潜在能力总和。

元媒介的这种融合特征还体现在它不是一次传播的具体结果和内容，而是提供一种意义的待在形式——一个可供选择的动态选择性。维克多·梅耶–舍恩伯格（Viktor Mayer-Schönberger）指出，在元媒介时代，数字化的信息提供的多种呈现形式可能性导致它们的呈现变动不居，并持续不断地高速生成。信息呈现形式的高速生成导致了元数据的出现。[④]元数据不是具体的数据对象而是未被定义的原始数据库。只有经过组合、甄选和某种形式的秩序化才呈现出确定的意义。由此，"元信息/元数据"不是某个具体的文本、数据，而是一个超结构的"宏文本"[⑤]——这也是元媒介对元传播意义总体性层级关系的体现。

元媒介作为元传播的具体承载，其每一次被解释的过程就构成了另一次完整的传播。例如，一部电视的内容是一部小说，而一部电影又可以成为一部游戏作

---

①　Jensen, K. B. *Media convergence: The Three Degrees of Network, Mass and Interpersonal Communication*. London: Routledge, 2010, p.95.

②　Kay, A. and Goldberg, A. Personal Dynamic Media. *Computer*, 1977, 10(3): 31-41.

③　Rosenau, J. N. and Singh, J. P. *Information Technologies and Global Politics: The Changing Scope of Power and Governance*. Albany: State University of New York Press, 2002, pp.91-112.

④　Mayer-Schönberger, V. and Cukier, K. *Big Data: A Revolution That Will Transform How We Live, Work, and Think*. Houghton: Mifflin Harcourt, 2013, pp.93-94.

⑤　胡易容：《宏文本：数字时代碎片化传播的意义整合》，《西北师范大学学报（社会科学版）》2016 年第 5 期，第 133-139 页。

品的内容。在元媒介巨网中，媒介形式的边界被消融了。各种屏幕——电影、电视、手机、电脑、投影设备作为不同终端形式必须通过"语境元语言"来实现传播场景的差异。这种彼此的解释关系既是无限衍义，又是一种媒介的自我表征。

综上，元媒介的自反性不仅仅是媒介物理形态和技术层面的，也是人这一主体及其与媒介在互动关系中生成的意义世界的相互建构。布莱曼认为，计算机拓展了人类在社会与物质世界中行动的自由度……导致可能产出的产品变得无限多样①。麦克卢汉曾将媒介比喻为人的感觉能力的延伸。在元媒介语境下，媒介延伸的不是个别感官也不是多媒介那种表象的感官叠加，甚至不是单维度的神经中枢或大脑思维，它延展的是人类具身认知和生活意义的体认；它不是外在时空的延展，也超越了物理维度的时空内爆，而是意义的宏富、是人的主体性和自反性的符号衍义。由此，作为网络社会的基础设施，元媒介构筑了一个完全不同的社会信息流动方式；它将个体置身于整个社会网络节点上，使其具有初始的传播发动潜力，并可能引发巨大的意义流。元媒介构成了人的存在论意义上的延伸，从而组成了主体交互的网络社会。这里所说的网络社会不是"虚拟"对"现实"的替代，而是走向一种物、信息、意义的合流。整个社会在互联网、物联网与人联网的边界消弭中构成一个更宏大的结构。

第二节　符号形象学的文学理论溯源

在缺乏交流的古代社会，作为一种集体印象的异国形象常常由少量纪实性文本和大量想象文本共同构成。因而，在前全球化时代，包含大量虚构的文学作品构成读者对异国形象认知的主要来源。不过，以地理大发现为起点的全球化导致了异国形象来源文本的多元化。新媒体涌现的纪实性文本稀释甚至一定程度取代了传统文学，对异国形象建构起到了主要作用。这造成了比较文学形象学的基础预设发生转移。以下从"形象"这一核心概念入手，讨论了以"符号形象"为核心对象的形象学与"传播研究"深度融合的必要性，并提出，从传统的比较文学形象学转向一种更具普适性的符号形象学，将有助于廓清形象学与当前勃兴的各

---

① Rosenau, J. N. and Singh, J. P. *Information Technologies and Global Politics: The Changing Scope of Power and Governance*. Albany: State University of New York Press, 2002, pp.91-112.

种"形象研究"的关系。

一、从"文学形象"到"普遍形象"

（一）"形象"的跨文化共识

不同文化对形象的观念不同，但形象问题的重要性却是共识。在东方中国，形象是理解抽象世界的基本方法。《易经》在中国被称为"六经之首"，是中国古典哲学体系化的开端。《易经》通过"卦象"来描述宇宙，再现和模拟宇宙和万物的规律。因此，中国古代圣人"设卦以观象"，即给无形的"道"提供具体可观的"形象"。发源于印度的佛教中所说"法相"也是一种"形象"。法相乃是诸法显现于外的个别之相，在佛学中称为"真如、实相"，是认识事物的重要概念。所谓诸法之相状，包含体相（本质）与义相（意义）二者。又有三十二法相，乃是如来应化之身的说法。佛学中的"法相"并不仅仅形之于外，而是包含体相和本真的综合概念。

在西方文化中，基督教曾对具体化的"形象"持一种否定的态度。①《旧约·摩西十诫》中有"不可为自己雕刻形象（image）"的训诫。因为，人造的"形象"妨碍精神性的信仰。不过，上帝终归也需要道成肉身，以上帝之子的显现来救赎凡世的苦难。在古希腊哲学中，柏拉图在《国家篇》中曾设想，艺术家用镜子四面八方的旋转，就能在外型上制造出太阳、星辰、大地、动物、器皿、草木以及自己。②柏拉图在此强调的外形的模仿，有别于中国哲学的"合一"思想。

可见，尽管东西方文明对形象的观念不同，但均将"形象"置于一个十分重要的位置。

（二）文艺学史中的"形象"问题

由于形象这个概念具有复杂性与多面性，不同学科领域对形象的研究呈现出

---

① You shall not make for yourself a carved image, or any likeness of anything that is in heaven above, or that is in the earth beneath, or that is in the water under the earth. You shall not bow down to them or serve them, for I the LORD your God am a jealous God, visiting the iniquity of the fathers on the children to the third and the fourth generation of those who hate me, but showing steadfast love to thousands of those who love me and keep my commandments. 引自《圣经》, Bible. Exodus 20:4-5, New King James Version (NKJV).

② 柏拉图：《文艺对话集》，朱光潜译，北京：人民文学出版社，1963 年，第 69 页。

不同路径。美术领域侧重于形象的视觉再现。通常将形象作为某种艺术（如绘画、雕塑、建筑）或仪式（宗教、图腾、器物）的表现方式加以研究。16 世纪之前的"前肖像学时代"主要基于人们生活经验来解释视觉形象的母题和内容。16 世纪，图像阐释研究进入"肖像学"（或译为"图像志"）（Iconography）阶段。这一阶段，人们对图像的研究注重形象、故事和寓言而非实际生活经验。大约在 19 世纪，肖像学研究取得了较高成就，其主要途径是通过绘画与宗教文献的相互参阅来进行作品分析。20 世纪初，阿比·瓦尔堡（Aby Warburg）与欧文·潘诺夫斯基（Erwin Panofsky）创立的瓦尔堡学派为形象研究发展出一种新的方法，通过对"符号性价值世界内在含义的研究来理解艺术形象"[①]——潘诺夫斯基以古典的"圣像学"（iconology）来命名这种新的方法。

　　文学中的"形象"研究可追溯至古希腊赋像（Ekphrasis）的传统。语言与形象的符号形态差异，使得语言与形象之间必须发生某种相互转化。这种异质符号之间的转译，也是人类文化符号系统的重要经验。赋像从古希腊的口头语言传统逐渐成为一种书面表达方式，并最终成为一种特定的文学样式。荷马在《伊利亚特》中对阿基里斯的盾牌所作的长篇描述，被视为文学中赋像传统的开山之作。普布留斯·维吉留斯·马罗（Publius Vergilius Maro）《埃涅阿斯记》（*The Aeneid*）、普布留斯·奥维第乌斯·纳索（Publius Ovidius Naso）《变形记》（*Metamorphoses*）、但丁·阿利格耶里（Dante Alighieri）《神曲》（*Divine Comedy*）炼狱篇、莎士比亚《鲁克丽丝受辱记》（*The Rape of Lucrece*）中的许多描述也都被归为赋像的典型例证。赋像成为特定文学修辞语汇，并获得了基于文学场域的专门性意涵。在中国，文学受到佛教影响很大，宋代的文学家苏东坡在《东坡题跋·书摩诘〈蓝田烟雨图〉》提出的"诗中有画，画中有诗"也是指语言与图像的互文关系。

（三）跨界的"形象"研究

　　在现代文学理论中，形象依然占有重要地位。威廉·维姆萨特（William Wimsatt）曾宣称，一首诗应该成为一种语象（verb icon），这一观念被看作 20 世纪前期艺术世界在总体上的本体论诉求之一。雷奈·韦勒克（René Wellek）和奥斯汀·沃伦（Austin Warren）在其《文学理论》（*Theory of Literature*）中，从具体到抽象、从微观到宏观对语象做了四个层次的分级：言语中的形象 Image、比喻的

[①]　E. 潘诺夫斯基：《视觉艺术的含义》，傅志强译，沈阳：辽宁人民出版社，1987 年，第 48 页。

Metaphor、象征 Symbol、神话 Myth。①

　　上述领域为包括比较文学形象学在内的现代形象研究提供了基础。现代文学讨论的"形象"既包括情境、象征、人物、描述、比喻等语言修辞，也包括特定对象的总体性描述。不过，比较文学内部的不同学派发生了分野：美国学者主导的平行研究及新批评学派强调从文本出发的语言形象，而影响研究和形象学重视从读者的角度入手。

　　强调从文本出发的路径，从新批评学派对 image 的拒斥中可见一斑。②新批评一派采用 icon 一词来专门指代文学作品中的语言实施生成的"形象"。维姆萨特称之为"verbal icon"并以之为题探讨了诗歌文学中的"语词之象"。③维姆萨特强调的是"文本的独立性"，因此他的"语象"也可以理解为文本之中的像，而非作者、读者的主观"心象"。在平行研究中，还重视文学语言和修辞方法的比较，如钱锺书《通感》一文揭示出中西文学在修辞方法的共通规律。他将视觉、听觉、触觉、嗅觉、味觉等各种感官可以彼此交通的手法称为"通感"（synaesthesia）。这种手法在中国文学传统中曾被称为"六根互用"。④

　　与此相对，形象学却并不注重讨论上述诸种语言文本修辞形象，而是集中讨论文学描述中的"异国形象"问题。这一观念的形成，源于比较文学形象学法国学派的影响研究范式。在梵·第根（Van Tieghem）的奠基性工作中，比较文学的研究对象被界定为本质地研究多国文学作品的相互关系。⑤他进而将比较文学研究范式归纳为"渊源研究、舆誉研究、媒介研究"。这个分类法分别对应发送者、媒介和接收者的角度。从发送者考察作品在外的影响，形成"舆誉学"；从媒介过程讨论作品的传播、翻译、改编、演出、评介——他称之为媒介学；从接受的角度研究文学作品的主题、题材、人物、情节、风格等的来源，即"渊源学"。

　　比较文学法国学派的研究范式通常被归纳为"影响研究"，对形象学起着奠基作用。影响研究包含了完整的符号传播过程（发送者、媒介、接收者）。形象学将

---

① Wellek, R. and Warren, A. *Theory of Literature*. New York: Harcourt, Brace & World, 1956, p.190.

② 赵毅衡：《新批评——一种独特的形式主义文论》，北京：中国社会科学出版社，1986 年，第 133 页。

③ Wimsatt, W. K. *The Verbal Icon: Studies in the Meaning of Poetry*. Lexington: The University of Kentucky Press, 1954, Preface.

④ 周裕锴：《"六根互用"与宋代文人的生活、审美及文学表现——兼论其对"通感"的影响》，《中国社会科学》2011 年第 6 期，第 136-153 页。

⑤ Van Tieghem, P. *La littérature comparée*. Paris: André Brullliard, 1931, p.144.

比较文学的研究范式扩展到"形象认知与接受"，既是重要的开拓，也是比较文学跨学科研究方法的体现。形象学的许多重要概念引用自传播学或社会心理学。例如"套话"（stereotype）这一术语，是1798年法国印刷商菲尔曼·迪多（Firmin Didot）发明，并用于描述印刷技术中的金属印版。20世纪初，美国媒介理论家兼著名记者沃尔特·李普曼（Walter Lippmann）在他的《公众舆论》（*Public Opinion*）中首次将"stereotype"引入社会心理学。他提到，通常，我们先定义而后看而非与之相反。在纷繁复杂的外部世界，我们倾向于选择那些文化已经为我们定义好的事物，并通过文化提供的刻板印象来理解它们。①达尼埃尔–亨利·巴柔（Daniel-Henri Pageaux）将套话视为形象研究最基础的最有效部分，它传播了一个具象，而"具象实际上传播了一个基本的、第一和最后的、原始的'形象'"。②

因此，形象学研究的是一个由符号构筑的"印象"。我们可以对观现代图像学领域的现代发展来确证形象学的可能路径。

（四）视像的"符号形象"转向

在现代图像学研究的意涵中，image含义宽泛，包括影像、想象、肖像（portrait）、偶像。这些意象的共同线索是"形象"具有一种图像化的再现（an iconic mental representation）。威廉·J.米歇尔（William J. Mitchell）的《图像学：形象、文本、意识形态》（*Iconology: Image·Text·Ideology*）副标题为"Image·Text·Ideology"；此后他使用"Picture Theory"来命名他的《图像理论》。米歇尔在《图像学：形象、文本、意识形态》做了一个有关形象的谱系③。他将形象分为五类：图形的（graphic）、光学的（optica）、感知的（perceptual）、心理的（mental）、语词的（verbal）。在现代学科分工日渐细化的背景下，这五种分类分别对应艺术学、视觉研究、心理学与语言文学。

以最具代表性的美术学与文学领域的区别为例。在米歇尔的形象概念谱系中，居于顶端的image可以视为最广义的"形象"的统称，美术领域则较为强调视知觉图像的呈现；而文学作品中通过语言呈现的"形象"则是需要读者通过心理认知将其转换成一种"心象"，这引出了"形象"与"图像"的第二个区别，即

①　Lippmann, W. *Public Opinion.* New York: Routledge, 2017, p.43. https://doi.org/10.4324/9781315127736.
②　孟华主编：《比较文学形象学》，北京：北京大学出版社，2001年，第159页。
③　米歇尔：《图像学：形象、文本、意识形态》，陈永国译，北京：北京大学出版社，2020年，第6页。

"图像"偏向文本主导而"形象"偏向接受感知。当我们说"心理图像"时，往往需要加上"心理"的限定，而当我们说"形象"时则无须限制。此外，从学科差异来看，图像的学科名"图像学"是 iconology，而 imagologie 专指由文学的形象发展而来的"形象学"。"图像学"是以"图像"这一视觉感知方式和比喻形式（如听觉图像）为研究对象的一门学科，其本质和核心是视觉逻辑的；而"形象学"本质上具有综合性、抽象性。

当前，这些领域对"接受与认知"具有某种共通的倾向，并正在形成一种新的综合。无论何种意义的"形象"都可以视为一种符号体系。因此理解形象也即理解形象符号的规律。形象作为一种符号文本可以是多种符号类型的集合结果，具体表现为接近性、类比性、引发相互联想并具有造成认知混同的潜在可能。

首先，形象符号的存在不是仅仅为了实现意指关系。它是像似性、指示性与规约性的综合。像似性令其生动、指示性令其明晰，而规约性赋予形象符号丰富的内涵。[1]在读图时代，形象符号的像似性尤其突出。形象符号的主体既可以是个人、群体（民族、种族、社群、性别），也可以是机构（政府、企业、组织）、城市甚至国家。

其次，形象符号的研究实践已经超越了"异国形象"和审美范畴，成为当今传媒社会兼具解读意义和实际操作的双重领域。个人、机构组织、城市、国家莫不关涉其中。韩国整容业全球风靡，化妆品和服装成为除饮食外最基础的消费内容；企业花巨资打造品牌形象，聘请形象代言人的花费动辄千万；政府机构和政客也非常重视形象的公关；而城市形象和国家形象更成为国家、城市和地区软实力中非常重要的构成要素——皮埃尔·布尔迪厄（Pierre Bourdieu）所说的符号资本，实质上就是由好声名构成的符号形象资本。他认为，在诚信经济中，声誉和形象的展示将直接带来物质利益，并构成资本不断向资本流动的机制。[2]

在概念范畴上，当前的"形象学"与"形象"这一概念的内涵边界差异很大。形象学以传统意义上那种"文学"的名义，以及知识精英主义的立场，将社会文化传播中其他涉及"形象"的诸多重要问题排斥在研究之外。这就使得这一学科范畴退守到一个狭窄领域。但我们有必要正视包括各种形象在内的"符号形

---

① 赵毅衡：《符号学：原理与推演》，南京：南京大学出版社，2011 年，第 87 页。

② 皮埃尔·布迪厄：《实践感》，蒋梓骅译，南京：译林出版社，2003 年，第 189 页。笔者采用 Bourdieu 的规范译名布尔迪厄，所引文献保留原貌。

象"，或者至少，建立起一种更具跨学科意义的关于符号形象的对话机制。

二、从"文学形象学"到"符号形象学"

比较文学中"形象学"的研究史与比较文学学科的诞生几乎同时发生。"比较文学从一开始就十分重视'旅游者'，把他们作为'媒介学'的重要研究对象。而'旅游者'们流传下来的游记则普遍记录了异国的'形象'，这就使对形象的研究包含在了最传统的'国际文学交流'的研究中。"①在学科的发展中，形象学作为比较文学的分支，集中于异国形象研究。不过"形象"本身是一个更宽泛的文化概念。在现代社会中，形象更是远远超出文学艺术中的"异国形象"范畴，成为涉及文化、政治、经济的一般概念。同时，形象学及其所属的比较文学自身也在经历巨大的变革。随着文学研究自身的"文化化"，以及新媒体背景下各种非虚构文本的兴起，各种以"形象"为名的研究在多个学科兴起。形象学不得不重新审视自身的范畴，甚至重新思考其与比较文学的关系。

当前，重新探讨形象学边界的需求来自于三个方面：一是形象学所涉及的"形象"概念牵涉的问题远远超出比较文学形象学的自我界定；二是比较文学自身从传统文学研究向广义的文化研究发生了某种转向，使得形象学的涵盖面发生了全面扩容；三是以新媒体为代表的传播技术的飞速发展导致异国形象的建构路径发生了巨大的变化。上述情况导致了一系列问题有待解答：一是，学理而言，形象学本身是否应然扩容为一种更广泛意义的"一般符号形象学"？二是，比较文学形象学是否应将包括纪实性体裁等广义文学文本纳入研究范畴？三是，不断涌现的各种新媒体传播形态，其实际上造成的异国国家形象，是否应为形象学所接纳？

（一）形象学的"跨学科研究"转向

形象学的跨学科特性一直被认为是比较文学内在的典型特征。20世纪初到20世纪50年代，法国开辟出的"影响研究"突破了以往国别研究的局限，发展出以"形象学"为旗帜的"跨越民族文学界限的文学关系"，并引入了包括传播学、社会心理学等领域的考证性研究方法。但是这种跨学科研究范式也引发了许多争议和批评。最具代表性的是韦勒克的《比较文学的危机》（"The Crisis of Comparative

---

① 孟华：《形象学研究要注重总体性与综合性》，《中国比较文学》2000年第4期，第1-20页。

Literature"）。他批评这种研究将比较文学简化成"文学研究的外贸关系"，而在方法上依赖于"实证主义和唯事实主义"的因果律逻辑。韦勒克认为，这种研究完全忽视了比较文学的"文学性"及其应有的（文学）归宿；他质问道："把比较文学的范围扩大到包括对民族幻想的研究，以及对国家之间相互渗透的既定思想的研究。……这岂不成了'公众舆论'研究？"①这篇严厉的战斗檄文成为延续半个多世纪的比较文学各种"危机论"滥觞，并进而发展成此后的"比较文学死亡论"。胡戈·狄泽林克（Hugo Dyserinck）指出："比较文学发展到加雷那个时代，对影响和渊源的探索已经将比较文学引入悲凉的境地。"②

此后，法国学派一度陷入低谷，而美国学派及其代表的平行研究逐渐占据重要位置。平行研究强调非考据性的文本比较。这种可比较性无须以历史的事实性关联为依据，而完全取决于研究者是否能寻找到可比的解释维度。例如，钱锺书指出，西方的逻各斯兼"理"（ratio）与"言"（oratio）两义，可以与"道"相参。③张隆溪也同意此说法，认为"道"与"逻各斯"很大程度上是可比较的。④平行研究丰富和完善了比较文学的学科架构。此外，以新批评的理论为基础，平行研究强调从文本出发，与影响研究的文本外部关系形成鲜明的对照。

随着时间的推移和学科的进一步发展，平行研究固有问题也逐渐暴露。早期的比较文学较集中为西方世界的比较，因而常常受到文学历史渊源的实际影响的干扰——这些事实性要素恰恰是平行研究需要回避的部分。随着全球化的加速，不同国家之间的文学关系愈发密切。地球村语境下，平行研究如果要完全规避事实性影响的话，可能需要回到前全球化时期的文学文本。更直接的问题，是平行研究缺乏对文化语境事实的充分考虑，导致这些文本之间的"像似关系"的解释可能陷入一种牵强附会。也即，比较研究的合法性本身就会成为一个问题。此外，由于缺乏对东方文明和异质性文明文化语境事实的深入考察，平行研究放大了影响研究西方文学圈的局限。整个比较文学研究都严重缺乏对东方文明等异质文明的考察和深入研究，而成了西方文学的独角戏。

20 世纪 60 年代以后，结构主义符号学、语言哲学、接受美学等不同视角成为

---

① 勒内·威莱克：《比较文学的危机》，黄源深译，《文艺理论研究》1981 年第 2 期，第 142-148 页。其中，笔者采用规范译名韦勒克，所引文献保留原貌。

② 狄泽林克：《比较文学形象学》，方维规译，《中国比较文学》2007 年第 3 期，第 152-167 页。

③ 钱锺书：《管锥编（第二册）》，北京：中华书局，1986 年，第 408 页。

④ 张隆溪：《道与逻各斯》，冯川译，南京：江苏教育出版社，2006 年，第 38 页。

文学与文化研究的共通方法论基础。比较文学领域追求的独特方法论，本质上是此学科区别于其他学科的自我确证问题。尤其是文化研究兴起以来，这种对纯然的文学文本体裁的坚守就成为一个基于学科外在形式的自限。此时期，无论是影响研究还是平行研究均呈现出一种交叉结合的方式，进而出现了比较文学的"跨学科研究"。①实际上，比较文学并不是跨学科研究的最早践行学科。这一时期的跨学科研究广泛发生在全球化浪潮背景下，是文化交流方式整体发展的自然结果。

　　跨学科研究已经成为诸多领域的共识，而不再是某些特殊领域的罕见奢侈品。但形象学的跨学科性却并未得到足够的尊重，尤其是这种跨学科性可能挑战比较文学甚至文学的边界时，学者们保持了某种谨慎的态度。面对韦勒克在《比较文学危机》中咄咄逼人的质问，狄泽林克在他的重要文献《比较文学形象学》（"Komparatistische Imagologie"）中对形象学的文学性作了某种澄清。他否认形象学越出了比较文学的范畴之外；也否认形象学成为了一种社会学或一般历史、民族心理学研究。他力图表明，形象学包含了那些将会证明自身为"文学的东西"。②

　　现在看来，狄泽林克的这种澄清，体现出对形象学跨学科合法性的不自信。他的回答与韦勒克的质问都将传统意义上的文学作为静态场域。狄泽林克的回答回避了当时被认为越出文学之外的那些考据性方法的合理性。这使得形象学在此后很长一段时间显得小心翼翼，唯恐越出文学的疆域而成为韦勒克所批评的那种"舆论研究"。这种小心翼翼，某种程度上使其失去了最初的那种锐气；也使得现有的形象学仍然远远未能呈现"形象之学"这一学科名所呈现的那种广阔前景。现实情况反而是，对于形象学的质疑之声从未断绝，以至于"形象学"不得不通过强调自身的概念性特指，方能从各种以"形象"为名义的研究中区别出来。

（二）形象学的"符号学"转向

　　在新的语境下，恰恰需要重新确认这些可能越出"文学"的研究方法的重要价值。正如跨学科研究的倡导者亨利·雷马克（Henry Remak）明确指出，所谓的跨学科研究不属于任何学科。③这一判断舍弃了早期比较文学学科范式守护者精心建构的学科壁垒。或许可以将这种基于传播观念的研究纳入广义文化传播范式中

①　亨利·雷马克：《比较文学的定义和功用》，张隆溪译，《国外文学》1981 年第 4 期，第 35-42、46 页。

②　狄泽林克：《比较文学形象学》，方维规译，《中国比较文学》2007 年第 3 期，第 152-167 页。

③　Remak, H. H. H. Origins and Evolution of Comparative Literature and Its Interdisciplinary Studies. *Neohelicon*, 2002, 29(1): 245-250.

考察。在这种范式之下，形象学是一种具有普遍适用性的跨学科"符号形象学"。具体来说，可从如下三个方面确认"符号形象学"的合法性与必要性：

首先，重估影响研究"文本之外"观念的合法性。"影响研究"范式受到质疑的关键点之一，是这种研究将注意力焦点越出了文本之外，转移到外部的事实。实际上，在20世纪后半期，整个思潮文学研究重新重视"文本之外"的研究。接受美学、解释学、认知转向、语用转向乃至整个文化研究，都将注意力从文本扩大到文本之外。相应地，集中于文本的"新批评学派"度过了其鼎盛时期而逐渐褪色。这似乎暗示，在巴尔特宣称"作者已死"之后，文本（即使尚未死亡）也回归到一个较均衡的位置。卡西米尔·塞文洛维奇·马列维奇（Kazimir Severinovich Malevich）的至上主义艺术等的空符号艺术作品表明，意义的关键有时候并不在文本内容之中——它甚至可以是文本的空缺。至少，符号文本不再孤立于外在的诸要素。哲学家阿佩尔认为，符号-语用学为现代逻辑经验主义的关键阶段提供了支持……走向受规则指导的"生活形式"语境中的语言使用模式[1]。学者们开始关注更多内容之外的"交流"要素。1958年雅各布森从交流的整体性出发，提出了交流过程中六种主导因素的交流模式。他指出讯息不提供也不可能提供交流活动的全部意义……意义存在于全部交流行为中。[2]

当意义的解读越出文本之外，其研究的范式就与具体的社会文化发生更多关联。这种学术思潮与全球化背景下的文学传播现实相呼应。形象学也受到了这种学术场域变化的影响，正如孟华指出，"形象研究在新形势下借用了诸多新理论、新方法，对传统进行了重大改革，在理论和方法论方面建构起了一套较成型的体系，终于可以被冠之以'学'了"[3]。不过，一旦具体到学科本身的边界问题，学者们仍然强调形象学的"终极目标并未改变：对一国中异国形象的研究，最终导致的始终是对'我'与'他者'间文学、文化关系的关注，因而它仍然隶属于国际文学关系研究的大范畴，使用的也主要是影响—接受研究的方法"[4]。

实际上，上述判断提到的"文化"关系，已经突破了"文学"的限制。尤其需要指出的是这种文化关系是一种包括政治、经济以及国家软实力在内的广义的

---

① Apel, K.-O. *Towards a Transformation of Philosophy*. London: Routledge, 1980, pp.94-95.
② 赵毅衡：《符号学文学论文集》，天津：百花文艺出版社，2004年，第160-184页。
③ 孟华：《形象学研究要注重总体性与综合性》，《中国比较文学》2000年第4期，第1-20页。
④ 孟华：《形象学研究要注重总体性与综合性》，《中国比较文学》2000年第4期，第1-20页。

文化关系。这种文化关系的边界必然越出文学之外。正如让-马克·莫哈（Jean-Marc Moura）指出的："异国形象属于对一种文化或一个社会的想象，它在各方面都超出了文学本来意义上的范畴，而成为人类学或史学的研究对象。正因为文学作品是在这个广阔的背景上形成的，形象学研究就必须按照跨学科的来进行，这总是要令文学纯粹主义者不满的。"①人类学、历史学、民族学等学科更深入地渗透到文学研究当中。这些学科的介入使得"形象问题"的研究的理论预设增强了现实意义，周宁与宋炳辉认为这些学科"是在一般意义上，或社会文化总体想象意义上使用'形象'概念的"②，而他们的"中国形象"系列研究也可以看作是越出文学视角的一次实践。

从社会实践来看，异国形象不再是一个纯粹的"文学比较"问题，甚至部分越出了"比较文学"的框架，转而成为包括"国家政策和软实力"在内的现实问题。此时，经典文学场域成为广义的文学文本。文学文本研究整体性地发生了某种扩容——不仅现代传媒承载的各种虚构性文学文本需要文学理论解释，各种纪实性体裁（新闻、广告、网络直播、外交辞令）也展现出了高度文学性。此时，比较文学形象必须重新直面体裁意义的"非文学"的问题。回避现代媒体及其文化生活所呈现的丰富多彩的非文学媒介文本（这些文本具有丰富的"文学性"）已经不可能。

其次，文学作为社会想象物建构的来源被稀释，形象学的传播研究价值得以彰显。在前地球村时代，作为一种集体认知的异国形象通常由少量文本和大量想象共同构成。在异国形象建构中，文学文本占比过高，甚至具有垄断性。因而，在前全球化时代，通过研究虚构的文学作品理解读者对异国形象的认知是高度有效的。

全球化背景下，信息传播渠道的极大丰富，冲击了文学想象对异国形象建构的垄断地位。正如孟华提到，套话的空间性早已被现代传媒冲击得体无完肤③。异国形象不断见于各种新闻、广告、产品、展会、交流、社交媒体等，在美国纽约时代广场，反复播放着展现中国国家形象的广告；在东方中国，人们可以从任何

---

① 孟华主编：《比较文学形象学》，北京：北京大学出版社，2001 年，第 17-18 页。

② 周宁、宋炳辉：《西方的中国形象研究——关于形象学学科领域与研究范型的对话》，《中国比较文学》2005 年第 2 期，第 148-161 页。

③ 孟华主编：《比较文学形象学》，北京：北京大学出版社，2001 年，第 192 页。

一家全球连锁的麦当劳肯德基去感受和想象美国。不仅如此,"交通"本身作为麦克卢汉界定下的广义媒介,也极大削弱了文学作品作为大众通向异域的形象认知的优越性。此时,以文学中的想象为线索去理解异国形象建构就不具备推知社会文化总体情况的绝对合法性。在形象学经典定义中,作为社会集体想象物的"异国形象"已经不再由文学想象作为唯一的代言者。虚构性题材已经转变为各种事实性叙述(如新闻、广告、游记口述、纪录片);在文本形式上,文学语言的抽象的想象空间也被各种更具真实感的"图像"所消解。更确切地说,是形象生成从文学想象的虚构性文本的主导中挣脱出来,成为整个社会文化传播的总体性问题。从接收者的角度,形象学已经无法从比较文学的角度割裂形象符号生成的社会文化累积效应。

第根对比较文学研究范式的归纳(发送者、媒介和接收者)是一个经典的传播过程模型。王向远指出,将法国学派这类研究称为影响研究并不妥当,形象学研究应当是一种"传播研究"。①他进而指出,让–马里·卡雷(Jean-Marie Carré)、马里于斯–弗朗索瓦·基亚(Marius-François Guyard)等所主张的"各民族间的、各种游记、想象间的相互诠释"②的研究及其方法,严格地说也都是传播研究方法。李杰在接受美学的基础上进一步提出"不被传播的文学就不是文学"的观点。③

当下,包括"异国形象"在内的任何"形象"都是一种综合的传播结果。形象学的研究正是围绕着文学传播和文化影响展开的。忽略对文化传播的考虑将损失形象学对文化建构的重要价值的考量。

最后,就形象建构而言,"虚构文本"与"纪实性文本"的边界正在被打破,而文学性对文化现实的建构作用更加凸显。文学文本向非虚构文本的扩展,并不意味着文学研究的式微或衰落;恰恰相反,向日常文化生活广泛渗透的文学性将使得形象学研究对整个社会的建构性力量得到最充分的体现。文学性作为形象的表意形式,其有效性来自于"文化述真"。这种形象符号的"述真"关系是对"现实"之真的建构与反哺。形象学中的核心概念——stereotype 的引介者李普曼举了

---

① 王向远:《论比较文学的"传播研究"——它与"影响研究"的区别,它的方法、意义与价值》,《南京师范大学文学学院学报》2002 年第 2 期,第 129-134 页。

② 孟华主编:《比较文学形象学》,北京:北京大学出版社,2001 年,第 19 页。

③ 李杰:《比较文学中的大众传媒研究》,《中外文化与文论》2001 年第 0 期,第 269-279 页。

这样一个例子来说明"符号环境"与"现实环境"的关系①：

> 太平洋中有一个岛屿，1914 年时，那里住着几个英国人、法国人和德国人。岛上不通电缆，英国邮轮 60 天来一次。到了九月，……这些岛民谈论的话题仍是最后那期报纸报道的……消息。……他们得知，6 个星期以来，英国人和法国人为了协约的尊严正在同德国人作战。在这不可思议的 6 个星期中这些岛民仍像朋友一样相处，而事实上他们已经成了敌人。

这个例子中，人与环境之间楔入了一种与现实情况相违背的"虚拟的环境"（pseudo-environment）。人们是依据接收到的信息，而不是实际发生的事实来作为自身环境的判断依据。从这个意义上，我们都是柏拉图洞穴中那些不能回头的囚徒。李普曼提到，虚拟的事实产生后果的地方，不是虚拟环境，而是"行动得以发生的真实环境"②。

拟态环境刺激的行为普遍作用于真实环境，其结果是"拟态环境的环境化"。随着拟态环境与现实更广泛的交互发展，拟态环境构成人们身处的主要环境。换言之，形象学以之为"集体幻象"的对立面的那个"现实环境"不过是被建构了的另一组"符号环境"或"拟态环境"。

从更长的时间维度来看，现实的形象与"文学形象"并没有一个必然的先在关系，而是持续进行的互文性过程。当代广义文学场域内深刻地体现着文学性的符号文本——既包括传统意义上的文学体裁，也包括新媒体语境下非文学体裁的符号文本。因此，这里主张的是一种"普遍文化符号传播形象学"——其指向一种跨学科的文化传播研究。对于形象学而言，在新的语境下建构一种更具跨学科魄力的"一般符号形象学"尤其必要。因为，社会文化集体记忆无法以所谓的学科来进行分界，而我们无法将非文学的记忆从大众大脑中驱逐出去而获得"纯粹的材料"。

三、数字时代的符号形象学

由上，比较文学作为母体虽然孕育了形象学，但在形象学成长起来后再无法

---

① 沃尔特·李普曼：《公众舆论》，阎克文、江红译，上海：上海人民出版社，2006 年，第 3 页。
② 沃尔特·李普曼：《公众舆论》，阎克文、江红译，上海：上海人民出版社，2006 年，第 11 页。

完全将其涵盖。文学语象返照入现实社会生活，拟态环境就成为了真实环境的呈现方式。不同来源的"形象"构成了与现实生活的深刻互动——它们是拟像（simulacrum）的制造物，这些拟像构成了现时代的形象内容。这就使得所有的研究都转变成为一种有关"符号传播"的研究。某种意义上说，从柏拉图和整个西方视觉中心开始，直到当前世界全部图像化现实，都是当代媒介文化研究的背景。在米歇尔看来，21世纪的问题是"形象"问题。

由上，形象学的外延正在从比较文学领域泛化为一般形象研究。形象学既不应受限于体裁意义上的传统的语言文学，也区别于当前的"视觉文化研究"。相对于后者注重的"视觉语法"，符号形象学是一个有关"符号感知的统合逻辑的规律研究"。形象的研究自然也就越出了既有"文学形象学"范畴，并在层次上越出"异国"这个层级概念，广涉各种层次的形象。①依据微观到宏观，具象到抽象，形象的研究依次可涵盖于以下三个外延关系的层次中。

第一个层次是形象的符号化呈现。在这个意义上，形象具象化为某种具体图像或是语言的描述。例如，米歇尔将语言形象分为陈述与修辞，并将它们视为构成形象的基本单元。在广义符号形象学中，形象可以直接诉诸视觉，成为图片（picture）、图形、外观（appearance）和肖像。

相对于具体的媒介化符号文本，形象的第二个层次更为抽象。它是形象投射与感知中所形成的"心象"——符号统觉。符号统觉是形象在接收者心目中的"印象累加"。每一个印象都造成某种抽象的形象投射结果。这个结果既有具体的媒介符号文本的直观感受，也有文本对象长期累加的作用。但感知的心象也不是形象的全部。这种"心象"是动态而不可靠的——它可能仅仅是主观层面的"幻象"。接收者可能因为了解不全面而获得"走马观花"的效果，也可能因梦、幻觉而生成"牡丹亭"式的悲剧。但这种不可靠并不等于"错误"。因为一个抽象的形象本身由"各种形象"构成。因此，所有对形象的接受都是一个符号化、片面化的"刻板成见"。对于一个集体心理而言，这些不同的刻板成见往往反映了一个形象的总体面貌。因此，当我们说"形象"时，已经进入一个综合性的抽象层面了。

第三个层次的形象，涉及形象的主体建构与认同。形象的生成既包括形象主

① 张月：《观看与想像——关于形象学和异国形象》，《郑州大学学报（哲学社会科学版）》2002年第3期，第110-119页。

体的自我建构，也包括他者的评价，前者构成自我（ego）而后者生成社会我（social self）。自我是镜像的演变，而社会我是一套社会评价元语言的结果。主体并不先于符号形象存在，反而是被建构的符号化存在方式。由此，形象最终必然是一个综合的意义累积结果，是"他者"对主体的符号化。可以尝试对"形象"作一个符号学式的定义：形象，是围绕特定对象的符号元语言在社会文化传播中的集合。

简言之，形象作为一种关于主体的评价性元语言集合，也是主体在社会中的符号化存在方式。此界定的方式是偏向认知视角的（相对于文本视角而言）。从个体来看，由于形象的认知并不必然充分占有评价元语言资料，它常常只是对形象符号呈现的印象直观。前者往往是理性的社会评价——公众评判，后者诉诸审美或个体表达。形象的评价结果通常伴随不可避免的刻板成见与意义累积。主体在主动塑造自我形象时往往提供选择性信息，因而形象不可能是一种客观全面的结果，只是由无数印象构成的集合。同时，形象又不是形象主体可以完全控制的。这种自我意图往往并不能完全实施于形象文本当中。

由此，形象学就有两个基本面：一是理解形象形成的机制；二是基于实现主体意图的形象结构而实施的操作。由此，当前的符号形象学可以被描述为，研究特定社会文化形态中形象的符号机制的学问，它既涉及形象的生成也涵盖形象的符号操作。这里的符号操作是指通过相应的符号文本叙述、修辞策略，实现主体的预设形象建构。在当代媒介语境下，形象的建构通常借助媒介化的途径实现。这一定义越出了比较文学对形象学研究的限制：一是突破文学形象这一体裁范畴。二是在方法论和学科归属上，由比较文学的语言方法广义化为有关"符号直观"的一般性规律研究。这也突破了单一的文字语言符号形式，而进入一个多媒体符号文本的对象化研究。作为文科公分母的符号学，在讨论形象问题时，具有从"意义"到"感知"入手的科学价值。三是在研究目标上不以形象和诠释、评价为限，它还探讨形象的建构。

形象本身并不带有真伪的评价机制，而是一种社会性的元语言基于像似的意图建构的"拟像"。拟像既包括社会性评价机制下建构的拟像，也包括符号述真的拟真概念。李普曼的"拟态环境论"所说的"拟态"与"真实"之分可以解读"媒介化感知"为"亲身性"感知的差异，且是虚构体裁符号文本和事实性叙述符号文本的双重建构。这种双重建构最后又归于一种感知的真实和真实世界的行为反馈并获得真实世界的效果。好的形象能够令个人、机构、国家在现实个人发展、经济社会和政治中处于有利位置——软实力的应用及其在国家战略层面的实践即这种符号印象的现实结果。

数字时代下，媒介形式凸显而内容体裁分节退居次要。媒介形象叙述成为各种形象建构的主导力量。数字媒体所代表的"拟态环境"已经成为真实环境本身。某种意义上讲，由于数字图像景观与我们在物理上亲身体验的空间所获得的知觉效用是等同的，拟态环境与现实环境的二分法就失去了决定性意义。形象问题就成为符号文本的意义的共相，原来与之相对的"真相"也从属于这一共相的形象之中。

至此，传统比较文学中的形象学一旦普适化为有关主体的符号元语言研究，研究的对象即从"异国形象"的文学生成，转进为多媒介的文化符号生成语法。这两个方面构成了形象学的主要研究领域，"形象符号文本的文化阐释"构成了形象认知原理的主要基础理论框架，而"形象生成的语法逻辑"则构成了由符号构筑预设形象的操作层面。这种特性与符号学的操作性有内在的契合。同时，这种理论与实践的贯通也以形象的本义为依托，展示出了"形象学"理论范畴，即以一般形象为研究对象，以当代媒介环境和社会语境为宏观背景所进行的形象生成、阐释、普适性规律研究。

第三节　符号、信息与意义世界的哲学基础

"意义世界"的形成是符号学的核心论域，也是文化与传播发生的处所。"意义世界"的边界、范畴及交界面是如何与其对立范畴区分和联系的？本节的主要切入点是自在世界向意义世界转进的总体关系。在对此问题的探讨中，不得不涉及的是三个方面的问题：首先，在"人文"与"科学"关系重构语境下以整体性的"知觉"调和"认知"与"感知"的矛盾；其次，以"符号物观"重新审视卡西尔关于"物"与"义"的"此消彼长"论；最后，结合当代技术与人文融合语境，以"信息"作为客观秩序规定性，以达成"获义意向"与外部世界的连接。这几个背景关系的厘清，是文化传播符号学不可绕过的基础。

一、符号学的基础范畴——"意义世界"

（一）何谓"意义"

符号学被称为"意义之学"，但意义本身却常常难以被简单定义。"意义"一词，如此普遍却又如此宏大晦涩，它是日常的基本生活，也是人之为人的存在基础。若从日常使用来看，"意义"的界定大致包括两个方面的意涵：一是事物所包含的思想和道理。其意思略偏向于英文中的"meaning"，若对应皮尔斯的符号表意三分法，则较为接近他所说的指示符（index）的意涵。我们权且称其为"指向性意义"。二是指向其作用、价值，是对所指向"意思"的价值判断和再解释，偏向于英文中"significance"，我们可称之为"价值性意义"。价值性意义更接近于由反复赋义而累积的"象征符"，它必须以指示性意涵为基础，这也符合象征符以反复指示为基础的逻辑。这两种指向几乎涉及了人类理论与实践的全部终极指向。正如莫里斯·梅洛–庞蒂（Maurice Merleau-Ponty）在他的《知觉现象学》中指出，"因为我们在世界上存在，所以我们受制于意义"。①康德以来，自然科学逐渐与人文学发生分化进而形成了对世界的两大类不同理解。其中，自然科学偏向于客观真理之发现，指向追求事物所包含的客观规律；而人文学则融入了更多的"价值追问"，强调人的参与和创造。海德格尔所倡导的"诗意的栖居"正是对人的生存方式"意义"的终极追问。这当中，既包括对"指向性意义"的求索，也包括对"价值性意义"的实现。

尽管所有的人类理论多多少少都关乎"意义"，但不同学科和理论与意义的关系远近并不相同。自然科学所追求的客观真理是一种"指向性意义"，其探求过程要避免"价值性意义"对研究的客观性产生干扰。相应地，人文学包含了对所有意义的探求，但与"价值性意义"的关系更为密切。而哲学作为世界观的普遍问题之学，其观照意义的方式是根本性的。当今哲学或许更具有人文色彩，但就其"爱智慧"的出发点而言，是对一切意义的探求。而各门类具体科学或哲学中的分支则常常将"终极意义"悬搁一边，而通过具体的范畴限制、语境设定来处理更为具体的意义。例如，梅洛–庞蒂的哲学又被认为是"意义哲学"，是因为他将意

---

① 莫里斯·梅洛–庞蒂：《知觉现象学》，姜志辉译，北京：商务印书馆，2001，第16页。

义问题作为其哲学的本体论，并以此构建了他的知觉现象学①。

（二）符号学意义的认知论与本体论

哲学偏向于将意义问题悬置于一个本体论的终极位置，而符号学更直接地面向意义问题本身。符号学作为一种形式论，它既有面向"指向性意义"的一面，也处理"价值性意义"，因而也被称为"意义学"。例如，符号逻辑研究及其延伸出来的人工智能等当代科学应用研究，就偏向于自然科学的"指示性意义"；而它在近现代百余年学科发展中主要展开的语言、文学、艺术以及更宽泛的文化研究则非常注重探讨这些文本的"价值性意义"，故此符号学也更多地被视为人文学的方法论。此外，在人文学的各种方法论中，符号学因其注重形式研究、强调逻辑和理论模型建构而被称为"人文学中的数学"。②

通常，符号学常被视为一种具体文本形态或体裁的"意义"分析操作方法（如语言符号学、图像符号学），或社会文化层次的意义分析（宗教符号学、社会符号学），但实际上，作为意义学的符号学也并不回避对终极"价值性意义"的追问，并从意义学内部向一种"意义哲学"不断推进。例如，卡西尔从"符号使用"的角度丰富了对人的本质属性的认知，是对哲学终极问题"人的意义"的里程碑式贡献；皮尔斯说"宇宙充满符号"而试图将符号作为一种世界的基础要素；约翰·迪利（John Deely）在《符号学对哲学的冲击》中追问，"符号学如何将传统恢复为哲学？"③存在主义符号学家埃罗·塔拉斯蒂（Eero Tarasti）如此介绍自己的学术历程：

> "作为一名符号学家，我选择的'学派'是法国符号学，但是我也从美国符号学、俄罗斯符号学、欧洲符号学获得灵感。当我在芬兰、爱沙尼亚和法国出版了第一部小说《安福塔斯教授之谜》（*Secret of Professor Amfortas*）时，我感觉我从师承的符号学研究中解放出来了，我敢于发表属于我自己的东西。这也使我返回德国和法国哲学之'根'，如康德、黑格尔、克尔凯郭尔、谢林、歌德、雅思贝尔斯、萨特、波伏娃、

---

① 莫里斯·梅洛-庞蒂：《知觉的首要地位及其哲学结论》，王东亮译，北京：生活·读书·新知三联书店，2002年，第66页。

② 赵毅衡：《符号学：原理与推演》，南京：南京大学出版社，2011年，第20页。

③ Deely, J. *The Impact on Philosophy of Semiotics: The Quasi-Error of the External World with a Dialogue between a "Semiotist" and a "Realist"*. South Bend: St. Augustine's Press, 2003, pp.51-89.

马塞尔等。"①

　　无论是迪利的"恢复"，还是塔拉斯蒂的"回到"，都是对符号学构建其哲学基础的必要性的共识。赵毅衡围绕"文化社会"探讨了一种"中观"层次的意义世界。他既不赞成詹姆斯"每个人一个世界"那样过于碎片的处理方式，也不接受雅各布·冯·于克斯库尔（Jakob Von Uexküll）按照"物种分类"建构的生命域意义世界。赵毅衡提出，人类认知之外的物世界可以"存而不论"，他将意识面对的"事物"（物、文本、意识）作为意义世界的范畴，②试图提出一种为"人类文化"提供基础的"意义世界"方法论。这不仅关乎作为意义"哲学"的符号学核心论域，也是当今人类文明冲突此起彼伏语境下，重构一种和谐共存的"人类意义共同体"必须解答的基础问题。由此，本节尝试以其中"意义世界"的对立范畴的探讨为起点，通过分析意义世界分别与"自在世界""物世界""客观世界"的关系来探讨意义世界的处所、范畴及交界面：一是，"自在世界"如何进入"意义世界"？二是，"物世界"与"意义世界"是否"此消彼长"？三是，"客观世界"③如何向"意义世界"显现？

二、"自在世界"向"意义世界"转化："感知"还是"认知"？

　　要处理好"意义世界"范畴问题，首先需要一个参照系，即我们身处的"意义世界"之外是什么？

　　符号学家卡莱维·库尔（Kalevi Kull）在"四度自然说"中，提出以"绝对的荒野"（absolute wilderness）为例来说明"作为自然本身的零度自然"（Zero nature is nature itself）。虽然，从库尔随后对零度自然的补充界定来看，其本意是指与人类没有任何关系的"自在世界"——他指出，零度自然是"从自然到自然"，以及他说零度自然是"在外"或"原来就在"（out thereor in here）④。但库尔在描述零度自然的时候，的确"不经意"地涉及了某种被人类意义世界"污染"的可能。

---

①　塔拉斯蒂：《存在符号学》，魏全凤、颜小芳译，成都：四川教育出版社，2012年，序言。

②　赵毅衡：《哲学符号学：意义世界的形成》，成都：四川大学出版社，2017年，第3-4页。

③　本节使用"客观世界"与"自在世界"并非是因为对象上的差异，而是因为对立范畴的不同，"自在"侧重非人为性，而"客观"相对于"主观"和精神世界。

④　Kull, K. Semiotic ecology: Different natures in the semiosphere. *Sign Systems Studies*, 1998, 26(1), 344-371.

例如，他解释零度自然是生物学家想要描述的自然①时，忽略了生物学家作为人类认知主体的基本事实。我们可以沿着库尔"荒野"这一举例可能造成的误解讨论自在世界的边界。赵毅衡的解释大意是"意识所及范围之外的物，尚未被人感知，依然是浑然自在的物世界"②。在他的探讨中，"感知"至关重要，这与梅洛-庞蒂一切意识都是对于知觉的意识③的观点具有共通性。

值得追问的是，我们如何理解和使用"感知"这一术语？通常来说，感知被解释为"是客观事物通过感觉器官在人脑中的直接反映"④，其根基是官能性和生理性的；与此相对的概念"认知"侧重的是形式和知识。⑤若将"官能性"的感受作为"自在物世界"与"意义世界"的分水岭，是否会存在与库尔的"荒野"说一样的问题进而对意义世界之所及有所疏漏？例如，"物理学热衷于讨论'平行世界'，但是我们无法感知，至今也无法证实（虽然从数学上能推理）另一个平行世界的存在"⑥。这一判断，引发了意义世界的边界是否包括数学这类形式科学（formal sciences）⑦认知范畴的问题。类似的例子是我们如何确认，冥王星进入了人类的意义世界。在被望远镜观测到之前，它曾存在于"数学公式"的推演里。如果数学推理不能作为冥王星进入意义世界的依据，那应该以何种标准来判断冥王星是否进入意义世界呢？是以牛津学童威妮夏·伯尼（Venetia Burney）以冥王普鲁托（Pluto）为这颗天体命名为起点？还是必须以被望远镜"看到"为起点？

---

① Kull, K. Semiotic ecology: Different natures in the semiosphere. *Sign Systems Studies*, 1998, 26(1), 344-371.

② 赵毅衡：《哲学符号学：意义世界的形成》，成都：四川大学出版社，2017 年，第 16 页。

③ 莫里斯·梅洛-庞蒂：《知觉的首要地位及其哲学结论》，王东亮译，北京：生活·读书·新知三联书店，2002 年，第 4-5 页。

④ 张永谦主编：《哲学知识全书》，兰州：甘肃人民出版社，1989 年。

⑤ "认知"从希腊文源头那里意即"知识"或"识别"，是最广义的知识，既指认识活动或过程，又指知识本身，它包括知觉、记忆、直觉和判断。经院哲学家认为，任何被认识的东西，作为被认识了的东西，都是进行认识的灵魂的偶性，因而都是被一个提供知识（informing）的动因引起的。蒋永福、吴可、岳长龄：《东西方哲学大辞典》，南昌：江西人民出版社，2000 年。

⑥ 赵毅衡：《哲学符号学：意义世界的形成》，成都：四川大学出版社，2017 年，第 4 页。

⑦ 在此，有必要重新对"科学"的定义与范畴稍作辨析。"科学"一词由近代日本学界翻译自英文中的"Science"及其他欧洲语言中的相应词汇，欧洲语言中该词来源于拉丁文"Scientia"，意为"知识""学问"，在近代侧重关于自然的学问。科学的范畴在当今"技术"发展的背景下因与"技术"连用而常常被等同于"科技"或"自然科学"了。数学本身是否被恰当地归类为科学是一个有争议的问题。一些思想家认为数学家是科学家，而物理实验是无关紧要的，也有观点认为数学证明等同于实验。另一些观点并不认为数学是一门科学，因为它不需要对其理论和假设进行实验测试。数学定理和公式是通过推理公理系统的逻辑推导而获得的，而不是经验观察和逻辑推理的结合，后来被统称为科学方法。一般来说，数学被归类为形式科学，而自然科学和社会科学被归类为经验科学。Bunge, M. A. *Philosophy of Science: From Problem to Theory*. Piscataway: Transaction Publishers. 1998, p.24.

现代科学的许多发现，都是先由数学计算推演，而后被物理实验、观测佐证；人类有限的感知能力接触则往往非常滞后。类似的例子，如黑洞、基因、引力波、夸克、上帝粒子。迄今仍然有很多对象（如暗物质、反物质、暗能量等）仍存在于数学推演之中。如果按照被"感知到"的要求，它们就不得不被排除出我们的意义世界。

问题的实质，是人类意义世界是否要越出"感知"世界，而进入包括形式科学在内的"认知"世界？感知，通常被解释为"是客观事物通过感觉器官在人脑中的直接反映"①，其根基是官能性和生理性的；而"认知"偏向理性把握，其侧重的是形式和知识。②从符号学作为一门"人文科学"的逻辑来看，恪守"人类的感知"是符合核心论域"文化世界"需求的。这也是卡西尔一直坚持的，在他看来："科学从物体的自然下跌运动之规律出发，而可以推而广之，并引申至那充塞于宇宙之整体的万有引力定律。这种形式的普遍性乃是人文科学所不能企及的。人文科学是无法否认其拟人主义和人类本位主义色彩的。"③

卡西尔的论辩，以自然科学与人文科学的分殊为根据。然而，在人类意义世界（暂且不论具体的学科）这一宏大话题的语境下是否涵盖数学等形式科学构筑的"意义世界"，也即需要重新考虑人文科学与自然科学在形式论意义上的"共通性"。

从人类文明实践来看，人类意义世界的扩大历史，是从纯然依赖官能感知，向以认知框架的感知转化。人类世界与动物世界的感知官能，有生命形态的差异而没有功能性质的区别。很多动物的感知能力甚至高于人类——鹰有更锐利的视觉、蝙蝠有超声波、蛇有红外线感受器，其他动物可能还有我们未发现的感知形式。人的意义世界之所以更丰富，是由于越出官能性感知，进入了认知世界。相比较恒久的自然宇宙，人类文明诞生以来所能感知到的物世界并未殊异——"今人不见古时月，今月曾经照古人"——而人们所感的意义已经大不相同。从天圆

---

① 感觉和知觉的统称。是客观事物通过感觉器官在人脑中的直接反映。感觉反映客观事物的个别属性，是各自孤立的、相互隔离的；知觉反映客观事物的整体，是各种感觉和它们之间的相互联系的集合。参见：张永谦主编：《哲学知识全书》，兰州：甘肃人民出版社，1989年。

② "认知"从希腊文源头那里意即"知识"或"识别"，是最广义的知识，既指认识活动或过程，又指知识本身，它包括知觉、记忆、直觉和判断。经院哲学家认为，任何被认识的东西，作为被认识了的东西都是进行认识的灵魂的偶性，因而都是被一个提供知识（informing）。参见：蒋永福、吴可、岳长龄：《东西方哲学大辞典》，南昌：江西人民出版社，2000年。

③ 恩斯特·卡西尔：《人文科学的逻辑》，关子尹译，上海：上海译文出版社，2004年，第122-123页。

地方的构想，到日心说的颠覆，再到宇宙大爆炸，乃至今天的"平行宇宙"诸论，不断丰富的意义正是以不断丰富认知为框架获得的解释结果。换言之，人类之外的动物"感知世界"，而人类具有更高的世界认知能力以及在认知的基础上以实践改造世界的能力。

面临当今时代的科学技术革命的冲击，人文科学与自然科学的分野遭遇了重要挑战。当前，人文科学与自然科学正在发生更深刻的对话，同时它们又互相渗透和冲突。这些相互关系中既包含物理学向哲学发出的挑战和冲击，如霍金声称"按照传统，这些（宇宙的本源）问题是哲学要回答的问题，但哲学已死。哲学已经跟不上科学的步伐"①，也包括人工智能等迫切需要的跨学科知识协同。由此，卡西尔基于"人文"与"科学"二分的逻辑指责以数学形式为本质特征的精确科学的"反文化"②，其基础就不在了。当前的问题，不是在这种二元对立的框架中论辩何者占优，而是需要找到更深刻的协同。在符号学内部，这种分治观念已经不再是符号学学科论域的园囿。符号学以结构主义的面貌兴起的第二次浪潮，已经越出了其勃兴之初那种门类的局限，它化身结构主义，成为了更为广泛"领域"的共通方法论。

如果将人类形式逻辑的认知世界（当中有许多"感知"之未及）作为意义世界的组成部分，那么意义世界的边界就会有所扩容。但这些对象的形式特征及其与现实世界的关联方式的确与卡西尔在"人文"与"科学"的二分范畴中所限制的"人文对象"有一些不同的性质，这是由于，形式科学"认知"的意义世界，与"感知"构筑意义世界方式和结果有所不同。

以幻想、梦境和文学等虚构的意义世界为例：在现实发生关联的方式方面，文学通过虚构、幻想保留了现实世界一些内容质地感——细节、片段而获得"身临其境"的"拟真"知觉体验，但这些"体验"不负有普遍有效的事实兑现之责；③与之相反，形式逻辑认知诸学科（理论物理学、数学、逻辑推演等）则在内容上抽去

---

① 史蒂芬·霍金、列纳德·蒙洛迪诺：《大设计》，吴忠超译，长沙：湖南科学技术出版社，2011年，第3页。

② 恩斯特·卡西尔：《人文科学的逻辑》，关子尹译，上海：上海译文出版社，2004年，第121页。

③ 这里分为虚构体裁与纪实性体裁两种情况：虚构体裁完全不负有兑现之责，但它们却有可能对未来产生实际的影响。这就导致虚构体裁看上去成了"可能发生"的预言。如，科幻小说根据科学事实展开联想（硬科幻尤其如此），未来的发展与之可能有某种相似之处；同时，科学发展也可能受到幻想的启发而可能成为一种事实。纪实性体裁的文本兑现的也仅仅是个别对象事实，而不对对象事实之外的普遍性无限负责。参见：赵毅衡：《广义叙述学》，成都：四川大学出版社，2013年。

了现实世界的各种"殊相"，保留了结构形式的"形式"，且如卡西尔所说，这种形式是普遍有效的。在系统完备性方面，幻想、梦境和文学虚构不要求全域性的细节完备性，只强调感知合理性；而形式科学则必须追究系统内部任何细节的逻辑自洽性。例如，初看起来，文学艺术、思维想象具有相当紧密的思索，内在因素足够连贯……似乎逼近了一个逻辑整体。但细加考察便可发现，无论篇幅多长的小说、电视剧，其文本的细节都仅以满足读者的感知为目标来设定。越出这个范畴，便不能追问其逻辑自洽性，也不能获取更多细节。这与3D游戏的体验类似。在游戏虚拟世界中，游戏者看到的所有对象，都是围绕游戏线索关卡展开的，游戏者只能在规定的有限路线上航行。越出这个方向，就是视界的禁区，由于没有提供元数据，那里也就没有任何可供观看的对象，只有一些马赛克。

与虚拟数字游戏的世界一样，文学文本的世界、梦境、幻想没有现实世界那种不言自明的"无限连续性"。文学文本的读者与作者订立的阅读契约是"只在此处"，双方心照不宣。一部武侠小说里，整天打打杀杀的江湖儿女们似乎从来不用为平日生计奔波。即使展示其吃喝拉撒的生活细节，也必是服务于"母题"（侠义、爱情、忠勇、豪气）的需要。与此相反，形式逻辑认知推论出的世界必须是自洽的：一根直线、一个平面、有理数序列都是一个无限延续的逻辑事实。我们通常示意的线段、平面，只是为交流的便利提供局部示意。

由上，如果符号学自设为讨论"意义世界"的学问，其全域就不得不包括连同形式科学在内的意义世界。当然，在这个总体意义的意义世界中，不同论域的学者可以分别就其主要研究对象来设定其"核心论域世界"（如前文提到的生命意义世界）。实际上，皮尔斯符号学的另一个名称就是"逻辑学"，皮尔斯指出："所有的思想都是借助符号得以表达的，因此，逻辑学可以被看作是一种有关符号之普遍规律的科学。"[1]埃科对符号学研究的三种论域的划分，就包含"形式逻辑"和"形式化的语言"。他认为从代数到化学，毫无意外，这些语言形式都在符号学的研究范畴之中，与这些领域探索有关的是数学结构的研究。[2]

综上，狭义的官能性感知不能完全处理"意义世界"的全域，或可借用梅洛－庞蒂的"知觉"一词实现"感知"与"认知"整合与扩延，用他的话来说，即

---

① 查尔斯·S.皮尔斯：《皮尔斯：论符号：李斯卡：皮尔斯符号学导论》，赵星植译，成都：四川大学出版社，2014年，第102页。

② Eco, U. *A Theory of Semiotics.* Bloomington: Indiana University Press, 1976.

"被知觉的世界是所有理性、所有价值及所有存在总要预先设定的前提"①。这也符合符号学作为意义"形式论"与"形式科学"〔埃科称为形式语言（formalized languages）〕的整合。这种广义的意义形式论视域下的符号学，既是"感知"的，也是"认知"的，具有跨学科包容性——既可以实现意义殊相的再现，也包含了形式规律的抽象。当符号作为殊相连接对象时——符号呈现为"个别符"（sinsign），当符号承担形式抽象之责时，其反映的是事物的范畴和类型。皮尔斯符号学的三分中——型符（legisign）即指符号对品质一般类型的确定。②埃科说符号必为类型，意思是任何一个符号表意，背后必然有一个意义的类。③

综上，"自在世界"脱离其"自在"而成为"意义世界"的对象，未必是被感知到的，而可能仅仅是逻辑认知的结果。无论是我们直观感受到，还是逻辑上通过推演认识到，则"自在世界"便不再是纯然的"自在"了。用卡西尔的话来说，即人不再生活在一个单纯的物理宇宙中，而是生活在一个不可倒转的符号宇宙之中了。④不过，自在世界进入意识被感知或认知的程度是有深浅之别的。阿尔伯特·爱因斯坦（Albert Einstein）计算了"黑洞"的存在，此时，黑洞已经不再是纯然的"自在了"，而当代天文学家有幸通过先进技术观测到一个黑洞，使得我们对黑洞的认识有了"感知"的进一步佐证，我们对黑洞的认知更深入了——其在意义世界获得了更丰富的理解和阐释。

三、"物世界"与意义世界的关系是否"此消彼长"？

（一）"自在世界"与"物世界"

如前所论，"自在世界"与"意义世界"似乎呈现出一种"此消彼长"的关系。人类借助科技设备扩大了"感知"能力，而包括科学在内的人类总体知识的增加也提升了"认知"能力。近代以来，随着这种能力急剧扩展，人类一度认为太阳之下无新事了。正如牛顿物理学之后数百年，物理学曾被认为已经穷尽了运

---

① 莫里斯·梅洛–庞蒂：《知觉的首要地位及其哲学结论》，王东亮译，北京：生活·读书·新知三联书店，2002年，第5页。

② 查尔斯·S. 皮尔斯：《皮尔斯：论符号：李斯卡：皮尔斯符号学导论》，赵星植译，成都：四川大学出版社，2014年，第24页。

③ 翁贝托·艾柯：《镜像》，《符号与传媒》2011年第2期，张颖译，第146页。

④ 恩斯特·卡西尔：《人论》，甘阳译，上海：上海译文出版社，1985年，第33页。

动的所有规律，量子力学的出现击溃了这种无知自满。现代科学与认知能力仍在继续飞速发展，这个过程是否如卡西尔所说，"人的符号活动能力（Symbolic activity）进展多少，物理实在似乎也就相应地退却多少"？①。

此问题引出两个方面的考量，一是，"自在世界"与"物世界"的关系是否等同？二是，它们与意义世界的方式是否"此消彼长"。这里所指的方式是作为被认知对象的世界的分节方式，而区别于前文从"人"这一主体出发谈知觉方式。

第一个问题，是哲学界讨论已久的"自在世界"的范畴，须在世界构成的总体框架下讨论。这个总体框架是这两个世界分节的全域，而这个全域不得不牵涉到对世界本源的看法。文明蒙昧时期的人类以信仰代替哲学，认为世界由某种超越力量主宰；古典朴素自然主义哲学将认为世界由某种匀质的微粒原子构成，或视为某几种基础物质相生相克。此后对世界的本源探索，逐渐发展至一种抽象的"工作假定"。如古希腊的柏拉图的"理式"，亚里士多德以后各种对"存在"范畴的讨论、黑格尔的用语"绝对精神"都涉及对这个总体框架的讨论。此处对"自在"的讨论是相对"意义世界"而言的。

首先，是"自在"与"物"的关系。两者虽然意义不同，却因为分别与意义世界相关的"精神世界"或"经验世界"能形成一定对立关系而被联系起来。以康德的"物自体"（Ding an sich）观念为例，在他看来，"经验世界是一个复杂的表象，它的存在和联系只发生在我们的再现中，而后者也并不是物自身，仅仅是我们再现的模型（mode of representation）。"②需要注意的是，康德"物自体"的用词"Ding"并非"物"而是"事"，其在英文中的对译也是"Thing-in-itself"。汉语将其译为"物"可能导致的问题是，易于陷入一种"物理学"式的"物观"中。为了避免这种狭隘的"物"观，应当说明，对象世界的"物"是包括意识和精神现象在内的"事物"，而非物理学意义上的"物质"。如赵毅衡指出，"自在的物世界，不仅是混沌，而且是无法给予符号化意义化的未知世界"。③为了避免容易混淆的"物"观，他特别表明，对象世界的"物"是包括非意识本身的各种事物（物、生命、文本……）。

---

① 恩斯特·卡西尔：《人论》，甘阳译，上海：上海译文出版社，1985年，第33页。

② Kant, I. *Prolegomena to Any Future Metaphysics: That Will Be Able to Come Forward as Science.* Cambridge: Cambridge University Press, 2004.

③ 赵毅衡：《哲学符号学：意义世界的形成》，成都：四川大学出版社，2017年，第17页。

沿着这一思路，将"自在世界"视为一种"未知世界"或"混沌"，那么，绝对意义上的"未知"就只能在"未知"一词自身的意义上言说。任何词语的修饰，至少可能在"某种意义上"已然被"知觉"了，进而陷入与前文提到的库尔的"荒野"的例子一样，有陷入某种"概念化"的嫌疑。比较海德格尔与让–保罗·萨特（Jean-Paul Sartre）使用"存在"这一术语的区别也能看到，海德格尔并不满意萨特对"存在"充满主体意识的解释。在他的解释中，作为存在者的人只是"此在"之在。此在之生存于世界，意义已经在场了——也即已经进入了"意义世界"。

（二）"物世界"与"意义世界"的"间性"

由此，我们可以将"自在"理解为没有任何具象的形式，它不是主观世界，亦非物世界。进而，将"自在物世界"中的"物"字去掉，直接表述为"自在世界"：一方面，可以让"自在"的概念范畴更加彻底；另一方面，也是回到康德哲学的语境并有所推进（因为同时也放弃了康德的术语中"Ding"一词最微弱的对象意味）。这一建议的另一作用还在于，能避免一种"二元论"导致的简化对立。尽管"二元论"的设定有益于简化问题，但在文化符号意义的讨论中，我们必须对这种二元论及其所导致的后果有所警惕。

若将"自在世界"等同于"未知世界"，实际上，相当于将整个世界设定为一个总量，而"意义世界"就相当于"已知世界"，进而形成了一个简单的此消彼长的关系。卡西尔将"物世界"与"符号活动"置于此消彼长的逻辑之中，[1]他认为，物质实在似乎成比例地随着人的符号活动的前进而后退了[2]。沿着这个思路，意义世界则不得不在"符号性与物性这两个极端之间滑动"。[3]

必须承认，意义世界中有"物"，但物性（无论是哲学之"物"还是物理学之"物"）的来源及其确认，是获义意向照亮的结果。也即，被对象化和赋予意义的结果。人类的感知与认知实践赋予世界以秩序之澄明，而使之从意识之外的混沌中被照见。在这种意义世界认知之光的照亮下，褪去的只是"混沌"和"未知"的黑暗，而不应是清晰明白的"物性"。"物性"不仅不因意向（intention）的照亮而褪去，反而是被照亮的性质之一。

---

① 赵毅衡：《哲学符号学：意义世界的形成》，成都：四川大学出版社，2017年，第22页。
② 恩斯特·卡西尔：《人论》，甘阳译，上海：上海译文出版社，1985年，第33页。
③ 赵毅衡：《哲学符号学：意义世界的形成》，成都：四川大学出版社，2017年，第16页。

　　不仅如此，人类通过反复的意义实践，不断创造新的"物"态，持续丰富"物"的意义——在消费社会中，可视为符号对物的"溢价"。现实生活中，一块未经雕琢的石头，因其特别的矿物材料、质地被认知，其物性并不稍减。假如它是一块玉料，被人采购作为原料并请工匠进行设计、造型，打磨成为一件玉器。若这件作品的雕刻者的技艺广受认可，是一名知名的雕刻艺术家，则雕刻者的署名会让这件作品高于同类材料的作品。整个过程中，匠人必然高度尊重其"物性"并依据其经验善加使用。他的雕刻工作创造了一个新的"物"态，他的署名又进一步丰富了该物件所附着的意义。

　　与此类似，一件设计精美的服装、一个做工精良的包，在打上了"品牌LOGO"后，丰富了这些事物的意义。但这些意义的附着丝毫不损害其通常被视为物性的成分（精良的做工和精选的原材料）。或者有论者会质疑：若某个作品所用的材料极其廉价，甚至是无须任何材料的艺术作品（例如签名），难道也依赖于物性吗？恐怕的确如此，物性乃是我们对"物"的任何性质的使用，包括物的色彩、形状、质料、空间，也包括以上述方式呈现的物的缺失和空无（空符号）。空符号不依赖于具体的物，但其建构必须以某种物的应有而未有才能获得表意。卡西尔对"人文科学"的悲悯情怀，仍然可以栖迟于这个被赋予了丰富意义的（亦即符号化的）"物"世界。

　　整个过程即自在世界因人类的意义活动而澄明，分节出物世界与符号世界（也可以是其他方式的分节，如后文引入的"信息"），进而以行动实践创造出更多的物之形态，或以更多的意义实践赋予物以更丰富的意义。在上述所有的活动中，"物"之依然为"物"，因其作为"物"的意义并不受到其他特定获义意向而稍减——就如，"一斤米的意义"并不受"一顿饭的意义"影响一样。

　　此说并不是为了辩论"意义"与"物"何者是本质，而是说，在重置了人文科学与自然科学的分野后（这一分节并没有逻辑必然性，而是一个历史的人为的概念），符号学及其关涉的意义世界获得了更大的包容性，"物性"也存在于这个更广义的意义世界中——换言之，"物"就是被认知和赋予的一种意义。这种意义叠加（而非削减）的观念，秉持的是人类行动与思维实践"创造世界"的信念，它看待意义世界的方式是不断扩大和丰富。这种理解也更符合传播符号学主要论域"文化世界"的人文本性。诚如卡西尔所言，人类这种"符号动物"生活在其自身构筑的符号宇宙"气泡"之中。①人类一切感知与认知的努力，都是在扩大、丰富这个符号气泡宇宙。而对于这个气泡之外的世界，人类只能保持自知之明和谦卑。

　　回到论题的起点，"自在世界"与"意义世界"并非是一种静态的此消彼长，而是一种"互生"关系，"自在世界"是"意义世界"探究的工作预设，正如"暗"是作为"光明"的坐标而存在的"概念"，"暗"本身并不存在，它本身是"无"。同理，"自在世界"是对人类探索预设的永无止境的信仰。而"自在世界"不能说是也不能说不是"物"。因为，既然自在，也就没有进入人的对象范畴，我们只能就"自在"本身而言。根据经验世界所"推知的未知"是已经触及意义世界边界的未知，而不是纯粹意义的自在；而对于"物世界"中已经进入意义世界的部分，它们本身就是被名之为"物"的意义呈现，它们不仅不因意义世界的扩展而退却，反而是意义世界丰富的实践结果。

四、"客观世界"与"意义世界"的交界面——信息

　　如前所述，"自在世界"通过主体化"认知"或"感知"而通向"意义世界"。因为，当且仅当有知觉主体时，意义才可能发生。在此，工作假定上拒绝任何介入的"自在世界"就转化成可被认知或感知的"客观世界"待在结构，是符号化的条件。因此，符号的定义即"被认为携带着意义的感知"②。注意这里的"被认为"是一个被动语态，指的是，在意义世界的生成过程中，主体意向性处于主导地位。皮尔斯有一个关于符号的说法"符号在解释中生成"（Nothing is a sign unless it is interpreted as a sign）。③赵毅衡也赞同解释者主导的观念，④他指出，"既然只有在意识的意向性投射下，物才呈现为对象，关于事物的认知，恰恰并非指向'事实层面的规定'。意义不仅取决于我们的观察工具，更是取决于意识究竟需要什么意义"⑤。由此，有必要继续追问"客观世界"与"意义世界"是否全然是被动的？若不是全然被动，那么是否存在一个居间的交界面？

　　在符号学领域，通常沿用"心物双源"说，其中，"意义是意识与世界的交

---

① Cassirer, E. *The Philosophy of Symbolic Forms: Volume Three: The Phenomenology of Knowledge*. Connecticut: Yale University Press, 1957, pp.57-60.

② 赵毅衡：《符号学：原理与推演》，修订本，南京：南京大学出版社，2016年，第1页。

③ Peirce, C. S. *Collected Papers of Charles Sanders Peirce*. Cambridge: Harvard University Press, 1931, CP 2.308.

④ 赵毅衡：《哲学符号学：意义世界的形成》，成都：四川大学出版社，2017年，第23页。

⑤ 赵毅衡：《哲学符号学：意义世界的形成》，成都：四川大学出版社，2017年，第22-23页。

会，因此缺一不可"①。相应地，它们之间呈现为一种"符号–物二联体"，其成立"取决于事物感知的接收者的解释意向性"。②这一命题使得，"获义意向"具有关键性。由此，就将问题再次推进到"意义世界"的边界上。需探讨的是，在缺一不可的另一端，"世界"是如何参与意义建构的？换言之，获义意向何以照亮此处，而不照亮彼处？"物世界"只是被动地等待获意意向的照亮吗？它是否具有"呈现性"和"如其所是"的规定性？

事物有无限观相，这些观相之间不仅不同，他们的"显著性"也并不相同。不同事物的无穷观相不能彼此约同的原因，即在于他们的构成规定性并不相同。在此，可以将这些差异理解为事物规定性的不同"显现性"（appearance）。如果不承认这种事物自身显现性的差异，获义意向就无法区别事物，进而导致所有事物成为王阳明所说的"心之所发便是意，意之本体便是知，意之所在便是物"。"心发论"忽略了事物的显现和规定性而滑向一种唯心观。从这一点上说，"心物双源"作为符号认知的假设分节，逻辑上仍然有其可借鉴之处——文化认知需要"同中求异"与"异中求同"的结合。这种用处源于事物既包含"共名"也包含"别名"。共相是事物内部规律之同，而事物的"别名""殊相"是进入内在规律的入口，且常常具有某种"主动显现"的性质。这里的主动，并非指它有某种表达的主观意识，而是指"自在世界"与"获义意向"发生关系时的"待在性"。

这种秩序的显现即"信息"。信息一词源于拉丁语，马尔库斯·图利乌斯·西塞罗（Marcus Tullius Cicero）和圣·奥勒留·奥古斯丁（Sanctus Aurelius Augustinus）等在柏拉图"理式论"（ideas）的语境下使用此词。尤其是西塞罗，他用"informare"来表示伊壁鸠鲁（Epicurus）学派的"预辨法"（prolepsis）观念，即植入心灵中的再现形式。③该词此后逐渐偏向于科学意味，而在近代哲学中几乎消失。1948年，香农提出"信息熵"（information entropy）概念，借用热力学的概念来度量信息量。当前兴起的信息哲学，论域非常大，涉及物理学、数学、大众传

---

① 赵毅衡：《哲学符号学：意义世界的形成》，成都：四川大学出版社，2017年，第21页。

② 赵毅衡：《哲学符号学：意义世界的形成》，成都：四川大学出版社，2017年，第23页。

③ Capurro, R. and Hjørland, B. The Concept of Information, *Annual Review of Infomation Science and Technology (ARIST)*, 2003(37), pp.343-411.

播学、社会学、计算机科学、认知科学等多个学科。①

在 20 世纪发展起来的信息论中，"信息"被强化了其"机械论"的意涵而损失了其"认知属性"，进而使得"人"的位置从中消失。信息被作为与"物质""能量"并存的构成世界第三种要素确证了其作为事物属性标志的"客观性"，而以香农为代表的信息学家则进一步将其通过精确的方式度量化。度量方式即以 bit 为基本单元加以计算。这种拒绝阐释的比特，我们可以称之为"信号"，通常也称其为"信息的载体"或具体形式。

在符号学的历史上，"信息"的具体形式"信号"与"符号"这两个概念是一对"欢喜冤家"，符号学家大都讨论过它们的关系。卡西尔认为，"信号和符号属于两个不同的论域。信号是物理的存在世界之一部分；符号则是人类的意义世界之一部分。"②卡西尔基于以"信号"与"符号"的不同处置能力来区别人与动物的本质，进而建立起"人是符号的动物"的学说，他提出，"对人类语言的逻辑分析总是把我们引向一个在动物世界中根本没有对应物的具有头等重要性的成分"。③卡西尔的这种努力，是希望通过"符号"这一概念来肯定人类作为万物之灵的高贵属性。然而，他对同样体现（如果不是更加能体现）人类"符号"能力的"形式科学"的排斥，又使得他的这种肯定并不全面。相比较卡西尔的明确拒斥，埃科对"信号"是否属于符号学之范畴持犹豫态度，他感到"断言这些信号对符号学研究无关宏旨，未免过于草率"。他的想法是，可以将信号视为符号学的"下阈限"，而从信息概念中接受了许多属于自己的工具。④

信息理论在不同学科的广泛应用，导致的明显问题之一，是将信息的客观性与主观性混同。物理学中的信息是客观的呈现，而大众传播学中常常将信息作为知晓的内容，纳入了主观要素。美国学者迈克尔·K. 巴克兰（Michael K. Buckland）在《作为事物的信息》（"Information as Thing"）中论辩道，人们并不仅

---

① 在 15 世纪，法语单词"信息"以口语形式出现，具有一系列含义："调查"、"教育"，"通知或交流知识的行为"和"智力"。然后，技术术语"信息"从哲学话语中消失，好像它失去了吸引力。取而代之的是，当英国经验主义又回到了原来的柏拉图式的灵感，他们创造了"观念"一词［从柏拉图的"理念"（Eidos）派生］。这种"观念"观念的哲学冒险源自休谟，康德和弗洛伊德德国理想主义者直至胡塞尔及以后。但像猫一样，"信息"也有九条命，而当今正在重新转向一种"信息哲学"。现代科学的发展尤其是热力学，和计算机科学的发展使得信息论获得了重要地位。参见：Adriaans, P. and van Benthem, J. F. A. K. Philosophy of information. *Handbook of the Philosophy of Science*, 2008(8).

② 恩斯特·卡西尔：《人论》，甘阳译，上海：上海译文出版社，1985 年，第 40-41 页。

③ 恩斯特·卡西尔：《人论》，甘阳译，上海：上海译文出版社，1985 年，第 41 页。

④ Eco, U. *A Theory of Semiotics*. Bloomington: Indiana University Press, 1976. p.21.

仅通过刻意的交流而获取信息，也通过广泛多样的对象和事件获取信息。[①]如果将信息理论兴起的物理学和计算机科学背景纳入考虑，在处理"自在世界"与"意义世界"的交界面时，"信息"（及其具体呈现形式"信号"及具体的"讯息"）概念的引入是必须的。在尊重前人贡献的基础上，可以将信息界定为事物的秩序的待知觉显现。

　　这一界定，强调对认知的"待在"，同时在一定程度上复现了"信息"的古老哲学中"预先"的意涵，其有待"植入心灵"。此外，"信息"的概念与其他哲学家描述世界对象显现也有相通之处——康德说的"表象"、胡塞尔的"现象"都是世界与人类经验交界面的问题。此问题也是"符号学的奠基性问题"。[②]可以从"信息"作为事物秩序显现来解读皮尔斯"现象范畴"中的"第一性"。皮尔斯的第一性，是"意识到的那种东西的品质（它不是一种虚构）是第一性。"[③]上述"信息"的概念与"第一性"的相通之处在于，它们都不是主观的意识的直接产物，而是事物品质、秩序的"显现性"。

　　由此，笔者建议引入"信息"来区分事物的显现性与获义的意向性，为自在世界与意义世界的交界面提供一个更清楚的界说。这个引入也有助于皮尔斯符号现象学与当代传播学等学科的融合。同时，更清晰地区分了"信号"与"符号"的来源差异有助于解决埃科面临的犹豫境地。

　　信息是皮尔斯第一性指向的事物秩序品质——其不是全然被动地等待获义意向照亮，它无处不在，甚至常常扑面而来。比如，地质运动可以显现为地质年代的漫长变化，也可以呈现为山崩地裂的地质灾难。后者迫使人们必须做出反应，进而思考其成因。扑面而来的"信息"以其巨大力量"显现"，对意向性起到引导作用。尽管事物拥有无限观相，但他们的显性程度却不一致。较显著信息构成的线索，往往构成获义意向的最有可能的选择；同时，信息显现的方式也是对获义意向限制。就如"客星犯紫微"，在认知能力有限的人类世界，能对其做出的解释方向也相当有限。

---

①　Buckland, M. K. Information as thing. *Journal of the American Society for Information Science*, 1991, 42(5), pp.351-360.

②　董明来：《意向性的句法与句法的意向性：胡塞尔对表象与判断，及其符号表达的研究》，《符号与传媒》，2018 年第 2 期，第 151-162 页。

③　查尔斯·S. 皮尔斯：《皮尔斯：论符号：李斯卡：皮尔斯符号学导论》，赵星植译. 成都：四川大学出版社，2014 年，第 24 页。

　　由上，意向性照亮意义的方向和方式，不是任意武断的，它受到对象规定性的限制，并受到信息显著性的影响。认识上的"南辕北辙"并非不能到达事物的普遍共相，但那将是环绕整个地球乃至整个宇宙的漫长旅程。当然，认识也从来不是单一线索的，因此在获义意向与信息界面的多线索交错的过程中，构成了丰富的意义世界。就此而言，"心'物'双源"不是直接通达彼岸——"心"需要获义意向形式化，而"自在世界"需要信息界面来显现。

　　综上，阐明意义世界的起点和边界，是讨论文化的起点。在当前语境下，文化符号学既是"感知符号学"也是"认知符号学"。在这个双重意义符号世界的论域内，不同论者可以依据其核心对象设定相应的范畴。如"生物符号学"涉及的主要是"信号"和"前语言行为"；艺术符号学以"感知"为主导；而社会符号学、传播符号学，则因其学科属性而需要兼顾"认知"与"感知"。这些言说语境的区分对当前跨学科语境下的研究尤其重要。从这种立场出发，可尝试对"意义世界"及其边界提出如下理解：最外层的全域（而不是一个限定性的范畴）是"自在世界"构成；自在世界的规定性和秩序、品质显现为不以人的意志为转移的"信息"；人类意义世界不过是其中的气泡。这个气泡从人类诞生以来持续扩大的过程，即意义实践（感知和认知）连接世界的信息界面的过程；而具体观相则既来自于获义意向，又受到事物秩序显现的引导和限制。符号意义在这个双向的过程中实现，这些过程的全部综合构成了人类的意义世界。

第三章　传播符号的意义认知机制

提要： 传播符号的意义受到"信息"的客观制约，最终落实为意义应归因于具体文化中的符号认知。第一节从个体表意的基础单元——印象入手，分析了"刻板印象"这一带有贬义色彩的术语蕴含的一般符号认知逻辑，进而探讨了意义在个体、群体和社会中累积而成为普遍文化意义的进程。第二节集中分析"镜像"这一特殊符号所包含的"元认知"能力。镜像符号不仅是个体自我认知的关键标志，也是文化符号的"原型"，镜像的变异形式是当代复杂传媒文化景观的形成基础。前两节或从基础单元入手，或从个体的自我认知展开，而第三节的关键概念"象征"必须在文化社群中传播并被接受。这更进一步展现了"文化符号学"与"传播符号学"的一体两面性，不被传播的文化不成其为文化；反过来，文化是在特定社群内通过传播实现的意义共享结果。

第一节　符号认知基础单元：符印

术语 stereotype① 来自法语中的印刷技术用语"刻板"，媒介社会学家李普曼将其引入社会心理。比较文学形象学、新闻传播学等学科均以该概念建构起各自理论视域。巴柔将其作为形象的最小单元探讨了它在社会文化心理中的时空性；新闻传播研究则在二元框架中将其视为媒介构筑的信息拟态环境的要素。不同学科因自身的立场对"stereotype"形成不同的创见，而同时又因自己的视点局限而形成各自的"成见之成见"。以下试图通过"符号形象"这个公约视域来勾连不同学

---

① 比较文学译为"套话""俗套"，社会心理学、新闻传播学多译为"刻板印象""成见"，使用语境和具体意思在不同学术语境下有差异。

科领域，从符号认知、符号与文化景观的建构两个维度来探析其刻板印象的形成机制，以及由它模塑的"拟态环境"如何与现实环境能动交互。这种跨学科对观将对促使我们重新思考当代比较文学形象学的理论边界，或对全球化时代蓬勃兴起的形象实践有所启发。

一、"套话"与"刻板印象"

术语 stereotype 从法语单词 stéréotype 而来，其中 stéréo 源自希腊语 στερεός，有固定、坚实的意思。1798 年，法国印刷商迪多发明了该词并用于描述印刷技术中的金属印版。在印刷之外，逐渐引申为名词，表示固定不变的形象①。20 世纪初，美国媒介理论家兼著名记者李普曼在他的《公众舆论》中首次将"stereotype"引入社会心理学。②他提到，通常，我们先定义后理解而非与之相反。在纷繁复杂的外部世界，我们倾向于选择那些文化已经为我们定义好的事物，并通过文化提供的成见来理解它们。③国内对该词的常见翻译有两种：一种是"成见"④，此译法与中文既有词汇意思对应较为准确，且带有一定的负面色彩；另一种译法将词源印刷技术贯通起来，称为"刻板印象"⑤，此译与日常使用区别开来，用新造词对应新造词，也是好译法。李普曼对"刻板印象"的系统阐述已成为传播学理论的里程碑。在他引入刻板印象之后，该概念的影响越出新闻传播领域，成为社会文化心理诸领域的共通重要概念。不过，不同领域对这一概念的研究侧重有所不同。在社会心理学中，重点研究人们对不同族群、性别、职业、异端行为群体的认知过程、态度和偏见。⑥在传播学中，重点研究媒介相关的群体认知的形成，尤其关注媒介传播在观念形成中扮演的角色。费斯克等在《关键概念：传播与文化研究辞典（第二版）》中将其解释为"常以高度简单化和概括化的符号对特殊群体与人群所做的社会分类，或隐或现地体现着一系列关乎其行为、个性及历史的价

① "stereotype-Origin and meaning of stereotype by Online Etymology Dictionary". www.etymonline.com. (2018.3.20)

② Lippmann, W. Public Opinion. *New Republic*, 1922.

③ Lippmann, W. *Public Opinion*. New York: Routledge, 2017. https://doi.org/10.4324/9781315127736.

④ 沃尔特·李普曼：《公众舆论》，阎克文、江红译，上海：上海人民出版社，2006 年，第 65 页。

⑤ 约翰·费斯克等：《关键概念：传播与文化研究辞典（第二版）》，李彬译注，北京：新华出版社，2003 年，第 273 页。

⑥ Tajfel, H. *Human Groups and Social Categories: Studies in Social Psychology*. Cambridge: Cambridge University Press, 1981, pp.43-46.

值、判断与假定。"①新闻传播学中更多是将"刻板印象"作为一种基础理论来解释、验证传媒中的现象，对这一概念自身的学理反思则有所缺乏，对此概念本身认识论层面的问题也缺乏进一步的深入研究。

比较文学是一门从国际视角，采用跨（学科、语言、文化）的方式来进行的文学研究。②在比较文学中，发展出一门专注于对文学中异国形象的塑造或再现的学问——形象学。卡雷将其界定为各民族间的、各种游记、想象间的相互诠释。③在卡雷等学者倡导形象学时，重视形象对社会现实的作用。形象学也因此从一开始就具有跨学科的特性。④及至 20 世纪末，形象的概念已经广延为文化现实间差距所作的文学的或非文学的，且能说明符指关系的表述。⑤在形象学中，一方面，stereotype 被视为语言文字的"俗套"而与形象学的旨归背道而驰，因为它妨碍真正的跨文化理解；而比较文学则试图"为批判固定观念形态做出贡献"；⑥另一方面，在形象的符指关系中，stereotype 又被视为"形象的基本单位"，将其看作传播符号空间的文化语境中的一个"基本信息，是第一和最后的、原始的'形象'"。⑦这令 stereotype 处在一个极其重要而又特殊的位置。

国内学者在引介比较文学形象学时，将 stereotype 译为"套话"，⑧这个译法偏向将 stereotype 表达为有主动意味的概念，正好与传播学中的翻译"刻板印象"偏向于表现受众的感知方面意义有所互补。因文学文本不必以客观现实为参照，比较文学形象学对"套话"的讨论在对 stereotype 与现实环境之间交互关系的探索多少有缺失。两个领域的探讨各有所长，有所互补。尤其是在文学的广义化和当代传媒迅猛发展的背景下，这种互参极有裨益。无论是比较文学还是传播学，其界定 stereotype 的方式都涉及"符号形象"的构筑。在"符号形象"这一通约语境下两相对观，思考它作为一种符号模塑方式的意义生成机制，以及这种意义机制与社会文化现实互动关系，进而重新审视它与偏见、误读的联系与区别。

① 约翰·费斯克等：《关键概念：传播与文化研究辞典（第二版）》，李彬译注，北京：新华出版社，2003 年，第 273 页。

② 孟华主编：《比较文学形象学》，北京：北京大学出版社，2001 年，代序。

③ Guyard, M.-F. and Carré, J. M. *La Littérature comparée*. Paris: Presses universitaire de France, 1961, p.6.

④ 孟华主编：《比较文学形象学》，北京：北京大学出版社，2001 年，第 152-167 页。

⑤ Pageaux, D.-H. *La littérature générale et comparée*. Paris: Colin, 1994, p.60.

⑥ 狄泽林克：《比较文学形象学》，方维规译，《中国比较文学》2007 年第 3 期，第 152-167 页。

⑦ 孟华主编：《比较文学形象学》，北京：北京大学出版社，2001 年，第 159 页。

⑧ 孟华主编：《比较文学形象学》，北京：北京大学出版社，2001 年，第 159 页。

在舆论学中，李普曼强调刻板印象作为文化先验对认知的模塑作用，同时提到了刻板印象与现实环境认知的关系，"只要我们信以为真，我们似乎就会认为那就是环境本身"。①在比较文学形象学中，尽管学者一再声称形象学讨论的是虚构文本，而不对客观现实之真负责，一旦涉及对 stereotype 这一概念的评价，就无法割裂与文化现实的某种参照。因为，一旦将它与误读关联起来，就预设了一个"客观世界"的标准，"被归于套话类中的信仰，必须是简单的，根基不牢的，至少部分是错误的"②。虚构世界无所谓正确与否。所谓"至少部分错误"显然是基于客观事实的比对结果。在刻板印象的话题中，须回到文本与"经验实在"的关系来重新思考"刻板印象"的意义生产与模塑机制。以及，刻板印象是否不可避免地走向误读与偏见？

二、符印的生成

（一）文化作为类型化意义集

比较文学形象学者巴柔等认为符号学是形象分析的基本方法③，但又提出套话所表现出的不是一个符号（如对一个意义生成的描述），而是一个"信号"④，它必然指向一种唯一可能的阐释。一种正在固定的文化的标志……一个单一形态和单一予以的具象；而具象实际上传播了一个基本的、第一和最后的、原始的"形象"。⑤在具体论述的时候，交流必须以象征化为基础，而套话化是一种标准化的产物，"产生出了它在所有成批生产的文化表述中（如 19 世纪的'工业'文学、电视剧、情节剧、招贴画、宣传品等），或在以单一形态为目的的一切生产中（如成语）的扩散。……它以普及化为其终极目标"⑥。

巴柔关于套话释义的单数性，首先涉及符号选择与释义的自由度问题。可以追问，这是否至少部分地违背了符号"任意武断性"的设定？符号诞生之初，符号的选择与意义的指向没有限制——纯然的任意武断。但这只存在于理想的预设

---

① 沃尔特·李普曼：《公众舆论》，阎克文、江红译：上海，上海人民出版社，2006 年，第 4 页。

② 孟华主编：《比较文学形象学》，北京：北京大学出版社，2001 年，第 192 页。

③ 孟华主编：《比较文学形象学》，北京：北京大学出版社，2001 年，第 158 页。

④ Pageaux, D.-H. Recherches sur l'imagologie: de l'Histoire culturelle á la Poétique. *Thélème. Revista Complutense de Estudios Franceses*, 1995(8): 135-160.

⑤ 孟华主编：《比较文学形象学》，北京：北京大学出版社，2001 年，第 159 页。

⑥ 孟华主编：《比较文学形象学》，北京：北京大学出版社，2001 年，第 160 页。

中，一旦指定了第一个符号载体，这种绝对的无限制即刻被符号的系统性所束缚。在一盘象棋中，一颗棋子丢失后，可以随意找一个石子或适合置于棋盘的物体来替代。但更多棋子丢失，用石子的替代方法就会带来混淆。也即，一旦系统化，符号载体及其释义的选择方案会受到相应制约。此时，符号的任意性从逻辑上来说就必须是有限的。在社会文化实践中，对符号任意性影响更直接的是人们的使用习惯，或者称为使用理据。索绪尔解释，任意性是一种社会文化中的"契约"而非个人的"随意"，已经选定的东西，不但个人不能丝毫有所改变，就是大众也不能对任何一个词行使它的主权；不管语言是什么样子，大众都得同它捆绑在一起。①"取"与"舍"不仅是符号与系统的关系，也是符号与对象以及与意义的关系。

关于"信号"与"符号"，多位符号学家有过精辟论述。卡西尔从人与动物的区别将信号与符号的分别解释为"反应"与言语的"解释"。②埃科则认为，信号本身并不是符号，因为它"独立于其意义，并只拥有对偶价值"。③这二位的讨论都涉及了信号指向的单一性解释特征，这与巴柔的命题有某种相似之处。不过，仔细辨析便会发现其中的差异。首先，他们的论域完全不同。卡西尔讨论的信号包括动物的反应，埃科所说的偏向于机械物理信号，而巴柔讨论的"套话"则是在人类社会文化心理中的现象。对于埃科所说的只拥有对偶价值，不少学者已经做出过有力的论辩，如李幼蒸曾举例虎符是一种个别对应的符号；④赵毅衡与埃科论辩"镜像"⑤均论述了符号的属性在于被解释出意义。

由此，巴柔所说的"套话"之所以是符号，是因为无论何种刻板的成见依然可评价、反驳、拒斥——这就提供了不同意义的解释方式与演绎方式。当"套话"具体呈现形式时，它必然落入某种具体符号当中。就符号类型来说，它属于"型符"。皮尔斯据符号自身将符号分为质符（qualisign）、单符（sinsign）与型符。其中，"'型符'不是一个单独的对象，而是一种一般的类型。这种类型需经

①　Saussure, F. *Course in General Linguistics.* Beijing: Foreign Language Teaching and Research Press. London: Gerald Duckworth & Co. Ltd., 2001, pp.71-72.

②　恩斯特·卡西尔：《人论》，甘阳译，上海：上海译文出版社，1985年。

③　艾柯：《符号学理论》，卢德平译，北京：中国人民大学出版社，1990年，第24页。

④　李幼蒸：《理论符号学导论》，北京：社会科学文献出版社，1999年，第10页。

⑤　赵毅衡：《"艾柯七条"：与艾柯论辩镜像符号》，载赵毅衡：《符号与传媒》（二），成都：巴蜀书社，2011年，第137-145页。

过人们的同意，它才会有意义。每个型符只有通过应用它的实例才能够表意"①。

皮尔斯的符号学是逻辑-修辞学模式的，较少直接讨论文化社会中的，但他的符号却包含了文化全体的符号规则。赵毅衡对文化曾有一个符号学式的界定——"一个社会所有意义活动的总集合"②。首先，意义自身无法呈现，必须经由符号活动。其次，符号活动也不是随机而散乱发生的。人类社会的意义是一个高度秩序化、形态化的集合系统。索绪尔将社会文化系统的符号视为一种契约关系。在皮尔斯看来，所有规约符号（conventional sign）都潜在地包含着其所指的一般类型。皮尔斯指出，"所有规约符号均是类型符"，意味着作为文化规约的符号就是类型化的表意结果。将这种类型化置于一个集体表意语境中，并逐渐形成的区别于另一个文化群体的特征，就是文化形象。而其构成的基础，就是巴柔所说的"套话"。

设若在文化中，意义是匀质的呈现，那么就不会有文化的差异。恰恰是意义的不匀质，导致符号的进一步解释之必要，并形成千差万别的形态。在不同主体之间，就发生了交流之必要。相应地，不同文化群体（国家、民族、地域）的文化差异就是一种文化符号观相的差异。比较文学形象学存在之根本，即在于差异的他者之间具有可比较的符号形象。其来源，即不同文化群体的符号类型化方式的差异。

type 体现了 stereotype 的模塑化、类型化表意特征，但并无特定的评价色彩，是一个表意方式的中性概念。可以将 type 在符号学中称为"符印"，以区别于 stereotype 在各领域中已经有约定俗成的翻译。"符印"的"印"既是印象，也取自中国的"印章"，其与印刷术的"印版"都是通过刻制的母胚实现复制的程式，其理相通；"符印"作为构成符号形象的最小单元，勾连微观的符号表意与宏观的文化形象——这与巴柔的界定不谋而合；此外，古代符印中"兵符"是一种特殊的一一对应的符号，也与巴柔所说的"释义的指向性"有某种异曲同工。"符印"是一个抽象的意义发生程式，或一个认知图式，是康德所说的那种"限制知性概念使用的形式和纯粹感性条件"③。从意义发生角度来说，所有的 stereotype 都是文

① 查尔斯·S. 皮尔斯：《皮尔斯：论符号：李斯卡：皮尔斯符号学导论》，赵星植译，成都：四川大学出版社，2014年，第50页。

② 赵毅衡：《意识形态：文化的元语言》，《江西师范大学学报（哲学社会科学版）》2016第1期，第79-88页。

③ 康德：《纯粹理性批判》，韦卓民译，武汉：华中师范大学出版社，2000年，第140页。

化的一种符印。

进而，我们可以讨论在符号建构的意义世界中，"刻板印象"这种"符印"是如何带上负面与偏见色彩的？还可以进一步考察，"符印"是否必然走入"刻板"，它是否可能生发出别的分支？

（二）图式认知的模塑

正如巴柔所认为的，套话是我们构筑符号形象不可绕过的"基本单元"。[①]这可能意味着，不仅是类型化本身不可避免，类型化过程中的意义选取损失也不可避免。从事实到特定社会文化的形象，通常需要经历从微观到宏观的多次表意。

任何事实对象都拥有无限观相，而符号化即选取其中的片段以达成一次意义传播。在每一次意义的选取中，都涵涉一个可类型化的解释。这个类型置入文化语境就是我们所说的符印。可见，符印即类型，也与每一次具体的表意配合而生成一次符号的衍义。皮尔斯将这个过程表述为符号的 type 与单符配合以实现表意。他将单符称为 type 的一次"副本"。这是符印的"模具"功能的显现——每一次表意，都是一次模具留下的印记，同时又是对模具自身以及对前次对象的再符号化。这个再符号化的环节是无限多次的，一个符印的副本越多，符印自身的显示度就越强。上述这些过程的多次反复构成了文化形象。个人是最小表意主体单元，而每一次被解释为符印的表意则是基础。大众媒体或公共传播渠道构筑的公共领域是符印的存在方式。当个体通过渠道去表述基于个体经验的认知事实时，其表述的需要被文化赋权，否则他的表达就不会成为文化的"符印"，而只能作为个人的"偏见"。由此，"偏见"与"符印"两个概念的逻辑标准并不相同，但它们可能发生交集。正如孟德斯鸠（Charles de Montesquieu）所说"炎热地带的人民就像老人一样胆怯；寒冷地区的民族就像青年一样勇敢"[②]，这样的判断既是"符印"也可能是有基于某种主观预设的"偏见"。而"中国人都会武功，中国人都擅长乒乓球运动，南方人较矮"，则仅仅只是"符印"并基于某种事实的主观判断，尽管其不必然具有统计学意义上的严格性，但也不必然是某种"偏见"。

"符印"作为一种认知图式，并不对认知内容负责，同一个符印可能发展为崇高的"文化象征"，也可能发展成仇恨的"偏见"。符印是进入社会文化层面所形

---

① 孟华主编：《比较文学形象学》，北京：北京大学出版社，2001 年，第 159 页。
② 孟德斯鸠：《论法的精神（下）》，孙立坚、孙丕强、樊瑞庆译，西安：陕西人民出版社，2001 年，第 266 页。

成的那种"先入之见"。而这种先入之见是社会意义累加过程中的一个具有阶段性的时空中的切片——好客山东人、温婉的江南女子或泼辣的湘妹子等。正如巴柔指出，这样一个判断，是这种文化标志的缩影，是"在一个社会和一个被简化了的文化表述之间建立起一致性关系的东西"①。

从意义生成机制来看，刻板印象在成型之初是中性的，它就是符印，它可能偏颇、主观但却不必然错误。在持续的反复表意中，符印就可能发生与生成之初的偏差、变异，符印的片面化机制可能在文化中被成倍地放大。如同中国书法中碑刻不断被拓印，它就可能被磨损。更严重的是，在文化实践中，在文化社群中，母本并不比子本（replica）具有地位的优先性，也往往并不能分清何者是副本、何者是母本，这就会制造更多变异。母本是永远回不去的意义之初，因而任何努力都是徒劳的，也是一系列新的符号衍义的开始……如此以形成一系列"符印"模塑的文化，并组合成文化景观。因此，我们可以将"符印"界定为，在描述某个文化群体对象时，其意义生成的模塑方式。符印不受到语言、符号或媒介形式的限制，是超语言、超符号、超媒介的，可以落实为语言、图像或任何一种有效的表意形式或它们的组合。它是特定对象与符号载体在一定文化语境下发生的关联方式。"符印"常常具有惯性。若要改变，则需要在社会文化实践中碰壁或受到新的力量的调校。这种调校的过程也是不断重塑"符印"的过程。这个过程常常令人感到"模子"总是有问题。然而，若没有模子，意义的认知没有归纳，任何习得经验也都无从谈起。

事实上，从符印向刻板印象以及激烈偏见发展的文化过程不是单线条的因果过程，还包含着文化释义中反馈的不对等。符印是一个抽象类型和既有经验构成的模型，是集合概念、类型概念，而经验事实却是个别的。作为社会文化中特定对象的经验化的模式，符印是社会文化认知与表达的必经之途。符印存在引起某种"偏见"和"误读"的"基因"乃是由于，人们在对符印的使用操作上发生了偏差。符印作为一种意义模塑的方式，其形成的表述与个体经验事实有两个必然落差：一是，经验事实不完全归纳与具体对象的落差。符印在简化过程中必然失去意指对象的其他观相维度。这导致依据"符印"模塑落实的单次符号表意，并不必然与单个对象一一对应。二是过去经验事实与动态发展的事实对象判断的落

---

① 孟华主编：《比较文学形象学》，北京：北京大学出版社，2001年，第160页。

差。符印是依据既有经验逐渐形成的"模子"。人们用过去的经验进行归纳简化来对动态发展的事实进行解读并不总是有效，因此"符印"一旦形成也会形成相应的惯性，这就导致"符印"与单次符号表意必然会有某种滞后或错位。用一个"符印"来匹配社会现实中的每个文化事实个体对象，则必然会发生某种偏差。但这两种落差并不意味着符印本身是错误的，其正确性往往在基于符印生成的宏观文化景观层面得到印证。正如法国人和红酒，不必然意味着对某个具体的法国人有效，而是在文化景观上呈现出法国与红酒的文化渊源。

三、拟态述真

（一）从"符印"到"象征"：意义累积

作为一个集体文化表意模式，符印与单次符号有着很大不同。它可能不是在一次符号表意中完成的，而是一个符号表意的集体累进过程。当个人制造"符印"时，他可能受到过去文化经验的限制而缺乏足够的解释权。从某种意义上讲，他扮演了某种既有符印的接续传输器或者放大器的角色。由此，符印与"误读"的本质区别是符印必须经由意义的累积。"误读"是符号发送意图、符号文本意义与符号释义之间的错位，而"符印"不必然涉及这种比对。符印常常也不是由单个陈述而来，而是在一个文化群体中经过一定时间及表意次数积累而得到的结果。多次表意留下的符印常常略去了细节而具有简约化和高度概括化特征。

符印的类型化、反复表意的累积过程是"刻板印象"与"象征"共同的意义生成机制。赵毅衡指出："形成象征的关键是重复使用所造成的变化与意义累积。"[1]的确，象征必然经过重复（double）使用，但重复使用未必成为象征。它可能仍是"刻板印象"。

从生成的最初机制来看，象征的表述常常是基于某种理据性而建构起来的修辞关系，如"钻石是恒久爱情的象征""鸽子是和平的象征"。赵毅衡指出，象征形成最初的修辞关系，"可以起始自任何一种比喻……可以取其像似性，也可以取其邻接性"[2]。实际上，与其说象征的起始是一种修辞关系，不如说这是符号的理

①　赵毅衡：《符号、象征、象征符号，以及品牌的象征化》，《贵州社会科学》2010年第9期，第4-10页。
②　赵毅衡：《符号、象征、象征符号，以及品牌的象征化》，《贵州社会科学》2010年第9期，第4-10页。

据关系。索绪尔曾因为"它们（象征）从来不是完全任意的"①而拒绝将"象征"纳入符号体系。不过如前所说，在社会文化中实际发生效用的是"使用理据"，而初度理据往往不可追溯也不必追溯了。就此而言，比较文学形象学中，巴柔所说的那种"表语结构"都可能发展成为象征。以"法国人喝葡萄酒，而日本人吃生鱼片"为例：生鱼片和日本人之间的邻接关系不无可能发展成日本人的某种"象征"；法国人与红葡萄酒也是如此。

"刻板印象"与"象征"具有共同的社会文化意义生成基础，两者都是社会文化的高度概括、简化归纳，且都是相应文化范畴的群体认可的选择。不过，众所周知的事实是——"刻板印象"比比皆是，却为何只有极少数成为了象征？这意味着，在意义累积和"二度修辞"中，社会文化发生了多次选择。"刻板印象"是从符印向"象征符号"过渡的一道筛子。

在社会交流中，无数的符号表意转瞬即逝，其使命是完成意义的交互。其中，具有类型化方式的规约成为了文化习得经验的"符印"。符印还只是一个中性的模子，在这个模子不断的重复和表意实践中，不再是如单次符号表意那般在意义的星空里如流星闪过，而更像是流水经过凿刻的痕迹，或冰雪经年累月形成冰川沟壑——对文化进行了"刻板"。除非发生巨大的地质突变（文化断裂、灾变），这些沟槽就成为后面的水流、冰川的"文化模具"——刻板印象。并不是所有符印都会成为象征，黑人笑起来牙齿很白，欧罗巴人种是鹰钩鼻这些常见不过的外形特征构成人种描述，但不必然成为象征。一些刻板印象被文化流"二度修辞"赋予更多抽象精神意味而形成意义的漩涡，并受到持续传播。在意义累积过程中，不断抽象化，进而形成一种超语言、超单独媒介的二度修辞。②换言之，象征不过是宏大化了的刻板印象。正如汉斯-格奥尔格·伽达默尔（Hans-Georg Gadamer）所说，象征作为无止境的东西"是绝对地与处于更精确意义关系中并仅限于此种意义关系的譬喻事物相对立的"③。由此，象征首先是一种刻板印象，但并非所有刻板印象向着"抽象的精神性"升华。象征在表述方式上仍然停留在巴柔所说的那种"表语结构"。

---

① Saussure, F. *Course in General Linguistics*. Beijing: Foreign Language Teaching and Research Press; London: Gerald Duckworth & Co.Ltd., 2001, p.68.

② 赵毅衡：《符号、象征、象征符号，以及品牌的象征化》，《贵州社会科学》2010 年第 9 期，第 4-10 页。

③ 汉斯-格奥尔格·伽达默尔：《诠释学 I、II：真理与方法》（修订译本），洪汉鼎译，北京：商务印书馆，2010 年，第 112 页。

由上，符印作为一种"模塑"方式，并不对内容直接负责；其不必然是正面的，也不必是负面的——象征也是如此，如"纳粹标志是邪恶的象征""蛇是堕落与诱惑的象征"。不同的是，象征是符印中那些在抽象精神与对象之间有足够张力并被社会文化再度选择与传播的成对修辞关系——翅膀与自由，苹果与诱惑，天平与正义……而更多的符印只是在他者化中被观看、描述，不必然走向崇高的精神性，它们与这些成为了象征的符号构成更为宏大的"形象景观"。

（二）拟态环境的环境化机制

如前所述，文学形象学较少讨论"文学形象"对"真实世界"的实践关系，但文学客观上能引发真实行动并切实地导致环境的改变。在这一方面，传播学可提供借鉴并补不足。拟态环境刺激的行为普遍作用于真实环境，这种普遍的结果即"拟态环境的环境化"。李普曼对拟态环境与真实环境的论述，集中在人的行为在真实环境中发生效用。藤竹晓的推进，是指出了真实环境自身即带有拟态环境的特点。他指出，人们在很大程度上是根据大众媒介的信息来判断和采取环境适应行动，这些行动的结果作用于现实环境，便使得现实环境越来越带有了"拟态环境"的特点，以至于人们很难在两者之间做出明确的区分。[1]

藤竹晓的逻辑还仍然试图在"真实环境"与"拟态环境"之间进行区分，随着媒介现实的发展，拟态环境之外的"真实环境"的实在性愈发值得重新思考。因为，如果任何经由媒介化、符号化的信息都是拟态环境的组成，那么真实环境的空间已经无处可寻。换言之，人们一直以为坚实存在的那个与拟态环境相对立的真实环境只是另一组"拟态环境"。进而，拟态环境在认识论意义上的对立范畴——"假"或"拟"就不存在了，真实世界本身的实存性是由符号与人的感知之间发生的交道，因而必然是符号化、媒介化的。

各种符印之间是客体间关系，同时表达了主体间性关系。无数的客体之间是一个开放衍义的关系，它们背后的支持是作为工作假定存在的"本真"。与单一对象事实述真的不同在于，"符印""刻板印象"是复调的述真，并最终趋向象征性的形象。中国的长城作为一个军事功能建筑，在西方传教士的膜拜、关注、传播、评论的作用下被赋予了此前并不存在的意义。当中可能包含事实性误读、夸张或扭曲，但最终间接促成了长城成为中华民族的象征符号时，这些与事实性要

---

[1] 藤竹晓：《现代マス・コミュニケーションの理论》，东京：日本放送出版协会，1968 年。

素不符的细节都在历史的意义沉淀中显得不那么重要，其经由刻板印象建立起的中华民族与该建筑物之间的联想关系却不仅成为事实被接受，进而构成了精神象征。①值得注意的是，这些象征符号而今成为新的使用理据性而成为对象事实——一个在当下可以得到无数新的表意符号反复验证的坚实事实。也即现实世界并不是与"符印"背离的，它在提供符印原始素材的同时，也按照符印筛选的那些表意持续建构，这个过程不是孤立静止的，而是持续进行着的互文性过程。

符印是一个中性的符号表意方式。而"套话"或"刻板印象"是前全球化时代的文学想象。在前全球化时代，个体的经验与社会文化经验事实比例失衡：一方面，作为个体的创作者对异国形象这样一个极其复杂的文化对象系统的经验面极其有限。但虚构文本并未限制其使用与对象事实关联的拟事实性表达；另一方面，在前全球化时代，异国形象的建构对文学创作的赋权是垄断性的。②极其有限的经验线索和无限丰富的想象构成了异国形象的主要来源并进入社会文化当中。正如，马可·波罗（Marco Polo）是否来过中国甚至可以存疑，但《马可·波罗游记》却毋庸置疑地成为那个时代窥见这个东方国度最重要的窗口。并且，当中的符印将形成强大的时空延续性。全球化时代以来，地球村的彼此沟通方式的丰富极大冲击了文学想象对异国形象的垄断性赋权。孟华提到，"套话的空间性早已被现代传媒冲击得体无完肤"。③

不仅如此，异国形象的建构不再是一个纯粹的"文学比较"问题，转而成为"国家政策和软实力政治斗争"。在这个背景下，比较文学形象学固然可以固守"文学"的疆域以维持研究范式的纯粹，但上述情况导致文学作为异国形象建构途径的垄断性效用稀释，其研究价值的核心合法性已经面临质疑。某种意义上来讲，孟华所说的套话的空间性被现代传媒冲击的观点实际上是符印的来源发生了转移。更确切地说，是形象生成从文学想象的虚构性文本的主导中挣脱出来，成为整个社会文化传播的总体性问题。从接收者的角度，形象学已经无法从比较文学的角度割裂形象符号生成的社会文化累积效应。在此情形下，如果形象学依然坚守传统意义的文学边界，可能会退守到一个较狭窄的文本领域。因为，社会文化集体记忆无法以所谓的学科来进行分界，而我们无法将非文学的记忆从大众大

---

① 周宁：《天朝遥远：西方的中国形象研究》，北京：北京大学出版社，2006 年，第 656-664 页。
② 胡易容：《符号学方法与普适形象学》，《中国人民大学学报》2015 年第 1 期，第 19-26 页。
③ 孟华主编：《比较文学形象学》，北京：北京大学出版社，2001 年，第 192 页。

脑中驱逐出去从而获得"纯粹的材料"。对于形象学而言，在新的语境下建构一种更具跨学科魅力的"一般符号形象学"尤其必要。在这个普遍的符号形象学中，"符印"具有一种普遍性解释效力。这是由于，尽管那些事实性叙述或准事实性叙述的文本体裁（广告、新闻、宣传甚至学术研究的结论）越出了传统意义的文学边界之外，但这些文本作用的现实环境结果依然需要借助符印来建构。

同样值得思考的是，媒介承载的"纪实性叙述文本"尽管占据了更重要的比例，但这些体裁所呈现的并不是"真实形象"本身或全部。相对于人的自然官能来说，它们甚至是"超真实"的。前全球化时代没有人能够得到从万米高空俯瞰一座城市或一个国家的"客观形象"。当今媒介时代，人可以在去一个城市之前轻易了解到其人口、地貌、犯罪率这些前全球化时代人们不可想象的详尽信息。然而，媒介提供的各种影像，以及身临其境的现场感对虚构的文学形象并不构成替代性关系，而是互补性关系。过载的信息呈现了更多的事实观相，而此时人们比以往更需要文学与想象来丰富人的体验。与前全球化时代所不同的是，文学回归到其想象力体验的本位。相应地，这一新语境下的比较文学形象学不仅不应退守，而应拥抱全球化的媒介现实。

第二节　符号认知升级："镜像"

镜像在不同文化中均具有极其特殊的重要意义。在符号学研究中，学者对镜像的观点迥异，埃科甚至宣称不能将镜像作为符号来看待。在一系列镜像符号属性论辩的基础上，本节以"镜像是作为自指性元符号"为命题，从"生物演进""个体发展""社会身份"多层面来阐述镜像符号所具有的形式典范性：对于生物或人类个体的自我建构，镜像符号具有一种元符号能力的评价功能；同时它也是个体在社会文化中自我定位的标记方式。镜像的特征使它成为诸种像似符号的"基型"。作为意义生发的"奇点"，其不同方式的衍义可生成像似符号的无限可能形式。对镜像符号的理解，应超越结构层的属性探讨，进一步以文化自我意识等一般性规律来考察，旨在从符号学角度对镜像这个特殊文化符号提出更为明晰的形式规律界说。

一、镜像符号辨析

（一）镜像作为符号

镜像所具有的特殊神秘气息与魔力几乎是超文化的。中西文学与神话不约而同赋之以神奇的力量。不仅人文学者和艺术家为之着迷，社会学家也认为它是主体建构的核心策略之一；心理学家、生物学家、人工智能科学家无不关心镜像的问题。很少有哪种事物被赋予如此之多的文化意涵，同时又造成如此之多的困惑。这些跨学科的共同探讨主题是罕见的。可能的解释或者是，镜像问题折射的形式问题具有普遍性：个体的镜像是个体意识的反映，社会镜像是集体或社群意识的体现，而物理学家甚至将反物质称为"世界的终极镜像"。[①]由此，作为意义之学的符号学或能尝试探讨其表意形式规律。具体讨论方式则可以抽去个别镜像的内容而通过它的一般形式去理解镜像。这就有必要悬置某具体镜像的内容，而将其形式特征作为讨论对象。

首先要弄清楚，当我们说"镜像"，我们在说什么？其中的一般性规律对我们理解意识具有何种价值？最基础的，至少是界定镜像是否身处作为符号的讨论范畴之内。如上所述，镜像的诸种复杂象征意涵是一个显见事实，但符号学家却一度考虑将镜像从符号家庭中除名。重要的文献之一是埃科为其英文版《符号学与语言哲学》撰写的《镜像》一章。在此章中，埃科以镜像为讨论对象，讨论了符号的基本条件，并以这些条件为评价尺度否定了镜像是一种符号。他指出，将镜像从符号群类中排除出去，可能有助于更好地定义符号，或者至少定义符号不是什么。埃科对符号的条件界定以及对镜像的否定理由有七条[②]此论引起了符号学者们的论点争鸣，李幼蒸、赵毅衡两位先生的论辩最具代表性。李幼蒸认为埃科所列条件不能排除镜像符号属性并侧重说明镜像与原物意指关系成立。[③]赵毅衡的逐条辨析更为细致，并针对每一条提供了丰富的论辩例证。他指出，既然存在解

---

① 戈登·弗雷泽：《反物质：世界的终极镜像》，江向东、黄艳华译，上海：上海科技教育出版社，2009 年。

② 翁贝托·艾柯：《镜像》，张颖译，《符号与传媒》2011 年第 2 期，第 146 页。

第一条，"符号前件在场并可感知，而后件通常不在场"，而镜像的指称物"不可能不在场"；第二条，（符号）前件可以脱离后件单独产生，而镜像不可能没有后件；第三条，前后件不能形成必然因果关系，只是假定由后件造成，符号可以用来撒谎，而镜像无法撒谎；第四条，前件不与事态相连，而与一般性内容相连，而镜像指称是个别的；第五条，前件与后件是类型性意蕴关系而非物质性关系，此关系应为类型性关系，而镜像是个体的物理性对应；第六条，类型性关系使符号能独立于介质，而镜像无法脱离镜子这一介质；第七条，符号必可解释，而镜像只是重复。

③ 李幼蒸：《理论符号学导论》，北京：中国社会科学出版社，1999，第 508 页。

释空间，则镜像依然是符号，且任何镜像都在符号的门槛之内。①两位学者的论辩为后续研究提供了基础。不过，对像似程度过高问题的讨论似乎尚有余地。埃科否定镜像为符号的理由之一是镜像"无法撒谎"，尤其强调"镜像只是重复"，因为镜像是拥有"所指对象的全部特性"的图像，因此，不能用像似符号来解释镜像。埃科还提出，只有通过降低其像似程度（他举了烟熏的镜子）才能成为进入像似符号的门槛。②

可以说，埃科拒斥镜像进入符号世界的理由，是他设定了一种"零度镜像"，而这种镜像绝对真实可靠且不形成任何误解。不仅如此，他还预设了对镜像具有"零度"解释的解释者。这导致了镜像作为一个文化社会中的事务被抽离而进入了一种非符号化的工作假定之中。实际上，从埃科否定镜像的理由以及进入符号门槛的策略来看，"像似程度"是一个关键点。基于此，笔者曾撰文分述了"绝似""重合""副本间关系"甚至"原物自身"如何生成符号意指关系，进而指出埃科对镜像的论辩之失在于：他高估了镜像与原物的"重合程度"，又低估了镜像的说谎能力——镜像并不是原物的"重合品"，它只再现原物冰冷而无法触摸的视觉部分而非原物的"全部品质"。③

至此，本章就初具了一个在符号学范畴内讨论镜像问题的基础。由于前述诸文着重镜像是否是符号的论辩，对镜像这一深具魅力的符号形式的分析则需要更多后续展开。由是，本章不仅论证镜像的符号身份，更希望以此为起点深入镜像作为符号的一般性规律考察。在前述基础上，可尝试对镜像这种特殊符号作一个界定：镜像，是一种释义者与发出者具有同一身份的自指性元符号。简言之，镜像是"符号自我"的基本形式。其特殊性包括绝似性、（三位一体的）在场性、自指性、元认知性和具身性。上述特性的极端形式全部满足，即同一（sameness）的绝似、零度符号距离的在场、封闭的自指、唯一化的元认知则可能构成埃科所说的"零度镜像"。由于零度镜像只是一种工作假定而在实际符号世界中并不存在。而任何一个条件的变异就造成了符号释义的展开和符号形式的无限衍义，其衍义结果可以构成其他任意形态像似符号。

　　①　赵毅衡：《"艾柯七条"：与艾柯论辩镜像符号》，载赵毅衡：《符号与传媒》（二），成都：巴蜀书社，2011年，第137-145页。

　　②　翁贝托·艾柯：《镜像》，张颖译，《符号与传媒》2011年第2期，第146页。

　　③　胡易容：《论图像的符号性——驳米切尔图像转向论的"后符号学"命题》，《社会科学战线》2012年第10期，第146-151页。

（二）零度镜像与符号变异

通常认为，绝似符号在皮尔斯符号分类中是像似程度最高的像似符号。其判断依据主要是在符号表意效果上因符号再现体（representumn）与对象的接近而导致实有其事的误会。赵毅衡指出，绝似符号……只是错觉，并没有到绝对同一的地步，读者可以从中解读出符号过程。[1]他进一步指出，如果符号与对象完全看不出区别，则称为"重复"，重复是否是符号关系是有条件的。此处，是否重复取决于观察者是否"看出"。这个判断用于"镜像"的理解中，可以解释为在未被识别的情况下，镜像也可能是重复。但此时的问题是，我们必须预设观察者的"无知"——当且仅当此种情况下，埃科预设的那种绝对真实的"零度镜像"成立。不过，这种零度镜像再现体不仅不是符号，也不能说它是"镜像"，因为并没有一个观察者来界定所见之"象"与原物的关系。埃科的误会是用假设的上帝视角来说明镜像的性质却要求解释者对镜像这个"元符号"保持绝对的无知，以至于可以把镜像中象的呈现视为真实本身。埃科认为烟熏的镜像能进入符号的门槛，这种策略缺乏一个抽象逻辑，它太形而下，也太机械了。

任何符号形态在被观察之前，都类同于"薛定谔的猫"，类似于处于不确定的量子态。一旦引入了"镜像"概念，也即引入了"观察者"，这就好比处于量子态的对象瞬间坍缩为可见的符号性质——像似符号，且是其中像似程度较高的绝似符号。进一步演绎这种被设定的具体条件，就进入了更为具体的演绎过程。埃科所提到的烟熏在降低像似程度方面其实并没有任何效果，它只是增加了符号传播过程中的"噪音"。埃科还提到，多重折光的剧场拉开了传输的距离，哈哈镜导致了变形等情况。这些方式都从某个侧面使得镜像原物与再现体之间的异质化更为明显。其中，他提到"照片是凝冻的镜像"，这就是将镜像的时间同步性抽去了。这就涉及他反对镜像作为符号的第二个特别重要的理由，符号再现体、对象与接受者的在场性。

在场性也是镜像与一般符号不同之处。通常认为，绝似符号与对象并非同时在场，因此它们明显是代替对象的符号。[2]同时在场是否构成符号的必要条件，李幼蒸、赵毅衡两位先生都已经作了充分论辩，此处不赘述。但"在场性"乃是

---

[1] 胡易容、赵毅衡：《符号学-传媒学词典》，南京：南京大学出版社，2012年，第109页。

[2] 胡易容、赵毅衡：《符号学-传媒学词典》，南京：南京大学出版社，2012年，第109页。

镜像不同于一般符号的明显特质。作为从假定的零度镜像出离的符号表意过程，对象与再现体同时在场，仅仅意味着三者有相对较近的"符号距离"。这种较近的距离是镜像发生演绎的初始"符号距离"。通常认为符号距离有三种：时间距离、空间距离、表意距离。①埃科用"在场性"来否定镜像作为符号的论证，逻辑上较为模糊。他只是提出镜像与对象在时间距离、空间距离上相对较短，但未能否定距离的存在。当三种距离都为零的时候，仍可以认为这是一种零度符号态，或称为零度镜像。此时，符号处于混沌，而意义也就无从言说。一旦从对象之中引申出距离，意义世界的奇点就出现了。镜像的方式是符号表意距离出现的最简形式，相对于一般符号表意过程，镜像需要的实际要素最少，接受者–解释者–对象三位一体，且因为同时在场而具有极短的符号距离。在这三个距离中唯有"表意距离"才是符号存在之根本。时空距离对于符号表意来说，只是提供了一个发生演绎的初始点。一种符号表意没有时空距离就意味着它没有传播性；只是一段不为人知的孤芳自赏，顾影自怜。时空的初始距离构成一个符号衍义的"原点"之后，随着符号跨越时间和空间的传递，世界成为符号构筑的文化社会，符号不断衍义累积并以几何级的方式向外膨胀。这个膨胀过程是符号诸形式在文化社会中的无限衍义。严格意义的"再现体·对象·接受者三位一体"和"共同在场"的距离被拉大了。符号距离在技术和文化的多样性中更具跨越性，并且更加丰富。埃科所称的变形了的"镜像"（直播、电影等）实际上是在符号距离上不断跨越的结果。并且，在这种跨越过程中，局促于原初样态的符号表意发生了变异。这些变异的路径在理论上是可追溯的。空间上，对象与符号同时在场的距离被逐渐拉大，最初产生折光剧场、实时转播，最后这种距离可能是跨国甚至越洋的。这种空间距离本身也即意味着时间距离的出现。这里的距离不是指光线传播本身客观上具有时滞，而是人为地将实况转播嵌入一个时滞，以便为意外出现时准备一个应急切换。最终，时间或空间距离的拉大可以跨越整个人类文明时空的两端：先秦竹简或石刻上的符号跨越数千年向我们展现当时的文明，而现代数字媒体跨越整个地球传递大洋彼岸的实时图像。在这种时空距离的传递过程中，镜像符号的像似程度也会发生前文所述的各种变异。

---

① 胡易容、赵毅衡：《符号学–传媒学词典》，南京：南京大学出版社，2012年，第61页。

二、作为元认知的镜像符号

（一）镜像自指及具身性

自指性是镜像最直观的特性，也是它关涉"自我"的原因。只有当观察者自身置于镜子之前，并以自身为观测对象时，镜像符号才具有了那种不同于一般符号的特殊形式——原物与对象常常同时在场。也正因为如此，埃科才认为它应被逐出符号家族。因此，此处对典型镜像的界定必须包括"自指"的特性，否则就失去了判定镜像边界的重要依据：一切借助某种光学媒介手段形成的"视觉图像"均是镜像，意味着一切都是镜像，而这无异于让镜像失去了基本特征。一旦通过镜像来观察他物，镜子就变异为与一般媒介物作用毫无区别的折光剧场。

对于镜像这种自指特性来说，它的基本表意形式是"图形对象"主体关于"自我"的认知——在其意义上可看作哲学上古老的命题"认识你自己"。在人类自我认知历史上，曾通过各种方式来寻找人类这一物种与其他生物的区别。卡西尔在《人论》开篇即指出，"认识自我乃是哲学探究的最高目标"[1]。但对现有结果的深究表明，人与动物的差异往往不能通过某种单一界限加以界定。换言之，很难从单点出发论断动物与人类之间的决绝界限。例如，亚马孙丛林中的卷尾猴可以使用简单工具，黑猩猩具有一定的逻辑推理能力，蚂蚁或者蜜蜂的社会化分工极其有效，更不能完全从道德和自我牺牲的精神方面将动物与人分割开来……随着生物符号学的进一步推进，卡西尔笼统地通过"符号动物"来界定人的独特性恐怕也不再不言自明，而需要被更认真地加以论证。人类自我确证日渐被理解为多维度的复杂性问题。正如马克斯·舍勒（Max Scheler）曾经焦虑的那样："我们有一个科学的人类学、一个哲学的人类学和一个神学的人类学，它们彼此之间都毫不通气。因此我们不再具有任何清晰而连贯的关于人的观念。从事研究人的各种特殊科学的不断增长的复杂性，与其说是阐明我们关于人的概念，不如说是使这种概念更加混乱不堪。"[2]复杂性本身已经成为一个无法否认的理解方式。就"人"的独特性而言，要做的只是在人类不断自我建构中实现"人"的总体性价值，不断地用新证据实现人的自我建构，而非给出一个固化的终极答案。卡西尔

---

① 恩斯特·卡西尔：《人论》，甘阳译，上海：上海译文出版社，1985年，第3页。

② 马克斯·舍勒《人在宇宙中的地位》（Die Stellung dos Menschen im Kosmos），1928年，第13页。转引自：恩斯特·卡西尔：《人论》，甘阳译，上海：上海译文出版社，1985年，第29页。

将人定义为"符号的动物"也保留了对动物的开放性。他指出："对这个问题（类人猿的符号化过程）的未来发展作任何预言都是为时过早的。这个领域必须为今后的研究始终敞开大门。"①

本章所涉的"镜像"亦是如此。科学实验表明，除了人类，经驯养的黑猩猩、大象、海豚以及某些鸟类（如喜鹊）有照镜子的能力。②雅克·拉康（Jacques Lacan）参照的法国儿童心理学家亨利·瓦隆（Henri Wallon）的"镜子测验"表明，即便在肢体协调性方面人类弱于其他动物，但在领会自身镜像关系方面却更有优势。这似乎表明，镜像是智力中比较特别的一种能力。这种能力可能不完全与记忆等其他智能等同，它有关自我，是人类信息认知结构中占据信息主导地位的视觉符号形式。

符号哲学家诺伯特·威利（Norbert Wiley）指出："自我是一个符号（或者记号）……自我由符号元素组成。自我不再是指一种机械的或物理学意义的性质，而是指一种文化的性质。这句话有几层含义：其中最重要的一层是指，所有的自我——不管过去、当下还是未来——拥有相同的本体意义上的品质或者说相同的性质。"③某种意义上说，镜像的认知是自我意识觉醒的标志之一。因为只有"我"存在，人类社会化发展过程中才可能具有更进一步的自我意识显现，"我"是从动物到人的漫长演化过程中一个重要的里程碑。镜像符号能力在"自我"意识的发展中无疑是一个相当明晰的节点。

卡西尔认为符号世界与信号所属的物理世界之间是一种此消彼长的关系。他认为"人的符号活动能力（Symbolic activity）进展多少，物理实在似乎也就相应地退却多少"④。卡西尔的观点更适合理解为一种比喻，而非人掌握符号工具的实际状态。因为，符号世界并不是渐进地侵占物理世界的领地，而是一种智性的开启。一旦获得符号的钥匙，哪怕获得有限的指称能力（designation），整个世界就处于一种符号待在的境地。即便在认知能力有限的远古时期，并不妨碍人类以自

---

① 恩斯特·卡西尔：《人论》，甘阳译，上海：上海译文出版社，1985 年，第 36 页。

② Prior, H., Schwarz, A. and Güntürkün, O. Mirror-induced behavior in the magpie (Pica pica): Evidence of self-recognition. *Plos Biology*, 2008, 6(8): 1642-1650. 但猴子却未通过测试，尽管猴子可能很欣赏镜子及其特征，但却无法在镜子里认出自己来。相反，它们对这些影像的反应，好像看见了陌生的猴子一样。见：Tattersall, I：《在达尔文的镜子里》，鲁刚译，长春：长春出版社，2004，第 52 页。

③ 诺伯特·威利：《符号自我》，文一茗译，成都：四川教育出版社，2010 年，中文序言。

④ 恩斯特·卡西尔：《人论》，甘阳译，上海：上海译文出版社，1985 年，第 33 页。

身的方式将整个宇宙符号化。古希腊的原子论与东方中国的阴阳五行说并不因其科学上的有限性而退缩对事物穷尽的逻辑。不断深入认知只是为宇宙文本提供更多分节方式而已。人在获得符号能力（symbolic capability）的那个刹那，就对整个世界提出了哪怕最简化的符号化。物理世界是自在世界，而符号世界是人的世界，一旦进入人的世界，便完全而非部分地生活于符号之中。卡西尔认识到这是一种不可褪却的能力："在某种意义上说，人是在不断地与自身打交道而不是在应付事物本身。他是如此地使自己被包围在语言的形式、艺术的想象、神话的符号以及宗教的仪式之中，以致除非凭借这些人为媒介物的中介，他就不可能看见或认识任何东西。"①

在所有的符号能力中，"自我意识"是其中尤其重要的一种。镜像识别也需要一个认知过程。对人类婴孩时期的镜像能力研究表明，人对镜像的理解能力并非与生俱来，它需要个体在成长过程中通过一定习得经验积累而逐渐获得。拉康"镜像阶段"可归纳为三个不同符号元语言能力的发展层次。在第一个阶段，婴孩将自己的镜中影像作为一个真实的"他者"来对待。这个阶段的孩童与未能通过镜像测试的大部分动物的反应是一致的。在这种反应中，镜像是"原物"的等同物。对于释义者来说，这是此时尚未发生"物"与自身的分离——并没有一个符号指称，我们可将这个阶段称为"前符号阶段"。第二阶段，婴孩虽然尚未识别出镜中像是自己的影像，却发觉了它不再是一个实在之物。未通过镜像测试的动物，常常很快对镜子中的影像失去兴趣。这表明了两个事实：一是，镜像是抽出原物部分品质的（图像）符号化的结果；二是，此阶段的幼儿与对影像逐渐失去兴趣的动物都发现了镜中之像并非真实的"物"。这意味着处于该阶段的幼儿或动物开始了认知符号意义的第一步——"原物不在场"。但是这只是符号过程的一个并未完成的起点。由于缺乏完整的符号元语言能力，幼儿或动物并不能知悉其背后的原因，即没有形成影像与"原物"的解释关联。这个阶段，我们可以称之为"潜符号阶段"，即已经有某种开始的迹象而并未完成符号释义。

及至第三个阶段，儿童与部分具有高级视觉自我认知能力的动物就形成了明晰的视觉自我认知能力。实验表明，从小失明的人在成年后复明，需要花很长时间理解镜子的基本特性。这一点在某些未使用镜子的土著部落上也可以得到确

---

① 恩斯特·卡西尔：《人论》，甘阳译，上海：上海译文出版社，1985年，第33页。

认。镜像的解释能力是视觉角度符号元语言能力的一个重要评价方式。这里还不是关于"自我"的全部结构，而是其视觉符号形式的主要结构。实际上，"镜像"对自我认知的决定性影响并不止于上述阶段。拉康与弗洛伊德都认为，自我并非一个自然的存在，而是主体与自身之镜像之间的"自恋的激情"的产物。①实际上，镜像阶段仅仅是一个开端。从作为意义文本的镜像与其自我释义的主体开始，人的一生将遵从符号的游戏规则，每个人将根据自己的欲望来编织自己符号性的镜像。因此，拉康把自我称为"理想-我"。而"理想-我"是一种虚构的符号。

这一认识可以表述为：人类依靠符号实现自我的建构，而"镜像"是人类作为符号动物的自我建构的重要一环。一旦迈过这一环节，人类就进入卡西尔所说的那种无法倒转的符号宇宙之中。而在卡西尔看来，"人不再能直接地面对实在，他不可能仿佛是面对面地直观实在了"②。

（二）元认知与具身性

"自我意识"作为一个高度抽象概念，并不是一种单一维度的自指。在传统哲学的探讨中，自我是一个具有多侧面意义的词汇。美国人格心理学家高尔顿·奥尔波特（Gordon Allport）曾总结过八种关于自我的界定③。社会心理学中重视"客我"与"主我"的统一。乔治·赫伯特·米德（George Herbert Mead）将自我解释为"自指性"，查尔斯·霍顿·库利（Charles Horton Cooley）用"镜中我"来描述这种作用。社会心理中的自我理论，摆脱了在哲学领域的"唯我论"，从社会性和符号秩序方面来分析自我的存在方式。归纳而言，无论是通过社会交往还是其他"非我"途径，自我建构的符号关键性质之一是元认知层面的"自指性"，而这也是镜像符号具有的关键性特质。哲学界对自我的主客间（I，ME）问题论辩可以归结为自我建构是否有一个外在的路径依赖问题。勒内·笛卡儿（René Descartes）式的"我思故我在"看上去是一个无须依赖外部的内在自我世界；而在现实世界中，脱离外部世界的自我存在却找不到任何依托。这种存在必须用文本化或符号

---

① 严泽胜：《镜像阶段》，《国外理论动态》2006年第2期，第57-59页。

② 恩斯特·卡西尔：《人论》，甘阳译，上海：上海译文出版社，1985年，第33页。

③ （1）自我即认识者。（2）自我即被认识者。（3）自我即原始利己心。（4）自我即优越驱力。（5）自我即心理过程的受动组织（精神分析学中的自我）。（6）自我即目的追求者。（7）自我即行为系统（格式塔心理学中的自我）。（8）自我即文化的主观性系统。转引自车文博：《心理咨询大百科全书》，杭州：浙江科学技术出版社，2001年，第98页。

化的方式加以表达，因而自我的问题就成为一个"自我符号的建构"的问题——通过符号实现外在关联。这意味着，不仅"客我"是一个外在文本的自指性认知，"主我"本身也必须有某种可循的痕迹。

笛卡儿对现代性的启蒙的假定中，认知自反是对自我以及社会—结构资源进行监控的问题。①社会学中的自指性既讨论对个人自身生活叙事的监控，也讨论社会作为整体的反思与改良。本章所说的"自指性"与社会学意义的自反有关，但却是指一种最质朴的"认知自反"，是符号对象经由再现体回归释义者而形成的循环圈。释义者作为符号对象的身份是此符号表意过程的临时性身份，且释义本身并不受到上述结构的封闭。因而，作为释义者的符号对象每次对镜而立，都可能形成新的释义。就符号表意路径来看，是否外部世界的问题可以转化为另一个问题，即自我符号是否有一个表意的距离。米德认为，任何思想、判断、感悟等心智活动都是两个自我之间的协调，而不是纯然的"自我意志"。②

表意路径是一个主我与客我之分离的过程，也即，将自身文本化为一个可区别于他者的符号。不过，能够理解一般性的符号并不足以清晰地界定人类的特质。昆虫留下气味、蝙蝠回声定位都具有此种将自己转变成外在符号的基本形式。但如果将镜像作为符号来理解，则蕴含了更抽象的意义。正如弗拉基米尔·纳博科夫（Vladimir Vladimirovich Nabokov）说，自我是"能意识到自我意识的意识"，是赋予了某种"元认知"的维度。当符号指向外在对象的意义时，自我只是处于意义处理的第一层次，第一层次对自我的运作是盲目的；当自我对自我本身，对自我符号的运作方式进行反思，自我就进入了第二层次，即"元自我"层次。③

镜像作为一种自指符号的重要意涵，并非仅指其物理形式上的反射，而是对这种反射的自指意味的领悟。也即，对此种符号的典型意义及其释义规则的洞悉。对规则的理解要求进入上层释义体制来考察意义。也即，镜像本身自携了对自身的元认知——人类作为个体或作为整体对自身释义活动的"自知"。以此种元层次的自知之明来理解镜像符号的"自指之义"。"元"对应的英文为常用作前缀

---

① 斯科特·拉什、约翰·厄里：《符号经济与空间经济》，王之光、商正译，北京：商务印书馆，2006年，第8页。

② Mead, G. H. *Mind，Self and Society*. Chicago: University of Chicago Press, 1934.

③ 胡易容、赵毅衡：《符号学-传媒学词典》，南京：南京大学出版社，2012年，第253页。

的 meta，该词出自希腊语：μετά（metá），意思是"之后"或"之上"，也即，"元"乃是一种基于规则之上的认知和理解。在结构主义者看来，这是一种嵌套结构，上层的结构规约着下层的信息。

能进一步对镜像做出解释，是人类独有的符号元语言能力，是"人作为元符号存在"的重要具体指征。我们的问题由以某种决然的鸿沟来断言人类与动物的区别，转变为更谨慎地通过某种相对的措辞来描述这种差异。对于"人作为符号动物"这个命题，也需要更清晰地就符号使用意义的差别进行更细致的考证。卡尔斯鲁厄理工学院的学者汉斯·兰克（Hans Lenk）推进了卡西尔的观点，他提出：简单的符号能力和语言能力（如黑猩猩可以学会手语）已经不足以建构起人与动物的分界线。人类不能再仅仅被刻画成符号的动物，而是能够通过其向解释、认识和语言的元层次上升、超越的能力将自己与灵长类动物区别开来的动物。更确切地说，人类是"元解释"的动物（元符号的动物）和超越解释的动物，是最卓越的元层次的存在[①]。

镜像不仅仅是个体的成长获得"自我意识"的结果，也是人类作为符号动物的有力确证，即便被定义为符号动物的人旅行获得这一能力也是一个基于其生理基础的社会习得过程。尽管埃科不承认镜像是符号，但他却认同镜像是标记"想象界"与"象征界"的门槛，是想象自我到社会自我的关键点和门槛。[②]埃科这话可以被理解为，镜像是一种关于社会心理的意义元语言能力。而元语言能力是一种"社会性成长经历"，也即符号能力。无论是将这个现象置于生物演化还是个体发展背景下，它都可以被视作一种具有测度效用的指征。继卡西尔从符号角度对人的特性进行界定后，更多学者从更为精细的角度探讨人的意识或具体的符号构成，其总体思路是将人的文化属性以符号化的方式来解读。文化是关于意义的生成，而意义的载体则是符号。因而，符号能力成为作为文化属性的人自我明证的重要途径。符号能力，也称为"能力元语言"或"能力元语言"，是"解释者使用适当的符码来解释符号文本的一种能力"。[③]能力元语言的基础层首先是基于事务之间的一般信号表达能力，如蜜蜂的飞行舞蹈、小狗气味的标记。可见这种能力

---

① 汉斯·兰克：《人是元符号和元解释的存在》，王伟译，《西安交通大学学报（社会科学版）》2009年第5期，第47-50页。

② 翁贝托·艾柯：《镜像》，张颖译，《符号与传媒》2011年第2期，第147页。

③ 赵毅衡：《符号学：原理与推演》，南京：南京大学出版社，2011年，第233页。

在生命世界普遍存在。许多符号学家将这些行为视作处在"符号的门槛"上。其次是对符号本身的规则驾驭能力。因为符号只有通过具有符号元语言能力的主体对其进行规约才能称为意义的载体。最后是区别于信号的对普遍指称能力，它不同于信号对物质实在性的依赖。

自指性同时涵涉的意涵包括"具身性"。当柏拉图说"镜像反映整个世界"①时，他预设了艺术家站在整个世界的角度观察镜子。实际上，艺术家化身为整个世界的替身的自我审视。严格意义上的镜像就是自指性的，也即对于观察者自身的观察。近年再度兴起的机器人与人工智能热潮开始正面讨论"意识"这一机器人研究的禁区。②。传统模型对意识的界定是偏重功能性的。如钟义信在《意识机：理论与模型》中对意识做了如下定义："意识"的概念理解为"对于外部刺激的感觉、记忆、理解和判断"的能力。所谓某个系统对某种刺激"具有意识"，主要是指这个系统对于这种外部刺激具有感觉能力、记忆能力、理解能力和判断能力。从字面来理解，该界定既可以理解为刺激反映论模式，也可以作更复杂的解释。基于电子元件刺激反应和记忆存储逻辑判断均可能在机械逻辑层面完成，最关键问题在于如何定义"理解"。若按照前一种解释，则可以说这个定义下的人工智能已经实现。不过实现的结果并不令人满意。原因是相比人类智能，这种智能的机械性特征表明其并不能真正地"理解"信息，而只是对信息按照逻辑算法实施的某种反馈。其呈现的特征是，尽管人工智能具有远超人类的数理逻辑运算能力，但却无法理解对人们而言很简单的直觉性事务。研究表明，人工智能计算机视觉和人类视觉并不一样。③这种不一样，归根结底是机器身体缺乏与人类同的"自我意识"。这种自我意识不是一维的理解、判断和逻辑运算，而是具身性的理解——对自身正在做的事情的理解，以及对自我的角色理解。现代人工智能对"理解"提出了更高的要求，康奈尔大学创意机器人实验室主任胡迪·利普森（Hod Lipson）认为"意识""就是自我想象的能力"④。这意味着"意识"必须上升到"自我符号"的层面来实现上述行为。

---

① 柏拉图：《文艺对话集》，朱光潜译，北京：人民文学出版社，1963，第 69 页。

② 胡迪·利普森：《意识！机器人会有吗？》，《中国信息化周报》，2015 年 3 月 23 日，第 026 版。

③ 顶尖人工智能无法识别这些简单图像. https://cloud.tencent.com/developer/article/1133855.

④ 胡迪·利普森：《意识！机器人会有吗？》，《中国信息化周报》，2015 年 3 月 23 日，第 026 版。

三、镜像符号演绎

我们在谈论镜像时，无法谈论非符号化或去符号化的"镜子"，而只能是谈论某种符号化方式的镜子。常识告诉我们，我们可以谈论镜子的纯客观物理特性，但纯客观物理特性并不存在于人的感知中，当我们以某种视角谈论其"体积、重量、色彩、光学性能"时，我们已经选取了属于人类习得经验的要素，而"选取"正是符号化的过程。除非，我们能抛弃作为人的感知，恢复"非人"的状态从而进入"零度的镜像"。因此，我们无法谈论这种具有某种物理光学特性的实体及其特性，而是谈论具有某种符号表意特性的符号载体。

镜像符号表意过程具有一般符号所不具备的一些特性。它的再现体、对象、接收者三位一体因而最少表意要素，且因它的自指性特征又具有极短的符号距离。从"零度"的非意义态进入符号世界时，其往往最先进入"类镜像自我符号"，赵毅衡先生亦提到"极而论之，可以说大部分符号表意都有'自我符号'的初始阶段"①，这是从表意者的角度看。从符号形式视角看，则是符号表意形式的初始点是一个"镜像式的符号"。镜像式符号可能发生诸种变异形式而生成诸多不同符号样态。元认知的变异条件是背景规则认知不充分，镜像就可能转化为蜃景、幻象进而成为具有欺骗性的假象；像似层级是最常见的变异，从零度镜像的"同一"进入绝似符号，进一步降低则可能成为普通的像似、亚像似甚至反像似符号。反像似符号是对符号知觉特性的互补，并力图走向对立面。这种对立面的效应造成了与原物之间的理据性关联，如底片和原片的关系。尽管颠倒了黑白关系，但其关联性是显而易见的；在场性的变异则在时间和空间表意两维度上不断拉长，可地老天荒，可天涯海角，最终符号的表意过程在离场意义的回归刹那而实现；表意渠道的变异比较易于理解，镜像作为一个"图式"认知，其初始形式具有视觉中心特质，但镜像作为一个图式符号，其可以是听觉或是其他知觉形式的。例如回声即一种声音意义的镜像式符号——它们具有对称而同构的典型特质。

具身性和自指性的变异是镜像向他者投射的重要环节。所有的符号表意与释义过程都潜在地有一个"我"的化身。即便是游离于符号学边界的动物符号学（zoo semiotics）亦是如此。正如乌克威尔说，在苍蝇的世界中，就只有"苍蝇的事物"，而在海胆的世界中，就只有"海胆的事物"。而所有的动物符号学研究无法

---

① 赵毅衡：《符号学：原理与推演》，南京：南京大学出版社，2011年，第62页。

摆脱以人类符号世界的观照方式来理解动物的"符号意图"。也即，我们以人的理解方式建构的动物符号行为方式的本质是人类社会心理的一个投射。即便这一投射的名称是"动物符号学"，其模式仍是人类社会的符号活动模式。正如医学需要研究小白鼠那样，其最终目标仍是人类自身。镜像作为人类文化的总体反射与其作为个体的符号方式结构是类似的，这种自指性结构折射出人类文化自我与生物界他者的异质性。在观看他者的世界时，也被这种人类预设的镜像符号所预先笼罩。有所不同的是，以"我"为基本符号表意预设具身特性就转移到其他"人"甚至其他"化身为我的物"身上。

第三节　符号意义的社会化机制：象征

在人类文化社群中，"象征"具有特殊重要的地位。如果说，元符号提供了基础解释规则，"象征"则处于整个文化符号域的顶端，展现了该种文化的价值典范和核心精神。"象征"是文化符号研究中使用频率极高的概念。西方符号学理论中"symbol"的多义性使用，造成术语翻译混乱，引起了很多误读，更反映出学界对传播符号理论范式理解上的误区。本节从术语入手，通过辨析象征中的"自然联系"（理据性）与"任意性"复合符号关系，厘清索绪尔与皮尔斯符号学在范畴、体系及适用性方面的差异，进而阐明皮尔斯体系在符号范畴上更接近索绪尔曾经构想但并未完成的"整体符号学"是对当代文化符号研究更适用的理论体系。

一、"符号"与"象征"的误读及相关问题

"符号"与"象征"是文化传播研究的高频术语。两者在汉语中的辨义泾渭分明，但在英语中，各家学说对"symbol"的使用并不统一，导致汉语学术界在译介该词时产生了诸多混乱。常见的是将皮尔斯符号分类中的"symbol"误译为"象征"。如，费斯克《传播研究导论：过程与符号（第二版）》有一段对索绪尔的评价，中文翻译是"作为一个语言学家，他只关心'象征'符号"。[①]但索绪尔在

---

① 约翰·费斯克：《传播研究导论：过程与符号（第二版）》，许静译，北京：北京大学出版社，2008 年，第 46 页。

《普通语言学教程》中却明确反对将"象征"（symbol）纳入他的语言符号范畴。①核对前作原文可知，费斯克是在皮尔斯符号分类语境下使用 symbol 这一术语，是想表达"索绪尔作为语言学家，他只关心（皮尔斯所说的）规约符号。"（Saussure was not concerned with indexes. Indeed, as a linguist, he was really concerned only with symbols, for words are symbols. ）②

　　可见，单从字面理解无法确定 symbol 的翻译标准。国内不少学者尝试从理论背景区分"symbol"的译法。如，胡传胜将"符号"视为"把握特定的社会约定"，而将"象征"视为昭示个体存在——如象征主义和精神分析。③另一位学者谢冬冰对卡西尔主要著作中"符号与象征"的使用作了区分，他认为卡西尔的著作"symbolic form philosophy"应译为《符号形式的哲学》。④谢的界说主要针对的是卡西尔体系，对其他学者所用术语翻译的一般原则并未论及。

　　在文化传播符号学中，"象征"是不可绕过的重要问题。其中，最具代表性的是索绪尔和皮尔斯两大符号理论体系。可以说，厘清索绪尔体系和皮尔斯理论体系中 symbol 的使用，就抓住了问题的关键。赵毅衡对"symbol"的使用情况作了总体性分析，并指出"象征"的核心要点是"意义累积"和"二度修辞"。⑤此论准确且能够作为传播符号学术语使用的一般原则。不过，上述卓有成效的工作在传播学界并未得到足够的理解。有学者从传播学角度对"symbol"的释义和翻译标准作了梳理⑥，但遗憾的是，有些梳理反而导致对"symbol"的解释陷入新的误区。这个误区也体现出传播学界对符号学理论范式转进的把握不足。有必要从术语入手来做一些澄清工作。归纳而言，常见问题如下。

　　首先是术语解释的偏差。一种常见的方式是从字面入手，以"symbol"的部分用法以偏概全地归纳皮尔斯与索绪尔的术语使用。

　　其次是术语范畴的逻辑层次错位。例如：将索绪尔讨论"语言符号"的范畴

---

① Saussure, F. *Course in General Linguistics.* Beijing: Foreign Language Teaching and Research Press; London: Gerald Duckworth & Co. Ltd., 2001. p.68.

② Fiske, J. *Introduction to Communication Studies.* London: Methuen & Co. Ltd., 1982, p.50.

③ 胡传胜：《符号与象征》，《南京化工大学学报（哲学社会科学版）》2000 年第 2 期，第 55-59 页。

④ 谢冬冰：《"符号"还是"象征"？——卡西尔学说中"symbol"的词义辨析》，《南京师范大学文学院学报》2003 年第 1 期，第 20-23 页。

⑤ 赵毅衡：《符号、象征、象征符号，以及品牌的象征化》，《贵州社会科学》2010 年第 9 期，第 4-10 页。

⑥ 王亦高：《自然与习俗：试论"符号"与"象征"的概念渊源与翻译原则》，《国际新闻界》2014 年第 10 期，第 82-93 页。

套用于皮尔斯系统的一般符号之上，将"象征"化约成单一的符号类型与"符号"进行比较，并将这两个不同层次的概念置于"任意性"与"自然联系"的对立两极。

最后是翻译标准混淆。前面提到的逻辑层次错位导致将"自然联系"之有无作为首要判定标准，并归纳出了另外两种与此有矛盾的标准，甚至会得出否定"鸽子是和平的象征"之类有违一般常识的错误结论。

这些误读反映出当前我国传播符号学范式转进这一重要问题，值得仔细辨析。由此，本小节主旨有两个方面：一是，厘清"符号""象征"以及它们与"自然联系"（理据性）的确切关系；二是，在比较中阐明以皮尔斯为典范的符号学模式对当代传播学的价值与理论适用性。

二、"符号"与"象征"的系统差异

（一）"符号"与"象征"的基本词义

在日常汉语使用中，"符号"与"象征"二词各自含义清楚。"符号"是普遍概念，汉语词典对其日常释义为"用于区分某种特征的标识"，[①]而通常将"象征"解释为"用具体事物表现某些抽象意义""不可见的某种物（如一种概念或一种风俗）的可以看见的标记"[②]。也即，象征是从具体事物到抽象意义的升华，而符号的对象则无此限制。问题的关键是 symbol 一词多义，在译为汉语时，何时翻译为"象征"，何时翻译为"符号"？

（二）索绪尔与皮尔斯系统中的符号范畴比较

皮尔斯和索绪尔的理论是现代传播符号学的两个重要源头。把握了他们对 symbol 的使用，也就解决了问题的关键。对此，有如下一种看法：索绪尔的"symbol"是"有自然联系的"，因而用"象征"；而皮尔斯所说的"symbol"没有自然联系，是基于习俗与惯例之上的"符号"，乃是与索绪尔的说法相反的、矛盾的。[③]

---

① 《汉典》，检索于：http://www.zdic.net.

② 《汉典》，检索于：http://www.zdic.net.

③ 王亦高：《自然与习俗：试论"符号"与"象征"的概念渊源与翻译原则》，《国际新闻界》2014 年第 10 期，第 82-93 页。

symbol 是一个多义词。西方符号学家用 symbol 表示一般符号的情况非常普遍，也包括皮尔斯和索绪尔。以索绪尔为例，他讨论"选择视觉符号来代替听觉符号"（visual symbols instead of acoustical symbols）用的是"symbol"。[①]此外，他还分别用"graphic symbols"表示"图像符号"[②]、用"written symbols"表示"书写符号"、[③]用"symbols of isolated sounds"表示"声音符号系统"[④]。上述使用情况都指"符号"而非"象征"。"symbol"这一用法在西语中泛指一般符号，与"sign"同义。可见，武断地说索绪尔用 sign 来表示"符号"，而用 symbol 来指代"象征"，这个判断至少是不完整的。

我们继续看索绪尔用"symbol"特指"象征"时的用法，英文译本如下：

"The word symbol is sometimes used to designate the linguistic sign, or more exactly that part of the linguistic sign which we are calling the signal. This use of the word symbol is awkward, for reasons connected with our first principle. For it is characteristic of symbols that they are never entirely arbitrary. They are not empty configurations and show at least a vestige of natural connexion between the signal and its signification. For instance, our symbol of justice, the scales could hardly be replaced by a chariot".[⑤]

由上可知，尽管索绪尔不同意用"symbol"来描述"语言符号"，但却并未断然拒绝"象征"作为一种符号的可能性。众所周知，索绪尔的研究范围是以希腊字母为原始型的表音体系。[⑥]他非常清楚自己研究对象的局限，在对"整体符号学"的展望中谈到，语言只是表达观念的符号系统中的一种，这个系统还可以包括"symbolic rite"等其他形式的符号。将来应当有一种基于总体研究的符号学，它应当被称为"semiology"。[⑦]

①　Saussure, F. *Course in General Linguistics.* New York: Philosophical Library, 1959, p.35.

②　Saussure, F. *Course in General Linguistics.* New York: Philosophical Library, 1959, p.10.

③　Saussure, F. *Course in General Linguistics.* New York: Philosophical Library, 1959, p.15.

④　Saussure, F. *Course in General Linguistics.* New York: Philosophical Library, 1959, p.26.

⑤　Saussure, F. *Course in General Linguistics.* Beijing: Foreign Language Teaching and Research Press; London: Gerald Duckworth & Co. Ltd., 2001, p.68.

⑥　Saussure, F. *Course in General Linguistics.* Beijing: Foreign Language Teaching and Research Press; London: Gerald Duckworth & Co. Ltd., 2001, p.51.

⑦　Saussure, F. *Course in General Linguistics.* Beijing: Foreign Language Teaching and Research Press; London: Gerald Duckworth & Co. Ltd., 2001, p.15.

索绪尔没有实现他关于"整体的符号学"的理论构想，很大程度上受限于研究对象。而皮尔斯一开始就以符号全域为研究对象，他的符号学范畴正是索绪尔未能完成的"整体符号学"。皮尔斯对"symbol"的使用也有两种情况：一是泛指一般符号，与 sign 意思相同。例如，他对逻辑符号学进行界定时说：逻辑学可以被看作是一门有关符号之普遍规律的科学（Logic treats of the reference of symbols in general to their objects）①。他还举例说，符号（symbols）的传达、联想以及分配等诸多规约性原则使（代数式）成为一种像似符。②第二种用法，是特指符号分类中的"规约符号"。在摘选本《皮尔斯：论符号：李斯卡：皮尔斯符号学导论》③中，symbol 一词出现共计 263 次，其中特指"规约符号"的情况超过 200 次。皮尔斯主要讨论符号逻辑，而较少直接谈论文化问题，对"象征"的使用并不多见。

索绪尔和皮尔斯的著作多为手稿、讲义、笔记，且前后版本有变动，术语辨析难度大。准确理解"symbol"的用法必须通观其理论体系，而非单纯以某一处的用法来以偏概全。《自然与习俗：试论"符号"与"象征"的概念渊源与翻译原则》一文注意到了两人在术语使用上的差异，但以此将"象征"视为完全"自然联系"的符号，就出现了较大的理解偏差。

三、作为特殊的复合符号的"象征"

接下来，我们着重讨论象征的"自然联系"问题。在"符号"与"象征"区别的判定标准上，《自然与习俗：试论"符号"与"象征"的概念渊源与翻译原则》一文说，"索绪尔认为，习俗与惯例弱的是 symbol，习俗与惯例强的是 sign"，该文因此将"有否自然联系"作为区分"象征"与"符号"的标尺。④

① 查尔斯·S. 皮尔斯：《皮尔斯：论符号：李斯卡：皮尔斯符号学导论》，赵星植译，成都：四川大学出版社，2014 年，第 102 页。
② 查尔斯·S. 皮尔斯：《皮尔斯：论符号：李斯卡：皮尔斯符号学导论》，赵星植译，成都：四川大学出版社，2014 年，第 53-54 页。
③ 查尔斯·S. 皮尔斯：《皮尔斯：论符号：李斯卡：皮尔斯符号学导论》，赵星植译，成都：四川大学出版社，2014 年，第 19 页。
④ 王亦高：《自然与习俗：试论"符号"与"象征"的概念渊源与翻译原则》，《国际新闻界》2014 年第 10 期，第 82-93 页。

（一）理据问题

"自然联系"又称"理据性"或"透明性"，是自古希腊就开始讨论的西方哲学公案。柏拉图对话录《克拉底鲁篇》（Cratylus）中设计了一个苏格拉底、克拉底鲁、赫莫根涅斯三人的对话场景。克拉底鲁认为词语或命名与自然有联系，这种观点后来被概括为克拉底鲁论（Cratylism）；而赫莫根涅斯则认为词语、名称只是约定或者使用者的习惯，与自然并没有联系。这种论点被后人归纳为"赫莫根涅斯论"（Hermogenism）。

这段公案是索绪尔符号"任意性"的哲学源头。但索绪尔也并未说"象征"是纯然的"自然联系"，他只是从程度上来判断"象征"包含一些"自然联系"的成分而已。此外，尽管索绪尔的符号理论系统以规约性为基础，但他仍然对理据性的符号有所讨论。他认识到，语言存在着绝对任意性和相对任意性，只有一部分符号是绝对任意的；别的符号却有程度的差别。[1]他说，将来符号学建立时，可能需要追问"完全自然"的符号是否也属于符号学范畴。[2]可见，索绪尔没有完全拒斥理据性符号，他不过是受制于结构主义理论范式，没有将理据性符号作为主要研究对象而已。

皮尔斯持有普遍理据观。他的符号理论涉及的理据性不仅包括索绪尔注意到的像似符（如拟声词等），还包括基于邻接、接近等关系形成的"指示符"。皮尔斯指出，指示符"指示其对象是因为它真正地被那个对象所影响"[3]。此外，指示符甚至包含一些特殊的像似符 icon，但两者的不同在于，指示符可以看作是从对象中撕裂开来的一个碎片[4]。根据他的逻辑，指示符与像似符均为有自然联系的理据性符号。两者的区别是：指示符侧重于指向对象，而像似符侧重于再现对象。从与对象的联系来看，指示符侧重于时空相邻、逻辑推理、局部与整体的接近联想，而像似符依赖于性状、结构等的像似关系。

---

① 费尔迪南·德·索绪尔：《普通语言学教程》，高名凯译，北京：商务印书馆，1980年，第188-189页。
② 费尔迪南·德·索绪尔：《普通语言学教程》，高名凯译，北京：商务印书馆，1980年，第188-189页。
③ 查尔斯·S.皮尔斯：《皮尔斯：论符号：李斯卡：皮尔斯符号学导论》，赵星植译，成都：四川大学出版社，2014年，第55页。
④ 查尔斯·S.皮尔斯：《皮尔斯：论符号：李斯卡：皮尔斯符号学导论》，赵星植译，成都：四川大学出版社，2014年，第42页。

（二）从理据到规约

像似符、指示符与对象的理据性是在符号表意发生的初始瞬间产生的，可称之为"生成理据"或"初度理据"。但还有另一种理据性形成于符号使用中，因社会文化、习规逐渐累积而成，故被称为"使用理据"或"语用理据"（赵毅衡从一般符号的角度，称之为"符用理据"①）。

索绪尔之后的语言学者发现，语用理据的范围非常之宽。模态逻辑语义学开创者索尔·克里普克（Saul Kripke）指出，语言和词汇因使用而造成意义积累，其最终结果是，当一个名称在表意时，并不是该名称的含义本身起（构筑意义的）决定性作用，而是这个名称的起源和使用历史构成了历史的因果传递链条，"而当这个名称一环一环传递下去的时候，确定该名称的指称方式对于我们来说是无关紧要的，只要不同的说话者给它以相同的指称对象"②。这意味着，无论何种初始类型的符号，都在社会文化中生成使用理据。使用理据与索绪尔的"任意性"都是社会文化相关的概念。在符号的"可变性与不变性"一章中，索绪尔提出任意性是一种社会文化中的"契约"而非个人的"随意"。他认为已经选定的东西，不但个人不能丝毫有所改变，就是大众也不能对任何一个词行使它的主权；不管语言是什么样子，大众都得同它捆绑在一起。③

由上，在初始生成阶段具有"任意性"的符号，在使用中与其他符号一样，变得不再任意，而理据性符号的自然联系在使用中也不再重要——两类符号在社会传播中均被"文化化"了。正如作为象形文字的汉字在成为书写语言体系之后，其象形的初度理据性变得不必追溯了，其使用理据成为表意中的主导要素。

回到核心论题——"象征"的属性是否如《自然与习俗：试论"符号"与"象征"的概念渊源与翻译原则》一文所言，其作为任意性"对立面"居于"理据"的一端？答案显然是否定的。不过，我们再作一点讨论使之更加确凿。

（三）作为复合符号的象征

索绪尔着重研究任意性的语言符号，而皮尔斯讨论符号全域。并非他们对符

---

① 赵毅衡：《符号学：原理与推演》，南京：南京大学出版社，2011年，第247页。

② 索尔·A. 克里普克：《命名与必然性》，梅文译，上海：上海译文出版社，1988年，第125页。

③ Saussure, F. *Cours in General Linguistics*. Beijing: Foreign Language Teaching and Research Press; London: Gerald Duckworth & Co. Ltd., 2001, pp.71-72.

号基础概念理解完全相反，而是他们对理想符号形式构想有所差异。索绪尔认为完全任意的符号比其他符号更能实现符号方式的理想①；而皮尔斯则认为完美的符号应是像似符、指示符、规约符三种形式"尽可能均匀的混合符号"（The most perfect of signs are those in which the iconic, indexical, and symbolic characters are blended as equally as possible）。②

实际上，索绪尔讨论"象征"时，已经注意到了它的复合性。他认为，象征不是"全然地任意"，其"残留有自然联系的痕迹"。③皮尔斯更明确地对符号混合特性作了理论界定。在皮尔斯看来，任何符号都或多或少地有某种"理据性"，也或多或少具有"规约性"，三种符号类型需要"混合"并因此成为更完美的符号。皮尔斯研究专家詹姆斯·李斯卡（James Liszka）指出，在皮尔斯的体系中，"支配性规则又表明，一个符号哪怕它主要是像似性的，它也可以包含规约成分或者象征成分"④。反过来，皮尔斯也认为"规约符（symbol）并不总是规约性的，它还可以是自然禀性，或者说后天习得之习惯所造成的结果"⑤。

象征符号既包含索绪尔所说的"一点自然联系"，还必须包含文化、规约属性。本节认为，象征的文化属性是主要的。索绪尔举例说，"天平"象征"法律"的公正不可能完全是任意的。我们可以反过来追问，单纯靠天平的"自然特征"是否能够生成"公平与正义"这一抽象象征意向？答案是否定的。事实上，在不同文化中，象征的载体是全然不同的。例如，中国古代法律文化将传说中能够辨善恶忠奸的神兽獬豸视为公平正义的象征。⑥獬豸并没有与公平正义的自然联系，而是一个文化意义的传播和累积。可见，"天平"的指示性理据与"公平、正义"的自然联系要成为象征，还需要经过社会传播和意义累积。

---

① Saussure, F. *Course in General Linguistic.* Beijing: Foreign Language Teaching and Research Press; London: Gerald Duckworth & Co. Ltd., 2001, p.103.

② Peirce, C. S. *Collected Papers of Charles Sanders Peirce, Volumes III and IV，Exact Logic (Published Papers) and The Simplest Mathematics.* Cambridge: Harvard University Press, 1933, p.448.

③ Saussure, F. *Course in General Linguistics.* Beijing: Foreign Language Teaching and Research Press; London: Gerald Duckworth & Co. Ltd., 2001, p.68.

④ 查尔斯·S.皮尔斯：《皮尔斯：论符号：李斯卡：皮尔斯符号学导论》，赵星植译，成都：四川大学出版社，2014年，第187页。

⑤ 查尔斯·S.皮尔斯：《皮尔斯：论符号：李斯卡：皮尔斯符号学导论》，赵星植译，成都：四川大学出版社，2014年，第179页。

⑥ 赵应铎：《汉语典故大辞典（全三册）》，上海：上海世纪出版股份有限公司；上海辞书出版社，2010年，第1046页。

胡易容和赵毅衡曾指出，"象征"不是一种独立的修辞格，而是"二度修辞格"，是比喻理据性上升到一定程度的结果，它的基础可以是任何一种比喻（明喻、隐喻、提喻、转喻、潜喻）。[①]他认为，象征与被象征事物之间的联系，可以取其像似性，也可以取其邻接性。因此，单靠初度理据的像似、邻接等自然联系，只能构成"初度修辞"而不能立即构成象征。例如以棉花喻白云、以橘子比太阳、以乌云指示下雨，这几组关系的自然联系非常明显，却并不是象征——它缺乏象征必须具备的精神属性和意义累积的社会传播过程。相反，玫瑰与爱情、鸽子或橄榄与和平之间自然联系少得可怜，却在文化中构建起了使用理据关联，在社会化传播中成为"象征"。

综上，单纯的"自然联系"或"任意约定"均无法构成"象征"。不能简单将"象征"与像似符、指示符或规约符作为同级概念进行对比。可以说，象征包含一定理据，同时是一种高度规约化的复合性符号。相比一般理据符号，它必然具有规约特性；相比一般规约符号，象征还需要在社会传播中进行"二度修辞"和"反复规约"——它是意义累积的复合符号。

四、"symbol"的规范与释义

《自然与习俗：试论"符号"与"象征"的概念渊源与翻译原则》一文归纳出对"symbol"的三种互相矛盾的翻译标准：被视为首要标准的，是根据索绪尔理论提出的"能指和所指是否有自然联系"；第二种，是依据赵毅衡提出的"象征的对象具有比较抽象的品质"；第三种，是转自伽达默尔所说的"纯符号……能消融自身"。前文在归纳上述三种标准后，以"白鸽与和平"举例并做出了如下判断：

> "依赵毅衡先生之见，和平是个抽象的概念，因而白鸽是和平的象征；依笔者之见，白鸽应该是和平的符号，因为鸽子与和平之间实在没有太多的自然联系可言，不过是习俗与惯例使然罢了；而依伽达默尔之见，白鸽则是和平的象征，因为白鸽这个东西是不能完全消融自身的，它有它自身的在场。"[②]

[①]　胡易容、赵毅衡：《符号学–传媒学词典》，南京：南京大学出版社，2012年，第221页。

[②]　王亦高：《自然与习俗：试论"符号"与"象征"的概念渊源与翻译原则》，《国际新闻界》2014年第10期，第82-93页。

第一种标准"是否有自然联系"的问题主要是以偏概全。索绪尔说象征有"残余的一点儿自然的联系",不意味着"象征"就是"自然联系"。索绪尔提到,有自然联系的符号还包括拟声词、哑剧表演符号、表情符号、礼仪符号。这些符号并不必然是"象征"。《自然与习俗:试论"符号"与"象征"的概念渊源与翻译原则》将"自然联系"与"象征"画等号,导致得出"鸽子与和平之间不是象征关系"这样的结论,离索绪尔的原意相去甚远。

第二种标准对赵毅衡的归纳亦有断章取义之失。赵毅衡说得很明白:"形成象征的关键是重复使用所造成的变化与意义累积。"[①]前文抓住特征之一而忽略核心关键。该文认为,赵毅衡举例的"戏票、支票"是一种"规约符号"这个标准"不大通顺"。实际上,赵的这个案例源出皮尔斯,原文说,symbol"是一种规约符号(conventional sign)……戏票被称为'symbol',任何可以赋予人权力去接受某物的票据或者支票都是'symbol'"。[②]赵毅衡进一步阐释说,"戏票"作为"入场"的凭证、信物,是买票和卖票双方通过一次约定即可形成的"任意"符号。根据赵的意思,"票"要成为象征,就必须超越单纯的看戏、购物这些基本约定功能,而进行"二度修辞"。

第三种标准则错置了伽达默尔的成对概念,其引用文献的两组相关概念分析如下。

第一组概念,是伽达默尔讨论的"纯符号"(genuine sign)和具有像似性的"图式表达符号"[③]。在皮尔斯的术语中"纯符号"就是指规约符,[④]两人的纯符号都指非理据性符号——与像似或图像符号相对。《自然与习俗:试论"符号"与"象征"的概念渊源与翻译原则》一文将这一对概念中的"像似符号"置换为"象征",曲解了原文。

此外,该文还误读了"符号消融自身"的意思。伽达默尔认为,由于语词等"纯符号"无法构成对象的摹本,因而,在完成表意之后,其自身的使命也就完成了——"自我消融"。朗格曾提到,词"仅仅是一个记号,在领会它的意义

① 赵毅衡:《符号、象征、象征符号,以及品牌的象征化》,《贵州社会科学》2010年第9期,第4-10页。

② 查尔斯·S. 皮尔斯:《皮尔斯:论符号:李斯卡:皮尔斯符号学导论》,赵星植译,成都:四川大学出版社,2014年,第63页。

③ 汉斯-格奥尔格·伽达默尔:《诠释学 I、II:真理与方法》(修订译本),洪汉鼎译,北京:商务印书馆,2010年。

④ 查尔斯·S. 皮尔斯:《皮尔斯:论符号:李斯卡:皮尔斯符号学导论》,赵星植译,成都:四川大学出版社,2014年,第74页。

时，我们的兴趣就会超出这个词本身而指向它的概念。词本身仅仅是一个工具，它的意义存在于它自身之外的地方，一旦我们把握了它的内涵或识别出某种属于它的外延的东西，便不再需要这个词了"①。这类符号可以被称为所指优势符号，它们的表意过程可以形容为"得鱼忘筌"——随着符号表意推进和实现，符号使命就终结、消融。这个意思在《自然与习俗：试论"符号"与"象征"的概念渊源与翻译原则》一文中被误读为符号的实在性（如作者举例鸽子无法消融自身，而文字终归要消融）。这一误读，将符号的理解退化到了索绪尔所批判的命名主义（nominalism）逻辑上。索绪尔明确指出符号连接的不是物理事实和名称，而是一种一体两面的心理事实②。伽达默尔之所以说图像符号不能自我消融，是因为这类符号与对象"相似"而具有的自我呈现品质，并且不因为完成表意而"自我消融"。

该文涉及伽达默尔的另一组概念是"象征"与"譬喻"。在伽达默尔看来，"就像譬喻的表述方式通向一个'更高的'意义一样，解释活动的譬喻方式和认识活动的象征方式具有相同的必然性基础……但是，在象征概念里却显现了一种譬喻的修辞学运用完全不具有的形而上学背景"③。伽达默尔这个"'更高的'意义"是他称之为"可见事物和不可见事物之间的某种形而上学关系为前提"④。我们也可以将其通俗地理解为更高级的抽象精神。这里对譬喻的超越以及形而上的特性，与赵毅衡所说"抽象精神"是一致的。伽达默尔称："象征作为无止境的东西（因为它是不定的可解释的）是绝对地与处于更精确意义关系中并仅限于此种意义关系的譬喻事物相对立的。"⑤这里的精确意义关系可以理解为，符号与对象之间的自然联系。象征与譬喻原初具有共同基础，但升华为"象征"后，作为"无止境的东西"与最初的"譬喻"或"自然联系"是对立的。

可见，"自然联系"的标准在伽达默尔的逻辑中也是行不通的。象征的"无止境"恰恰是赵毅衡所说的意义累积和"二度修辞"。两位学者表述各异，却内在契

---

① 苏珊·朗格：《艺术问题》，滕守尧译，南京：南京出版社，2006 年，第 148 页。

② 费尔迪南·德·索绪尔：《普通语言学教程》，高名凯译，北京：商务印书馆，1980 年。

③ 汉斯–格奥尔格·伽达默尔：《诠释学 Ⅰ、Ⅱ：真理与方法》（修订译本），洪汉鼎译，北京：商务印书馆，2010 年，第 110 页。

④ 汉斯–格奥尔格·伽达默尔：《诠释学 Ⅰ、Ⅱ：真理与方法》（修订译本），洪汉鼎译，北京：商务印书馆，2010 年，第 111 页。

⑤ 汉斯–格奥尔格·伽达默尔：《诠释学 Ⅰ、Ⅱ：真理与方法》（修订译本），洪汉鼎译，北京：商务印书馆，2010 年，第 112 页。

合、互为印证。《自然与习俗：试论"符号"与"象征"的概念渊源与翻译原则》归纳的"符号自我消融"标准，有悖伽达默尔原意。

综上，从术语演变与传播符号学范式的转进综合来看，"符号"与"象征"的误读与关系可归纳如下。

从一般语义关系上看，"符号"与"象征"是交叉关系。符号是名词，而象征既可以指一种特殊的复合符号，也可以指一种符号修辞手段；从现代符号学概念范畴上看，象征是社会意义累积的"复合符号"。前面提及论文的误读关键点在于，以单一的"自然联系"（理据性）为标准来检视皮尔斯以及整个符号学概念系统。这种误读并非个案，其背后所反映的问题是传播学界较为熟悉索绪尔理论而对现代符号学体系的掌握尚不全面。

费斯克在《传播研究导论：过程与符号》中将传播学的研究分为两大流派：注重过程的"效果的流派"与注重意义交换的"符号学派"。①这将符号学方法在传播学中的作用提升到一个非常重要的位置，也对传播符号学理论范式提出了极高的要求。对当代传播学来说，皮尔斯符号系统理论之所以更优越，不仅由于它的普遍符号论超越了语言符号范畴园囿；更重要的是，他的三分法使符号不再闭锁在能指/所指二元构造中，而自觉地向无限衍义开放。

早期传播学发展受到结构主义学派的影响甚大。除了索绪尔本人，还包括20世纪30年代的布拉格学派，以及20世纪60年代以巴尔特为代表的法国学派。法国传播学家米耶热将"结构主义方法及其在语言学的应用"列为传播学的三大奠基性思潮之一。②较长一段时间以来，我国传播学对符号学方法的引入都着力于结构主义语言学范式，主要围绕能指/所指、聚合/组合等二元对立概念展开。当前，这种范式的固守急需改变。正如赵毅衡指出，"坚持索绪尔-巴尔特体系，已经严重妨碍中国符号学的发展"③。

从20世纪80年代开始，西方符号学界出现了从索绪尔模式向皮尔斯范式转进的趋势。有西方学者直接指出，索绪尔对于现代符号学的贡献已经式微。④与之相对的是，皮尔斯体系在新一轮国际符号学运动中显示出更深远的影响力。例如，以洛特曼为代表的莫斯科塔尔图学派早期曾属于结构主义阵营。从20世纪80

---

① 约翰·费斯克：《传播研究导论：过程与符号（第二版）》，许静译，北京：北京大学出版社，2008年，第2页。

② 贝尔纳·米耶热：《传播思想》，陈蕴敏译，南京：江苏人民出版社，2008年，第19页。

③ 赵毅衡：《回到皮尔斯》，《符号与传媒》2014年第2期，第1-12页。

④ Nöth, W. *Handbook of Semiotics : Advances in Semiotics.* Bloomington: Indiana University Press, 1990, p.64.

年代开始，塔尔图学派发生了朝向皮尔斯体系"过程化和动力性"特征的"基础转向"[①]；再如，在图像传播领域，米歇尔指出"图像转向，……是对图像的一种后语言学的、后符号学的重新发现"[②]，有学者曾就此撰文指出，此处的"后符号学命题"实际上是"后结构主义符号学"或"后语言符号学"命题。图像作为理据性符号，是皮尔斯符号学体系的天然工作场域。[③]21 世纪以来，认知传播符号学异军突起，被认为是有望取得重大突破的领域。[④]郭鸿指出，皮尔斯符号学体系更倾向于通过思维感知角度来理解符号表意，其本身就是"认知论"的模式。[⑤]

"符号"与"传播"是人类文化活动中不可分割的整体。符号是文化的要素，传播是文化形成和实现的必然过程；没有传播过程，文化的意义和价值无从实现，没有符号编织与阐释，文化活动将成为意义的荒漠。当前，符号学与传播学正在新的语境下成为一门更加融合的"文化符号学"。如果说，20 世纪的传播符号学以索绪尔及其开创的结构主义语言符号为主要奠基性思潮；进入 21 世纪后，皮尔斯理论对整个传播符号学基础理论产生了更深远的影响。

---

① 卡莱维·库尔、瑞因·马格纳斯：《生命符号学：塔尔图的进路》，彭佳、汤黎等译，成都：四川大学出版社，2014 年，第 10 页。

② 威廉姆·J. 米歇尔：《图像理论》，陈永国、胡文征译，北京：北京大学出版社，2006 年，第 7 页。

③ 胡易容：《论图像的符号性——驳米切尔图像转向论的"后符号学"命题》，《社会科学战线》2012 年第 10 期，第 146-151 页。

④ 李思屈：《认知神经科学与新闻传播研究新范式》，《新闻与写作》2016 年第 8 期，第 34-37 页。

⑤ 郭鸿：《认知符号学与认知语言学》，《符号与传媒》2011 年第 1 期，第 52-65 页。

第四章 传播符号对意义距离的跨越

提要： 从逻辑上来说，传播本意就是"跨越"，因为传播这个术语的工作预设就是"距离"和"障碍"，否则传播本身就不存在也不必存在了。传播学通常讨论的"跨越"，集中在物理时空的跨越，或表现为性别、民族、国家、宗教等的外在显性身份的跨越。实质上，这些跨越都服务于"意义距离"的跨越。本章以思想实验的逻辑将"时空距离""符号编码"以及"跨文化"作为形成意义距离的极端形式开展讨论。其中，"核符号学"主要指核废料的填埋标记如何实现历经万年的有效传播以避免错误挖掘导致的环境灾难后果。这个看来杞人忧天的话题，却具有强烈的现实性，它的发生与20世纪曼哈顿工程有一定关系，并对人类面对的包括日本福岛核废水问题依然具有现实关切。其学理性起点是符号学家西比奥克20世纪80年代初完成的《跨越万年的传播方案》。该主题超越了传播学中实证经验对时空跨越的探讨，成为一个逻辑推至极致、方法上须借助思想实验的绝佳命题。这一命题也表明传播符号学并不是脱离现实理论，而是对今天人类命运共同体建构的具体实践。

作为意义之学，符号学对人类命运共同体的思考首先是关切"人类意义共同体"的建构。第二节关于"完美符号"的构想就是从如何消弭语言符号差异形成的沟通障碍来探讨人类符号共同体的建构。本书的忧思是"符号编码"或"媒介技术"这种表象的障碍正在被一个个克服，但地球村的分歧和冲突却并未因此而消减。人类命运共同体建构的关键是对意义距离的跨越。由此，第三节实际上是对2019年新冠疫情生成的全球文化实验场的观察及引申思考的结果。通过对"遮面"这一行为在不同文化语境下的迥异的阐释，佐证文化理据性对意义阐释的决定性影响。

第一节　跨越深时间的传播思想实验：核符号学①

作为全人类共同面临的世界性难题，核废料存储工程对媒介与符号传播的深时间（deep-time）跨度要求，越出了传统媒介学讨论的范围，催生了"核符号学"。本节在"符号传播"论域下，考察了围绕"核符号学"展开的媒介理论思考与视觉设计艺术实践线索，回应了符号跨越"深时间"达成传播意图定点的条件。从学科的建构来看，"核符号学"拓展了传播符号学科边界，其包含的思想实验方法对跨越深时间的传播与艺术设计实践具有重要启示。

一、核废料处理引发的"超距传播"问题

2004 年，在清理华盛顿州的汉福德区（Hanford site）时，曾挖到一个保险柜。保险柜里有一个玻璃瓶，瓶子里装的是一团来自 1944 年的白色物体。经检测后，科学家们发现它是曼哈顿计划时期制造的武器级别的钚-239，其半衰期是 2.4 万年，在未来的很长时间里都将辐射出阿尔法粒子。②

这不是科幻小说的场景，而是核废料处理过程中真实的历史场景。美国汉福德区创建于 20 世纪 40 年代，用于生产制造核弹所需的钚。美国能源部（United States Department of Energy）数据显示，该场区 177 个储罐装有 2 亿升高放射性核废料。③众所周知，核废料具有强烈的放射性。史蒂文·温伯格（Steven Weinberg）将人类对核的利用称为"浮士德式的交易（Faustian bargain）"④——交易的代价即随时可能泄漏的核废料对环境造成的灾难性破坏，而被深度掩埋的核废料就是"潘多拉魔盒"。如何安全处理核废料是人类当前和未来长期面临的一个重大课题，也是一个世界性难题。到目前为止，处理核废料最常用的方法仍然是深度掩埋。因为以人类目前的技术尚且不能将放射性周期降下来，只能将其埋藏等待后

---

① 本节内容西南政法大学新闻传播学院康亚飞老师亦有贡献，特此说明并致谢！

② 中科院物理所：《从 2038 年开始，看到这个方形矩阵请绕道走》. https://baijiahao.baidu.com/s?id=164780 5286189788346&wfr=spider&for=pc. [2019-10-19].

③ 李良勇：《华盛顿州核废料泄漏 原因和时间不明》. http://news.sohu.com/20130224/n366833329.shtml. [2013-02-24].

④ Weinberg, A. M. Social Institutions and Nuclear Energy. *Science*, 1972, 177(4043): 27-34.

人解决。以最具代表性的核废料之一"钚-239"为例，其半衰期为 24 110 年①，通常，经历八个半衰期，也即十万年以上辐射水平才会接近无害自然环境。

核废料处置的难点在于大跨度的时间，它既是对长期存储工程技术的挑战，也是一个媒介和符号传播设计课题——如何传达警示信息，以确保未来的人不接近或挖掘被填埋的核废料？

（一）核废料难题与媒介技术的"深时间"尺度

核废料处置问题的关键点在于"时间"。而一旦进入人类世界，自然时间就成为媒介时间——包含着背后的技术逻辑、尺度和相应表述方式。不仅如此，技术逻辑尺度还通过计量方式联结了时间与空间两个维度。根据 1983 年世界度量衡大会（General Conference of Weights and Measures，GCPM）的定义，空间长度"一米"被定义为"光在真空中行进 1/299 792 458 秒的距离"②。也即，长度这一空间单位是通过时间计量被表述的。相应地，"光年"这一单位以"时间"的方式定义空间距离，体现了时空的内在转换逻辑。本节探讨的主要对象——构成核废料的放射性物质本身即人类界定时间的重要技术尺度之一。并且，不同元素的衰变周期横跨了人类已知可测定的几乎所有时间尺度：如砹 213 半衰期为 125 纳秒（0.000 000 125 秒），铀-238 的半衰期与宇宙几乎同龄，约 45 亿年；已知半衰期最长的元素铋 209 的半衰期为 1.9*1019 年，是预估宇宙年龄的 10 亿倍。③人们熟知的"放射性碳 14 年代测定法"即以碳 14 的半衰期 5568 年为参照标尺，通过测量古代生物遗体或古物内经过衰变后碳 14 的残余量或放射强度来估算其死亡年代。④

彼得斯将这种经由人类技术介入自然尺度建构起的人类与世界的方式视为一种"媒介化的基础架构"，并将这种类型的媒介界定为"元素型媒介"（elemental medium）。在他看来，元素型媒介是理解人、社会与自然的关系的线索。⑤尽管时

---

① Institute for Energy and Environmental Research. "Physical, nuclear, and chemical properties of plutonium". [2023-10-03]. https://ieer.org/resource/nuclear-power/plutonium-factsheet/.

② 根据国际测量局（BIPM）官方网站 1983 年第十七届世界度量衡大会，1 号决议，[2023-10-03]，https://www.bipm.org/en/ committees/cg/cgpm/17-1983/resolution-1.

③ Audi, G., Blachot, J., Wapstra, A. H., et al. The NUBASE evaluation of nuclear and decay properties. *Nuclear Physics A*, Journal Devoted to the Experimental Study of the Fundamental Constituents of Matter and Their Actions, 1997, 729(1): 1-124.

④ Millard, A. R. Conventions for reporting radiocarbon determinations. *Radiocarbon*, 2014, 56(2): 555-559.

⑤ Peters, J. D. *The Marvelous Clouds: Toward a Philosophy of Elemental Media*. Chicago: University of Chicago Press, 2015, p.213.

间与空间从内在逻辑上最终能实现某种程度的贯通，但在现实社会生活中，它们却代表了不同基础架构的媒介建构方式。伊尼斯等媒介学者早就注意到了媒介的时空偏倚问题。他将媒介划分为"时间偏倚"与"空间偏倚"两种性质。①显然，核废料的处置的关键点在于时间而非空间。不同的是，这里的时间远远超出了日常时间尺度。当这个尺度大到一定程度，就不再是单纯物理意义上的延长，而成为一种内涵有所不同的"深时间"。深时间一词来源于地质学领域，用以描述地质变迁的大尺度时间，其单位是世、纪、代、宙。②学者西格弗里德·齐林斯基（Siegfried Zielinski）将深时间这一概念用于媒介考古学时提出，应当越出"媒介概念"和其发生发展的 19 世纪以到达"更深的"地方。在他看来，唯其如此，时间在纵向上延展深度，同时意味着水平面的广度的扩展——艺术、科学和技术之间的复杂相互作用被纳入考察视域。③

　　齐林斯基的思考路径提供了关于媒介与文明之间关系的有益启示。以伊尼斯为代表的媒介理论家往往将一种媒介与特定文明形态相联系。例如，在谈论佛教的传播时，他认为，"宗教控制之下的知识垄断与时间相关，以羊皮纸这种媒介为依托。这种知识垄断因为纸的挑战而瓦解。"④换言之，媒介环境学派讨论的媒介深刻植根于文明发展内部的"基线"。而齐林斯基则主张"根本就没有所谓的 19 世纪的基线"⑤——这种观念启示我们越出连续演化文明的思维局限，探索更为深广的"媒介深时间"。相比国家政权的短暂历史，核废料以万年乃至十万年计的无害化周期的跨度将超越国家、民族、文化以及语言变迁，甚至超越我们基于现有知识认知对世界走向的可预见范畴。

　　通常，这种宏大时间概念仅限于抽象的哲学讨论，其探讨的方式也多为思想实验式的推演。然而，核废料难题却将它转变成一个关乎人类命运的现实问题。由此，对核废料引发的媒介与传播问题的讨论具备了一些特殊性：首先是论域的极致性。若从媒介偏倚论来考察，跨越一切我们已知的和可预见文明的"深时

---

① 哈罗德·伊尼斯：《传播的偏向》，何道宽译，北京：中国人民大学出版社，2003 年，第 27 页。

② 罗伯特·麦克法伦：《深时之旅》，王如菲译，上海：文汇出版社，2021 年，第 13 页。

③ 齐格弗里德·齐林斯基：《未来考古学：在媒介的深层时间中旅行》，唐宏峰、吕凯源译，《当代电影》2020 年第 4 期，第 42-48 页。

④ 哈罗德·伊尼斯：《帝国与传播》，何道宽译，北京：中国人民大学出版社，2003 年，第 144 页。

⑤ 齐格弗里德·齐林斯基：《未来考古学：在媒介的深层时间中旅行》，唐宏峰、吕凯源译，《当代电影》2020 年第 4 期，第 42-48 页。

间"尺度上思考核废料处置的工程技术和传播问题就不再是温和的"媒介偏倚",而是极致的媒介时间偏向——这种穷尽式探究本身是对媒介承载与符号设计共同构成的传播边界的拓展。这种论域上的极致性要求探讨不得不部分越出设计实践或一般社会科学经验论方法而进入思想实验的范畴。

（二）核废料处置中的"媒介"与"艺术"设计

核废料处置被视为一个媒介问题,不仅在于媒介自身具有时空间的内在属性,还在于其跨介质连接的转换功能。从媒介环境学派的泛媒介观出发,核废料处置问题可以在伊尼斯、麦克卢汉以来媒介环境学的泛媒介总体框架中加以阐释。在伊尼斯的媒介分类中,既包括石板、印刷术这样的传播技术,也包括文字、语言这样的符号方式。麦克卢汉声称自己关注的是"一切形式的货物运输和信息传输,包括隐喻的运输和交换"[1]。这种广义的媒介观贯通了媒介与符号的边界,有助于理解两者的"一体两面性",[2]但无论是从传播形式还是目标来看,两者都存在很大差异。麦克卢汉所说的"货物运输"侧重实现"时空转换",而一旦这种转换完成,目标即达成;但信息或隐喻的传输在转换形式上和目标上都有所不同。从转换形式来看,信息和隐喻的传播虽然也包含时空转换,但其实质是一种"复制"和"再现"行为——信息其本身并不因为传输而减少（复制）,且发送自传输发出地的初始信息才是确切无误的"源信息",传输目标点的信息必然是包含了噪音和损耗在内的"副本"（再现）。更重要的是,信息或隐喻的传输目标并不是"跨越物理时空",而指向理解或认知（图4.1）。简言之,"货物运输"和"信息（含隐喻）传播"的本质区别在于,前者指向物理时空的跨越,而后者旨在实现意义共享和交流。对后者来说,时间与空间的跨越只是过程、手段而非目标。现实生活中,人们往往过于关注物理上可见的"介质"或"技术",而忽略同样代表文明发展成果的"符号编码"（符号也可视为一种技术）。在讨论核废料处置的传播问题时,有必要将两者更清晰地分开以凸显各自的独特性。核废料的处置包含了上述两种广义的传播需求。

---

① 马歇尔·麦克卢汉:《理解媒介:论人的延伸》,增订评注本,何道宽译,南京:译林出版社,2011年,第111页。

② 刘建明:《媒介多维概念及内涵的甄辨》,《西部学刊》2018年第7期,第88-91页。

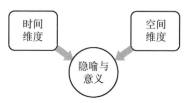

图4.1 信息运输的过程与目标

从媒介的物理介质维度来看，核废料存储属于工程学技术问题——负责将核废料这种特殊的"货物"安全运输到数万年之后。比较特别的是，在核废料的运输中，物理空间未必需要发生转移，而需要跨越的主要是时间维度。①但仅仅由"媒介"来进行可靠的"货物传输"还不足以保证安全。除了存储的工程学问题之外，最大的不确定因素主要来自错误开掘的人为破坏。前文提及曼哈顿工程挖出核废料的例子表明，在不到一个世纪的时间后，当时的危险警示标记未能有效阻止人们挖掘。若将这一情形放大至全人类，要对分布在全世界不同国家的核废料（总量已超过 25 万吨且还在急剧增长）实施跨越万年达成有效警戒传播，其困难程度可想而知。②这需要通过相应符号设计来跨越时间以达成"意图定点"传播——避免错误开掘及一切不必要的接近。由此，如何有效传播就成了核废料存储工程技术之外最重要的目标之一。如何保障在经历政权、国家甚至文明变迁的万年之后，未来的人们仍能够准确理解"核辐射危险标志符号"及相关说明，从而避免错误的挖掘行为？

二、从"核艺术"到"核符号学"的探索

（一）辐射警示标志设计符号分析

1946 年，由美国加利福尼亚大学伯克利分校（简称伯克利）辐射实验室设计

---

① 核废料处置的媒介工程学问题已得到了世界范围的关注。核废料填埋的工程技术——负责处理"货物运输"的方案正在逐渐走向成熟。例如，美国于西部内华达州沙漠地区存放，俄罗斯在西伯利亚无人区建立核废料存放地。其中，比较典型的是芬兰翁卡洛（Onkalo）深层地质处置库。2015 年 11 月，芬兰政府首次批准建立深层仓库，来掩埋核废料。预计在 2023 年前后，会将多达 6500 吨的铀打包进铜罐并埋进隧道网络中隔离。翁卡洛处置库的核设施预计于 2100 年满载，届时，芬兰政府将摧毁入口通道，填平整个设施，并通过就地掩埋的方式将核废料对环境的影响降到最低。相对地质年代来说，万年计的自然环境相对稳定，可预见性相对较好。翁卡洛处置库作为全球领先的深地层填埋场，其设计施工就考虑到了未来 5 万到 15 万年全球进入新一轮冰河时期温度下降对基岩的各种可能影响。芬兰政府就地掩埋的策略既能减少运输的风险，也在媒介偏向上体现了去空间化的极致时间指向。

② IAEA. *Status and Trends in Spent Fuel and Radioactive Waste Management*. IAEA Nuclear Energy Series. 2018, p.1.

的第一个核辐射标志面世。图案以蓝色为背景色，辐射标记符号是一个洋红色的"三叶草"（Trefoil）形态（图 4.2，彩色图见脚注网址）①。当时参与设计的辐射实验室生化健康组负责人加登（Nels Garden）解释，蓝色背景是因为在使用放射性物质的房间，墙壁或工作台很少是蓝色的，在这种场合下蓝色比较容易识别；采用洋红色则是基于它的成本壁垒考虑——当时这种颜色的颜料价格昂贵，其他标志很少会采用这种颜色，不易混淆②。

图 4.2　早期三叶形核辐射警告标志实物

可见，该符号设计之初即有了明确的差异化意识。只不过，这种差异化意识相对范围较窄且缺乏更为长远的设计考虑。从设计的使用场景设定来看，仅仅考虑到区别于其使用的特定工作场合；而试图通过较高的经济成本构筑的壁垒更是在彩色印刷技术的发展中迅速消解。此外，这个设计配色也缺乏专业设计工作者的视觉认知心理的考虑。比如，从视觉生理角度，在大自然中出现蓝色通常给人宁静平和的心理暗示，它并不是很好的警示色。在应用短短两年后，人们注意到，蓝色不仅在使用中显得比较暗淡，且在户外非常容易褪色，设计改进势在必行。

在 20 世纪 40 年代和 50 年代早期，曾出现过伯克利辐射实验室设计的各种变体，较常见的是在螺旋桨叶片之间或内部包含直线③或波状箭头的标志（图 4.3）④。

---

① ORAU Museum of Radiation and Radioactivity. Original Trefoil warning sign from Berkeley (ca. 1947). [2023-10-05]. https://orau.org/health-physics-museum/collection/warning-signs/original-trefioil-berkeley.html.

② ORAU Museum of Radiation and Radioactivity. Radiation warning signs. [2023-10-05]. https://orau.org/health-physics-museum/collection/warning-signs/index.html.

③ Stephens, L. D. and Barrett, R. *A Brief History of A "20th Century Danger Sign"*. San Francisco: LBNL Publications, 1978, p.1.

④ ORAU Museum of Radiation and Radioactivity. Trefoil warning sign with wavy arrows inside blades(ca. 1950s). [2023-10-05]. https://orau.org/health-physics-museum/collection/warning-signs/wavy.html.

1948 年美国能源部下属的橡树岭国家实验室（Oak Ridge National Laboratory，ORNL）的比尔·雷（Bill Ray）和乔治·沃里克（George Warlick）与伯克利辐射实验室探讨后在保留伯克利辐射实验室方案设计形态的基础上对颜色做出了修订，用黄色替代了蓝色作为底色（图 4.4，彩色图见脚注网址）[①]。到了 20 世纪 50 年代后期，美国国家标准学会（American National Standards Institute，ANSI）和联邦法规编纂了今天使用的核辐射警告标志版本，并规定允许使用黑色作为洋红的替代品（图 4.5，彩色图见脚注网址）[②]。事实上，黑色配黄色是美国以外国家和地区最常见的颜色搭配，新的黄、黑配色的标准电离辐射标志沿用至今（美国本土洋红的配色仍很常见）[③]。我国 2002 年颁布的《电离辐射防护与辐射源安全基本标准》中，电离辐射防护与安全警示标志的形制也基本沿用此设计。

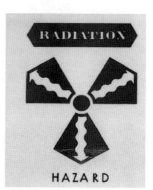

图4.3　20世纪50年代早期伯克利辐射实验室设计方案的两种变体

不过，核辐射标志的设计进程远未结束。最初的警示符号设计语境是在少数受控的环境中，潜在接触者均接受了严格的安全培训。这就意味着"三叶符号"属于专业性强的高门槛限制性符码，在设计时无须考虑非专业观众的理解门槛。关于"三叶草"形态的使用原因与其最终的示意效果之间已经缺乏一眼可知的直接理据联系。资料表明，在伯克利辐射实验室工作人员设计出的各种方案

①　由橡树岭国家实验室主导，使用黄色背景辐射警告标志的第一次生产使用，该图例中洋红色三叶草是从伯克利的一个洋红色蓝色标志上剪下来的。ORAU Museum of Radiation and Radioactivity. Original Trefoil warning sign from Berkeley (ca. 1947). [2023-10-05]. https://orau.org/health-physics-museum/collection/warning-signs/original-trefoil-berkeley.html.

②　《辐射标志漫谈》，https://nnsa.mee.gov.cn/ztzl/xgzgt/hyfsaqkp/kptw/202303/t20230320_1020990.html.

③　ORAU Museum of Radiation and Radioactivity. Origin of the radiation warning symbol (Trefoil). [2023-10-05]. https://orau.org/health-physics-museum/articles/radiation-warning-symbol.html.

图4.4　美国橡树岭国家实验室修订颜色标志　　图4.5　美国国家标准学会标准确定
　　　　　　　　　　　　　　　　　　　　　　　　　　　并沿用至今的黑黄配色标志

中，这个被选择的方案曾被解释为"表示原子辐射的活动的形态"①。也有解释说，中心的圆代表辐射源而三个叶片分别代表 Alpha、Beta 和 Gamma 射线。当时美国橡树岭国家实验室医学部主席马绍尔·布鲁斯（Marshall Brucer）认为，这个符号的设计可能源自旋转的螺旋桨，并指出它受到当时用于伯克利附近海军干船坞螺旋桨警示标志的启示；还有说法表示，这与当时日本军旗有一定关联。②前者在视觉像似度上较高，而考虑到时代背景，将标识危险的警示与日本这一敌对国关联起来也有一定可能性。不过，这种无法确认模仿源头的情形恰恰说明，该标志的抽象程度已经使得它远远越出了具象像似的理据性，进入了一个高度规约化范畴，需要社会语境为其提供解码的元语言。

　　新的问题在于，随着原子能科技的迅速发展和核能的广泛应用，电离辐射已经越出小范围的专家群体而进入普通民众的日常生活。这意味着辐射警示符号的潜在对象从小范围专家群体急剧扩大到包括未受过教育群体在内的普通民众。这对该符号的抽象化限制性设计提出了巨大挑战。2000 年，泰国一位叫阿隆（Aroon）的拾荒者因接触废弃的放射性元素钴-60 而不治身亡。当时废弃场所有辐射标识明确但并未被拾荒者正确解读。阿隆的死引起了一定关注。2001 年，在阿根廷布宜诺斯艾利斯举行的一场国际原子能安全会议上，设计新的辐射警示标志的建议被提出。随后，人们围绕"没有识别门槛"这一设计要求开展了新标志的设计探索。经过层层设计筛选，主办方对入围的五十个标志进行了大规模的认知

　　①　ORAU Museum of Radiation and Radioactivity. Radiation warning symbol (Trefoil). [2023-10-05]. https://orau.org/health-physics-museum/collection/warning-signs/index.html.

　　②　ORAU Museum of Radiation and Radioactivity. Radiation warning symbol (Trefoil). [2023-10-05]. https://orau.org/health-physics-museum/collection/warning-signs/index.html.

理解调研。国际原子能机构（International Atomic Energy Agency，IAEA）调研了十一个国家 1650 名不同年龄、教育背景、性别、国籍的对象的标志认知情况，并于 2007 年正式发布新的核辐射警示标志（图 4.6）。①

图 4.6　2007 年国际原子能机构确定的新版本 ISO 21482 高级别密封源电离辐射符号

从符号构成的角度来说，新标志尽可能均匀地混合了皮尔斯符号学分类体系中的像似符、指示符与规约符，接近于他所说的"完美符号"。在皮尔斯看来，完美的符号应是这三种符号特性尽可能均匀的混合，以便于它们各自能发挥不同的功能特长。②在新的核辐射警示标志中，首先是偏向像似性的骷髅骨架和奔跑的人形轮廓图。像似符号具有最低的识别门槛，它们也是新设计对原有标志方案最重要的补充。其次是由波浪线箭头和指示方向的箭头构成的指示符。从符号特性来说，指示符号并不是对对象的直接模仿，而是通过某种动力形式的方式指向对象，它比像似符号抽象程度要高，但仍然保留着某种与自然事物的"理据性"（或称为"透明性"）。③比如，箭头符号的起源不可考，但从各种史前文明对弓箭使用的图绘，结合人类狩猎和指示方向的身体指示方式（手指的形态），可以推测这类符号源自包括身体姿势语在内的指示关系的心理机制。它们符合人类一般的思维方式，较容易获得基本意义理解且教育壁垒低。这使得人们即便不熟悉箭头符号，也能从视觉感受到这个符号的某种"动势"趋向。最后是延续原标记的"三叶草"部分。如前所述，该符号是一个需要特定语境才能理解的高度社会化规约

① 《辐射标志漫谈》，https://nnsa.mee.gov.cn/ztzl/xgzgt/hyfsaqkp/kptw/202303/t20230320_1020990.html.也可参阅 Lodding, L. Drop it and run! New symbol warns of radiation dangers and aims to save lives. *IAEA Bulletin,* 2007, 48(2): 70-72.

② Peirce, C. S. *Collected Papers (vol.4)*. Cambridge, Mass: Harvard University Press, 1931-1958, p.448.

③ 胡易容：《论完美符号："普天同文"的理论构想与传播机制》，《国际新闻界》2013 年第 6 期，第 40-46 页。

符。新的符号沿用它的理由非常清楚：这是已使用半个多世纪的原辐射标志的核心要素，已经形成了较大规模的认知惯性。在医院或特定场合中，完全能够发挥避免进入的警示功能。换言之，对于已经理解并接受这一符号的群体来说，既有的群体认知已经累积而成了巨大的"符号势能"[①]。在没有绝对完美的替代方案的前提下，抛弃累积半个多世纪形成的"符号势能"并不明智。

国际原子能机构对整个新符号标记方案的态度并非是取代原有符号，而是建议将该符号用于国际原子能机构 1、2 和 3 类密封辐射源（危险—可能导致死亡或重伤的源）[②]。亦即，该标志主要用于长久封存的辐射埋藏地。事实上，这个新的符号设计方案也并非没有争议。严格说来，它并非"一个符号"，而是由三组符号构成的叙事符号链，它描述了原因（电离辐射）—可能结果（死亡）—行动建议（跑开）。这种设计思路暗示出，单个符号设计存在难以克服的局限性。目前，新版标志尚未在全球普及，它的效果也还有待更大范围的检验。问题在于，检验并不能完全由同一时间维度中的简化调研替代。这种情况下，一种可能是通过思想实验的方法，结合历史经验和逻辑演绎来试推各种可能的情形。也即，需要将问题上升到系统理论来加以思考——"核符号学"的诞生即源自这一需求。

（二）"核符号学"兴起：《跨越万年的传播方案》研究报告

1980 年，美国能源部成立了"人为干预特别工作组"（Human Interference Task Force，HITF）以调查核废料储存库关闭后的长期有效的警示符号问题。该工作组的任务是采取相应措施，警告后代不要在该地点采矿或钻探。在时间尺度上，工作要求是将这种意外事故的可能性在万年内降到最低。这一工作组的代表性成果，是由印第安纳大学教授、知名符号学家西比奥克牵头完成的研究报告《跨越万年的传播方案》。[③]这份报告的鲜明特色，是以符号学为理论基础，融合信息科学观念，以及将人文色彩融入此前的工程技术研究。

实际上，HITF 研究课题的启动，从提出问题、寻找策略、评估并提出解决方案，包含了较强的工程学逻辑预设，由符号学家西比奥克来完成这份报告就使整

---

① 胡易容：《传媒符号学：后麦克卢汉的理论转向》，苏州：苏州大学出版社，2012 年，第 183 页。

② Lodding, L. Drop it and run! New symbol warns of radiation dangers and aims to save lives. *IAEA Bulletin,* 2007, 48(2): 70-72.

③ Sebeok, T. A. *Communication Measures to Bridge Ten Millennia.* Bloomington: Research Center for Language and Semiotic Studies Indiana University, 1984, pp. 1-28.

个方案得到了人文学的补充。如果我们回顾 20 世纪 80 年代美国的学术背景就会发现，这个关于"communication"的"国家重大交叉学科研究工程"，并没有北美新兴的主流传播学界介入，而是由符号学家主导。细加考察后会发现，当时美国的传播学主要流派及应用方向较为集中于当下问题，如大众传播的民意研究、新媒体机构与传播政治经济学研究、信息控制与反馈机制研究、商品与流行文化研究等。相对来说，符号学更具包容性，且 20 世纪 80 年代基础理论已经完备。西比奥克本人就是一位"符号学跨学科应用的集大成者"。他吸纳了包括雅各布·冯·于克斯库尔和他在生物符号学等领域的成果。①比如，报告中他引述了于克斯库尔提出的生物符号学关键概念"环境界"，并将其解释为一种"认知地图"（cognitive map）。基于这种理念，他在报告中评述道，先驱者号和旅行者号探测器上携带的"贺卡"对外星智慧来说很可能毫无意义，因为它们缺乏共同的背景以及感知器官的独特连接。②

西比奥克报告的重要贡献是以"人文"的角度融合"媒介技术"与"符号文化"。他提出的"核祭司"（atomic priesthood）和"文化中继系统"概念弥补了工程方案的文化维度，为后来的研究打下了重要基础。报告提供的策略由三个关键要素构成，分别是中继系统（relay system）、混合符号（a mixture of iconic, indexical, and symbolic）和讯息冗余（redundancy of messages）。③

中继系统理论由 19 世纪末的丹麦数学家 A. K. 埃尔朗（Agner Krarup Erlang）最早提出，通常应用于现代通讯领域，用于信道资源分配和信号续传等。与技术中继系统的设备属性非常不同，西比奥克提倡将人及其文化作为中继系统。他在报告中将一万年分成小段并以人类代际为时间计算单位，由"人"为"媒"通过代际传承实现中继传播。反过来，他又以人的代际传播为中继系统，主张以若干代（如五代）为一个中继节点来实施跨越时间的传播。这样一来，废料埋藏点上的符号信息就只需以数代人（如五代）的认知来设定，而这一设计目标的达成并不困难。下一个五代的设计改进则由相应节点代的人负责组织，以此类推持续到

---

① 余红兵：《20 世纪重要的跨学科符号学家：托马斯·西比奥克》，《中国社会科学报》2013 年 8 月 23 日，第 B01 版。

② Sebeok, T. A. *Communication Measures to Bridge Ten Millennia*. Bloomington: Research Center for Language and Semiotic Studies Indiana University, 1984, pp.1-28.

③ Sebeok, T. A. *Communication Measures to Bridge Ten Millennia*. Bloomington: Research Center for Language and Semiotic Studies Indiana University, 1984, pp.1-28.

一万年甚至更久。

从信息论的角度来看，单纯的代际传承传播仍是一种线性传输逻辑，遵守熵增定律并最终导致符码不可解。西比奥克已经考虑到这一点，他从"传播路径"和"传播者身份"两方面提出了一系列兼具信息科学和符号学特点的方案来对抗熵增：在传播路径上，西比奥克采取了"元传播"策略[①]：他提出通过一套不同警示系统自身内容的"元讯息"（meta-message），传输一套同时包含恳求和警告双重内容的符号和话语编码，在相应代际（如 250 年后）对代际传播的信息进行矫正。如此一来，就同时在多层次多通道上形成了讯息冗余以对抗熵增。在承担"元讯息"传播的媒介选择上，以"人"为媒介实施跨时间传播的构思是西比奥克方案人文色彩最浓厚的部分。他的行动方案是：通过创造新的民俗仪式和神话来制造信仰（如相信超自然的报应）[②]，以让人避开核废料危险所在区域。而"神职人员"是由物理学家、辐射问题专家、人类学家、语言学家、心理学家、符号学家以及未来的额外专门领域专家组成的"核祭司"——这些核祭司掌握"真相"，维持仪式、创造传说，推动信仰形成，并负责对中继系统的代际传播进行监督和纠偏。

"核祭司"是西比奥克报告提出的创新概念，同时也令他的方案饱受争议。例如，苏珊·加菲尔德（Susan Garfield）就强烈反对此建议，并认为它具有极大的不可预测性和荒谬性。事实上，作者自己也承认，法老诅咒的传说并没有阻止贪婪的盗墓者寻找古埃及隐藏的宝藏。但是，回到历史语境中看，西比奥克方案展现的人文主义（humanism）媒介观体现了人文维度对技术逻辑的补充。在技术本身无法解决万年之久的交流问题时，报告将媒体"介质"由通常的物质技术手段回归到了"人"。西比奥克开启了"核符号学"这一分支专题领域，并且在某种程度上代表了"深时间"符号传播的研究开端。这在媒介和传播符号学理论以及核辐

[①]　"元传播"概念由吕施和贝特森于 1951 年提出。受麦卡洛克神经控制观念的启发，吕施和贝特森认为，每一个神经细胞的信号发送都既具有一个"报告"的性质，又具有一个"命令"的方面。参见：Ruesch, J. and Bateson, G. *Communication: The Social Matrix of Psychiatry*. New Brunswick: Transaction Publishers, 2006, pp.179-180；"命令"是大脑通过神经细胞指挥身体器官活动的"信号"，而"报告"则是大脑对所传达的各个命令的知晓和管理。这个原理适用于所有人类交流行为。由此，他和吕施在《传播：精神病理学社会模型》一书中提出了"元传播"的概念，并将其描述为"关于交流的交流"（communication about communication）参见：Ruesch, J. and Bateson, G. *Communication: The Social Matrix of Psychiatry*. New Brunswick: Transaction Publishers, 2006, p.152.

[②]　Sebeok, T. A. *Communication Measures to Bridge Ten Millennia*. Bloomington: Research Center for Language and Semiotic Studies Indiana University, 1984, pp. 1-28.

射警示的设计实践上都为后来的研究提供了极有价值的启示。

（三）跨学科的核艺术传播设计

在西比奥克《跨越万年的传播方案》完成仅两年后的 1986 年，发生了切尔诺贝利核泄漏事故。众所周知，这场灾难是不折不扣的人祸——人扮演了关键角色。20 世纪冷战逻辑下的大国博弈与核电的经济效益和潜在军事价值等催动下的核电进入新的高速发展期，切尔诺贝利灾难并没有妨碍全球核电进一步发展。全世界核电装机容量从 1985 年切尔诺贝利事故发生前的约 1905 太千瓦时，增长到 1990 年的 2700 太千瓦时。①但同时，灾难也令全世界对核安全问题的重视程度空前高涨。核能高速发展意味着更多核废料的产生，安全处置和警示问题也更加迫切。

20 世纪 90 年代以后，无论是设计实践还是系统化的理论都取得了一定进步，但进步并非是颠覆性的，而是体现为更多元的路径、更广泛的参与和关注。"人"在核辐射问题中仍然扮演了最关键的角色。

前文已经提及，2007 版辐射警示新标志包含的多符号组合代表着更具包容性的符号叙事文本被纳入设计考虑。这种更广义的设计思路不仅体现在单一的标志设计上，更展现出核警示符号向系统化、多元化设计方向发展，背后的设计理念、传播策略也呈现出更多差异化路径。例如，芬兰昂卡洛核设施满载后的标记方案的一种建议是不标记。也即，从所有纸质的、网络的记录中删去昂卡洛核设施的存在，让它永久地消失在人类的记忆中。这一主张的提倡者之一雅洛宁（Jalonen）认为，地质处置是正确的解决方案，因为它是一个被动系统。②言下之意是，被动系统的设计应遵循这种被动性，而被动性的最佳状态是彻底的遗忘。

与此不同，以美国为代表的一些国家则试图通过积极的主动性设计来达成警示效果。1991 年，受美国能源部下属国家核安全管理局（National Nuclear Security Administration，NNSA）委托，桑迪亚国家实验室（Sandia National Laboratories，SNL）再次发起了一项以万年时间为跨度的核辐射警示方案研究项目，名为"核废料隔离试点项目"（Waste Isolation Pilot Project，WIPP）。实验室召集并最终确定了

---

① Eklund, S. Nuclear Power Development—The Challenge of the 1980's. *IAEA Bulletin*, 1981, 23(3): 8-18.

② Gordon, H. Journey deep into the Finnish caverns where nuclear waste will be buried for millenia. https://www.wired.co.uk/article/olkiluoto-island-finland-nuclear-waste-onkalo. [2017-4-24].

16 位不同领域的专家（包括人类学家、材料学家、决策专家、气候学家和考古学家等），组成四个相对独立的研究小组同时开展方案设计。与十年前西比奥克的任务一样，他们被要求设计一套持续万年有效的方案以向子孙后代对核废料埋藏点发出警告，该项目的预设目标地，是新墨西哥沙漠一个中低水平的核废料处理设施。

　　该项目最终的结题成果是一份 353 页的《桑迪亚报告：核废料隔离试点装置中意外人为入侵的专家判断》（Sandia Report: Expert Judgment on Inadvertent Human Intrusion into the Waste Isolation Pilot Plant）。报告一开始就指出，在核废料衰变的时间尺度上，政府的连续性和稳定性并不能保证人类能一直对储存库积极控制，或意识到埋藏的核废料的存在。[①] 在长达三百多页的报告中，仍未达成一种确定的方案。其中，两个小组的行动建议较为接近芬兰昂卡洛填埋场的"不标记"方案。采取积极行动建议的西南小组（Southwest Team）提供了一系列复杂的标记方案，包括可被探测的花岗岩声波标记、永磁体标记、小剂量放射性元素样品标记等。但随后又承认，做标记的风险在于，未来无论是专业的还是业余的考古学家，都可能会在不知道自己在做什么的情况下闯入——"木乃伊诅咒"的想法——标记本身就是诱饵。[②] 波士顿小组（Boston Team）的报告长达 81 页。在提出包括永久性核废料隔离试点项目核博物馆在内各种详尽设想之后，该课题组总体上对未来的不确定持有一种客观冷静的态度，其声称，缺乏知识、无法理解警告或无法评估行动风险，以及无意的疏忽或鲁莽行为，都可能导致无意入侵。由此看来，警告后代的标记和记录不足以保证不受无意入侵，因为它们不能防止疏忽或忽视安全。[③]

　　与十年前西比奥克方案中主要以单一方法实现跨越万年传播的方案相比，核废料隔离试点项目体现了对多元化路径的探索。在专家组织的顶层设计上，该项目就通过将不同背景专家分为不同的独立工作组以寻求多元化策略。《桑迪亚报告：核废料隔离试点装置中意外人为入侵的专家判断》也的确体现了这种努力方向。此后，多元化理论与设计实践展开更成为 20 世纪 90 年代以来核警示专题的

---

　　① Hora, S. C., von Winterfeldt, D. and Trauth, K. M. Expert judgement on inadvertent human intrusion into the Waste Isolation Pilot Plant. Washington: Sandia National Labs, Albuquerque, NM (United States), 1991, p.V-1.

　　② Hora, S. C., von Winterfeldt, D. and Trauth, K. M. Expert judgement on inadvertent human intrusion into the Waste Isolation Pilot Plant. Washington: Sandia National Labs, Albuquerque, NM (United States), 1991, D-26.

　　③ Hora, S. C., von Winterfeldt, D. and Trauth, K. M. Expert judgement on inadvertent human intrusion into the Waste Isolation Pilot Plant. Washington: Sandia National Labs, Albuquerque, NM (United States), 1991, C-22.

重要趋势。在工程性和规范性上更严谨的如 2004 年核废料隔离试点项目的《永久标记实施计划》（Permanent Markers Implementation Plan）提出了一系列包括施工规范在内的设计方案。设计方案既包括基本图文信息（图 4.7）[1]和多国语言文本翻译，还考虑到信息逐步完善的未来工作时间节点。

图4.7　2004 年 WIPP 新墨西哥州永久标识设计方案之一

总体上，从单一的警示标志、多国语言、水泥刺丛林环境设计，再到充满科幻色彩的基因改造辐射感应荧光猫……核废料处置不再是物理学家和工程师的专属场域，符号学家、语言学家、艺术家、人类学家、考古学家正更多地参与到这个工作中来。核符号学正在伴随着"核艺术"及更广义的"核文化"成为现代科技文化传播的重要组成部分。

2011 年，经合组织核能署（Organization for Economic Co-operation and Development-Nuclear Energy Agency，OECD-NEA）发起了"跨代保存记录、知识和记忆（Records, Knowledge and Memory，RK&M）"倡议，以促进国际社会反思并推动在实现深时间尺度上核废料埋藏警示这一目标方面取得进展。第一阶段的工作段落节点是 2014 年 9 月 15 日至 17 日在法国凡尔登围绕"核文化"组织的关于"构建记忆国际会议"（Constructing Memory Conference）。会议不仅包括理论上的探讨，也包括艺术设计实践与各种综合性方案。会议中的交叉学科的多元性思考更加丰富。例如，"数字倒计时纪念碑"设计方案体现了赛博时代的理念和特色。该方案

---

① United States Department of Energy. Permanent markers implementation plan (No. DOE/WIPP-04-3302). Waste isolation pilot plant (WIPP), Carlsbad, NM (United States), 2004, p.23. 该文件也可在美国国家能源部查阅及下载：https://www.wipp.energy.gov/library/permanentmarkersimplementationplan.pdf.

建议，为每个核废料埋藏点建造一个壮观的数字倒计时纪念碑（图4.8）①，其构想是实时显示该处埋藏核废料的无害化衰变周期。全世界埋藏地点的实时倒计时数据又通过互联网集成一个总的数据网，并通过分布式存储形成有充分冗余度的数据记忆集群。

图4.8　核辐射无害化时间倒计时数字纪念碑

　　总体上，该会议的讨论支持了 RK&M 倡议的第一阶段调查结果及主要工作方向。核心结论是，没有哪种单一的机制或技术可以单独实现 RK&M 跨越多个世纪和上万年的保存。需要通过复合保存方法，其中的各种记录和保存传输机制相互补充、集成，以在相应时间尺度上最大程度地提升信息的可访问性、可理解性和可延续性。②

三、"核符号学"的启示：媒介符号与深时间

　　严格来说，"核符号学"并不是个基于方法而形成的独立学科，而是一个建立在特定对象基础上的专题性学科。将"核符号学"视为"传播符号学"的一种拓

---

　　①　Thomson, J. and Craighead, A. *Radioactive Waste Management and Constructing Memory for Future Generations*. Proceedings of the International Conference and Debate 15-17 September 2014, Verdun, France, Pairs: OECD, 2015, p.134. 该文集也可参见 OECD 官方网站：https://www.oecd.org/publications/radioactive-waste-management-and-constructing-memory-for-future-generations-9789264249868-en.htm.

　　②　Thomson, J. and Craighead, A. *Radioactive Waste Management and Constructing Memory for Future Generations. Proceedings of the International Conference and Debate 15-17 September 2014, Verdun, France*, Pairs: OECD, 2015, p.10.

展更有利于展现传播符号学内在谱系和丰富的可延展性。可以尝试做一个这样的界定，所谓"核符号学"，它围绕核辐射警示的艺术设计开展，研究如何通过符号与媒介的运用以实现跨越"深时间"尺度的有效传播。至此，与核符号学相适应的关键概念——"深时间"也应当在新的框架下被重新界定。时间是被不同领域需求和尺度所表述的"元素媒介"。正如，地质学领域"深时间"的界定是以地质变化为尺度的参考坐标、宇宙学以天体运行为时间坐标，而媒介符号学的"深时间"则指向一种"媒介时间"与"符号时间"的"时间差"——人类运用媒介传输信息的技术能力与通过符号设计实施有效传播的时间差。其中，媒介的时间尺度指人类信息存储的工程技术能力，而"符号时间"则指向保障意义通达的文化连续性。最理想的"符号传播"是"零时差"，也即应当在同一文化社群中的传播。"意媒时间"的尺度不是匀速的自然物理时间，而是与人类文明发展密切相联的历史时间———种价值时间或意义时间。①

　　核符号学在时间尺度、传播对象等诸多方面的独特性，使得它在理论范式思考维度方面对传播符号学有较大拓展，有益于开启关于媒介与文明关系的更深远的思考。当今数字媒介的快速传播让这个时代追逐对空间的跨越而缺乏对深度时间维度的考量；因此，将深度时间与媒介文明的关系引入当今时代中显得尤为重要。这种思考包括对媒介及符号传播边界的能动性反思。这种反思，不仅线性地指向问题解决对策，也通过"发现核符号学问题—提出核符号学本身包含的悖论"而获得对以后改进的新启示。

　　首先是深时间尺度下"不确定未来"与"确定性答案"要求的冲突。消失的玛雅文明等历史经验表明，一个文明能否跨越巨大时间尺度而实现有效的信息传递最终取决于两个方面的条件：一是讯息所依存媒介的物理耐久度，二是它们的表意形式。在现代材料学的加持下，媒介材料的耐久性可能已经取得很大突破。例如，1977年美国宇航局发射的旅行者号携带的著名黄金唱片，配合钻石探针和陶瓷唱头，其理论保存年限可能超过亿万年。但历史同样表明，在人类仅有的大约五千年的书写历史中，不少古老的语言已经永远消失了，不少古文字今天依然无法解读。可见，若将时间尺度拉得足够长的话，我们就能发现，日常生活中"传播总是易于通达"的印象是不准确的，是由于人们身处一个极其有限的时空片

---

① 蒋荣昌：《历史哲学》，成都：巴蜀书社，1991年，第5-7页。

段中，接触到的多是有限时间、有限空间，通常处于同一文化社群中的符号传播情形。真实的情况是，断裂、遗忘才是常态。正如彼得斯所说："尽管记录性和传输性媒介使我们的身体得到延伸，然而交流的尺度和形态仍然面临着重要的边界限定。我们的交流能力有局限，这是一个社会学上的真理；与此同时，又是一个悲剧。"①

由上，当对不确定的未来提供一种具有确定性方案来"保障"传播通达时，这种要求本身在逻辑上就是不合理的。反过来，一种包含"人文性"在内的弹性方案与不确定之间才是匹配的。从这个意义上说，西比奥克包含人文性的方案是与这一原则匹配的。

其次是思想实验中"完美符号"的预期与符号条件抽离的矛盾。对跨越深时间的符号传播考察，思想实验既是可能性，也存在必然性。在世界哲学与科学史上，从柏拉图的洞穴隐喻到爱因斯坦的追光实验、埃尔温·薛定谔（Erwin Schrödinger）的猫、希拉里·W. 普特南（Hilary W. Putnam）的缸中之脑等，都是思想实验的典型。各学者虽然针对"先验"和"经验"、"无须操作"和"无法操作"等问题有分歧，但大抵都同意思想实验是依靠头脑的想象而进行的逻辑推演。思想实验的优点和缺点都在于，悬搁细节而指向逻辑自洽的答案。对于辐射警示问题的思想实验的目标，是一套能跨越深度时间的"完美符号"。但完美符号的定义即兼具"理据性（包含像似符与指示符）和规约性的符号——这也是符号形成表意和交流的基础。

前文已经说明，三叶草标志因理据性不明晰而过分依赖规约，缺乏教育背景就会识别困难。但反过来的情况——仅仅有理据性而缺乏规约性的符号表意效果也并不会更好。尽管完美符号的提出者皮尔斯对像似符在直接传达方面具有优越性，②但只要对人类原始艺术稍加回顾就明白，那些高度像似图像的作者意图为何？迄今为止，我们也只能对阿根廷的"手洞"或其他史前岩画进行无法验证的"猜测"。符号之为符号，就在于它不是"原物"自身，而是原物意义的离场。理据性作为连接符号与原物（对象）之间的桥梁，每一次的连接都是"任意关系"

① 约翰·杜翰姆·彼得斯：《对空言说：传播的观念史》，邓建国译，上海：上海译文出版社，2017年，第387页。

② 查尔斯·S. 皮尔斯：《皮尔斯：论符号：：李斯卡：皮尔斯符号学导论》，赵星植译，成都：四川大学出版社，2014年，第53页。

的一种——并不存在某符号与某物的唯一必然因果关系。

在诸种警示符号设计方案中，最直接的理据性案例是通过"小剂量辐射样品"来说明"前方大规模辐射核废料储存"，但问题在于，缺失规约性元语言的"有毒样品"无非是另一个"埃及法老的诅咒"，其同样可能被理解为"内有宝藏的恐吓声明"。信息发出者的意图诚信依然需要社会规约来完成。对于核辐射警示问题来说，从20世纪"人类干预小组"开始，这一主题始终在考虑抽离现有"文明要素"这一符号传播的规约基础。这在本质上就与"完美符号"的基本理论背道而驰——而所谓完美符号，是植根于具体文化生态的适合性而非超越一切文化生活的逻辑抽象。①

以上理论和实践方面的分析显示，没有完美符号或媒介能一劳永逸地达成跨越深时间的全部传播目标，但这并不表明这种探索的结论是悲观的。恰恰相反，这些深时间跨越的思想实验清晰地指向符号传播的人文性维度。实际上，当人们以极性逻辑去推论文明彻底断裂后一种传播策略是否失效时，这种逼问从更深层次凸显这一方案背后的理念价值。所有媒介方案都无法抛开"人"来孤立地讨论传播，"人"之为媒构成的符号表意才可能通向最耐久的传播意义交流。当这些符号被写入人类文明的记忆和基因中时，它们则成为人类的信条，并与人共存。

从符号意义论来看，人们之所以重视核废料问题，是由于在我们的预设中，未来的人们是"我们"的一部分而负有相应责任。而一旦文明彻底断裂，未来的"人"或已不是"我们"。并不处在共通的环境界内，也就没有共通的认知图式。前述人文色彩方案所凸显的"人"显然并不是单纯的"技术人"，而是"意义人"，包含人类这种文化物种的精神属性和价值信念。这种价值信念或精神属性对今天更重要的启示是，以负责任的立场珍视、保护和延续人类文明的火种。

第二节　跨语际传播："完美符号"

作为符号动物的人类，不断追求更有效的交流手段和更完美的符号。这种追求在语言中体现为一种"普天同文"的理想。本节从完美符号的理论构想解读入手，结合传播效用分析，得出了这种理想的现实悖论。连同图像语言在内的任何

---

① 胡易容：《论完美符号："普天同文"的理论构想与传播机制》，《国际新闻界》2013年第6期，第40-46页。

一种符号语言都无法对现有自然语言构成替代性关系，它们只是高度符号化的当代文明中涌现的又一组符号系统，而不是凌驾于语言之上的"元语言"。从某种意义上说，"普天同文"已经以多元化的方式实现。

一、"普天同文"：动力与困境

人类被定义为符号的动物。人类在符号使用上必然有着其他动物不能达到的高度。语言符号就是这种符号能力的典型体现。《淮南子》（卷八）记载："昔者仓颉作书，而天雨粟，鬼夜哭。"唐人张彦远解释说："颉有四目，仰观垂象。因俪鸟龟之迹，遂定书字之形。造化不能藏其秘，故天雨粟；灵怪不能遁其形，故鬼夜哭。"[①]可见，语言符号作为改造世界的重要工具，使人类实现了自我超越，甚至一定程度上具有了神的力量，但这种力量并不完美。巴别塔寓言中，上帝令语言分化以阻止人类完成通天之塔的修建。语言符号分化所导致的人类纷争非常频繁，不过，人类从未停止创造一种完美符号以弥补语言鸿沟造成的文化分裂以及语言本身的沟通屏障——这就是"普天同文"的理想。

要消除文字分化，归根结底是要消除文字发展中的文化个性。这种文化个性差异消除得越彻底，越接近于一种普天同文的理想。文化差异的消除有两种策略，一种是从文化本身着手；另一种是从文字符号本身着手。秦统一文字就是普天同文的一次以国家政权自上而下的强制性统一。除了极端的武力统一，文化宰制也会实现类似的结果，例如，欧洲教会使用拉丁语，苏联则在共产主义阵营中试图通过推广俄语，让其成为区别于资本主义阵营的共同语。但它们或多或少仍是某种意识形态作用下的产物，并往往只令一种既有现成语言占据所谓统治地位而获得超语言，或"元语言"地位。

武力统一和意识形态的同化是直接有效的方式。然而，这种强制性和不对等性已不适用于现代文明。现代文明所追求的普天同文转而诉诸一种非现存语言。在理想主义者看来，实现真正的平等应当有一种文化中立的新语言。早期的著名尝试，如英国人文主义者托马斯·莫尔（Thomas More），描述了通行于乌托邦中的"乌托邦语"[②]。更复杂一些的虚拟语言还有成体系的语法规则。例如，古英语

---

① 张彦远：《历代名画记》，北京：人民美术出版社，2016年，第1页。
② More, T. *Utopia*. Ware: Wordsworth Editions Ltd., 1997, pp.60-72.

教授约翰·托尔金（John Tolkien）在他的《魔戒》等作品中创造了霍比特语（Hobbitish）、昆雅语（Quenya），及其他各种精灵语（Elvish）[1]。其中数种语言发展得非常完善，一些托尔金迷甚至用这些语言来写作。不过，它们仍是以文学作品为载体的虚拟语言。

除了这些虚拟语言，人们还试图创造日常实用的通用语言。最著名的要数已延续百年的"世界语"。创立者拉扎鲁·路德维克·柴门霍夫（Lazarz Ludwik Zamenhof）以一个理想主义者的情怀创造了一种消除彼此隔膜的"平等"语言。时至今日，世界语成了名副其实的少数人的语言。从这个意义上来说，世界语是失败的。这些人工语言自然无法抗衡自然语言的丰富表现力。除了柴门霍夫外，此后的逻辑语（lojban，又译作理语）更强调文化的中立。它通过奠基于谓词逻辑，消除了语法上的文化倾向。此外还有沃拉普克语（Volapük）、伊多语（Ido）及诺维亚语（Novial）等。诸种世界语方案的失败是由于，它们标准化但缺乏自然语言的"文化语境"，因而只能成为某种特殊场所的"标准语言"。托尔金认为，各种人工语言注定是枯萎死亡的语言，因为这些语言没有神话故事。

从符号表意的过程来看，人工语言缺乏符号释义的文化过程，而偏重指向对象的映射过程。这就好比一套"密码"，它并不直接生成文化意义。因此，人工语言不仅不是"超语言的"，反而是"次语言"的。自然语言的文化意义累积是人造语言所无法达成的。人工语言最适合成为没有歧义的标准代码。这种优点令人工语言能够得到标准化的解码。人类已经创造了许多跨越文化规约的"共同语言"。例如，数学语言可以实现精确的建模和运算，化学公式可以得到理论上完美的物质生成结果，电脑编程语言可以精确无误地传递信息。

显然，这些精确编码的科学语言与我们前面所说的"语言乌托邦"有质的差别。即，人们希望建立起一种语言，它能进入人们的日常生活，并成为文化的一部分。这是可能的吗？要回答这一问题必须从理论上推定，一种完美的符号是否存在现实可能？

二、完美符号的理论推定

符号学家将人类的特有符号能力界定为对符号的"约定"能力——索绪尔称

---

[1]   Tolkien, J. R. R. *The Lord of the Rings*. London: HarperCollins Publishers Ltd., 1999.

之为符号的任意性。以索绪尔为代表的语言符号学家认为任意性是人类符号世界最本质的力量①。索绪尔之后近百年的符号学研究表明，理据性正在成为一种不可或缺的符号基本要素，其并不屈居于任意性之下。在具体的使用语境下，符号具有"合适与不合适"之分。我们常常判断某些符号更简洁、更有效率并因此而更具有传播力。在皮尔斯的符号理论体系中，他整体性地引入了符号理据性要素。

皮尔斯将依据符号再现体指向对象的不同方式将符号分为三类：像似符、指示符、象征符。皮尔斯认为，三种形式的符号尽可能均匀的混合是完美的符号②。皮尔斯的完美符号观念可作如下解读：①过度像似的符号与对象缺乏释义的"距离"，其极端形式是"镜像"，会妨碍释义的自由程度。例如，许多文化批评家批判当代艺术追求清晰度和感官刺激，就是反对符号"能指化"的倾向。②过度指示的符号意图定点过短，同样会导致无限衍义的失败，最终使人们失去对艺术形象的自由"想象"。一千个读者在明晰的对象指称前，将自身想象力退缩为银幕上那一个哈姆雷特。③过度任意武断的规约符号，因其抛弃了原始理据及其使用的历史惯性，往往不利于经验性认知和掌握。也即，规约无法是纯然的任意武断。例如，索绪尔注意到，法律适合用天平来象征，而不是其他任意的符号。这表明，符号的关联不是全然武断的，而是必须存有历史理据的。

现实情况中，这三种符号在历史的使用中是有所偏倚的。人类文化演化的符号使用系统日益复杂，可视为符号类型不断转变的过程。这一过程包括三阶段：第一，以像似与复制关系为主的图像符号阶段；第二，因果关系主导的抽象逻辑符号阶段；第三，纯粹意义的独立符号生产阶段。这三个阶段与皮尔斯的三类符号具有某种对应关系：第一阶段对应像似符号倾向，第二阶段对应指示符号倾向，而第三阶段对应规约符号倾向。从卡西尔对人类文明进程的纵向划分可以看到，文明童年期的符号是透明性主导的，随着人类文明向高级阶段发展，规约性增强，原初理据性逐渐让位于"使用理据性"。

以语言为例，一种直观的印象是——人类文字系统越成熟，像似性越弱。文字符号的早期起源几乎都与图像有关，是有理据性的。随着时间推移理据性变得不可追溯。中国古文字、古埃及文字、苏美尔文字、玛雅文字等早期人类文字的起源都是基于像似性的。其后，西方世界的象形文字为拼音字母所取代；汉字符

---

① Saussure, F. *Course in General Linguistics*. New York: MaGraw-Hill, 1969, p.100.

② Peirce, C. S. *Collected Papers*(Vol.4). Cambridge, Mass: Harvard University Press, 1931-1958, p.448.

号在发展过程中也逐渐发展出复杂的"六书"造字法。赵毅衡认为，"中文实际上沿着皮尔斯的符号三分法，从像似符号，演变成指示符号，再演变成规约符号"①。这是否印证了卡西尔的符号类型进化论？

不尽然。虽然从文字或某一个符号形态发展来看，文字系统原始理据性减弱了，但使用理据作为一种文化规约，在逐渐累积中反而加强了。反过来，早期的文字也不是"非规约"的。不同文明的象形文字并不相同。例如，"女"字在同为像似符号的不同古文字中的写法具有差异："女"在中国的甲骨文中是一个下跪的形象"𢆶"，而在埃及文字中则强调其长发等生理特征像似"𓏏"，而美索不达米亚的闪米特语则是用女性下腹三角和生殖器构成的形状来生成像似的文字符号"▽"。丁尔苏据此认为"像似性与理据性是并行不悖的"②。换言之，作为像似符号的古文字并不因此而稍减其规约符号的根本属性。

图像符号与文字符号的分流在于，图像符号以像似性为特性；而文字符号则是"指示性偏向"的。像似性和指示性偏向，导致了图、文发展路径的巨大差异。基于像似性基础的图像符号因其像似性而呈现出某种宏观的时空连续性和一定程度的文化语境跨越能力。即使是出自完全不同的文化语境，其像似特性方面依然是易于理解的。在象形文字阶段，不同古代象形文字因各自不同文化背景而有所差异，但这种差异显然远远小于现代汉字与西方拉丁字母语言。例如，苏美尔象形文字"水""日"的写法与中国的甲骨文就比较接近。而文字走向指示性和抽象性之后，像似特性迅速湮没在文化背景和规约之中，以至于在漫长的发展过程中，造字初期的理据性微乎其微了。文字间的疏离是社会规约作用下的结果。

由上，社会规约性造成的语言分化，是由于语言脱离了原初的理据性——像似，而像似符号有可能在一定程度上超越社会规约性而获得相应的跨文化识别效果。这是否暗示出，实现普天同文理想的必经之途？换言之，要实现普天同文的理想，是否应当回到造字之初，回到图象性符号文字？这就需要从符号传播和符码类型与传播效率的技术层面上进行分析。

---

① 赵毅衡：《符号学：原理与推演》，南京：南京大学出版社，2011年，第89页。
② 丁尔苏：《符号的任意性与理据性并行不悖》，《符号与传媒》2012年第1期，第118-131页。

三、理想符码的编制与传播

（一）符码类型与传播优势

从符号的传播效率来讲，一种适合通用的符号（广义语言）应当具有高效率和广泛的传播性。整个文字符号识别过程可以看作一个"编码—解码"的双向过程。从符号代码的传播策略来看，一种符码要获得有效的传播，应当具备低壁垒和高解码率：低壁垒指向编码过程本身简易，对传者的开放性较高，而受者高开放性则来源于解码成功率。高开放性能提升参与度，从而实现使用群体的扩张。这就需要用两对术语来说明如何获得高传播效能。①

社会语言符号学家巴兹尔·伯恩斯坦（Basil Bernstein）提出的"详制符码"（elaborated code）和"限制符码"（restricted code）概念②可用于说明编码方式对传播效率的影响。详制符码是一种描述清晰而较少依赖交流环境的符码，它所陈述的问题较为复杂，其获得依赖系统性的教育训练；而限制代码则依赖于会话者的共同性，其会话内容的组织不是语法逻辑，而是友情（一种交际）。对于创建一种更易于传播的广义语言而言，详制代码的优点在于，不依赖于小群体的文化共同背景，而其缺陷在于需要编码者的高素质，能力元语言壁垒更高；限制性壁垒也并非完全没有优点，其简化特征和形成关系纽带的交际性功能也是语言不可或缺的功能。

另一对概念是"宽播符码"和"窄播符码"（narrowcast codes）。详制符码与限制符码由编码特性所决定，而宽播符码与窄播符码则取决于受众结构。如果说宽播符码是易于传唱的流行音乐，窄播符码则是阳春白雪的歌剧，只有少数观众能欣赏。就表意清晰性来说，详制符码有助于克服文化壁垒，形成宽播效应；但详制符码往往编码复杂，对编码者要求较高，因而又导向窄播符码。而限制符码则因其是简单诉求，对元语言能力无特殊要求，易于形成宽播效果。

（二）编码特性与符号的混合理据优势

将上述编码特性落实为建立一种完美的通用语言，我们就需要寻找这样一种

---

① Fiske, J. *Introduction to Communication Studies*. 2nd ed. London: Routledge, 1990, pp.59-65.

② Bernstein, B. *Class Codes and Control: Theoretical Studies towards a Sociology of Language*. London: Routledge & Kegan, 1999, pp.23-35.

符码——其既具有较低的编码解码壁垒，同时具有高清晰的表意能力。从皮尔斯三种符号类型来看：

首先，规约符号在编码过程中接近详制符码，具有表意准确的特性，但对编码者要求较高；而解码时要求接受者参与到规约体系中，又接近于限制符码。

其次，指示符号是一种具有理据性的指称方式，它是指向对象但不加描述的符号类型。符号的指称有赖于秩序或关系的建立，可以是邻接、因果或印迹等关系。指示符号对编码要求低于规约符号。一只狗在雪地上的爪印足够让猎人循迹而找到。应当说，指示符号是一种实现通用语言的良好选择，且具有较高的编码效率。

最后，像似符号的理据性比指示符号更为直观，因而其对编码和解码者的教育、文化背景要求最低，通常是最能跨越文化界限的符号类型。不过，像似符号的问题在于编码效率较低，信息冗余度较高。例如，用一张有狗的照片来传递"狗"的信息显然不够经济，似乎缩减为只有"狗头"即可。那么，是否还可以缩减到只有一条狗腿或者一条狗尾？在简化的过程当中就出现了抽象和规约。实际上我们不可能完全抛下任何一种符号类型。

设若理论上存在一种较为理想的通用语言，那么这种通用语言的表意符号类型应当是三种符号特性的混合，而且应当取得一定程度的均衡——这就契合了皮尔斯的完美符号构想。兼有三种特征的符号在表意的通用性与效率上能够取得较好的效果，最有可能成为一种"普天同文"的理想语言。

（三）图像化作为通用语言策略的分析

按照上述原则，建构一种理想语言，就是要回归理据性。直观的办法是"部分地"回到文字发展的原初——图与文尚未分化的阶段。那时的文字尚处于任意武断性较弱而理据性较强阶段，具有较高程度的指示性和像似性。反之，可以推论：文化发展过程中规约性消除得越彻底，文字符号的易识别程度就越高。文字的图形化策略，优势和劣势都相当明显。图像化语言仍是一种有效路径，因其像似性、非逻辑性、开放性而接近一种自然语言。某种意义上说，图像语言因其理据性而从未发生类似于文字语言的根本性剧变，具有连贯性。原始部族图腾符号的形式与今天的企业标志在本质上极其相似。最原始的指路牌所用的指示符号与今天奥运场馆中的指向箭头也不会有天壤之别，结绳记事与今天的二进制代码虽无直接继承，却依然是同一种结构原理。可见，混有理据性的符号信息往往更能够跨越时间、空间和文化的冲击。这是图像化文字的优势所在。

文字图形化策略的天然缺陷是，图像本身的抽象概念表意效率并不高。至今仍在使用的"东巴文"是一种易于解读的原始象形文字。实践来看，其能表达的抽象概念复杂程度与现代语言是不可相提并论的。图形文字并不是真正地消除文化规约，而是借助图像、指示等符号指示方式来丰富和加强抽象文字语言的形象化、生动化。现代文字图像化的策略必须结合当前文化现实环境来加以设计。公共视觉符号就是一种经过现代化设计的图像通用语言。最为典型的一套通用视觉语言是"国际文字图像教育系统"（International System of Typographic Picture Education, ISOTYPE），发表于 1925 年，发起者为奥图·纽拉特（Otto Neurath）。该系统为当前的公共图像符号和信息图形（infographics）的设计奠定了基础。该系统的思路是将图形作为某种标准化的通用语言实现公共化的沟通。该系统提供公共场所等统一化图形设计的底本。今天的地铁、公交、飞机等诸多公共指示标志系统都可以视为该系统的直接或间接的演变。

这套系统与传统意义上通用语言追求者的努力方向并不相同，其目标不是通过对现有自然语言的取代来实现文化与语言的大一统，而是对现有语言做一种广义化的拓展和符号类型上的补充，使得语言成为一种更富包含性的符号沟通系统，更接近一种所谓"完美"符号体系。它既不是对原始象形文字的回归，也不是现代自然语言的直接替代。它只能是现有广义语言符号家族中的一员，并成为人类表意系统——文化本身不可或缺的成分。

四、语言范畴观——混合符号

从传播角度上说，一种对现有语言的替代性方案必然会陷入通用（be in common use）与使用（actual use）的悖论。人工语言，究其创制的根本原则，是创造一套类似密码的通用性符码，因而其必然是"共时性"的系统，以实现通用和易于掌握的目标；而我们所使用的自然语言则是一套历时性的开放动态系统。而所有人工语言的努力，都走向一个根本性的向度悖反。自然语言在使用中复杂化，意义越来越为其当下使用所决定，并不断生成新的表意词汇，而人工语言则对现有自然语言进行"去复杂化"，而成为托尔金所说的那种枯死的语言。

实际上，这就涉及我们如何去界定今天的语言，以及如何看待"普天同文"的文化学意义。就技术策略来看，我们早已实现普天同文。实现方式之一是文化输入与输出中自然形成的世界语——英语。现代英语的面貌是吸收了350多种语言中的词汇逐渐形成的结果。其中，中国已成为英语的第一使用大国。

此外，"通用"与"使用"的矛盾还带出普天同文理想的另一个悖论——"标准化"与"文化化"。标准化语言应当是去文化的，而自然语言的发展则必须是文化语境当中的涌现。我们只能通过文化的博弈去实现文化的保存、对抗。标准化的人工语言，并不带来文化平等和政治平等。将语言乌托邦作为政治乌托邦实现途径的思路一开始就错了。

如果从技术标准化来看，普天同文理想已经实现了。二进制语言可以再现任何一种符码，在理论上是外星人都可看懂的文字底层编码系统。近年兴起的"二维码"也是一种通用机器语言，其通过移动终端实现的机器识别是无文化差异的，因而也是跨文化的。就人类交流的符码类型来看，广义语言符号已形成四个大类：第一类是科技指示语言符码，包括各种国际通用的科学代码系统，如阿拉伯数字、音符、曼瑟尔表色系统（Munsell colour system）；第二类是构筑计算运行基础逻辑的机器语言，包括二进制、C语言、java、二维码等程序运行代码语言；第三类是体现人类使用中文化规约的自然语言，包括艺术图像、日常语言、网络生成符号；第四类兼具上述一种或几种特征的混合理据符码，也可以称为"类语言"，如公共标志系统、手语、旗语、各种指示符号、图像混合语言、图像化音乐记谱语言等。

上述四种符码实现通用的路径各不相同，科技符码是相对纯粹的指示符号，其倾向于指向对象的指代，拒绝文化阐释；科技符码本身没有明显文化差异，没有地域或文化属性。文化规约符码来源混杂，是不同文化群体中不断涌现的结果，其通用化的方式是文化博弈；而混合理据符码介于两者之间，它旨在提供公共场所的最有效识别。由于混合了像似性、指示性和文化规约性，它既不会像文化规约符号那样"任意武断"，也不会像科技符码那样全球彻底一致。因此，我们可以看到，伦敦奥运会与北京奥运会的项目图标设计，既有文化背景的差异，也有相似和指示的清晰连贯的理据。

人类语言系统正在符码化的方向上全面突破，其路径是多种科技语言的聚合。在这些语言之间会形成专业化隔膜，这是人类社会分工进一步深化的必然结果。一套医学术语对于一个文学家来说，可能像外星文字那样难解。身处地球村的人类文化生活中的自然语言不仅不会趋向单一的标准化，反而会在文化的多样性中进一步复杂化，并在使用中成为具有动态特性的多元混杂交流符号（图形语言、多文化语言、计算机语言、亚文化圈的小众语言等），而语言的复杂化的根本原因是作为表意符号系统所指向的人类社会生活本身的复杂化趋势，且它们不可化约。

第三节　跨文化传播的阐释域

2019 年以来的全球性公共卫生事件中，不同国家的人们对是否佩戴口罩所采取的立场分歧如此严重，以至于这些立场远远超出了作为现代科学的医学提出的关于健康与卫生的"正确行为方式"的范畴。通过对口罩作为"呼吸器（respirator）—面具（face mask）"这一双重隐喻的文本，本节提出了一组基于符号学的阐释方案，即口罩佩戴这个拒绝敞露"面部"的行为构成了对身体的双重遮蔽。这场疫情激发了关于如何处置作为身体部分的面部信息的诸种生活信条的博弈。越出疫情这个局促的现实来看，生活于现代文明的个体如何处置信息的不同观念，展现了当代文化多元性。"科学正确"只不过作为生活信条之一，与各种其他信条共同构成了当前和可见未来"社会生活方式"的多重文化隐喻。

从 2019 年到 2022 年，新冠疫情的大流行席卷了整个地球村。在全人类面临几乎共同的威胁对象时，不同的国家、民族的群体心态差异在其中得以显现。"病毒面前，人人平等"的现实使得这场疫情在客观上将地球村实验室转变成为一个巨大的实验室——不仅是在病毒传播意义上的，更是在文化观念上的。本节通过这次全球公共卫生事件中一个非常小，但却引发了极大争议的防护设备——"口罩"来切入话题。口罩这个常见的防护设备，其基本作用原理已经非常清楚。一旦进入人们的日常生活，它却不再只是一个"单义的工具"，而成为一个多重隐喻的"符号"。不同国家、不同民族、不同性别和年龄的群体，对是否佩戴口罩表现出不同的观点，使得口罩在这次疫情中成为一个多义的社会文化符号，集中展现出不同群体的文化选择。

一、"口罩佩戴"的混合理据

当新冠疫情被视为基本语境时，口罩佩戴就是"基于现代医学"提出的科学生活指南的良好习惯。然而，当我们将佩戴口罩这个行为视为一个"符号表征"时，科学指南提供的"功能"或"好处"就构成了该符号的"motivation"——一种初度理据性，我们也可以称之为"功能性理据"。"理据"与"任意性"相对，是贯穿符号学的核心话题，且此话题从来没有在理论界真正达成过一致。就理论而言，此处采取皮尔斯的立场，也即，"理据性"与"任意性"共同构成符号表意并最终成为"规约"。而两者相互作用的具体方式，正是本节试图通过口罩佩戴这一特定表意行为的分析所要展现的内容。

（一）成为口罩佩戴者：从初度理据性到语用理据性

医学专家提供的关于佩戴口罩的建议是基于"科学事实"的功能性表达，他们构成了"初始 motivation"（也可称为"功能性 motivation"）。而要让这些建议真正成为人们生活的条件，就是它要成为社会生活普遍接受的"convention"。在从"motivation"向"convention"的转变过程中，"初始 motivation"是通过不断转变为"语用理据"这种（再度 motivation）方式实现的。

中国人曾被认为缺乏戴口罩这一良好卫生习惯，甚至没有口罩文化背景的美国媒体都对中国人在这种严重空气污染情形下为何不戴口罩表达了关注。2014 年曾有新闻以"美媒：很多中国人雾霾天不戴口罩 已有'污染疲劳'"为题反思原因，并试图推动中国人对戴口罩的认知与接受。[①]

新冠疫情发生以来，像许多其他国家的人一样，中国人对戴口罩这一行为的态度发生了巨大转变。在人群较密集的公共场合佩戴口罩正在成为越来越多中国人的日常生活习惯。除了佩戴口罩，新冠疫情还影响了中国传统习俗中的其他习惯。例如，"公筷""分餐"等已经触及了中国人日常行为中根深蒂固的习惯。[②]似乎这个古老的国度的人民，正在接受基于"现代科学"的知识，并尝试"调适"自身生活习惯甚至是文化习俗。

[①] 《美媒：很多中国人雾霾天不戴口罩 已有"污染疲劳"》，（2014-02-27）[2024-06-11]，http://www.chinadaily.com.cn/hqzx/2014-02/27/content_17311171.htm.

[②] 疫情期间，中国人开始使用公筷，引来了有些外国媒体的注意。https://oversea.huanqiu.com/article/3xuClC7zKQH?imageView2/2/w/228.

从被认为没有佩戴口罩的习惯到几乎全民佩戴口罩，是一个非常大的反转。曾经不戴口罩的中国人，甚至因为戴口罩受到了人身攻击。新冠疫情以来，英国的南安普敦大学、谢菲尔德大学都发生了因来自中国的学生佩戴口罩而被袭击的事件。[①]

实际上，关于佩戴口罩的问题，全世界不同国家和地区都出现了不同的立场和态度。有的国家和地区迅速接受了这一医学建议，而有的甚至发生了拒绝佩戴口罩的游行活动。总体来看，公共场所佩戴口罩的推广运动并非一帆风顺。理论上，我们可以将这种基于医学的建议视为一种"功能性理据"，它在转变成"语用理据"并进而成为普遍"规约"的过程中，会经历与各种不同观念的碰撞。当这些观念在"佩戴口罩"这个具体的行为中发生交集时，他们指向的选项并不相同，甚至可能相互冲突。

（二）从理据到规约："口罩依存症"

从理据性到规约性并成为社会文化是一个历时的动态过程，但在当下的共时维度中，人们却常常只能看到文化的差异性表象。例如：日本居民戴口罩早已经成为生活的常态。对于某些不善社交的日本人，口罩可以隐藏自己的情绪及表情；对有些人来说，口罩还是提升颜值和遮掩面部瑕疵的不二之选。日语中就有一个专门的词汇"マスク依存症（マスクいそんしょう）"来描述日本人对口罩的高需求度。[②]为防止疾病的"传染和被传染"而戴口罩，已成为一种社交礼貌。数据似乎也在支持"日本是一个口罩文化的国度"。调查公司富士经济的数据显示，2019 年日本口罩年产量约为 55 亿个……这个数量几乎是整个亚洲口罩消费数量的总和。而据日本电视台的统计，每年冬天会固定佩戴口罩的民众就占所有人群的 40%之多。不过，这种差异是否就仅仅是"文化差异"呢？答案既"是"也"否"。当在一个相对短暂的共时维度内横向比较时，它表现为文化差异。但以"动态 motivation"的历时性维度稍加考察，就会看到，日本的"口罩文化"也清晰地呈现出从"初度理据"到"规约"的完整历程。

更多研究表明，日本人戴口罩行为的心理动因是多样的，是在近百年的历史

---

① Charlotte, O.-W. Coronavirus: Chinese student in Sheffield "attacked for wearing face mask". [2020-05-24]. https://thetab.com/uk/sheffield/2020/01/31/coronavirus-latest-advice-sheffield-chinese-student-41906.

② 菊本祐三：《（だてマスク）依存症》，东京：扶桑社，2011 年。

中由多种原因促成并逐渐养成的一种"文化"。首先是疾病方面的促成事件，包括1918 年西班牙大流感、1923 年关东大地震后的霍乱疫情、2009 年墨西哥甲型H1N1 流感病毒；其次，20 世纪 50 年代，日本大面积基建工程产生的工业污染，对日本人外出戴口罩的习惯起到了不可忽略的作用。此外，日本人中过敏体质的比例远远高于世界其他地区和国家，这强化了日本人对于口罩的需求。日本国立成育医疗研究中心（东京）的研究团队调查得知，在对日本九岁的儿童的一项调查发现，有 75% 的人在血液中都存在对过敏物质产生反应的免疫球蛋白 E（IgE）抗体。①过敏症在日本也被称为"国民病"。

如果细加考察，在不同群体对口罩佩戴态度的巨大"差异"背后，似乎都会发现瘟疫、空气污染、过敏体质等功能理据对口罩佩戴接受度起到的促进作用。只不过，在许多其他情况下，随着时间的推移，这些理据部分常常在历史中被遗忘。于是，被置于共时维度中的人们将在一种强烈的横向比对中解读不同社群的生活方式。其结果是，这种差异不仅被凸显了，而且仿佛是"天生的"和"任意的"。正如对索绪尔那样的理论家来说，"任意性"才是关键问题，而"初度理据通常不可追溯也不必追溯了"。事实上，对"理据"遗忘得越彻底，生活方式的差异就越容易仅仅被浅表化地归结为"（建构在任意性基础上的）文化差异"。这种粗暴简单的"文化差异论"正是当前不同文化社群诸多矛盾冲突的理论依据之一。我们试图以口罩与身体文学修辞关系为本对象，开展一种关于符号理据的"考古"，以展现不同文化社群的共通"符号表意逻辑"，进而增进对差异文化表象的理解和包容。

（三）口罩认知："隐含理据"与"元-理据"

前文提到，人们倾向于遗忘"最初动机（motivation）"而容易接受当下的"规约"，这是由信息衰减的必然趋势所致。而现代传媒技术引发的信息爆炸加剧了这种衰减导致的"共时理据"与"历时理据"的信息量落差。这种情形下，"历时理据"常常委身于当下共时信息中以隐晦的方式构成"口罩佩戴"的隐含理据。它可能表现为政治理据、经济理据或医学理据，并构成人们对"佩戴口罩"态度的依据。

---

① 《调查：日本九岁儿童中有七成是过敏体质 欧洲有五成》，（2020-08-20）[2023-07-20]，http://japan.people. com.cn/n1/2020/0820/c35421-31830214.html.

在美国、英国、加拿大等不少国家，佩戴口罩普及行动所面临的情形相当不同。首先是民众对佩戴口罩的认知基础相当不同。或者说，从健康角度来讲，英美民众没有佩戴口罩的文化。在普通民众的认知中，对于个人而言，在恶劣外部空气情形之外的情况下佩戴口罩意味着特殊的非常情形，如严重的传染性疾病或其他的社会文化隐喻意味。这既涉及医疗基础的差异，也涉及健康观念的差异。在医疗基础方面，英美为代表的发达国家的疫苗接种普及程度较高。以每年最常见且影响也较大的流感为例，根据世界经济合作与发展组织（Organization for Economic Co-operation and Development, OECD）的数据，65 岁以上人群流感疫苗接种百分比最高的前五位国家分别为：英国（80.9%）、韩国（80.1%）、丹麦（78%）、爱尔兰（75.8%）、美国（72.8%）。据中国国家卫生健康委员会的信息，我国流感疫苗的接种率约在 2%。①

在健康观念方面，英美等国民众普遍持有的观念是普通流感无须戴口罩，提升免疫力就好了。除了民众对佩戴口罩的基本观念不同外，政治因素显然也构成重要影响因素。有调查表明，唐纳德·特朗普（Donald Trump）的支持者比其他人更不可能戴口罩，也不太接受保持社交距离。②皮尤研究中心（Pew Research Center）在 2020 年 4 月底和 5 月初进行的一项全国调查显示，公众对医学科学家的信任有所增加，但主要是民主党人。只有 31% 的共和党人表示他们信任医学科学家，而民主党的这一比例为 53%。许多具体的研究还呈现了民众在新冠疫情暴发后仍选择不佩戴口罩的心理原因。如劳伦斯大学（Lawrence University）社会科学教授、纽约的神经领导力研究所（Neuroleadership Institute）资深科学家彼得·格利克（Peter Glick）的研究表明，我们当中一些不戴口罩的人把口罩和软弱联系在一起。③

上述社会心理学研究已经部分揭示了对口罩佩戴持不同态度的原因，但这些答案却并不能令人完全满意。原因在于，它们似乎提供了一些关于口罩佩戴的态度的社会统计学数据，但却未深入潜藏在"共时性表象"背后的"历时性motivation"根源，而"历时性 motivation"根源恰恰是这些理据背后的"元理

① 《国家卫生健康委员会 2019 年 2 月 25 日例行新闻发布会文字实录》，[2023-10-04]，http://www.nhc.gov.cn/xcs/s7847/201902/ c016d463e4954de0b029bf3fe03a1d20.shtml.

② Frankovic, K. How Trump and Biden supporters differ on face masks.（2020-10-03）[2023-10-04]. https://today.yougov.com/politics/articles/32308-how-trump-and-biden-supporters-differ-face-masks.

③ Reynolds, P. Unmasked behavior. *IEEE Pulse*, 2020, 11(4): 34-36.

据"。我们须围绕两个方面继续深入：一方面，佩戴口罩不仅是佩戴者的选择，更是一个基于更广义"他者"的认知；而匿名的"他者"是一个包含历时性维度的"集体文化记忆体"。另一方面，由于"口罩"的"所指"作为一种"社会心理事实"，并不能被"现代医学行为指南"定义的"医学口罩"所垄断。口罩事实上造成的面部遮挡效果，使得它在"社会心理意义上"构成了关于"面部遮挡"的身体修辞和文学隐喻。相应地，问题的对象也就从狭义的"医用口罩"拓展为了"一般性的面罩"。因此，我们试图从"呼吸器–面罩"这种称谓及其携带的潜在意义出发，考察其功能理据与象征理据对戴口罩所持有的不同态度产生的潜在影响。

二、两种"口罩"史：功能理据与象征理据

口罩的诞生有两种来源并体现在它们的不同称谓上：一是，具有过滤功能装置的呼吸器，主要用途是阻挡（事实上或想象中的）不洁物通过口鼻进入我们身体；二是笼统的"面具"，宽泛来看，还应具体考虑实际上对面部造成遮挡效果的各类面部纹饰。

（一）功能理据性：作为防护设备的"呼吸器"及其来源

呼吸器的形态和功能史是一个渐进的发展史。人类在进化中失去了浓密的毛发之后，对身体的遮挡这种自我保护行为逐渐由自发（spontaneous）而转变为自觉，进而成为人类的基本行为特征之一。公元 1 世纪，盖乌斯·普林尼·塞孔都斯（Gaius Plinius Secundus）所著的《自然史》（*Natural History*）中，提到了用动物的膀胱皮来保护罗马矿山工人，以使其免受氧化铅红尘的侵害[①]。16 世纪，列奥纳多·达芬奇（Leonardo da Vinci）提出，将一片细布浸水之后，捂住口鼻，可以保护士兵免受有毒粉末的伤害[②]。

经历了启蒙运动的 18 世纪晚期，现代意义的呼吸装置出现于法国。1785 年，法国的化学家让–弗朗索瓦·皮拉特尔·德·罗齐尔（Jean-François Pilâtre de Rozier）在研究气体的过程中发明了人工呼吸器。1799 年普鲁士的一个采矿工程

---

① 普林尼：《自然史》，李铁匠译，上海：上海三联书店，2018 年。
② 参见设计角：《最柔软的口罩却是几千年来最坚硬的"铠甲"》，（2020-02-07）[2024-06-11]，https://www.sohu.com/a/371185402_120075423；"Respirator—Early Development of Respirators".（2001-09-11）[2010-4-18]. https://www.liquisearch.com/respirator/early_development_of_respirators.

师介绍，他们用的呼吸器是一种整个套在头上的袋子，袋子下端围绕紧密贴合脖子。到了 1848 年，美国人刘易斯·哈斯莱特（Lewis P. Haslett）发明的呼吸器更接近于现代口罩的雏形。①此后，呼吸器的发展仍然包含了至少两条线索。

一种是包括各种呼吸系统的装置，如 19 世纪 60 年代后，欧洲化学家又发明了能过滤大量有毒气体的防毒呼吸器。通过加装复杂的化学过滤药剂实现在极端条件下防毒使用。这种情形下的呼吸器，不得不结构复杂、体积庞大。

另一条路径，是小型化和便利化，成为医疗防护用品。而这个发展是基于现代科学——细菌学的巨大成就基础之上的。1847 年春，担任奥地利维也纳总医院第一产科病区助教的伊格纳茨·菲利普·塞麦尔维斯（Semmelweis Ignác Fülöp）偶然发现了感染是由致病菌造成的。1861 年，法国微生物学家路易斯·巴斯德（Louis Pasteur）用鹅颈瓶证实了空气中有细菌的存在。这两项研究结果说明空气中存在着危险的病菌。1895 年，德国病理学专家米库里兹·莱德奇（Mikulicz Radecki）发现空气传播的细菌也能造成伤口感染。他根据这一发现，发明了早期的医用口罩，此后便着力推广医护人员使用纱布罩具以防止细菌感染的理念。

从这个线索来看，作为呼吸器的口罩，是现代科学发展的结果，也是现代科学理性的体现。

（二）作为隐喻的象征理据——纹面（facial tattoo）和面具

口罩的另一个称谓是面具。历史学家通常认为，面具是众多民族普遍使用的具有特殊表意性质的文化符号，古代常用于原始宗教及神鬼崇拜仪式中。②在中国殷商甲骨卜辞中，象形字"🦬""🦬"被释读为"魌"，意思是古代驱疫鬼时扮神的人所戴的面具③。关于面具起源，考古学界较为通行的假说包括狩猎活动、图腾崇拜、部落战争以及巫术仪式④，还有一些假说认为面具起源于头颅和面部的崇拜或是面部的装饰。关于面具和纹面形状的来源，比较有共识的是原始人模仿动物头部的面绘⑤。

---

① 高福进、周凯：《口罩"进化"小史》，（2021-04-15）[2023-02-20]，https://news.sciencenet.cn/sbhtmlnews/2021/4/361989.shtm.

② 孙凤琴：《中国古代面具文化与中国戏剧》，《戏剧文学》2003 年第 10 期，第 59-60 页。

③ 顾朴光：《面具起源刍议》，《文艺研究》1992 年第 6 期，第 136-147 页。

④ 顾朴光：《面具起源刍议》，《文艺研究》1992 年第 6 期，第 136-147 页。

⑤ 朱恒夫：《面具：文明与艺术的符号——简论面具的起源与发展》，《民间文化论坛》2010 年第 4 期，第 75-82 页。

在全世界各个文化体的发展早期，都存在纹面或面具的文化。代表性的如公元前 16 世纪的迈锡尼文明的阿伽门农黄金面具，公元前 12 世纪的古埃及法老图坦卡蒙黄金面具，公元前 12 世纪的中国成都金沙遗址的黄金面具，公元前 16 世纪中国成都三星堆遗址的黄金面具。同一时间的纹面和较为轻薄的日常佩戴型面具很可能因其保存时间不长而缺少足够的佐证。幸运的是，今天我们仍可见到不少部落保留着这种原始意味的面具或纹面行为。例如，中国的少数民族中黎族及一些地方如独龙江的妇女纹面习俗至今仍然保留。在有的民族中，纹面或刺青是高贵身份的标记，如新西兰毛利人的面部刺青；更多民族在节庆或特殊的日子涂抹装饰自己的面部，如埃塞俄比亚的达桑内科人、班纳人。广义的面具文化在全世界更是相当普遍，如巴布亚新几内亚的阿萨罗人的面具都具有某种仪式性色彩。

作为仪式和象征的面具，代表了人类对改变面孔的某些心理原型。

（三）"口罩文本"的象征性理据与功能性理据的融合

仅仅从知识考古的角度来追溯口罩发明史，或许不难区分功能性、象征性的线索。但口罩作为意义文本被使用时，这种区分是困难的。原因在于，他们的边界常常是模糊的，且常常兼有两种理据性。

例如，公元前 6 世纪，波斯拜火教在进行宗教仪式时，参与者要用布遮挡脸部。[①]据推测是因为在信众的观念中，俗人的气息是不洁的。这种"俗人"与"神圣"之间的阻隔显然是象征意义的，但这并不妨碍它可能与现代科学的"洁净"这一事实客观上有关。再如，波罗在 13 世纪初撰写的《马可·波罗游记》中描述道，"在大汗身边伺候和预备食品的侍者，都必须用美丽的面纱或绸巾将鼻子和嘴遮住，这主要是防止他们呼出的气息触及大汗的食物"[②]。实际上，在等级森严的中国古代皇族宫殿中，将高贵的皇族宾客的食物与运送这些食物的人尽可能隔离开，其象征意味可能同样重要。在没有现代医学意义的"细菌污染"概念之前，上述行为的意义就具有功能隔离与仪式的双重隔离意味。

在中世纪欧洲，黑死病流行中出现的鸟嘴医生（Doctor Schnabel）装备的双重

---

① 根据出土的 8 世纪唐代的文物推测。文物为陶俑形象，是一位戴着独特帽子和面纱的突厥男子，根据姿态推测可能是骑骆驼的人，很可能是在火神庙举行仪式的琐罗亚斯德教祭司，面纱是用来避免污染圣火的呼吸或唾液。该文物现藏于意大利都灵东方艺术博物馆。相关报道可参阅：Lawrence, L. A mysterious stranger in China. *The Wall Street Journal*, 3 September 2011.

② 马克·波罗：《马克·波罗游记》，梁生智译，北京：中国文史出版社，1998 年，第 121 页。

性意味更加明显。14 世纪的"鸟嘴医生"的鸟嘴空间里塞满龙涎香、薄荷叶、鹳草甚至鸦片，病疫医生们试图用鸟嘴空间中的物质产生的"香气"来掩盖"瘴气"。眼镜镜片、涂过蜡的皮手套、专用手杖等设备都能客观上减少与病患的物理接触。这种隔离既有朴素的"功能性意味"，也包含着与魔鬼保持距离的"象征性意味"。由于并不知晓病因和病理机制，整个疫病治疗环节都充满祷告仪式与各种象征行为。例如，手杖棒同时也用于鞭打病人以赦免他们的罪，而鸟嘴造型装扮的驱赶病魔的象征性意义也在情理之中。①

由上，单纯的功能性理据与象征性理据常常只是一种理论上的设定，而真实生活的符号表意实践总是两者的结合。这与皮尔斯所说的"完美的符号应当是像似、指示与规约三种符号的混合"内在逻辑相通。像似与指示代表着功能性理据，而象征性理据所包含的"社会心理属性"则是"规约性"的表现。

三、认知理据：遮面的多重释义

如果说，前面提及的"功能性理据"与"象征性理据"更倾向于从一种二元对立的角度来考察符号的能指与所指的关系，这在理论上就仍然是索绪尔式的局部改良。这种策略未能充分体现作为"主体"的人对符号释义起到的关键作用。具体来说，生活于现代社会的人们，没有就某个行为进行考古的义务与能力（这也是索绪尔所说的理据性不必追溯的表现形式之一），而只能据其身处的当下生活进行选择。由此，有必要引入第三种理据——"认知理据"，它是指人们对符号进行释义所包含的"既有集体印象"。这种既有认知是各种相关信息所构成的文化复合体。

以口罩为例，其作为一种"既有集体印象"呈现出来的最基本特征之一，是对于"面部"这一用于识别身份的身体部分的遮挡。当原初的"功能性"或是"象征性"暂时悬置，面部信息的缺失就成为最基础的印象。以常识来看，它只是某种"面部信息"的缺失，但实际上它们却为"社会印象"提供新的意义：一方面，是面部隐藏造成的"空符号"的释义；另一方面，是覆盖面部这一"修辞"的联想赋义。

---

① 王子铭：《令人毛骨悚然的鸟嘴医生：用蚂蟥青蛙驱赶黑死病》，（2017-04-28）[2022-03-25]. https://www.163.com/news/article/CJ3K5HDJ000187UE.html.

（一）遮盖面部的"空符号"释义与反蒙面法案的历史

口罩或面具造成的基本客观事实首先是面部信息的缺失。脸部是一种最显性而方便的生物符码。这套面孔符号编码符合索绪尔对符号应遵循的系统性的设定。也即，在一个"由任意性构成的系统"①内部，每个符号的编码应能够将其指示对象区别于他者。一旦面部发生遮挡，这一身份识别最重要的视觉符号识别编码区域就被阻隔而形成了一段缺失的编码。口罩对于本应有的面孔符号就成了一段"空符号"。空符号是"应有符号的期待发生了缺失"。②

遮挡面部的行为则常常与不被社会规约（包括法律规则或社会道德约束）所接受的活动联系在一起。目前被认为最早的"反蒙面法"是 1723 年 4 月 26 日由英国政府议会通过的《布莱克法案》，其中规定：

> 任何持枪的，将脸涂黑的，或者伪装成罪犯者，如果在森林或者王室领地出现，就会被处以死刑。③

这部法案被视为各种版本的反蒙面法案的鼻祖。现在依然使用的最早"反蒙面法"诞生于 1845 年的美国纽约州，④后经过重新修订并实施至今。该法案规定，严禁任何人蒙面或以任何其他不寻常或不自然的着装、易容等伪装后与他人在公共场所游荡、滞留、集会，故意允许、协助他人伪装后在公共场所这样做也属于违法行为。⑤此后实施各种形式的反蒙面法案的国家和地区包括意大利（1975年）⑥、西德（1985 年）⑦、挪威（1995 年）⑧、丹麦（2000 年）、奥地利（2002年）、瑞典（2005 年）、法国（2010 年）、比利时（2011 年）、俄罗斯（2012 年）、西班牙（2013 年）、加拿大（2013 年）、拉脱维亚（2016 年）、保加利亚（2016

---

① Saussure, F. *Course in General Linguistics*. New York: Mcgraw-Hill, 1969, p.65.

② 胡易容、任洪增：《艺术文本中"空符号"与"符号空无"辨析——电影人物影像符号"不在之在"的表意机制》，《社会科学》2019 年第 4 期，第 177-185 页。

③ Thompson, E. P. *Whigs and Hunters: The Origin of Black Act*. New York: Penguin Books, 1977, pp.270-277.

④ Winet, E. D. Face-veil bans and anti-mask laws: State interests and the right to cover the face. *Hastings International and Comparative Law Review*, 2012, 35: 217-252.

⑤ 候涛、陶短房、武彦：《英美最早制定"反蒙面法"》，《环球时报》，2019-10-10，第 13 版.

⑥ 意大利 1975 年制定了一项国家反恐法，禁止任何无法识别佩戴者身份的面具或服装。

⑦ 参见德国政府官方网站公布的法律集会法第三部分，关于露天公众集会和游行的条款，遮掩身份识别的服饰是被禁止的，[2023-10-05]，https://dejure.org/gesetze/VersG/17a.html.

⑧ 参见挪威政府官方网站公布的警察法中，编号为 LOV-1995-08-04-53 的相关条款，[2023-10-05]，https://lovdata.no/ dokument/NL/lov/1995-08-04-53.

年）、荷兰（2019 年）。①我国香港特别行政区于 2019 年提出了"反蒙面法"，并于 2019 年 10 月 5 日零时起生效实施。

由上，公共场所敞露"面部"就成为了某种社会生活的"义务"。与此相对，"蒙面"这一空符号表意，逐渐累积而成了与"非法""暴力"等行为相联系的"既有社会印象"。

（二）"敞开面部的义务"与"遮蔽面孔的权力"——数字隐私的兴起

然而，事情总是存在两面性，尤其是当我们用历时性眼光来看待"面孔遮蔽"这个事实时更是如此。在蓬勃发展的数字媒介技术背景下，面部信息正在成为个人隐私。面孔信息作为个人权利并不是新话题，而是一个普遍接受的观念并被大多数国家诉诸法律条款。2014 年上市的谷歌眼镜在某些酒吧和餐厅等多个公共场合被禁止使用，而在公共场合使用谷歌眼镜的用户甚至得到了"眼镜混蛋"（Glassholes）的不雅称呼。

如果说谷歌眼镜内置的便利摄像功能是从"隐私伦理上"触及了人们的心理底线，那么近年来蓬勃兴起的"人脸识别技术"及相关应用，则切切实实是关乎人们财产乃至生命安全的"密钥"。相对于指纹、虹膜等传统的生物识别技术，人脸识别技术获取人脸特征信息的方式相对便捷。作为最便捷有效的生物识别特征，人脸不仅可以设置为出入证、银行支取密码，也可以应用于军事领域，如 2017 年日内瓦联合国武器公约会议上展示的微型无人机通过人脸识别而实施的精确定向杀人。这些情况都显示出，人的面孔信息正在成为个人隐私。福布斯记者托马斯·布鲁斯特（Thomas Brewster）曾发布文章介绍过 3D 打印头型能够成功骗过智能手机实现人脸识别的过程。他打印出了自己的 3D 头型，然后对 5 款手机的人脸识别功能进行解锁测试，其中竟然有 4 款都沦陷了。②

由上，"保护面部隐私"指向的"遮蔽权力"，与诸种形式的"反蒙面法案"指向的"公共场所敞露面部的义务"构成了客观存在冲突。我们的脸孔应该敞开或是遮蔽，再次成为一个问题。

---

① 候涛、陶短房、武彦：《英美最早制定"反蒙面法"》，《环球时报》，2019-10-10，第 13 版.
② 《国内人脸识别第一案来了，我们来谈谈国外法规和隐私保护技术》，（2019-11-13）[2023-03-16]，https://cloud.tencent.com/developer/article/1538020.

（三）广义文学文本构筑的"认知理据"

严格来说，"数字隐私"或"蒙面法案"尽管指向截然相反的行动建议，但都指向的是一种考据事实。对于大众而言，一种印象性经验并没有能力区分"考据性事实"和"想象性材料"。在这个所谓的"后真相"时代，人们甚至对现象缺乏验证当下真相的能力和意愿。换言之，个人生活信念的塑成是基于开放的"信息环境"的——传播学家李普曼用"拟态环境"来描述新闻信息所构筑的人们生活的实际环境。①事实上，"拟态环境"不仅仅是"新闻"信息，更是人们存在于世以及他们接触的一切符号。也就是说，这个"拟态环境"是由包括影视、游戏及各种媒介文本在内的"广义文学文本"所共同构筑的。其中，那些远古的、通过知识考据才被挖掘的理据也常常委身于当今媒介文化所承载的"广义文学文本"诸形式来模塑关于口罩的"既有认知"；换言之，这些"广义文学文本"从文化层面造成了一种"文化印象"，即实际上被现代媒介重新表征的各种形式的历史——文学、影视以及盛行于当今数字时代的游戏共同构成了人们的"文化记忆"。

时尚与消费通过"狂欢化"的方式再造"面具"文化。面具"鸟嘴医生"的经典形象不仅是具有历史意义的，更成为大众狂欢的时尚文化，其在"威尼斯嘉年华会"成为具有代表性装扮之一，包括口罩在内的各种面具、面纱元素成为时尚设计界别出心裁的选择。2019 年春夏秀场模特身穿中国风服饰，佩戴黑色蕾丝和银色装置搭配的口罩受到许多人的追逐。中国商家甚至在 2006 年就开发了脸基尼（Facekini，或 Face Kini），一种游泳时使用的尼龙防晒头套，并成为许多民众游泳时的选项。这种商业与波普文化的融合展现出对遮蔽面部的许多可能性。

以好莱坞为代表的各种文学和影视艺术作品，通过恣肆的想象，为人们提供超真实的"蒙面"文化原型重构。好莱坞电影产业经典知识产权（Intellectual Property，IP）中，有蒙面设定的角色非常普遍，如钢铁侠、蜘蛛侠、佐罗、蝙蝠侠等。在这些隐藏身份的设定中，面具造型构成了核心要素。尽管不同文化中的原型有所不同，尽管每个超级英雄背后，都存在着某个属于国别文化的个别情形，但他们在今天的大众文化狂欢中，甚至成为了超越国别的跨文化的消费对象。

由此，从历史事实到被大众消费的媒介文本，所谓"拟态环境的环境化"不仅是指"新闻"提供的信息与我们身处的世界之间的融合，而且是指包括虚构体

---

① 沃尔特·李普曼：《公众舆论》，阎克文、江红译，上海：上海人民出版社，2002 年，第 12 页。

裁在内的广义文学文本，它们都实实在在地逐渐成为文化记忆，并通过人们的实际行动而构成我们无比真实的生活。

在这些被丰富的样式重构的"蒙面文化"印象中，与犯罪、阴谋、恐怖、神秘的宗教相联系仍是"蒙面文化"的重要底色。这是由于"蒙面"这个符号从来就不是一个"全然任意"的符号，而是一个"象征"。索绪尔早就指出，"象征"总是"残留有自然联系的痕迹"。①对于"面具"而言，这个自然的痕迹最原初的部分，就是遮挡面孔形成的那个"空符号"所带来的"不确定性"（indeterminacy）和"威胁感"引发的不安。这种不安在社会文化累积中被反复修辞而累积了"更多想象性的文本"，并形成了今天的局面。

四、意义正项："遮面"的阐释域

"反蒙面法案"指向的恰当行为是，敞露面孔不仅是一种公共礼仪，而且正在成为一种"义务"；与此相反，正在兴起的数字身体隐私观，将让面孔敞露与否成为一种私人的权利。此外，各种虚构的广义文学文本构成的"既有认知"虽然复杂多样，但其在负面印象方面无疑提供了重要的素材。如此一来，是否在矛盾中丧失了选择标准？事实并非如此。基于动态的观念来分解理据性的思路，我们可以通过佩戴口罩所在的意义场来分析其指向的理据性，并以此为基础理解这些看上去纷繁复杂的冲突表象。

我们可以将"面部遮盖"视为一场意义争夺。在意义争夺中胜出的一方可以被称为"正项"，而失败一方不得不被"标出"，而处于居间位置的坐标就是"中项"——这就构成了一个标准的"文化标出理论"的解释模型。"文化标出性"理论源自音位学。雅克布森称之为"mark/marking/marked"。乔姆斯基于 1968 年提出了一个特殊术语 markedness，后被赵毅衡译为"标出"与"标出性"。②雅各布森早就意识到"标出性"应当进入"美学与社会研究领域"。后来的发展表明，在文化标出性理论中，"中项"概念的引入尤其重要。"中项"并不站在"标出项"的对立面，而往往被视为全体的代称，并在文化博弈中自然而然地为"全体文化"代言。当我们说我们代表"大多数"人的利益或选择时，在文化上自我中项

①　Saussure, F. *Course in General Linguistics.* Beijing: Foreign Language Teaching and Research Press; London: Gerald Duckworth & Co. Ltd., 2001, p.68.

②　赵毅衡：《符号学：原理与推演》，南京：南京大学出版社，2011 年，第 281 页。

化为所有人的选择。正如我们所知，选举的结果并不是所有人都同意的，但一旦成为一个结果，就自我中项化为"全体"的选择——文化的合法身份正是从对中项的争夺中获得的。

敞露面部几乎在大多文化中都成为"正项"，而"蒙面者"被"标出"为"异项"。除了特殊的场合或职业之外（如化装舞会、医生、防化学工作者、演员等），日常生活的蒙面行为本身在一个没有戴口罩习惯（如英国）的文化中，通常被标出为"异类"。在前文提到的谢菲尔德大学中国学生被袭击事件中，袭击者群体被描述为不理解中国学生为何戴口罩。①显然，这种不理解是多数自认为"正常行为者"对"被标出的少数群体"所持有的立场。

不过，文化中标出与非标出的结构关系持续存在，而"标出项"与"非标出项"所具体指向的行为对象则可能发生翻转。②戴口罩的行为是否会从"被标出的异项"翻转呢？这个问题的答案受到诸多因素的影响。

在此次新冠疫情的全球大流行中，佩戴口罩正在为越来越多国家的医学机构所接受，进而成为民众日常生活的"科学指南"。例如，美国疾病控制与预防中心（Centers for Disease Control and Prevention, CDC）最初断言口罩是预防新冠疫情传播的一种不必要的公共卫生工具，到 2020 年 4 月初，美国疾病控制与预防中心发布了新的指导方针，建议人们在难以保持社交距离的公共场合戴面罩。③

从标出项越过中项成为正向的趋势不仅是理论上的，也体现在现实的社会生活中，人们努力为他们遵循的信条寻找合理性的行为。即便在科学界清晰地表明立场后，不少国家和民众仍表示了对佩戴口罩的拒绝态度。其中一些反对的理由是"干涉了个人处置自己身体的自由"，他们的口号是"My body, my choice"。当不戴口罩作为一种行为上的"正项"与"自由"发生冲突时，人们就有了一种完全不同的立场，并基于现代文明的理由来表达自己的选择。此时，问题的焦点是对于"佩戴口罩"意义解释的争夺。推动口罩佩戴的医学逻辑中，显然"自由"与"公共场所佩戴口罩"并不构成必然性对立。而以处置自己身体的自由拒绝佩戴口罩的立场，未考虑理据的动态性和可变性。只要考虑一下，"裸体"也曾一度

---

① Charlotte, O.-W. Coronavirus: Chinese student in Sheffield "attacked for wearing face mask". [2020-05-24]. https://thetab.com/uk/sheffield/2020/01/31/coronavirus-latest-advice-sheffield-chinese-student-41906.

② 胡易容：《论文化标出性翻转的成因与机制——对赵毅衡一个观点的扩展》，《江苏社会科学》2011 年第 5 期，第 138-142 页。

③ Reynolds, P. Unmasked behavior. *IEEE Pulse*, 2020, 11(4): 34-36.

是人们的自由（迄今在某些原始部落中仍是如此），就应当理解这一点。今天，公共场所穿上衣裤以遮蔽赤裸的身体才是合适的行为，其背后逻辑正是公共场所适当着装代表的"文明""礼貌"等意义成为了规约的"正项"解释的结果。

综上，口罩是一个简单得无以复加的日常健康防护用品，若仅仅从减少病毒传播的角度，采取何种行为更为妥当，就应当完全交由专业医学机构判断。但因其在客观上构成了面部遮蔽的事实，进而引发了诸多方面的讨论而成为一种文化隐喻。每个文化群体对待"蒙面"的立场不仅受到历史中所累积的使用理据的影响，也被广义文学文本造成的"认知理据"所左右。"呼吸器–面具"的复合理据融合了政治、宗教、商业诸多文化因素，使得它成为一个集合不同意义的复合符号。这个符号在动态的文化中不断地被表征和再演绎。

因疫情控制引发的"口罩佩戴"争议，看上去是一个"基于现代医学的科学论断"提出的当下公共生活行为指南，也即"功能理据性"，但现实表明这种指南提供的信念无法孤立地产生效用。通过将口罩佩戴视为一个关于身体修辞的文学文本，我们可以看到，口罩佩戴不仅受到历时维度中"功能性理据"和"象征性理据"的综合影响，也被涵盖"真实生活文本"和"虚构文本"的广义文学文本所构成的"认知理据"所左右。政客、明星、医学专家等构成了传播不同信念的行动主体。

"口罩佩戴"还有一些看不见的维度，"口罩"作为一种对身体部分遮蔽的"修辞"，其对面部信息的处置方式隐含了对社会文化习规的表征。只不过，理据的动态性与可变性提醒我们，无论是"功能理据"还是"象征理据"，都并非指向一成不变的结论。在当下和未来正在或即将面对的"反蒙面法"和"数字隐私"对于面部方式截然相反的处置方式也暗示出"科学正确"不过只是生活信条之一，与其他各种信条共同构成了当下和未来"社会生活方式"的多重文化隐喻。或许，并没有一种永远"优先于其他考量"的生活观为人们提供一切保障。而生活于其中的，无论是作为个体还是集体的"人"都要为自身生活方式（包括如何处置自己的身体）和所基于的信念负责。只有在这种责任的担负中，我们说主体性——人之为人，尤其是作为"现代人"的意义才得以彰显。

第五章　赛博时代符号意义离散与回归

提要： 赛博时代是媒体剧变的直接后果，也是当今最显著的时代标签。人类进入赛博时代后各种新问题层出不穷。其中，信息内爆导致的碎片化、传播者门槛的消除导致的信任缺失，以及信息增长对意义的淹没是具有代表性的三个问题。由此，本章针对这三个问题，围绕碎片化、后真相和数字化展开回应。

第一节讨论的"碎片化"是赛博时代人们身处的信息世界的文本典型特征，也模塑了当今人们的知识结构和认知方式。本节借用计算机术语"宏文本"来整合碎片化的信息，并形成"现代赛博人"应对碎片化的生存策略，颇有一些用魔法打败魔法的意味。其实质，是在理论上突破"中心文本"与"伴随文本"的静态主次关系，以动态系统观来整合好碎片化信息，以更好地驾驭数字时代的海量信息。第二节针对当今网络传播引发的"后真相"论题，提出了以"诚"为基础的"意义契约"论。第三节"数字人文"符号学实际上是应对信息爆炸而意义并未与之相应增长甚至呈现意义荒漠化的问题。通过数字人文的形式演进分析，以"意义论"呼吁伦理回归。

第一节　信息碎片化与符号"宏文本"

碎片化既是 20 世纪社会文化的反传统思潮，也是当今数字媒介剧变导致的日常生活现实。社交媒体的微文本特性令网络时代信息传播的碎片化程度尤为加剧。在此前很长一段时间内，中国人对与科技相关的新事物体验都会滞后于世界先进国家，但在新媒体时代，包括中国人在内的全世界却几乎同步进入了社交媒体时代。社交媒体渗入了当今中国生活的各个领域和角落。由此，碎片化信息也构成了中国文化的典型景观之一。由于以大数据为典型的量化方法对碎片化的应对存在一定不足，主要是由于大数据的笼统归纳和量化方式难以处理多个文本意义的联合。传统符号学理论擅长处理文本意义问题，却往往注重个体文本的阐释。面对碎片化现实，有必要从以单个文本为中心的"全文本"拓展至动态的"宏文本"范畴。作为文本复合体，宏文本提供碎片重聚的理论视点；同时在操作层面上，"宏文本"对碎片化文本的跨层联合与"大数据"的海量信息挖掘具有互补性，它们共同构成海量信息时代的把握文本意义的基础手段。

一、碎片化信息与社会

一个世纪前，弗里德里希·威廉·尼采（Friedrich Wilhelm Nietzsche）"重估一切价值"的主张成为 20 世纪普遍蔓延的反传统浪潮的思想源头之一。及至 20 世纪二三十年代，不同领域的思想家产生了一种共同的以思想和行动超越启蒙时代范畴的冲动，并在第二次世界大战后蔓延为一场世界性的后现代主义思潮。这场思潮宣扬主体消散并试图反对现有的一切话语体系，他们主张通过反"元解释"和"文本意义"来宣称自我。碎片化是后现代主义思潮的衍生概念之一，最初其用来描述后现代社会那种去中心化的社会诸现实。在现代传播语境下，碎片化更贴切地表达了网络时代信息传播的特质。而今碎片化已经不再只是社会危机的悲观主义设想或后现代主义关于主体离散的危言耸听，它形而下地具体表现为社会信息被分割为不具备连续逻辑的零碎单元。学界多用"碎片化"等概念来描述网络传播背景下信息孤立化和分离趋势。[①]

碎片化导致的突出矛盾，是海量信息与单个文本建立内在联系的困难。对于身处其中的个人而言，需要一种新媒介素养来建立不同文本之间的逻辑联系，以实现认知上的完整性；对于传播者而言，则需要通过建立起文本内在整合，实现意义有效传播。

碎片化展现了后工业社会中人们信息生活的一种离散态：一方面，社会群体碎片化导致媒介传播意见和信息接受的非中心化；另一方面，是微博、微信等一批社交"微"媒介勃兴，传播通路的激增，海量信息导致个人信息接触点离散

---

① 喻国明：《解读新媒体的几个关键词》，《广告大观：媒介版》2006 年第 5 期，第 12-15 页。

化。信息传播的来源、主体、时空、手段、渠道、释义、文本都呈现出不同程度的碎片化。结果是信息意义在传播过程中被消解，并导致麦克卢汉所说的"麻木"现实。①不过，现代人并非毫无反抗能力。一种观点认为，"社会化媒体的思路……就是激活、利用、收编这些被遗忘的碎片空间，使其成为一个资本生产空间。如今，微博、微小说、微电影、微摄影、微访谈、微公益等微文本形态无缝进入日常生活的深层结构，成为碎片空间里最常见的填充物"②。这种填充，提供了一种接受空间维度的重新整合化倾向。刘涛据此认为，"空间生产意义上的碎片空间不再是现实世界里可有可无的边角或空当，而是直接构成了日常生活本身，因此可以在一个更完整的'空间拼图'中来把握资本实践的社会史"。③空间的拼合固然提供了一种联合的基础，而文本自身之间的体裁边界在人们脑海中所形成的鸿沟依然需要面对。传播符号学的重点是从文本的角度来看待碎片信息的整合可能。最简单的例子如，搜索引擎重新将原有文本打碎，形成了基于检索逻辑的新集合。经过搜索引擎的重新组合，原有文本的秩序和空间组合关系发生了变化，并且在不同检索规则下不同文本的变化是多样的。这种变化暗示出，文本边界可能是变动不居的，以及文本作为自足的个体可能并不重要。不过，搜索引擎提供的并不是一个单一而清晰的结果。扑面而来的海量搜索结果和无限延伸的超链接是对现代人信息获取力的挑战。各种超链接文本通过各种魅惑和陷阱来令搜索者转入毫不相关的话题信息中。而且，搜索引擎受到的巨大限制是，它作为一种链接方式，每次实现的下一个文本链接是线性的。可视化和大数据的结合在一定程度上弥补了这种线性链接的不足。大数据方法通过对已知主题的挖掘呈现出一个话题的共时性剖面，并可以通过持续地提供变化趋势来实现信息的"镜像式"反映。④

　　大数据所呈现结果的局限也是显而易见的。它擅长表述网络数据所反映的态度趋势或分布，并提供基于数据算法的分析结果。大数据方法的总体特征，是将一个巨量的背景数据通过赋值化，浓缩进一个直观有限的表述结果内。大数据在

---

　　①　McLuhan, M. *The Medium is the Massage.* London: Penguin Classics, 2008, pp.79-83.

　　②　刘涛：《社会化媒体与空间的社会化生产——列斐伏尔和福柯"空间思想"的批判与对话机制研究》，《新闻与传播研究》2015 年第 5 期，第 73-128 页。

　　③　刘涛：《社会化媒体与空间的社会化生产——列斐伏尔和福柯"空间思想"的批判与对话机制研究》，《新闻与传播研究》2015 年第 5 期，第 73-128 页。

　　④　胡易容：《图像符号学：传媒景观世界的图示把握》，成都：四川大学出版社，2014 年，第 150-158 页。

"人文"层面上表征文本自身形态的丰富性则具有明显缺陷，我们可以通过扫描光谱数据来统计梵高所有画作的用色偏好，但这个结果却无法在人文意义上让读者掌握梵高艺术作品之意义所在。

不仅艺术作品如此，任何文本的文化意义维度都难以用数据量的增加来显现其意义归纳。用科学化的术语来表达就是，这些意义自身乃是不可通过简化方式规约的复杂系统："复杂的东西不能被概括为一个主导词，不能被归结为一条定律，不能被化归为一个简单的观念……复杂性不是能用简单的方式来加以定义并取代简单性的东西。"①因此，有必要在数据之外找到一种基于不可规约的文本自身的意义释读。从复杂性科学作为一个课题被提出以来，其研究适应范畴日益广泛。"复杂性"的界定尚在讨论过程中，美国《科学》杂志在"复杂性专题"的导言提出，没有统一的复杂性定义，而应由作者结合具体学科来界定相应的复杂性。从思想渊源的时代背景看，尽管没有证据表明复杂性学科与之直接相关，但这一代学者的思想无法不受到后现代主义的影响。它们都主张通过反对现代性、经典性来自我确证。后现代走向极端的虚无、怀疑和相对主义，这导致了其自身话语影响力的衰落。在索卡尔事件和科学大战之后，后现代更需要一种建设性路径来实现自身的转型，在此背景下，形成了建设性后现代主义、新解释学等多重流派。从关键词可以看到它们的相近之处。

后现代主义思潮的关键词有分离、差别、破碎（fragment）、解构（deconstruction）、混沌、偶然、自发、不确定性等；而复杂性科学注重多样性、多元化、复杂性、模糊性（ambiguity）、连通性（connectivity）、关系、依赖、和谐、综合、整合等②。

复杂性科学的研究对象并无具体学科边界限制，通常被称为"复杂系统"。例如，钱学森把"开放的复杂巨系统"③作为复杂性科学的研究对象，具有技术的偏向。复杂与简单本身不是一个数量定义，而是一个相对性概念。吴彤将负责性系统的特征归纳为不稳定性、多连通性、非集中、控制性、不可分解性、涌现性、进化过程的多样性以及进化能力等方面。④可以说，任何对象，在特定视角上都相

---

① 埃德加·莫兰：《复杂性思想导论》，陈一壮译，上海：华东师范大学出版社，2008 年，第 1-2 页。
② 吴彤：《复杂性、科学与后现代思潮》，《内蒙古大学学报（人文社会科学版）》2003 年第 4 期，第 8-12 页。
③ 钱学森：《论系统工程》，长沙：湖南科技出版社，1981 年，第 5 页。
④ 吴彤：《科学哲学视野中的客观复杂性》，《系统科学学报》2001 年第 4 期，第 44-47 页。

对于其子系统具有构成复杂性系统的潜力。例如，一棵树相对于整个物种来说是简单系统，但当参照视角发生转换，它相对于其下的子系统又可以被视为一个复杂系统。以力学系统为观察视角，一棵树相对于一片树叶而言是复杂的，在落叶时候的受力就成为复杂系统，每一片落叶与环境的关系都构成一个独立却又彼此关联的子系统。这个系统所具有的信息特征是低层次系统并不具备的复杂维度。复杂性科学原理的策略并不是信息的线性简化或规约，而是以保留其原始性结构的方式来把握文本。复杂性科学并未预设对象本身样态复杂，其关键在于拒绝以线性、静态、固化思路去化约对象。复杂性对于人文科学的借鉴价值更多体现在其对象处置方式上。

复杂性科学不是特定对象物的设定，而是特点处置对象的理念和方法论产物。对于现代网络信息传播而言，这种复杂系统对象的观念有助于从总体上把握文本对象及其意义实现的诸方面。

二、信息"宏文本化"

（一）文本边界的突破

文本，原义为编织物，其狭义指称是"语言文本"。洛特曼称"文本"是"整体符号"（integral sign），文本的当代意涵自然涵盖多媒体外延对象。赵毅衡将文本的定义简化为"任何可以被解释的，文化上有意义的符号组合"或"合一的表意单元"。[①]简言之，文本是一组符号链，既包括语言也包括非语言的图像、视频等一切可表意的符号序列。符号个体是文本构成要素，其表意是在上下文（context）之中实现的。因而符号文本是在一组系统的相关文本中产生表意的。文本与其他文本发生关联的方式在传播中是经由"超链接"构成的"超文本"（也称为"链文本"）。"链接"即文本与其他文本关联的方式。就符号链关系来看，超文本是一种跨体裁节点的关系描述，是一个"无限衍义"的文本释义关系。每一次超链接都是一次线性延展，但延展最终导向何方，对于信息获取者来说是一个未知数，只是理论上无限接近全体文化。不过，既然文本表意不是孤立的，它有表意过程中的相关单位还是有线索可循的。对于文本与上层文本及社会文化的关联

---

① 赵毅衡：《符号学：原理与推演》，南京：南京大学出版社，2011年，第41页。

方式，已有相当多的理论。归纳而言，这些论述对文本之间的关系，有三种处置策略：语境视角、互文视角、伴随视角。

布罗尼斯拉夫·马林诺夫斯基（Bronislaw Malinowski）提出语境是考虑影响表意的周边性要素。"语境"有广义和狭义之分，狭义语境主要指上下文关系，广义语境则是涵盖话语中心、主客观因素甚至表达材料等非表达性要素。[1]丹·斯铂伯（Dan Sperber）和戴尔德丽·威尔逊（Deirdre Wilson）的"关联理论"[2]对语境论做了认知心理方面的补充。樊岳红在上述基础上把语境归纳为文本语境、境遇语境或实践语境、认知语境。[3]语境论将文本与所处环境割裂开来，有较为强烈的主辅意味。"非核心文本"的观念则将这些影响表意信息的其他要素视为一种"文本"，如热拉尔·热奈特（Gérard Genette）讨论的型文本，玛丽·麦克林对文本序列一和序列二的划分，都体现了这种思路。

朱丽娅·克里斯蒂娃（Julia Kristeva）讨论的"文本间性"（intertextuality）[4]就较为关注文本的整体文化背景。她将文本间性扩展到整个文化影响的视域之内——无论是政治的或社会文化的问题都变成了互文本。这种思路主张打破自足文本观念，具有启发性，但其后广泛的文本间性旨在进入批评话语，而非文本形式操作。因此有必要进一步提出一个模型，来对网络时代的信息把握提供建构性价值。

赵毅衡提出"伴随文本"概念，是从文本表意中的作用发生方式而言的，他认为伴随文本就是符号表意过程造成的特殊语境。[5]伴随文本论与语境论有着相近的外延和不同的出发视角。在解释（符号文本自带的）"内部"语境的时候，赵毅衡指出，（符号文本自带的）"内部"语境，就是副文本符号文本的伴随信息。它们与符号形态有很大关系，但又不是符号本身，而是符号传达的方式。……即符号表意的伴随文本。[6]他进而将伴随文本分为：显性伴随文本、生成伴随文本、解释伴随文本。

---

①　魏屹东：《语境与认知推理》，《山西大学学报（哲学社会科学版）》2008 年第 6 期，第 21-26 页。

②　Sperber, D. and Wilson, D. *Relevance: Communication and Cognition*. Oxford: Blackwell, 1986.

③　樊岳红：《后期维特根斯坦语境论研究》，山西大学博士学位论文，2012 年，第 18 页。

④　Julia, K. *Desire in Language: A Semiotic Approach to Literature and Art*. Columbia: Columbia University Press, 1980, p.84.

⑤　赵毅衡：《论"伴随文本"——扩展"文本间性"的一种方式》，《文艺理论研究》2010 年第 2 期，第 2-8 页。

⑥　赵毅衡：《符号学：原理与推演》，南京：南京大学出版社，2011 年，第 141 页。

由上，最广义的"伴随文本论"与"语境论"几乎有着相同的外延。但是两者的理论预设逻辑并不相同：语境论的预设是符号文本作为一个核心对象，而对其意义产生影响的仅仅是一些"周边性要素"，而非"文本"性要素，其表意文本的边界明晰，且中心固定；但伴随文本论则将这些周边性符号纳入了"文本"范畴，甚至与表意文本等而视之。赵毅衡称，有时它们的作用比表意文本自身有更多意义。"伴随文本"的视点更适合现代符号学理论关于意义的动态性、开放性理念。

（二）从"全文本"到"宏文本"的跨层性

文本范围的确定是逐步推进的。首先是意图定点的确定，但是"意图定点"无法有局限性，因为每个人的具体解释行为过于多变。意图定点是针对某个"解释社群"（interpretative community），也就是参与接收的大多数人。从接收者角度来看，意图定点似乎变动不居难以捉摸。但是这种主观尺度一旦转移到符号文本方面，就必须形成一个具体化的交道界面。例如，科研工作可以通过检索语言得到相应范围内的文本，所得结果就是有限的。同时，论文检索的结果仍是开放的——被检索文献的引用文献和字段会形成一个新的发散圈。通过这种链接延伸的最终结果可能是全部文献。然而，必须设置一个意图范围内的有效文本界限。这个界限就是与检索论文的参考目的意图相关的"参考文献"。

由此，在相对确定的获意意向和意图定点的设定下，会在客观上形成一组文本。这组文本群可以看作一个整体——"全文本"。有学者曾以新闻为例，将"新闻全文本"界说为"包括'文本'和'伴随文本'的一整套与新闻'报道活动'有关的信息整体呈现"。①赵毅衡对全文本做了严谨的理论界定，他认为"全文本就是进入解释的全部文本元素之集合"，并建议该术语对应英译为"omni-text"。②该界定偏向于从接收者的释义角度来考虑伴随文本是否进入阅读视野，而全文本强调的"全"（omni-）乃是一种涵涉面的最大化。"伴随文本"这一概念对文本的异质性、跨层次性的强调似有不足。尤其是在碎片化传播的网络时代下，有必要从系统复杂性来展现进入释义范畴文本的跨层性与多模态性。由此，本节引入了"宏文本"概念。宏文本的建构是复杂性理论在符号学领域的具体表征，其对网络

---

① 胡易容：《"新闻经典"抑或"经典新闻"——在"全文本"中构建"新闻经典"》，《中国出版》2011年第12期，第19-23页。

② 赵毅衡：《"全文本"与普遍隐含作者》，《甘肃社会科学》2012年第6期，第145-148页。

时代的信息离散的整合具有价值。宏文本可以界定为，以特定获义意向为坐标，以意图定点为半径的动态视界内符号文本全域及其呈现的意义联合方式和结构。

宏文本是相对于单个文本的"大尺度对象"，此处的大尺度并非仅仅指数量的巨大，还包含系统层级结构的多层级结构。相对于全文本的概念，宏文本不仅强调文本要素的进入，并且注重所进入文本之间的结构关系和层级关系。由此，"宏文本"与"全文本"有着不同的含义及结构观。全文本可概括为"核心文本+伴随文本"，宏文本则是关于独立文本系统之间的联合、嵌套、交叉等诸种可能关系的总体描述，其确定的方式则是在获义意向照见下的明确。因此，宏文本具有一种去中心化的特质。以一个奥运申办活动为例，该活动在程序意义上核心文本应该是"申办申请书"，然而，所有的申办国均提交了法律意义上的申办申请书。在以多个获义意向（评委，也包括提供舆论的公众）的情况下，为文本编制的策略或许是个宣传细节，打动了这些投票者。这意味着，此一获义意向起到关键"意义效用"的并不是整齐划一的申报书，而可能是某个展示方面，甚至细节。这意味着从意义效用角度，不能将法律文本视作绝对固定不变的"核心文本"。符合申报程序的法律文本仅仅提供了合法性，而申报成功的目的之达成却取决于诸多关联文本。这种去中心化的思维也是宏文本概念的重要方面。

宏文本具有复杂层级结构。前文提及，单个符号不是文本，而必须构成表意秩序的符号链，才能称为"文本"。因此，如果说最小的表意单元是符号，则文本就是一个有自身独立结构的最小表意单元；相应地，宏文本就是以独立表意文本单元为子系统的上层结构。赵毅衡提到过"历史演化"等具有高度复杂性的"大局面文本"①，这与钱学森的将"巨系统"作为对象的策略类似。两者的共同特征是强调文本对象自身在一个预设语境下的"巨量"，而并不考虑复杂性的相对性。与各种巨系统或巨量文本不同的是，本节提出的"宏文本"乃是一种基于复杂性观念的文本处置方式。任何文本都在其自身系统中可能具有多层级性和巨大复杂性。以日常生活为基本参照面，宇宙学的对象是复杂的、大尺度的；人类文明演化相对于单一社群文化是复杂的，而社群文化相对于个体行为是复杂的；个体行为的脑神经协调系统相对于单个神经细胞活动而言也是复杂的。也即，每个对象系统是否具有复杂特征属性，取决于其参照系的选择以及是否遵照复杂性思维的

---

① 赵毅衡：《符号学：原理与推演》，南京：南京大学出版社，2011年，第45页。

释义方式。因此，宏文本所说的这种大尺度，就是指一种将多个独立文本作为表意子系统协同工作的一个复杂系统来看待的研究方法。

实际上，宏文本视角与全文本及伴随文本理论的相通之处，是它们将外部"框架性要素"的表意功能纳入符号表意范畴。在传媒领域，这种思路的一个具体理论体现是麦克卢汉所宣称的"媒介即讯息"（The media is the message）。传统结构主义者理解的框架性要素——媒介引起表意功能而被纳入文本讯息中来了。不仅如此，麦克卢汉还说，媒介可能是比内容更为重要的讯息。[①]实际上，克里斯蒂娃"文本间性"、路易·皮埃尔·阿尔都塞（Louis Pierre Althusser）"历史与意识形态"、爱德华·沃第尔·萨义德（Edward Waefie Said）"对位阅读"都是从更深广的层面来完成符号文本的表意。后面三种理论强调的社会文化全体或政治、历史层面的影响，仍具有基于各自出发点的意义释读侧重。如果将这些侧重去除，符号文本的解读就无限趋近于无限衍义指向的"文化全域"。这就再度上升到一个更宏观层的系统、文本的意义边界也更加模糊。也即，连同网络文本在内的任何一个符号文本的释义路径如果不加约束，最终都会沿着某个路径发散至接近文化全域。

三、文本"视界"的"宏文本"编制

（一）文本视界生成

宏文本的复杂性预设，令其边界开放且具有不确定性。皮尔斯论述表意过程非确定性边界问题时指出，有两种符号表意论。一是"语义论"；二是"形式论"（非语义理论）。后期皮尔斯的形式论主张成为他的符号传播哲学思想的重要路径。他认为通过符号从对象向解释项传递是一种形式，并无既定的（意义）存在物，而实际上是一种结构形式上的"力"，是在某种条件下将要发生的（表意）事实。该形式在对象中得到真正体现，条件关系构成形式的意义。[②]"形式论"对于宏文本的佐证，乃是两者都强调一种整体意义解读。宏文本中的意义向度并非碎

---

① 埃里克·麦克卢汉、弗兰克·秦格龙：《麦克卢汉精粹》，何道宽译，南京：南京大学出版社，2000 年，第 412 页。

② Robin, R. *Annotated Catalogue of the Papers of Charles S. Peirce.* Cambridge: The University of Massachusetts Press, 1967, p.793.

片化个体文本信息的叠加，而是涵盖了其结构性框架等形式要素的意义整体。表意过程是一种"形式"，而非孤立的意义。这一整体特性使得碎片化信息在传播的读解策略上再结构化。

宏文本是一个整体观的文本，其意义确定需要作为形式诸要素的符号表意各方面的落实。在"发送者—符号文本—接收者"构成的表意基础过程中，一旦形成文本，整个过程中"接收者"及其接受的具体情形就成为唯一未确定的因素。此时，表意者的主动性编码使命已经完成，意图意义只能倾注于文本之中，表意过程进入下一环节，于是作为意图意义发出者身份的作者离场。作者意图化身为伴随文本寓身于文本之中，成为宏文本的表意途径之一。同样内容，表意者的身份构筑了符号被释义的一个非零度的文本。此外，基于表意者身份被认可的同一身份，使得他可能后期对符号文本增加新的内容，或通过其身份特权对意义流做出自身解释以形成新的干涉，这可能造成一种具体的"力"。网络上许多争议会大大影响到该文本的相关解读。因此，在整个文本表意过程中，表意者的身份信息为副文本所涵盖。

整个过程中唯一未确定的因素——释义者及其释义情境构成了符号文本完成表意的最后需要确定的因素。在整个过程中，释义者并不能在伴随文本的确定要素之中。符号文本完成释义，是整个过程中最为惊险的一跃。因为，无论符号文本如何，在释意者未完成释义的情形下，整个表意都并不存在。它们至多是一个符号文本的待在结构。只有诉诸某次确定的表意行为，符号表意才得以最后实现。释义者的作用如此重要，以至于现代符号学者认为整个符号学都从"代码符号学"转向了一种"解释符号学"。对于释义这最后但可能最为重要的环节来说，决定了某次符号过程的"获义意向"。相对于发出者的"意图定点"来说，"获义意向"是接收者的符号操作半径。它决定符号衍义的范围、路径，最终也确定了宏文本的"视界"。

"视界"概念最初由尼采和埃德蒙德·胡塞尔（Edmund Husserl）引入哲学，以表示思维受其有限的规定性束缚的方式。在伽达默尔看来，"视界"范围包括从一个特定的视点所能见到的一切，且它绝不会完全束缚于任何一个视点，因此"绝不可能有所谓真正封闭的视界。视界是我们悠游其间，而又随我们移动的东西"①。宏文本的范围并不是以具体文本为边界设定的，而是基于特定获义意向的"视界"。

---

① 乐黛云、叶朗、倪培耕：《世界诗学大辞典》，沈阳：春风文艺出版社，1993年，第484页。

具体获义意向构成"特定点"。获意者基于其前理解所形成的视界与符号文本所携带的表意视界相遇，进而形成一个新的范畴。释义者遗失的那部分就是视界范围之外的意涵，这为我们确定宏文本的边界提供了一种启示。不过，伽达默尔的理论是以单个文本为工作预设的，并且设置了语言的元符号地位。伽达默尔认为，人只有掌握语言才能理解世界，因为我们所认识的世界是语言的世界，世界在语言中呈现自己。

此处，宏文本对"视界融合"理论的推进，是将多文本系统纳入考虑，且将"前理解"的基础适用于包括语言在内的一切符号。宏文本的视界外延正是在这个基础上得到的，它是包含动态过程中文本及各层级伴随文本在内的全域。

（二）宏文本编制

由于强调不可化约的整体观，宏文本区别于单个具体的伴随文本。例如，相对于"超文本"的链接关系，宏文本更强调复合文本的全域性，是多文本的协同作用。在网络信息的传播中，宏文本思维不仅具有理论认知价值，也具有多领域实践的指导意义。例如，"国家形象传播"作为一个复杂性传播行为，其传播总体目标涵盖面异常广泛。其具体执行层面中，一切与该国地理、政治、经济、文化要素有关的符号均可能构成传播文本的要素。

例如，在申办奥运会时，即便所有文本均已做了最好的准备，最后申办的成功与否，仍具有不确定因素。现场的陈述、演示的顺畅甚至国内突发的一则新闻，都可能导致整个系统的开放结构在导向最后成功的刹那崩溃。这是由于，作为复杂系统的宏文本在动态表意过程中，意义的"涌现"本身是开放的，蝴蝶效应在信息传播过程中具有改变意义走向的可能。例如，有评论认为 2011 年发生的"小悦悦"事件出现在纽约时代广场上的大屏幕上的传播，足以毁掉中国在纽约时代广场大屏幕上所做的一整年的国家形象宣传。小悦悦事件本身并不是国际事件，但从信息涌现的角度来看，它具有形成一场舆论龙卷风的可能。如果这场龙卷风被人与奥运申办等国际事件关联起来，则有可能成为申奥宏文本中一个意外涌现的链文本。在高层次系统中涌现的意义具有低层次子系统或单个文本并不具备的特征。①信息传播史上，因意料之外的消息毁掉整个计划周密的传播策划战役

① 彭虹：《涌现与互动——网络传播表现与动力机制的研究》，《西南民族大学学报（人文社科版）》2007 年第 8 期，第 128-133 页。

的例子并不鲜见。

基于宏文本的发出意图，并结合获义意向设立宏文本的视界，就能确定一次具体的传播活动文本边界。例如，某国家或企业的宏文本目标是被认知和识别，则传播文本可以以此目标来确定。因此，现代品牌形象传播必须是一场被称为"战役"的动态过程，通过动态聚合与组合关系完成宏文本的互动性建构，以通达释义者的视界，是由于"宏文本"是历时性与共时性兼具的开放文本系统。

综上，宏文本具有开放结构性特征，它并不是语境论那种中心明确的结构，而是一个由一组边界未定的文本集合构成的文本库。这个文本库被获义意向照亮时，它的内部结构才呈现出清晰的面貌，宛如照相机拍下景物瞬间留驻的时空切片。现实的情况是，文本编制所面对的获义意向只是编织者的猜想，因此，文本自身必然具有一定开放性。

将宏文本的观念放大到整个人类知识谱系来看，当前的知识谱系已经远远超过个体把握的范畴。建立在搜索引擎基础上的人工智能，其背景知识库比任何个人都要丰富。但是，部分对人类来说非常简单的直观性问题对机器识别而言却非常困难。实际上，这是由于人工智能在文本对象的算法问题上缺乏从宏文本角度对影响信息的文本属性及其与对象文本关系进行意义预设。从人工智能发展的三种主导范式来看，"符号主义"[①]受到其封闭结构的理论系统局限。基于对真实世界静止和符号对应逻辑设定来看，"符号主义"并非复杂性系统逻辑。它基于简单系统通过同一系统层级的知识单元数量扩张来解决人工智能符号语义的对应问题。这种知识谱系的拓展方式缺乏对知识文本的复杂层级性结构的规定。"常识知识工程"的失败说明，整体性情境表征是符号主义所不能穷尽的。[②]

当前自主学习的机器人热潮主要路径之一是结合行为主义的反馈机制，通过训练的方法而非直接的程序设计来实现人工智能的"进化"。联结主义从线性计算转向非线性并行分布处理计算，通过硬件与软件结合来进行仿生途径的人工智能探索。不过，行为主义自下而上的学习并不能解决所有问题，它需要整体性的知识文本谱系的系统性预设干预。有学者指出，即便是行为主义、符号主义、联结

[①]　符号主义是以逻辑推理来模拟的智能，其操作是将物理符号作为人类认知的基本单元，通过计算机逻辑运算就能模拟人的智能行为。其借用了符号学的基本概念，却走向了较为纯粹的数理逻辑，实际上这与我们所说的经典符号学方法已经大不相同。

[②]　Dreyfus, H. L. *What Computers Still Can't Do: A Critique of Artificial Reason*. Cambridge: The Massachusetts Institute of Technology Press, 1992, p.7.

主义在进行深度融合，其面临的共同问题都是"难以在不断变化着的真实语境中很好地处理问题"①。早期人工智能的探索范式主要是对人脑、计算及其结构的探索。语境论困境和未来的研究趋势暗示了对作为知识谱系的"符号文本"结构的探索可能是对人工智能具有价值的另一种路径。前文已经说明，"语境"纳入文本内部的优点，是使文本不同部分能在"宏文本"的整体路径下协同形成意义视界。

对文本结构的这种讨论并非仅仅针对人工智能应用。宏文本作为一个基础概念，应是基于信息传播内容谱系建构的基本逻辑，其初始动因是着力于现代社会信息碎片化的再整合。宏文本不仅对信息接收者在文本接受时有一种整体性的把握视野，且对于符号文本的编制具有参照价值。现代社会的各种主体（城市、国家、商品、个人）信息传播战役，均是宏文本编制与传播的战役。

第二节 "后真相"时代的"意义契约"

信息社会文化的一个重要特质，是麦克卢汉所称的"信息内爆"而导致的信息过载和秩序混乱。在过载的信息中寻求传统概念下的"真相"，其问题点发生了转移。尤其是近些年一些典型事件引发整个西方学界震动，并高呼后真相时代的到来。西方学界认为解决这一危机亟待理论的突破。本节回到符号文本述真结构，梳理了"后真相"的核心特质及其造成的重大理论问题——哲学求"真"主要对立范畴由"谬"向"伪"的转向。

一、"后真相"时代

"后真相"本身是网络时代信息过载语境下的"双刃剑"，它造成了众声喧哗真相迷失的困局，也隐含了新语境下求真的线索。在理论上，本节以"对象""表象""意向"三重维度为基础，动态开放地修订和重新诠释了格雷马斯符号矩阵，并提出以中国传统文化的"诚"为基点，重构"意义契约"作为回应后真相时代信息过载诸种乱象的建议。

---

① 董佳蓉：《语境论视野下的人工智能范式发展趋势研究》，《科学技术哲学研究》2011 年第 2 期，第 33-38 页。

2016 年 11 月 22 日，牛津词典官方公布年度词为"后真相"。①实际上，此词最早出现于 1985 年，被解释为真相披露之后引发的情形。②然而，今天所说的真相却几乎与此恰恰相反，它不再指向那些事实真相披露的后果，而是指客观事实在塑造政治辩论或公众舆论方面影响力低于对情感和个人信仰的吸引力的情况③。1992 年"后真相"一词就出现在美国《国家》杂志，宣言式地表达了后真相时代的选择意愿，"独裁者们总是压制真相，而我们通过行动表明那已经不再必要……，我们作为自由的人们，有权决定我们希望生活在一个后真相的时代。"④及至 2004 年《后真相时代》（The Post-Truth Era）出版，该词得到较为系统的阐发。随后的政治发展态势对"后真相"时代有推波助澜的功效，尤其特朗普当选美国总统和英国脱欧两个政治事件，推动公众舆论大规模使用"后真相"一词。当年该词的使用率急遽上升 2000%，并于 2016 年底登上《牛津词典》年度词汇榜。⑤ 2017 年 8 月底，爱丁堡国际图书节上，英国《旁观者》杂志前主编、《卫报》专栏作者马修·德安科纳（Matthew d'Ancona）以"后真相时代"为题发表演讲，称"只传达事实是不够的，后真相不会被数据的轰炸撼动"⑥。笔者统计了从 2015 年至 2022 年的谷歌图书，短短数年间英语世界以"后真相"为题的图书超过二十部，一时间成为西方学界的热门话题。

"后真相"时代，公众似乎不再相信传统主流媒体提供的"事实真相"⑦。这对视"真相"为至高追求的媒体界而言无疑是一个重大的冲击。实际上，"后真相"时代不仅关乎传媒界坚持的"真相"信念，而且是对数千年来人类"真之执着"的一次震动。历史上从来不乏欺世盗名之徒和说谎者，但通常不至于肆无忌惮到连"真"的外衣也可以抛弃。而今，"真"这一神圣的终极追求竟沦落至"不再重要"，值得关注。史安斌指出："'后真相'与西方社会思潮从现代主义到后现代主义演进的趋势相吻合。……在众声喧哗的社交媒体时代，事实经过无数次再

---

① Modreanu, S. The Post-Truth Era?. *Human and Social Studies*, 2017, 6(3): 7-9.

② 1985. *Sunday Mail (*Brisbane*)* 1 Sept. 72/2.

③ Definition in Oxford Dictionaries. http://oed.com/view/Entry/58609044?redirectedFrom=post-truth&.

④ Definition in Oxford Dictionaries. http://oed.com/view/Entry/58609044?redirectedFrom=post-truth&.

⑤ 李期铿:《"后真相时代"的美国舆论生态场》,（2020-09-17）[2023-03-12], https://baijiahao.baidu.com/s?id=1678083673359081307&wfr= spider&for=pc.

⑥ 《"后真相"时代, 公众已不在意何为真相》,（2017-09-22）[2021-06-16], https://www.sohu.com/a/193895 967_99906435.

⑦ 史安斌:《"后真相"冲击西方新闻舆论生态》,（2022-11-03）[2021-06-16], http://www.xinhuanet.com/politics/2017-11/03/c_1121899090.htm.

阐释甚至是故意扭曲与篡改,其本身不再是新闻报道的核心,而是让位于情感、观点与立场。总而言之,多元化、多样性、差异性、去中心化、碎片化、不确定性等成了新媒体传播的特征,西方的新闻舆论生态正在被改变。"①他认为,"后真相"对社会凝聚力和价值观的冲击值得我们深思。"真"在社会文化传播现实中的危机,使它在理论上更有反思的紧迫性和必要性。基于此,本节试图作如下几个尝试:一是,追问网络媒介主导的"后真相"时代对人类文化中"真"之执着产生的影响;二是,剖析"后真相"式的符号表意文本形式特征;三是,尝试为"后真相"时代的生活提供一个理论的应对建议。

二、从"原真"到文化之"真"

"真"是人类哲学最根本的命题之一。古希腊的哲学以"真理"为最高追求。亚里士多德一开始就将哲学称为"真理之智慧",将关涉"普遍者和必然存在者"的"纯粹智慧"视为哲学的最高级形式。柏拉图则借苏格拉底之口追问:"还有什么比真理更亲近于智慧的呢?"(Plato,Rep,485C10)。早期古希腊哲学中,对"纯粹真理"的把握是一种整体观念,是逻各斯;等而次之的才是"博学"所指向的具体的知识。詹文杰认为,正是由于赫拉克利特(Heraclitus)将智慧引向"纯粹理智"与"真理",希腊哲学得以奠基。②共同为这种求真智慧奠基的巴门尼德(Parmenides of Elea)则认为感觉能力只能带来纷乱的意见。③

东方中国传统思想中,将"真"上升到哲学高度讨论的是先秦道家,庄子对"真"的论辩独树一帜。庄子之前和他同时代的思想经典并无使用"真"字的例子,而《庄子》中多达六十余处使用了"真",不仅组成了诸多复合词,如"真人、真知、真性",而且进行了明确的哲学性界说。④他将"真"的概念上升为天人合一思想的层次。《庄子·渔父》中说,"真者,精诚之至也"。这里的"真"是最大化的"诚"。他继而指出"真者,所以受于天也,自然不可易也。故圣人法天

---

① 史安斌:《"后真相"冲击西方新闻舆论生态》,(2022-11-03)[2021-06-16],http://www.xinhuanet.com/politics/2017-11/03/c_1121899090.htm.

② 詹文杰:《论求真精神与希腊哲学之成型》,《哲学研究》2007年第3期,第61-67页。

③ 詹文杰:《论求真精神与希腊哲学之成型》,《哲学研究》2007年第3期,第61-67页。

④ 徐克谦:《论庄子哲学中的"真"》,《南京大学学报(哲学·人文科学·社会科学)》2002年第2期,第93-98页。

贵真，不拘于俗"①。由此，《庄子·天道》中"极物之真"仍是事物的本源。天与人的相通既是形而上的真理，也是普通人通过修炼得道的途径。《说文解字》认为"真"就是"仙人变形而登天也"②。其中，"独言目者、道书云养生之道、耳目为先，耳目为寻'真'之梯级"。与此相对的概念——"伪"则指向脱离本源的"人为"。因此"伪者、人为之。非天真也。故人为为伪是也"③。可见在东方哲学思维中，也触及了感知的片面性，认为人为的操作令事物失去"本真"和"全貌"。

就此而言，庄子所说的"真"在"道"的意义上可与古希腊哲学"逻各斯"相提并论，它们均属于总体性和本原性概念。与此相对的具体观感和人为性恰恰是对纯粹之真的干扰。这一点东西方的观念有异曲同工之妙。从巴门尼德到赫拉克利特再到柏拉图，西方哲学求真逐渐形成了一种摆脱"洞穴囚徒"的去蔽、启蒙精神，是心灵不完满的永恒欲望。此后，古希腊哲学的"求真"向追求"幸福"的伊壁鸠鲁派和追求"德性"的斯多亚派转进。这种转化常常被认为是希腊哲学的"衰微"。④实际上，这种演化是总体整一的"本真"向各种语境下具体之"真"的必然解分，是"道成肉身"的世俗文化生活的需求。这种需求不仅体现在具体的生活上，也体现在求真探索的逻辑方式上。文艺复兴及启蒙运动以来，人文学与自然科学的二分也连带求真理论发生了科学与人文的分化。自然科学"之真"很大程度上拒斥人类主观意识，以可验证、可重复为依据；而数学等形式科学对真的追求则诉诸逻辑自洽，一定程度上也是拒绝主观因素的。

卡西尔承认，人文科学无法像自然科学那样，从苹果落地可以推演至充塞宇宙的普遍规律，而是以"人"这个核心为尺度的主观、局部的真。⑤因此，整一的本真作为一种理念和信仰也在这种转进中被悬搁，它在学科化中成为具体的"真"。由此，我们通常所说的"真"仅成了指导日常生活秩序的实用指向，将"整一"的终极之真交予"信仰"而不再以学术的方式加以论辩。即便在人文维度内，双方约定某种限度之后，信念之真不再需要每次去争辩。这种规约性的达成，使得"真"与"诚"这一伦理原则始终息息相关。也即，在文化范畴内，"真"的伦理意味使它回到了东方中国关于真最古老的范畴——"诚"的本来意义

① 孙通海译注：《庄子》，北京：中华书局，2016年，第365页。
② （汉）许慎：《说文解字》，天津：天津古籍出版社，1991年，第168页。
③ （汉）许慎撰：《说文解字》，（清）段玉裁注，郑州：中州古籍出版社，2006年，第379页。
④ 詹文杰：《论求真精神与希腊哲学之成型》，《哲学研究》2007年第3期，第61-67页。
⑤ 恩斯特·卡西尔：《人文科学的逻辑》，关子尹译，上海：上海译文出版社，2004年，第122-123页。

上。同时，由于这种主观化的"真"成了我们日常生活的基础。"真"的两个最基本的对立范畴就发生了分解。

在自然科学维度上，"真—谬"对立范畴构成了矛盾的主要方面，并主导着求真的法则；而在人文学范畴内，不得不将伦理维度纳入考虑的范围——"真"的对立范畴既包括"谬"又包括"假"或"伪"，且后者常常占据主导地位。在后真相时代，人们公然宣称"事实并不重要"是文化与政治语境下的言说。这一现实，也带出了在文化与传播中"真"的对立范畴的重心由"谬"向"伪"的转向。"伪"的范畴更凸显了"人"为要素构成的文化复杂性，而成为文化传播主要面对的问题。例如，面对转基因话题，负责探索对人的危害这一科学事实是生物学和医学的工作范畴，而科学传播则在伦理上肩负传播科学结论（或无法得出确定结论）的责任，其社会责任是与各种"伪"与"隐瞒"对抗。

不过，文化传播的复杂性又在于，"伪"这一范畴无法用简单的道德二元论来判定，其在社会生活中有实际共用功效而被视为道德可接受的，甚至成为社会生活中极其重要的生存策略。小到日常生活的善意作伪，孩童游戏的"仿拟"及至艺术生活的虚构，大到国家战略的虚实谋略，无处不需要"伪"的参与。"伪"与"真"在形而下的层面成为人类社会文化实现一个更高意义上"本真"的不可缺少的一体两面的范畴。

由此，在理论上更需要对"伪"具有文化意义操作性的符号与意义理论来介入此事。实际上，从柏拉图时期，"克拉底鲁"与"赫尔墨涅斯论"之争就引出了"符号任意性"这一符号与事物关系的"透明性"问题，隐含了命题与客观事实之间的"真"的关系问题。霍布斯提出"约定论"，指明了语词符号与真之间的构成关系，真、真理和真命题这些词彼此是意义相同的；因为真理由言语组成，而不是由所言说的事物组成；尽管真有时与貌似为真的或假的相对，它也总是与命题的真有关。[1]戈特弗里德·威廉·莱布尼茨（Gottfried Wilhelm Leibniz）在"真理约定论"基础上进一步阐述了词与"事物"的任意性关系，而符号与事物之间没有必然的联系，是人们普遍同意的东西。符号学家埃科甚至指出，符号学是一切可以用来撒谎的学问。[2]他认为不能用来撒谎也就无法表达真相。从符号的根本性质来说，符号是对象的抽象，因而其本性是片面的，不能代表事物的全部而提供

---

① Molesworth, W. *The Collected English Works of Thomas Hobbes.* London: Routledge, 1997, p.35.

② Eco, U. *A Theory of Semiotics.* Bloomington: Indiana University Press, 1976, pp.58-59.

了"撒谎"的必然基础。但唯有片面才能抽象出秩序，而整一的"道"与"逻各斯"只能作为抽象的存在。也就是埃科所说的唯其可撒谎，才能表述真理。而且，"真"与"伪"这对范畴之间有相当大的灰色地带。后真相时代充斥网络的"扯淡"不一定是赤裸裸的谬论，它可能在真的侧面，但它造成与"伪"的后果同样——它对"真"有着消解、淹没、转移的作用。由此，有必要在符号意义理论的框架下对"真"的表意结构予以剖析。

三、符号述真矩阵

（一）符号矩阵的一般情况及要素的拓展：对象、表象、意向

早期结构主义符号学多从二元结构对立范畴来探析符号意义。受到索绪尔影响，法国结构主义创始人列维-斯特劳斯建构起结构模式来分析神话文本。格雷马斯与约瑟夫·库尔泰斯（Joseph Courtés）以亚里士多德的"命题与反命题"为基础，建立起"符号矩阵"扩充了符号分析结构的多种可能性。符号矩阵将二元对立扩展为四个要素的博弈互动而成为一个辨证式立体矩阵，由"是"与"似"两个要素的正负否定展开。他使用了术语"是（being）""似（seeming）""真（truth）""谬（falsehood）""密（secret）""谎（lie）"。这几组元素展开如图 5.1 所示。

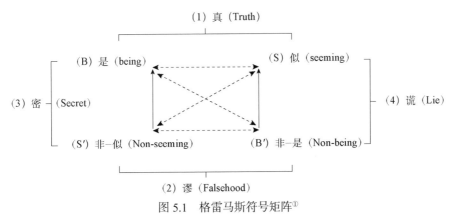

图 5.1　格雷马斯符号矩阵[①]

注：是+似：真；是+非似：保密；非是+似：谎；非是+非似："假"或"谬"。

格雷马斯矩阵的基本要素实际上只有"是"与"似"，而将真、假、谬、谎等

---

① Greimas, A. J. and Courtés, J. *Semiotics and Language: An Analytical Dictionary.* Bloomington：Indiana University Press, 1983, p.312.

都作为判断结果。该矩阵的局限是，仍然以"符合论"为基础，以"是"与"似"的逻辑关系来判定"真"与"谬"——表象与对象相符是为"真"，反之为"假"。赵毅衡指出，格雷马斯这个矩阵明显的缺陷是接收者的缺场。①在文化实践中，这种真与谬的判定并未完成，实际上只是一种"待在可能"，其完成需要读者的参与。此外，格雷马斯对几个要素本身的解释也流于线性的机械论。

就符号表意过程的各个要素来看，关乎释义实现的"意向"要素应当独立考虑以契合符号表意的基本结构。结合符号表意的基本要素，我们可以将格雷马斯的 being 理解为"对象"，将 seeming 理解为"表象"，再加入涉及解释的"意向"，格雷马斯的两个要素就发展为三个素：对象、表象、意向。其中，"是"作为"对象"之真，指向对象事实；"似"作为"表象"之真，是符号的再现方式；受传双方的"意向"是一个主体间性的问题；"诚"是受传双方的"意向"——指向符号的文化规约性。

（二）"是"与"似"的内在逻辑及其互否展开

格雷马斯矩阵已经展示了要素自我否定的逻辑过程，如"是"的反命题"非是"，但缺少对这些自否性命题的深入分析。每个要素的自我否定是它与其他要素之间展开否定推进的前提，而这些要素的自我否定本身即已经包含了"真"的多元化启示，试分析如下。

"是"是对象实在性问题。通常，对象之"真"作为未曾明言的前提常常被忽略了。一种知识论的逻辑分析却能令人发现"对象"本身并不是自在澄明的那种机械物。对象首先必须是"可对象化"的。换言之，其应在"意义世界"和知识谱系范畴之内。人类的知识有限且动态。前面已经提及，总体的"真"因其无法企及而不得不被悬搁。无法言说的亦无法对象化，自然也就无法被以"真"作为一种判断的方式来表述。例如，牛顿时代无法解释微观世界的对象问题，是由于基于他的经典物理基础和确定性逻辑的知识图谱无法表述"既是且非"的叠加态逻辑。这类"对象"本身是不存在于牛顿时代的"意义世界"之中的，也就无所谓"真"与"非真"。可见，具体的对象作为认识意义上的"真"构成了符号并不存在文本指向的基础前提。

同时，需要明确，意义世界的边界是向着未知不断变动推进的。无法对象化

① 赵毅衡:《符号学：原理与推演》，南京：南京大学出版社，2011 年，第 265 页。

的"混沌"与完全对象化的"事实"之间，存在着一个中间带——可能世界。对可能世界的探索是人类知识不断进步的动力之源。其具体的形式既包括形式科学的计算、推理、演绎，也涉及人文式的想象与创造。此类思考的对象是否为"真"也是不确定的。这些未经检验的对象就被作为筹划和"假定"纳入我们的对象范畴，而成为科学逻辑推演的"可能世界"。例如，灵魂之有无、平行世界与多重宇宙的存在，有的存在于"数学公式"之中；有的仅仅是一种假说，其可能为真，也可能为假。著名的"以太说"曾一度被作为物理的实存概念而终究被证伪。这些对象的梳理，在哲学史上有重要价值。哲学史的语言转向的重要观念，是将对"对象"的认知转为对"语言"及其背后蕴藏的观念的认知。一切可言说的对象都可能且已经被表意。

从对符号对象的"可对象化"来看，符号对象既可以是"确定对象"与"可能对象"，也可以是在逻辑上对上述对象的否定。由此，对象之"确定性"与"可能性"涉及的情况也将影响符号再现方式。有必要说明，之所以不以"客观实在"或"物理实在"为区分依据，乃是由于，这种物理上的客观实在不是表意的最重要特性，反而是造成误会的源头。人们往往忽略，"物"作为一种清晰明白的表意，是已经被充分范畴化、对象化和意义化的结果。因此，索绪尔强调，能指与所指都是"心理事实"；而埃科也一再批判那种将对象作为纯粹物质实在处置的观念，并称之为"幼稚的图像论"。

作为文本之"真"的符号表象。"表象"是从文本的角度出发的界说，但格雷马斯用此词时主要考虑的是表现与对象的匹配问题，而未考虑"表象"的自证或自洽。"表象之真"是"融贯论"在符号表意中的体现。"融贯论"肇始于大陆理性主义哲学家的思想，特别是斯宾诺莎、莱布尼茨和黑格尔的思想，强调文本内部无矛盾。索绪尔认为符号是以任意性为基础建构的系统，遵循系统规律。符号命名必须能够建立起指称区别于其他指称对象的排他性。例如：自然数当中不能出现两个"1"，小明的妈妈不能有两个叫小明的儿子。一旦出现矛盾，文本自身就会出现指称混乱。这种基于文本内部的逻辑自洽指向的"真"被赵毅衡称为"文本内真实"①。

不过，由于符号系统是一个多层次的动态结构。文本的内部冲突往往提供了

---

① 赵毅衡：《哲学符号学：意义世界的形成》，成都：四川大学出版社，2017年，第262页。

其他线索来补足与自洽。这种补足已经不是逻辑的查漏补缺，而是人类文化的常态。这也是文化文本与纯粹逻辑的科学文本的差异性。巴尔特指出，"单层次的调查找不到确实意义"[①]，这种差异性并不意味着文化文本非逻辑，而是说它作为一个复杂系统，是多重逻辑的共同作用。正如森林中一片树叶的下落，其轨迹并不能按真空条件加以计算。文化中的文本表意，包含了伴随文本、语境等复杂要素而构成了多重系统。例如，"一个黑色的白橘子"是逻辑自相矛盾的命题，但在特定的型文本语境下，就可能被解读为一首后现代诗歌。赵毅衡说，"文本内真知不仅产生于狭义的文本之中，不仅是文本内部各因素（如一部电影情节的前后对应），也在于文本与必须进入解释的伴随文本因素之间的呼应和融贯性"[②]。

人类文化社会中，符号文本系统嵌套与普遍关联特征，使得文本的融贯甚至可能越过对事实"符合"的验证而接近"真相"。在面对无法通过"对象事实符合"来加以检验的情况下，文本之间的融贯成为我们唯一通达真相的路径。例如，考古学中的"三重证据法"[③]就是不同文本之间的融贯而推演出可能的历史事实。赵毅衡认为，"骗子发出的文本融贯度最高"[④]，因为他需要自圆其说。实际上，一旦将伴随文本、文本自身的跨层系统考虑进来，骗子的文本永远无法完全融贯。因为，文本涉及的系统太多，再高明的骗术也无法处置所有的伴随文本，而唯有"真"本身串联起的所有文本没有瑕疵。

逻辑上看，推至极致的文本融贯终将通达文化全体——符号文本之间的开放衍义最终会推向社群的文化全体，也即皮尔斯所说的符号的衍义最终指向终极的"符号"——这个符号是"真"。[⑤]

如果不考虑"意向"要素，格雷马斯的"是"与"似"关系的否定展开就只有两种情况："是-似"以及"非是-非似"。格雷马斯将其置于"真""谬"的对立两端。此处，用"谬"而不用"假"是由于，后者非常容易与"伪"混淆。但在讨论文化社群中的意义交流中，或是讨论后真相的危机应对中，更重要的不是讨论那些一望而知的错误观念，而是讨论具有欺骗性的"假"与"伪"。

① 赵毅衡：《符号学文学论文集》，天津：百花文艺出版社，2004 年，第 410 页。
② 赵毅衡：《哲学符号学：意义世界的形成》，成都：四川大学出版社，2017 年，第 266 页。
③ 孟华：《符号学的三重证据法及其在证据法学中的应用》，《证据科学》2008 年第 1 期，第 16-26 页。
④ 赵毅衡：《哲学符号学：意义世界的形成》，成都：四川大学出版社，2017 年，第 31 页。
⑤ 查尔斯·S. 皮尔斯：《皮尔斯：论符号：李斯卡：皮尔斯符号学导论》，赵星植译，成都：四川大学出版社，2014 年，第 39 页。

"非是"与"非似"的组合是符号与对象的否定匹配——此时的符号走向明确的"谬"。就此而言，这对关系仍然是符合"诚"的原则的。因为它是明明白白的"错误命题"，是读者一望而知的"谬误"。这种情况下，符号文本提供了读者可知晓其谬的途径。也即，"真"与"谬"的符号表意依然是"诚"的。我们此前提到，在文化交流中，"真"与"诚"是相近关系。在格雷马斯矩阵中，"是-似"与"非是-非似"都是"真诚的文本"，前者是对真相的直接表达，而后者是"坦然呈现的谬误"。在后真相时代，问题的要害不是谬之坦然，而是充斥信息社会的"不诚"。

由此，有必要对格雷马斯矩阵的否定关系在当下语境进行重新思考。要分析"是-非似"（being & non-seeming）结构和"非是-似"这两种结构，仅靠"表象"与"对象"（"是"与"似"）两个要素是不够的，它们能通达的是"融贯论"与"符合论"的上限，长于判断科学对象的正误，也能判断文本逻辑的自洽，但却无法应对由人构成的文化世界的纷繁与复杂。因为，文化世界的参照系从对象本身向人的意图发生了转移，因此对"真"的判断就不得不引入"意图或意向"这个指标。

（三）意向之真与"是-似"的互否展开

格雷马斯其实并未将"意向"作为专门要素来单列，而仅在提出"保密"与"说谎"两个判断项时预设了符号发送者的行为，这个设定为意向性提供了基础。赵毅衡在强调接受和解释的现代符号学语境下（如他将符号视为"携带着意义的感知"，强调感受与解释）[①]加入了接受的解释情形。进而，赵毅衡将格雷马斯发出者角度的"保密"与"说谎"分解为"伪装""遮盖"与"幻觉""想象"[②]——"幻觉"与"想象"则是从接受角度出发的。显然，赵毅衡的补充是以接收者为重心的。从发出者向接收者意义解释重心的转移，是 20 世纪后半叶符号学发展的总体趋势，但简单地以"作者之死"换取"读者之生"却并不可取。[③]无论是"作者

---

① 赵毅衡：《重新定义符号与符号学》，《国际新闻界》2013 年第 6 期，第 6-14 页。

② 格雷马斯原作中，将"是-非似"解释为"保密"，赵毅衡补充了"伪装"的情况；而在"非是-似"的结构中，格雷马斯称之为"说谎"。赵毅衡：《符号学：原理与推演》，南京：南京大学出版社，2011 年，第 264-265 页。

③ 从阐释权的作者中心到"文本中心"再到"作者之死"以及接受美学的兴起，文本的接收者通过阐释权的获得而崛起。然而，从个案的差异来看，符号的发出者与接收者何者居于主导地位在不同的文本中都可能有所不同。有的符号发送背后有一个强有力的作者文本置身其中。著名的作家、艺术家为文本"背书"所提供的"符号附加值"甚至远远大于符号文本自身。艺术家皮耶罗·曼佐尼（Piero Manzoni）的排泄物堂而皇之地以"艺术家之屎"的名义，成为泰特美术馆、蓬皮杜国家艺术和文化中心以及纽约现代艺术博物馆的藏品；马塞尔·杜尚（Marcel Duchamp）提供的小便池附着文本自身无法自圆其说的"作者印记文本"；与之相反，籍籍无名的画家在艺术评论家的评论中"被成为"艺术天才的例子比比皆是。参见罗兰·巴尔特：《作者的死亡》。

主导论"与"读者主导论"（当然还有注重"回到文本"的新批评派）都呈现了不同情形下的局部现象。完整的理论应是提供不同情形下的多种可能。例如，雅各布森的"六种主导因素"强调意义存在于"整个交流中"。在他的交流系统理论中，意义的解释具有动态性和不确定性。他指出，交流偏向于发送者时，情绪性表达占据主导；当侧重于接收者时，意动性表达占据主导。①雅各布森的理论将符号表意回到"交流"这一本质问题上值得肯定。对求真而言，意图是否充分通达体现的是发送者与接收者的双向关系，唯有以双方交流的结果为参照依据，符号表意的"真"才具有坚实的判断标准。

从这种参与主体的平等博弈观念来看，符号的发出者可以主动"保密""伪装"，而接收者也不必然仅仅被动地产生"幻觉"，还能够主动地"想象"甚至于在某种情况下的"合谋"。在受众拒斥事实的"后真相时代"，这种关系尤其值得重新思考。由此，本节将在充分考虑受传双方意向性的基础上来解读文化传播中的"是–非似""非是–似"的具体情形。

"是–非似"的情况，对象是可意指可表述的，而符号信息表象并未提供充分信息。从发出者角度来看，有两种策略造成信息熵增：第一种策略是，阻断信息的流通，通过"保密"使得事实无法被知晓——这是传统信息论思维下的舆情控制常态。在人人都是记者的新媒体时代，常常不能做到对信息的完全阻断。公众对信息的知晓需求与不畅通的信息现状形成巨大落差。一旦通过爆料的方式撕开舆情一角，往往会导致相关事实被动公开，从而造成舆情波动等被动局面。

第二种策略则是"主动制造信息"。如果说，保密是消极地屏蔽信息以增加"信息熵"，通过信息的匮乏策略达到保密效果；这种主动制造信息的策略则反其道而行，通过增加一定时间内的"信息量"来制造熵增。通过"议程设置"等释放烟幕弹的方式增加目标信息提取难度或干脆转移受众注意力来达到熵增的结果。这是哲学家哈里·戈登·法兰克福（Harry Gordon Frankfurt）在《论扯淡》（*On Bullshit*）中主要批判的一种后真相时代的现象。不可否认的是，这种策略通过利用当今网络社会"信息过载"的特质，事实上能达成遮盖真相的效果——网络水军就是这种策略的具体手段之一。

上述情况仍是从发出者的角度考虑信息策略的，而未充分将受众的"能动

① 罗曼·雅柯布森："语言学与诗学"，参见赵毅衡：《符号学文学论文集》，天津：百花文艺出版社，2004年，第174-178页。

性"纳入考虑。如前所提及的，后真相时代的核心特质之一是网络公众拒绝"事实"而诉求于"情绪"或其他感性因素。在传统理论分析中，对事实之"真"的追求被预设为自明的前提，而忽略了"感知"等其他文化因素对事实拒绝的可能干扰。这种分析往往忽略了接收者主动拒绝的"事实"。本节曾提到，古希腊哲学中巴门尼德学派认为，具体的感知反而是扰乱求真的根源，在现实生活中，我们拒绝"事实之真"的情况极其普遍，而后真相时代有进一步发展的趋势。东西方古典哲学一度追求的"本真"以及整一与朴素自然主义的观念已经不再具有至高无上的地位。在人类以实践改造的世界和自我的文化现实中，所谓的自然本身也是被符号化之后的自然，由此，它就不必然构成凌驾于其他观相之上的"本真"，而只是"文化性选择之一"。反过来，诉诸感知的"表象之真"，作为真的追求成了这个"奇观社会"公民的基本权利。例如，设若将人的本来"样貌"作为一种"自然之真"，则它并不在文化意义上有要求人们拒绝整容术、化妆术与美颜相机的道德优先性。它们都成了无争辩之审美趣味之一。恰恰相反，在特定场合不通过适当的方式遮蔽、伪装"自然之真"是不符合社会文明交往的"道德"行为的。素颜出镜的明星甚至可能毁掉自己的星途；暴露自己婚姻事实真相的明星可能造成粉丝自杀……这些例证表明，作为符号接受方的受众，在很多情况下具有拒绝"真相"的主动意愿。

　　实际上，这并不是后真相时代遽然出现的新事物。"为尊者讳，为亲者讳，为贤者讳"①。作为儒家"礼"文化的体现，几乎在中国历朝历代社会文化中都有体现。只不过，当受众主动拒绝事实真相的情形大规模出现时，就被冠之以"后真相"文化的名义，并成为西方学者眼中的"社会危机"。也可以借用"讳"来描述从符号接收者角度主动拒绝"对象之是"的情形。为尊者讳、偶像讳——构成了社会文化中的伦理符号表意景观。因此，根据符号接收者与发送者的不同主体"意向"，"是-非似"结构就有了两种截然不同的情形——"保密"与"讳"。

　　"非是"与"似"结构：此时，表象指向的对象是"否在"的。格雷马斯将此种情形称为"撒谎"；赵毅衡从接收者的角度，提出造成"非是-似"结构的原因应包括"幻觉"与"想象"。幻觉的产生通常并不涉及"发送者"的主观意图，而仅仅就符号接收者与文本的关系而言，其仍然包含了符合论的因素；而"想象"

---

① （汉）公羊寿 传，（汉）何休 解诂，（唐）徐彦 疏：《春秋公羊传注疏》，载《十三经注疏》整理委员会：《十三经注疏》，北京：北京大学出版社，1999年，第192页。

亦无须发送者的参与。由此，它们补充了符号接收者的意义解释作用，但又存在孤立看待各方行为的问题，未能充分表达网络时代受传双方的交互关系。因此，在"非是-似"结构中，可以从发送者与接收者双方交互的不同方式考察意义的生成可能。实际上，"撒谎"就是一种将双方预设为"对抗关系"的主体交互关系；其对立面可能不是接收者一厢情愿的想象，而是共谋的"合作关系"。

在文学等一切虚构性的文本中，并不存在一个"对象之是"；格斗赛事模拟的是战场的真实杀戮，而不以杀戮为最终目标……在这类情形中，发送者与接收者均因为"对象之无"而接受符号文本"虚构"，其目的在于模拟"情感体验之真"而非追求事实之"是"。这种"合作关系"是一种在符号述真矩阵中常常被忽略，但却贯穿文化传播始终的基本关系——我们通常将其理解为规约。所有符号规约、仪式都是"拟无当有"的合作，都是祭神如神在的符号规制，都是以"似"为"非是"立足的文化游戏。

而今，这种"似-非是"关系借助过载和内爆的信息，构成了当今信息社会的主要特征。即让·鲍德里亚（Jean Baudrillard）所说的拟真阶段，符号生产通过拟真消解了社会真实与拟像之间的差异，并对客观世界的原有真实取而代之。更具体一点说，在这个被称为"后真相"的时代，人们原初意义的那种以"事实"为唯一线索的"真"转换为更多样的"真"。实际上，"真"本身并未消亡，而博德里亚所说的"替代"也言过其实。后现代理论家将一切"真"都加以解构、消解的方式缺乏建构性。实际上，后真相的社会危机，同时潜藏着新语境下求真的线索。就其本质而言，莱布尼茨所说的"真的符号约定"关系并未消失，而围绕"真"的契约更多元化了。网络信息时代重建人们"求真"的信心，必须在理论上提供"真之契约"在当下时代的构建方式。

四、符号意义契约与"真知"

在伦理学中，W. D. 罗斯（W. D. Ross）提出人际交流的"诚信原则"；政治哲学中，约翰·罗尔斯（John Rawls）提出"公平原则"；在语言学中有"合作原则""礼貌原则"等。对此，赵毅衡指出，在充满虚构文本的文化交流中，要遵循"诚信原则"很难。[①]从现实生活经验来看，这一看法的确具有合理性。不过，上

---

① 赵毅衡：《符号学：原理与推演》，南京：南京大学出版社，2011年，第262-263页。

述这些原则仍然过于针对具体的沟通场合与文本形式，而缺乏对符号表意的多种可能情况的考虑，也就没能完成符号交流"意向通达"的普遍性理论。

在这些理论家们思考的基础之上，可以将符号发出者的"意图"与符号接收者的"意向"的一般情况进行综合（synthesis），以"意义契约"为诚信原则的基础来考察意图与接收之间的关系。"契约"借用自政治哲学，但极佳地诠释了主体间的互文关系，且它有效地区别了符号在社会中非主体化的一般性"符号规约"。规约是符号意义建构的一般社会基础，而契约是符号发送者与阅读者之间对意义形成的一种"无须签订"的意义通达的默契。它保障双方之间文本传输不被"断章取义"，也排除元语言压力之下"任何解释都是解释"那种对发出者意图的粗暴扭曲。意义契约不一定是人际交流的一对一情形（人际交流的"合作原则"的情形），也适用于自由选择认同某一文本的所有读者。在文本中，这种发送者的意图也需要通过伴随文本等线索来体现。例如，虚构文学、影视作品也常常需提示，"本故事纯属虚构，如有雷同纯属巧合"。未进入该契约的读者可能误解发送者的意图。例如，未被官方作为"法定节日"的愚人节在日常生活中具有广泛的接受面，在这一天符号发出者以此语境的"玩笑"就不会受到符号接受者的责怪，反而会会心一笑。此时，欺骗文本的编制者与接收者都遵守共同的契约。

意义契约是对发送者与接收者就一个符号文本涉及伴随文本诸要素（如型文本、链文本）无须明言的遵守与通达。例如，广告可以天马行空，而新闻须以事实为叙述的主要线索；读者与作者可能就报告文学修辞手法尺度有不同看法，但却不至于误解报告文学的基本事实。由此，后真相时代的求真本身意味着契约精神的崩坏与重建。"后真相"之所以聚焦于"政治"，是由于我们普遍高估了政治人物对意义契约的遵守。就此而言，"后真相"时代可能的正面价值，则是留给我们以重建"意义契约"的巨大空间，一个不遵循"意义契约"的社会其混乱程度可能并不亚于撕毁写在纸上的合同文本。

伴随文本论比简单"符合论"对文化语境复杂情形更具解释力。中国成语故事中的"指鹿为马"与西方童话中的"皇帝的新装"在日常生活中屡见不鲜，并非因为人们在"符合论"层面不能判断客观事实，当现场得不到其他文本的横向融贯佐证时，人们的判断就由另一个关于官场权力文本的"意义契约"主导。在"权力场域"语境下，面对权臣赵高，大臣们在无法获得其他同僚的佐证时，遵从了权力话语的支配。这种意义契约常常胜过"眼见"的感知之真。同理，童话

《皇帝的新装》中的成年人之所以不能指出皇帝一丝不挂，乃是由于他们接受了契约发出者的权威性。儿童代表了一个"未进入社会权力文化契约"的外来者，儿童仍然以"是否穿了衣服"这个有限的社会经验为依据，进行了"符合论"式的判断。

综上，"后真相"时代的坏处毋庸置疑，但它可能的正面意义是，公众从盲目相信"事实"中撤退出来，这可能使得一些"荒谬的契约"被捅破。"真"与"实"并非必然的对应关系，而虚也未必是伪的同义词。格雷马斯方阵中的"是"对应的是"实有"，而"似"对应的则只是心象感知其"有"。

以此而言，传媒建构拟像与"实"相对，它们可能不"实"，但"真"切地构成我们的生活，博德里亚称之为"超真实"。有时，仿像（simulation）作为原有事务的各种衍生物，则与"真"相对——很"实"，却未必"真"。例如，我们货架上那些基于物质的实实在在的商品，却被博德里亚这样的学者批判为"伪需求"，并认为它们是被"唤起和强加的"，而非真正需要的，其"正当性"是可疑的。也即，"真"在此是指具有文化和价值判断的正当性意涵，而"实"则是我们社会生活"实际"正在发生的那些事务。真而不实的是文学和拟像的传媒文本，它们构成我们心灵的家园，也构成社会理想。在这个意义上，各种虚构体裁的艺术，以及艺术塑造的对象物都是"真而不实"的。庞大的消费社会机器则是"实而非真"的，它因非真而比前者看上去更具欺骗性，但实际上它非常脆弱。

符号学是意义之学，而意义之"真"本来并没有具体的类型之分，只是在人类认识过程中发生了学科与逻辑方式的分野。我们观察到，在科学与人文历经了漫长的分野后，正在当今文化语境下走向一种新的融合。这种融合呼唤"真"与"诚"重归合一。或者说，这也是对东方伦理价值回归的呼唤。中国古典符号中的思想是注重伦理的，其首先强调"立诚"，其次才是今天被称为工具理性的"修辞"等符号表达技巧。

第三节 "数字人文"的符号学观照

无论是在东方还是西方，传统文化符号及其物理存储形式构成了人们触及这些符号的制约因素。"数字人文"已经越出初期最简单的"数字化存储"，而促成了整个文化的传播模式的变革。数字人文发端于图书等文献资料数字化存储，近年来迅速发展成为数字技术与人文科学的交叉研究领域。该领域是人类文化整体性在"媒介之镜"中的呈现，进而构成科学技术对文化形态的反向影响。其中"数字化"传播的"意义"问题构成该领域与当代符号学的可能交界面。由此，数字人文不仅是对文物、古籍等传统介质符号的存储、保护，更是一种在数字媒介框架下的新符号样式，需要从保护与传播、传承与创新多维度融合。本节着重提出，当前符号数字人文演进三阶段论：第一阶段是图文信息的平面化存储（以古籍二维扫描识别为例）；第二阶段是大数据与多模态数据整合与还原（以巴米扬大佛数字展示为例）；第三阶段是互动与创生性符号系统模拟、演绎与衍生（符号智能化集成）。可见，经过硬件材料的数字化和软件数字化两个阶段后，数字人文学的研究内容正在从技术手段向技术与文化意义学发展。这也是当今中国文化在数字化时代应当积极推进的重要方面。

一、数字人文学

人文学并不是一门学问或固定的领域，其宽泛性也不适合以某种对学科领域的描述方式来予以界定。在古汉语词汇中，"人文"是与"天文"相对的概念。《周易・贲》："文明以止，人文也。观乎天文，以察时变；观乎人文，以化成天下。"[①]也即，"天文"是世界万物的自然现象，而人文乃是在人类社会的运行中衍生的规律和伦理，还包括个体的精神产品。唐代孔颖达《周易正义・贲》疏："言圣人观察人文，则诗、书、礼、乐之谓，当法此教而化成天下也。"[②]因此，"人文"就是指诗书礼乐。尤其指其中的"秩序"，其谓之"人伦"。程颐《易传》亦解："'人文'，人理之伦序，观人文以教化天下，天下成其礼俗。"[③]又《后汉书・公孙瓒传论》："舍诸天运，征乎人文。"[④]在汉语词汇中，"人文"通常并不与"学"或"科学"连用，以构成特定学科或领域的称谓。

今天我们常见到的"人文学科""人文科学"（或简称"人文学"）是来自西

---

① （魏）王弼 注，（唐）孔颖达 疏：《周易正义》，载《十三经注疏》整理委员会：《十三经注疏》，北京：北京大学出版社，1999，第105页。

② （魏）王弼 注，（唐）孔颖达 疏：《周易正义》，载《十三经注疏》整理委员会：《十三经注疏》，北京：北京大学出版社，1999，第105页。

③ （清）李光地：《康熙御纂周易折中》，成都：巴蜀书社，2013年，第330页。

④ （宋）范晔：《后汉书（全十二册）》，北京：中华书局，1965年，第2365页。

语，源于拉丁文 humanitas，意为人性、教养，又与"paideia"通用，有"开化""教化"之意，源于古罗马哲学家马尔库斯·图利乌斯·西赛罗（Marcus Tullius Cicero）的教育思想，其旨在通过教养脱离于人类自身原始生命的"蛮性"亦有别于"兽性"，而成为文明的人。具体是指古罗马时代成长为"公民"的必修科目，如哲学、语言修辞、历史、数学等。文艺复兴时期，人文学的对照面则是"神学"。当时人们通过反对"神本"而发展出的思潮即称"人文主义"，又被译为"人本主义"或"人道主义"。相关的学科泛指与神学相对立的研究世俗文化的学问，如研究语法、修辞、诗学、历史与道德；狭义上则指希腊语言、拉丁语言研究与古典文学的研究。19 世纪以来，"人文学"的对立范畴也由"神学"转变为"自然科学"，泛指对一般社会现象和文化艺术的研究。①人文科学与自然科学以及社科科学构成了现代学科体系的三类。其中，社会科学与人文科学有一定交叉性。目前西方学界从方法论角度区分社会科学和人文科学的标准。人文学科通常被界定为一种评价性（批评性）和思辨性研究，并具有显著的历史要素②。根据此标准，建立在"定量化"和"经验性"的基础上的研究即社会科学研究。

数字化是一个技术手段，或记录代码的特定方式。广义而言，任何将无边界世界所涵盖的连续对象转变为可以度量的数字代码的过程都可称为数字化。古老的结绳记事就是数字化的编码。周易的卦象也是一种"类数字"的编码方式。不过，现代意义上的数字化有其特定所指，不仅是以数字化的记录，而且以之为基础建立起适当的数字化模型，把它们转变为一系列二进制代码，引入计算机内部统一处理。也即，现代数字化的基础背景是与计算机科学同步发展起来的编码方式和记录模式。当这种模式广泛存在于人们日常生活并对人们生活方式构成重大影响时，我们就进入了所谓的数字化时代。数字化的较早中文翻译即见于《数字化生存》（*Digital Being*）③一书。译者将 digital 译为"数字化"。在《数字化生存》中，尼古拉斯·尼葛洛庞帝（Nicholas Negroponte）提供了一个从原子世界向数字世界转变的图景，同时也谈到数字化生存的阴暗面："未来 10 年中，我们将会看到知识产权被滥用，隐私权也受到侵犯。我们会亲身体验到数字化生存造成的文化破坏，以及软件盗版和数据窃取等现象。最糟糕的是，我们将目睹全自动

① 金炳华：《马克思主义哲学大辞典》，上海：上海辞书出版社，2003 年，第 357 页。
② "humanity" 2.b. *Oxford Dictionary of English*. 3rd ed. Oxford: Oxford University Press, 2003.
③ 尼古拉·尼葛洛庞帝：《数字化生存》，胡泳、范海燕译，海口：海南出版社，1997 年，第 2 页。

化系统剥夺许多人的工作机会……，就业市场的本质将发生巨变。这一变革发生的时间，恰好与印度和中国的 20 多亿劳动大军开始上网的时间同步。"①尼葛洛庞帝的预言正在成为现实，且他对数字世界的阐述构成了现代社会人类的基本问题。不过，他也谈到数字化的局限——"比特不能吃，在这个意义上比特无法解除饥饿。电脑没有道德观念，因此也解决不了像生存和死亡的权利这类错综复杂的问题"②。今天看来，比特不能吃却能满足人们的欲望，而这些数字比特的伦理问题则需要数字时代的"人文学"。

数字化正在成为一个被过度使用的术语，而"数字化+人文学"组合而成的新名词正在成为一门新兴学科领域席卷全球。两者的本意都并未改变，但这种组合方式导致的结构性改变涌现了诸多新的知识思维。这些新思维的涌现即来源于系统复杂性。事实上，数字化和计算机所带来的问题已经远远超越了"生存"的意义，"道德"以及诸多人文学问题正在成为当前的数字化全新时期的焦点。马云与日本软件银行集团曾宣称其发布的机器人具有情感能力，而翟振明对"情感能力说"予以否定，并认为马云说的"有情感的机器人"不可能是真的有情感，只不过是其反应方式看起来似乎有情感而已。此类问题的涌现恰恰是"数字"与"人文"携手的根本需求。

二、数字符号文化镜像

数字化乃是人类当代化技术受到的自反性符号形式。学者们常将柏拉图的洞穴之喻与举镜说相提并论。如果说柏拉图的洞穴之喻形象地说明人类观照自身及周遭世界必须经由媒介投射的现实，那么他在《理想国·卷十》中所载的"镜子说"则为洞穴中的囚徒提供了观照世界一切事物的途径③。洞穴之喻还折射了任何意义呈现必为符号的事实，由于无法出离某种视角的限制，其所得的线索必然作为真实世界理式的"某种"呈现，即非其自身符号化过程。无论是苏格拉底的镜子、语言文字还是新时代的数字，其呈现的符号世界均是客观世界不同形式的镜像。由于事物的观相与细节是无穷的，因而符号化的衍义可能也是无穷的。不过，这无穷的符号化的背后，都折射出人的影子。因此，洞穴囚徒之喻与镜子说

---

① 尼古拉·尼葛洛庞帝：《数字化生存》，胡泳、范海燕译，北京：电子工业出版社，2017 年，第 228 页。
② 尼古拉·尼葛洛庞帝：《数字化生存》，胡泳、范海燕译，北京：电子工业出版社，2017 年，第 229 页。
③ 柏拉图：《文艺对话集》，朱光潜译，北京：人民文学出版社，1963 年，第 69 页。

还共同提供了一个启示——符号世界所折射的既不是截然的客观世界，亦非纯然的自我，而是世界经由自我的一个投射符号。这符号既照见世界，也观照自我，乃是人类自我意识的放大和演绎方式。

人类历史上任何符号行为及其媒介载体都构成现实世界的再现，而数字化是这一框架的新的符号系统样式。每一种新颖的样式都形成一种独立的系统分节。系统性规则决定了在其分解范式内的任何对象都必须获得相应的映射，以实现其系统的完备性。因而一旦开头，就会仿佛获得了神奇的召唤力一般基于系统规则衍生无限多个符号。正如结绳记事有了数字"1"，自然数系统必随之召唤描述任何对象数量的数字；同理，最初的语言或文字一旦出现，必出现描述人类世界中一切对象的语言。因此，"仓颉造字而天雨粟，鬼夜哭"乃是因人类开启了一道窥见天机的符号之门。这道门开启之后，人必以之为工具观照万事万物。实际上，人类掌握任何一种新符号系统，必以之为系统观照其范畴内所有对象。正如文字语言对世界的描述，图像对世界的再现，计算机的数字化亦是如此，一旦数字化对于平面线性文本实现在线，则对所有对象物都具有镜像映射的待在需求。

从最初的数字信息，数字图书馆到数字虚拟现实的整个生活，数字已成为人们生存的基础设施。这个阶段的要点是基于数字手段的文献记录存储和保护，是技术作用于人文的外在形式——技术"物"对"物"理载体。此一阶段的工作拓展，主要是各种形式的数字化保护，从图书资料的胶卷记录到图像数字的记录。最初，该领域是以"人文计算"（humanities computing）的名义存在的。这个名字更清晰地呈现了两者的技术性关系。在人文计算的领域中，"关注的是在被宽松地定义为'人文学科'（the humanities），或在英式英语里被称为'艺术学科'（the arts）中应用了计算程序的研究及教学。在人文计算的发展过程中，有关文字资源的应用程序已经占据了核心地位"①。较早的案例如：意大利耶稣会修士罗伯特·布萨（Roberto Busa）神父于 1949 年开始的任务——为托马斯·阿奎那（Thomas Aquinas）及相关作者的著作制作一份约 1100 万中世纪拉丁词语的索引（index verborum）。后来，布萨神父及其团队借助国际商业机器公司（International Business Machines Corporation，IBM）穿孔卡计算机完成了此项工作，1974 年出版

---

① 苏珊·霍基：《人文计算的历史》，葛剑钢译，《文化研究》2013 年第 2 期，第 173-193 页。

了印刷卷册①，后于 1992 年出版了光盘版。②此后，数字化的编目、存储工作与计算机技术一道发生了飞速进步。欧美学界涌现出许多古籍数字化、文献数据库建设等数字人文领域的新项目。该工作当前在全世界仍然有巨大的实际应用价值。

　　如果说古籍、文本的数字化只是一个平面维度的保存，那么文物保存和再现则已进入立体化的保存阶段，其数据量的扩大与平面文本不可同日而语。对于不可再生的文物资源，数字化的保存也是最直接和忠实的数字媒介镜像。2015 年，北京张昕宇和梁红夫妇及其团队，通过数字建模和建筑投影技术，对被塔利班毁坏的巴米扬大佛进行了光影还原，感动了当地民众。数字建模计算和 3D 打印、虚拟现实技术是完整的保护再现过程，通过数字化记录，形成一套数据库。其中，虚拟现实的感知方式是对数字场景的符号直接感知，而 3D 打印是将数字信息还原成可感知的信息，从而产生现实触感。从保存还原的本质来说，两者是相同的。第一阶段简单阶段是图文信息的二维扫描存储，其特点是数字化存储量小，信息维度单一。较为复杂的形态是数字对文物等不规则形态的还原，如摩崖石刻，文物的 3D 扫描，其数据量会大得多。数字化也不仅仅发生于视觉符号领域，它是全面性的，会发生在音乐、电视、电影以及一切可能的媒介领域。数字化意味着在极小空间里存储大量数据。在音乐领域，不断提升的数字编码技术影响的不仅是听觉的终端效果，更是整个音乐行业生产模式的变革。数字化造成的交汇趋势，给流行音乐的生产和传送带来了新的前景，也重新界定了流行音乐系统中主要参与者的角色。③

　　初看上去，只是将文本通过精确而经济的数字化手段转存，但其实不然。这一阶段的局限很明显地体现出人类以"数字"这种技术手段为镜像媒介自我照见一个文化的自我。但问题在于，镜像作为一种符号投射方式，并非"原物"的无差别再现。镜像介质的改变，所带来的符号感知体验是截然不同的。正如一面镜子所再现的是"冰冷而无法触碰的视觉"部分，其符号化过程在于抽掉了实体性

　　① Busa, R. *Index Thomisticus: Sancti Thomae Aquinatis operum omnium indices et concordantiae in quibus verborum omnium et singulorum formae et lemmata cum suis frequentiis et contextibus variis modis referuntur.* Stuttgart：Frommann-Holzboog, 1974.

　　② Busa, R. The Annals of Humanities Computing: The Index Thomisticus. *Computers and the Humanities*, 1980, 14(2)：83-90.

　　③ 詹尼·西比拉：《"当新媒体是个大事儿"：互联网与流行音乐语言的再思考》，陆正兰译，《符号与传媒》2010 年第 1 期，第 173-187 页。

的感知。同样，数字人文的再现方式通过精确的空间点阵或矢量的方式对图文进行再现，抽去了原有媒介物的那种质地因素——纸质书籍的触感，文物的材质部分以及任何与文物有关的伴随文本符号系统。这导致，在面对更复杂的数字再现对象时，这种抽象会遇到困难。例如，从对象复杂性来看，对人脑的数字化再现或模拟抽去了其生物系统编码因素、人的具身性成长要素、语境因素。数字化镜像的模拟再现就成为一套完全重建的不同系统，此时镜像的异质性被表达得充分无疑。一旦到这个阶段，就超越了数字人文在该阶段的理论阈限范畴，进入了多学科交叉和更高级的数字人文阶段。对人脑的模拟迄今为止还无法实现便根源于这种再现方式的异质性。在机器智能的新策略——深度学习（deep learning）的开发中，机器对人脑的模拟至少从静态的结构性模拟，增加了纵向的过程性模拟。其基本假设承认人脑作为具有一个深度的结构，其认知过程是逐层进行，相应的机器模拟也是"逐步抽象"。这实际上增加了对原本被抽离的过程性要素的模拟。不过，基于生物基础与电子基础的差异，可以预见两者的异质性会在人工智能科学进一步发展的过程中得到展现。

三、赛博世界的人文性

严格来说，第一个阶段的数字化并非一种理论的讨论而是一种媒介演进的技术实践。此阶段所谓的"人文"仅仅是数字技术实现的对象要素。第二个阶段是可被称为理论性研究的阶段。数字化手段的人文研究是通过技术手段对文本内容进行数字化转化的。这一阶段是技术"物"对"文本内容"。第一个阶段的数字化技术处理得到巨量的数据，于是不同文本之间形成了"数字通路"。这不仅包括不同文字文本之间的，也包括不同形态的多媒体文本之间。这个阶段的数字人文研究的理解正如凯瑟琳·菲茨帕特里克（Kathleen Fitzpatrick）提出的，它是"各领域中的一种关系，在这些领域中学者们使用计算机技术来探究传统的人文问题"[1]。

这个过程是一个编码统一化的过程。统一化的文本编码为此后的万维网的信息联通提供了基础，实际上也令整个世界的文字信息可以通过同一标准进行操作，这构成了当前数字人文研究的主要形式之一——"文本挖掘"（text mining）[2]

---

[1]　凯瑟琳·菲茨帕特里克：《人文学科，数字化》，朱艳译，《文化研究》2013 年第 2 期，第 194-198 页。

[2]　李晏锋：《国外数字人文研究的启示》，《中国医学人文评论》2013 年第 0 期，第 96-100 页。

的前提——无论是网络上瞬息万变的信息还是全球图书馆中的巨大知识库，均可以借助通用计算机编码实现文本信息互通。因此，此前的一个个单独文本在数字通路的作用下，成为一个巨大的"宏文本"。也即，全世界的信息成为一个单文本——"互联网"。这导致了整个人类知识获取方式和演进方式的巨大变化。具体来说，此前进行某领域研究的学者，需要在脑海中掌握大量的原始知识出处，他无法通过任何一个文本全知其他文本信息。那个时代的学者要近乎无遗漏地了解他人最新进展是有困难的，在政治生活和学术生活中都需要一个空间上的"公共领域"来实现信息交流。今天无论多么渊博的学者，也不可能靠原始纸质图书单个文本阅读的方式获得如此巨量的基础信息，更不要说穷尽文献。获取知识和综述文献的方式转变为，学者在掌握本领域基本规则和范畴框架的基础上，通过借助有效工具进行检索的方式来完成比前人更完整的文献梳理，同时获取相对系统的知识。由此，地球村不仅是麦克卢汉所说的视听交通和空间意义上的，其更重要的是人类知识领域和认知结构上的——只要数字化和检索足够开放，则地球上的文本就转化成一个整体——换言之，只有一个文本。

基于上述原理的典型应用研究是词频挖掘技术，包括词频分析、图像识别与分析等，这也是人工智能当前及近期主要攻坚的任务。西方学界成立了一系列以数字人文为主要工作领域的研究和实践机构，如数字人文组织联盟（The Alliance of Digital Humanities Organizations）、数字人文学会（The Society for Digital Humanities）；许多大学还设立了自己的数字人文研究中心，如美国斯坦福人文实验室、伦敦国王学院人文计算研究中心等。计算机与网络技术的应用逐渐深入人文研究的各个领域。亚太地区的数字人文中心网络（Asia-Pacific DH Center Net）由日本立命馆大学、中国武汉大学、澳大利亚昆士兰大学、韩国首尔国立大学以及中国台湾的台湾大学组成。伦敦大学学院数字人文中心主任梅丽莎·M.特拉丝（Melissa M. Terras）认为，"未来，数字人文必将成为人文学科研究的主流之一"[①]。

经过上述几个阶段的发展之后，不同对象的异质性都以数字符号的方式被抹平，成为了"0，1"作为底层记录逻辑的数字语言。这种同一性是构成会话的基本前提。正如在牛顿力学范畴的宇宙中，事物之间以"力""量"为会话基础，在数字化世界中，所有的事物乃至人的感知都被数字化编码。通过感官和神经信号

---

① 杨敏：《数字人文：人文学科范式转变新思路》，《中国社会科学报》2013年6月24日，第A04版。

模拟，能够得到相应的数位计算值。也即，这个阶段的高级应用是通过文本分析和合一化的抓取，与同样被数字化抽象的"人"匹配。在商业应用上，其呈现为个性化推送、个性化定制和个性化表达。例如，"纸牌屋""今日头条""微信广告"都是通过用户数据的分析，通过数据清洗、数据筛选之后进行的定制化传播。原理如上，数字化开辟了不同文本之间的通路，同样也打通了此前异质文本的关隘。图文识别与图文转化成为数字人文学的一个重要研究内容。情报机构的电话或网络语音监测系统是将语音通过讯飞语音等软件转变为文字信息进行关键词抓取。也即，不仅如上所述，全球的文字信息成为可通约的信息，所有异质的信息都在"数字化"的技术背景下成为无缝连接的巨大"宏文本"。

　　然而，无论用哪种文本数据抓取结果，与受众所匹配的只是被抽取的数据与数据之间的关系，在文化的变异、心理的潜在需求、创造性的引领方面的表现仍然不尽如人意。作为复杂系统的人类思维心理被抽取为数字维度之后，其失真的部分仍然是非常多的。潜意识和周边语境的不可见性成为数据对接难以完成的任务。实验心理提供的数据也无法还原符号意义涌现的现场全部语境信息。也正是由于这个原因，一些人文学者对这种形式的数字化人文学研究持反对意见。斯坦利·费什（Stanley Fish）也提出，"数字人文"是否为人文学科提供了真正的学术价值还值得怀疑。他指出，宗教和数字构想都提供（假如可以实现的话）了一种稳定但动态的状态，有运动和变化，但没有中心，也没有开始和结束，只有过程。①

　　如上所述，以数字化手段实现对人文对象乃至人本身的镜像再现、处理、对接，其结果是实现了会话维度的大一统。数字化的基本实现条件——基础构架的标准化导致了一些其他的副作用。一是，所涉的数字人文学研究都展现出一种"单向度"特质。无论是通过数字手段实现文本诸形式保存，还是通过数据手段对人文对象进行"宏文本"化后的整理、检索、研究、挖掘，人文都仅处于"对象物"或"对象内容"的角色，并未注重相反的过程。这种单向度的维度正如照镜者的情形，他不可能真正走进镜像中——两者相隔着异质的宇宙。

　　此外，"数字主义"一些其他的副作用也正在显现。例如，一段时间内的数据论将无法遏止地成为全世界共同的进步动力，同时也是一场数字追逐的噩梦。国内生产总值（gross domestic product，GDP）主义的价值仍然盛行，而无法评价的

---

① 斯坦利·费什：《数字人文及其不朽》，王斌译，《文化研究》2013 年第 2 期，第 199-205 页。

道德价值尺度、环境代价和社会效应则被搁置。在这个数字化生存的世界中，只有技术逻辑而没有道德考量。人文被形而下地保存的同时，其精神尊贵性却被技术逻辑消解于无形。一切以技术为导向，一切以现实结果为目标。GDP 主义、指数主义的问题都是这种数字化标准的结果。手工作坊式的生产被认为是低效率的工作方式。好在大多数发展中阶段的国家都认识到唯数据论的弊端。此时，人文学对数字化反哺的重要价值则开始凸显。

　　用人文学方法研究数字对象的学者，习惯将数字对象置于一个"制作性领域"，缺乏对"数字技术"背后的思维方式和知识结构方式的深刻洞察。他们通常将此种强调媒介技术变革的本质影响的思维称为"技术决定论"。他们过于强调人文本身的纯粹精神性，而对数字化采取一种抗拒性策略，其论调往往是"数字化生存导致的现实世界失联。或如加拿大作家、学者斯蒂芬·马尔什（Stephen Marche）认为，将文学数字化会失去其丰富的意蕴，文学应当与数字截然对立。①连同文学在内的所有人文学科与数字化的对立是意涵解释方面的。作为媒介形式的数字化构成了经典文化的基本再现方式，数字化本身也参与了新的文化形式构成，并导致新的意义涌现。就此而言，麦克卢汉所说的"媒介即讯息"则是有坚实基础的命题。一种面向现代的意义数字文化不仅不应被人文学所拒斥，反而应当直面。肩负意义阐释之责的人文学应当从宏观和微观诸层面参与数字文化的建构与解释。科学技术哲学承担了宏观层面的读解，而中观层面的意义形式科学——符号学理应对数字文化的形式规律负有阐释之责。我们看到，许多学者已经在从事相应工作，并形成了蔚为大观的研究基础。逻辑上看，数字人文的探讨正在由"数字化生存"这一基本功能需求问题，转向对数字时代文化意义问题的探索。不过数字人文这个笼统的称谓无法概括这些讨论，且由于数字人文前两个阶段是以数字手段介入人文研究并因此形成刻板成见，所以有必要从概念范畴上将数字介质、数字传播的意义阐释问题纳入符号学这门"意义形式之学"。一方面，相对于前数字时代人文，数字人文的特质是意义载体的差异导致的意义生成方式变迁——这正是符号作为形式论的重点关注问题。另一方面，符号学自身的人文属性与面向科学的开放面向使得符号学在承担该领域问题时，有独特优势。

　　如果说数字人文的前两个阶段解决的是"数字化生存"的问题，即以数字化

---

　　① Marche, S. Literature is not data: Against digital humanities. *Los Angeles Review of Books*,（2012.11.28）[2023-10-13]. https://lareviewofbooks.org/essay/literature-is-not-data-against-digital-humanities.

手段让人类或人类思想文本转变成为巨大的数字库，那么第三个阶段，是数字人文的深度交互，数字人文与符号学的交界面将是人文学对"数字对象"的反哺。此一阶段既非以狭隘的"人文学"反对数字技术，也并非以数字技术对人文学施以无所不能的魔法，而是让数字化具有人性的考量维度。业界在这方面非常敏感，如美国的高德纳咨询公司（Gartner INC.）在其发起的 Itxpo 研讨会上提出，数字业务的出现需要互联网技术（Internet Technology, IT）领导者移向数字人文主义的平衡，并提出了基于该公司理念创建的数字人文主义宣言。该宣言包括三个主体："以人为中心""拥抱不可预测性""保护个人空间"。作为时尚产品和大众消费物，电子数码产品使冰冷的科技成为有意境的、人格化的、富有特征之物，那些电路就成了全然不一样的产品。①这正是消费社会与数字时代在人文意义上的合流。此种人性化，并不限于"情感化机器人"此种形下而具象的问题，而是人文"化"技术与技术的人性化考量的相互融合，让基本存在条件的"数字化生存"走向以数字化为基础的"诗意栖居"。而"诗意栖居"就不再是一个功能问题而是意义问题——也即符号学问题。到达这个阶段，"数字社会"就进入其成熟阶段了。

数字是最接近信息本质表达方式的符号载体。信息并不诉诸"物质"而是诉诸感知。就总体学科架构而言，数字人文与符号学的交界面并非一个自足的学科，而是交叉领域。为了区别于数学所称的"数字"，且为了凸显"数字"作为一种介质或传播手段的属性，该领域可被称为"数字人文符号学"，其研究范畴是运用各种数字技术对基于数字化诸现实的符号表意形式进行研究。它的上层论域是"自然科学的文化符号学"。自然科学的当代前沿发展与符号学的交界面，已经构成了符号学发展的一系列前沿领域。除了数字人文的交界，该领域还应该包括与生命科学交叉的"生物符号学"；与脑科学、神经学、心理学交叉的"认知符号学"。从知识演化谱系来说，生命和生物是区别于非生命物的存在形态；数字信息化是信息组织形式的高级形态，其对立范畴是"熵"或无序；而认知符号学是基于人脑和心灵的范畴，相对于人类社会以外的生物世界。此三者与符号学的关联都是"人文学"的具体关联形式——生态符号、数字符号、认知符号构成的自然科学的文化符号学，各自层面上形成不同观照维度。需要说明的是，符号学自

---

① 徐亚力：《消费数码：一种写作和传诵》，《符号与传媒》2011 年第 4 期，第 119-142 页。

身的人文向度乃是符号学与上述自然科学领域能够发生对话或融合的条件所在。对于符号学而言，这种交叉性研究并非为了实现一种更高效率或"科学化"的意义测定，反而是让科学世界通过符号化实现意义之栖居。如果放弃了这基本立足点，让符号学向脑神经科学或任何一种自然科学靠拢，就会失去符号学的人文本色。①

---

① 赵毅衡：《关于认知符号学的思考：人文还是科学？》，《符号与传媒》2015 年第 2 期，第 105-115 页。

第六章　中华文化符号传播之思

提要： 对于传播符号学理论而言，中华文化不仅仅提供了异质的符号样本，更重要的是这些样本为传播符号学理论越出现有的框架提供了重要启迪。第一节从中华传统"讳文化"总结出通过"沉默"实现传播的文化分析，反思基于传播学的"信息传播"模型，进而通过改进格雷马斯符号表意模型提出了传播符号表意机制；第二节的"空符号"与"沉默"有内在相通，但所实现的不仅仅是沉默传播希望达成表意通达，而是在更高层次的"意境"这种抽象意义的生成，是包含在中国哲学思想中的有无之间的智慧；第三节从中华文化的主导符号——汉字入手，反思西方语音中心及其背后"符号达尔文主义"的逻辑，提出一种基于文化场域的符号生态论。在新的网络语境交互过程中，图像理据在一定程度上有回归的迹象，这也为符号生态论提供了更鲜活的例证。

第一节　以"沉默"实现传播的"讳"文化[①]

作为一种普遍存在的文化现象，"避讳"所包含的"信息回避"机制难以直接套用以信息论为基础的经典传播模型进行解释。本节提出，"讳文化"包含"沉默"这一特殊传播机制，并分别从历时与共时维度进行了"符用论"解释：共时维度上，通过改进的格雷马斯符号矩阵分析"讳文化"的"语言、书写、行为"诸文本形态，可知其共通表意结构为"是–非似"。历时维度上，对"避讳"的"名–实"符号关系考察表明，"'沉默'传播"虽然缘起于特定社会历史语境，但对当今新媒体语境下的符号传播机制的分析依然具有启示。"讳文化"背后的

① 西南政法大学新闻传播学院康亚飞老师对本章案例及材料有贡献。特此致谢。

"'沉默'传播"包含的一般传播规律，对传播学具有普遍理论适用性。

一、"讳"："未发生"的传播

"讳"作为一种文化现象在中国古代典籍中多有记载。《春秋》提到："为尊者讳，为亲者讳，为贤者讳"；《孟子》有言："讳名而不讳姓"；著名诗人李贺，由于其父亲名字是晋肃，"晋"与"进"同音，便一生不考进士。避讳不仅是古人生活的一部分，更是人与人交流过程中重要的符号传播"密码"，甚至内化为社会文化体制延续千年。

学界常常将"避讳"作为中国文化现象来研究，而本节着重考察这一独特现象所包含的一般传播机制。当我们将"避讳"纳入传播学视角来看待时，它展现出的"信息回避"特征非常不同于信息论传播模型所指向的"信息传输"。以信息论为基础的传播学模型（香农–韦弗等）将"信息"作为传输内容，传播过程被视为一个可度量、可测定的"机械模型"。[①]按照费斯克所说的过程效果论诸传播模型来看，某些情况下某个行为客观上并未发生直接信息传输，而是通过各种形式的"沉默"（空白、遮盖、隐晦等）构筑起了意义交流。此时，直接信息之外的"其他内容"就被纳入，以转换成另一次传播来解读该意义交流行为的发生机制。

在费斯克看来，建构在数学或物理通讯基础上的传播模型过于机械，应有一种注重"意义交换"的学派来予以补充。他将诸如此类注重"意义交换"的研究范式称为"符号学派"，并认为它与"过程学派"是构成传播学的"两个主要学派"。[②]需要说明的是，这里所称的"学派"并非罗杰斯引述哈维指向的那种师承性或地域性"学术群体"，而更接近于库恩的"范式"——由许多相互联系、彼此影响的命题和原理组成的系统整体。本质而言，"过程学派"与"符号学派"分别以"信息"与"意义"为线索关键词，前者是基于自然科学的工作假定，而后者是基于包含了主体价值性的人文立场。

按照过程效果论逻辑，交流过程中"无直接信息"的传播可称为"零信息传播"。除了未发生信息的情形，其未降低熵值的"冗余信息"，也是"零传播"。例

---

① 约翰·费斯克等：《关键概念：传播与文化研究辞典（第二版）》，李彬译注，北京：新华出版社，2003年，第138页。

② 约翰·费斯克：《传播研究导论：过程与符号（第二版）》，许静译，北京：北京大学出版社，2008年，第2页。

如，"新闻文本"的工作设定是将"未知"事实转变为"知晓"，而已知的事实新闻就失去了作为新闻的意义。不仅存在"无信息的传播"，如果将包括"受传双方"的整个传播场域都纳入考察，还会引出"负信息传播"。例如，在信息传播理论模型中，各种情形的"噪音"造成信息的失真、衰减均可以视为传播过程的"负项"，因而需要通过"冗余"来抵消信息损耗。相应地，"冗余"就重新转而成为"有效传播"——达成了熵减的结果。

如果说传播研究的"过程效果学派"是以"信息流动"为基础构建传播模型，那么符号学范式则是侧重"意义共享"对传播行为进行观照。提出"人类不能不传播"的帕洛阿尔托学派在"语用学"的启发下注意到，受传者之间除了内容的传播，还包含"关系"。[①]这表明，非直接传输信息的要素进入了传播过程并造成了意义交流。雅各布森则更明确地指出，"讯息不提供也不可能提供交流活动的全部意义……意义存在于全部交流行为中"[②]。

由此，当将"避讳"作为一个"传播行为"来看待时，受传双方通过自觉遵循特定社会文化规约，合作制造了一场"'沉默'传播"。此处，"沉默"有双重含义：其一，一旦进入此次传播过程中，因避讳对象不能讨论而造成了一个悖论式传播。受传双方必须通过提前知悉背后社会文化提供的意义场来确定需要回避的内容。彼时彼刻，双方都对特定话题保持"沉默"。其二，对于该次传播来说，似乎没有信息发生流动，整个传播活动就成了一场"未发生传播的传播"。显然，上述情形并不意味着传播终止了，反而说明双方遵守了"避讳"的社会意义场约束，以"沉默"的方式实现了意义交流的达成。

"'沉默'传播"的机制不仅未被基于"信息论"的"大众传播经典理论"充分讨论，也越出了符号传统的"符号语义"问题。它将"符号所处的文化场域"等外部要素卷入文本内部，而进入了"符号-语用论"范畴。符号语用学将受传双方所在文化域纳入考察，能很好地处理特定意义场中具体信息"应有而无"的情形。也即，一个"被期待"的传播无论是否发生了"信息"流动，其均可能涌现出丰富的意义。这里的意义就包含了受传双方的"意图"和"期待"及其造成的"意义交流事实"。

---

① Ruesch, J. and Bateson, G. *Communication: The Social Matrix of Psychiatry.* New York: W. W. Norton & Company Inc., 1951, p.214.

② 特伦斯·霍克斯：《结构主义和符号学》，瞿铁鹏译，上海：上海译文出版社，1987年，第83页。

二、"讳"文化的演变

（一）"讳"的起源与发生

贝特森及其率领的帕洛阿尔托学派在半个世纪前提出"人类不能不传播"，并指出人类的每个行为都是传播。[①]在考察具体的传播行为时，他们注意到人类传播具有普遍性和多层次性。这些多层次性的"传播"行为中应当包括对信息的掩盖、屏蔽、回避等有意的信息阻断行为。

1. "名符"作为传播初始原型

《道德经》有云，"名可名，非常名。无名，天地之始；有名，万物之母"，也作"无，名天地之始；有，名万物之母"。[②]尽管两种释意有所区别，但均包含了符号传播中的基本命题——对象世界因"名"而出离于混沌并成为可认识的世界。郑振铎在《汤祷篇·释讳》中指出："远古的人，对于自己的名字是视作很神秘的东西的。原始人相信他们自己的名字和他们的生命有着不可分离的关系。他们相信，他们的名字乃是他自己的重要的一部分，别人的名字和神的名字也是如此。"[③]

这种对"名符"的重视而引发的"名讳"在原始宗教观念中亦有迹可循。詹姆斯·乔治·弗雷泽（James George Frazer）认为，远古人之所以对名字有神秘性认识，主要是由于他们无法区分名字和真实事物："未开化的民族对于语言和事物不能明确区分，常以为名字和它们所代表的人和物之间不仅是人思想观念上的联系，而是实际物质的联系，从而巫术容易通过名字，犹如透过头发指甲及人身其他任何部分来为害于人。"[④]他将巫术建立的思想原则分为相似律和接触律。其中，相似律指的是"同类相生"或果必同因；而接触律即"物体一经互相接触，在中断实体接触后还会继续远距离地互相作用"。[⑤]潘祥辉解释说，"上古之人生活在一个他们认为充满神秘的世界，他们相信宇宙由天地人鬼组合成，而天地神鬼控制着阴阳、四季、五行、八方、十二时等世界运行的基本要素，鬼神世界与人事有着一种神秘的对应关系，把握这种对应关系就能够解释整个世界，并更好地

---

① Watzlawick, P., Bavelas, J. B. and Jackson, D. D. *Pragmatics of Human Communication: A Study of Interactional Patterns ,Pathologies, and Paradoxes.* New York: W. W. Norton & Company, 1967, p.48-49.

② 陈鼓应：《老子今注今译》，北京：商务印书馆，2003 年，第 73 页。

③ 郑振铎：《汤祷篇》，上海：上海古典文学出版社，1957 年，第 66 页。

④ J. G. 弗雷泽：《金枝》，汪培基、徐育新、张泽石译，北京：商务印书馆，2012 年，第 405 页。

⑤ J. G. 弗雷泽：《金枝》，汪培基、徐育新、张泽石译，北京：商务印书馆，2012 年，第 26 页。

生活"①。由上，"名"作为人类传播的基本符号，不仅仅是人类认知世界的方式，还代表人与世界的内在联系——"名符"代表的人与世界交流的初始模型，呈现出"祭如在"的"符号–对象"意义效果同一性。这种内在联系使得"名符"在传播意义场中具有独特性和重要性。因此，名符与避讳的关联既包含趋利用途也包括避害动机。为了防止他人对自己的迫害，古人在与人交流时，必须对自己的名字小心看护，甚至会采取特殊手段隐匿和更改自己的名字。甚或今天网络文化中，我们依然可以讨论——人们通过"网名""马甲"来替代实名，是否仍有这种心理原型的潜在作用？

2. 社会传播中"讳"的普遍发生

如果说，"名符"构成了人类符号传播中"避讳"的发生学起点，那么原始宗教意识促成构成了"避讳"的社会传播普遍发生。张光直认为，巫术在其中发挥着重要作用。童恩正也指出：在中国原始社会后期，很多文明因素的创造和积累，都是与巫师的活动分不开的。②巫师通过仪式行为"交通天人"，从而成为神性世界和现实世界的媒介，将人的祈愿传至神，以求神灵庇佑。

各个不同文明中均存在宗教，这意味着，若将避讳作为一种宗教根源的现象，它也应该具有相应的普遍性。这一点，在学界有所争议。陈垣认为："避讳为中国古代特有之风俗，其俗起于周，成于秦，盛于唐宋，其历史垂两千年。"③与他观点类似的还有清代袁枚的"避讳始于秦说"、宋代张世南的"殷商避讳说"和清代顾炎武的"夏代避讳说"。他们举证的材料多将避讳看作古代特有的文化现象。而卞仁海则认为，避讳的出现时间更早，也并非中国本土独有。据他考证，避讳是人类各民族共通的文化现象，其源于原始巫术思维的图腾禁忌，如路易斯·亨利·摩尔根（Lewis Henry Morgan）的《古代社会》、列维–斯特劳斯的《图腾制度》和弗雷泽的《金枝》（*The Golden Bough*）等都有涉及。④根据日本学者穗积陈重的资料搜集，全世界有 120 多个古老民族都有人名避讳风俗。王建也提出："避讳是原始禁忌的一种。原始人有很多禁忌，例如行为的禁忌、器物的禁

---

① 潘祥辉：《传播之王：中国圣人的一项传播考古学研究》，《国际新闻界》2016 年第 9 期，第 20-45 页。

② 童恩正：《中国古代的巫》，《中国社会科学》1995 年第 5 期，第 180-197 页。

③ 陈垣：《史讳举例》，北京：中华书局，2016 年，序第 1 页。

④ 卞仁海：《必也正名：中国人名避讳的历史渊源和文化机理》，《深圳大学学报（人文社会科学版）》2020 年第 3 期，第 151-160 页。

忌、词语的禁忌，等等，避讳就属于词语的禁忌。"①也就是说，避讳与原始禁忌其实同宗同源，它是远古时期人类对自然的一种普遍的"超验"理解方式。

远古社会"名符"与"对象"之间的联系构成了"讳"的可能心理原型之一，在宗教意识深入渗透下，"不能不传播"的人类以"讳"为典型方式的"'沉默'传播"发生于不同文化社会生活中，具有普遍性。

（二）"讳"的意义场

避讳起源于原始思维的敬神仪式，但在后期发展中，渐渐脱离了敬神与巫术原型，演变为"为亲者讳，为尊者讳，为贤者讳"的日常文化，其通过习俗、制度、法律等过程逐步构成"'沉默'传播"发生的"意义场"。

1. 从自然崇拜到习规礼制

在图腾时代和神本时代，中国的避讳尚且停留在自然崇拜的阶段，是野蛮习俗的一部分。西周以降，宗法制度确立，君权取代了神权，这就让避讳纳入了礼仪秩序中，成了封建等级制度的一部分。王国维指出"中国政治与文化之变革，莫剧于殷、周之际"②，这就是因为周朝宗法制度的确立。真正将避讳作为法律制度是在唐朝：唐朝"出现了专门的法律条文（《唐律疏议》），（避讳）上升为国家意志；至文宗之世，人名避讳又趋宽疏；但到唐末宣宗、懿宗时，讳制又趋繁复，并延垂五代乱世"③。在《唐律疏议·职制律·上书奏事犯讳》中规定：诸上书若奏事，误犯宗庙讳者，杖八十；口误及余文书误犯者，笞五十。也有关于家讳的规定，如"诸府号、官称犯父祖名，而冒荣居之……徒一年"④。可见犯了避讳轻则受到体罚，重则有牢狱之灾。至清代，避讳愈演愈烈，甚至变为"文字狱"。据记载，在乾隆时期，江南举人王锡侯编纂了一部名为《字贯》的字典，却由于避讳不当，被他人举报而给全家招来杀身之祸。⑤乾隆对王锡侯一案写道："及阅其进到之书，第一本序文后凡例，竟有一篇，将圣祖、世宗庙讳及朕御名字样开列，深甚发指。此实大逆不法，为从来未有之事，罪不容诛。即应照大逆律

---

① 王建：《中国古代避讳小史》，北京：中国长安出版社，2015年，第8页。
② 王国维：《观堂集林》，北京：中华书局，1959年，第451页。
③ 卜仁海：《必也正名：中国人名避讳的历史渊源和文化机理》，《深圳大学学报（人文社会科学版）》2020年第3期，第151-160页。
④ 王建：《中国古代避讳小史》，北京：中国长安出版社，2015年，第159页。
⑤ 李雪涛：《一位传教士记载的王锡侯〈字贯〉案》，《寻根》2006年第2期，第52-56页。

问拟，以申国法而快人心。"①

避讳或许存在于世界多个国家和原始部族中，但是像中国这样传播之久，变化之复杂，影响之大，却是罕见。从风俗到制度再到法律，避讳所历经的日常仪式合法化过程，使得其神圣性沉降到世俗社会中，内化为象征符号，时时刻刻作为文化的一部分制约着人们的日常生活。由此，作为文化意义结构的最终实现是一个世俗化的"大众传播"结果：一方面，人们在生活中以之为经验并指导他们的行为②；另一方面，世俗化生活所依据的经验也在社会发展中逐渐"凝固化"，成为"权力"和"规制"。

2. 避讳作为权力的表征

中国古代的避讳，就是这样一种通过特定文字和符号来运作的权力表征。列维–斯特劳斯认为文字的产生带来了奴役，米歇尔·福柯（Michel Foucault）则认为话语和权力是共生关系，二者难以分割。避讳的仪式是通过符号使用来呈现的，哪些符号能用、哪些符号不能用以及怎么用必须遵循一定的规则，背后是一套"权力"话语体系。

中国古代避讳有国讳、官讳、家讳和圣讳，它们构成一个自上而下的金字塔式的结构，行动者涉及了每个社会成员。③王权阶层作为避讳文化的行动者的最高层次，因而也受到了最多的"避讳"。在封建科考中，帝王名讳是必须要避讳的，根据《万历野获编》卷一记载："宋钦宗讳桓，则并嫌名丸字避之。科场韵脚用丸字者，皆黜落。"④与日常交流中的避讳相比，科考避讳更为严格，也更正式，是一种通过人才选拔而昭示权力的重要方式。"科场避讳多为犯帝王名讳，或用不吉字，也有犯考官名讳而被黜者，此为将官讳移至科场，虽不成定例，却实为悖妄，对考生尤为不公。按官场习惯，新官上任，下属必先请讳，以为避讳之用。而科场之时，考生无从知晓考官之家讳，因而犯讳，如被黜落。实属无辜。"⑤

对于古代帝王来说，普天之下莫非王土，因而文字资源也是权力的一部分，甚至是象征权力的重要"媒介"。权力的基本形式之一是对文字资源进行界定、分

① 孟森：《心史丛刊》，北京：中华书局，2006 年，第 284 页。
② 克利福德·格尔茨：《文化的解释》，韩莉译，南京：译林出版社，2014 年，第 177 页。
③ 卞仁海：《必也正名：中国人名避讳的历史渊源和文化机理》，《深圳大学学报（人文社会科学版）》2020 年第 3 期，第 151-160 页。
④ 沈德符：《万历野获编》，北京：中华书局，1959 年，第 7 页。
⑤ 王新华：《避讳研究》，济南：齐鲁书社，2007 年，第 116 页。

配与展示的权力。①因而，集权化程度越高，避讳就越严苛，其权力表达就越凸显。在原始宗教的自然发生中出现的"敬畏"经由世俗化的传播，被社会普遍接纳时，掌权者借用了其运作逻辑，并将此种"敬畏"转变为权力表征。这种权力表征又被掌权者掌握的媒介和社会元语言不断强化，迈向社会秩序的普遍建构。

3. 避讳的象征化社会秩序建构

从偶发到一般的文化约束，避讳经历了传播扩散。进而，统治阶层在两个层面上助力这种秩序建构的固化：一是通过法律规制来构成秩序的硬性依据；二是通过仪式化的方式更深层次地将"避讳"在社会精神领域实施象征性秩序建构。在詹姆斯·W. 凯瑞（James W. Carey）看来，传播的仪式观是建构并维系一个有秩序、有意义、能够用来支配和容纳人类行为的文化世界，因而对社会秩序的建构和整合作用，是仪式观不可或缺的部分。②避讳作为一种类似"仪式"的符号象征关系，能在古代社会传播千年经久不息，甚至上升为国家意志，一度演变为清代"文字狱"，体现了其强大的秩序建构力量。

由此，社会秩序不仅体现在权力阶层的传播权，更体现为通过上升为国家机器的方式对一般民众"传播权"的剥夺。而当这种"沉默"的规约成为"宗法"象征化之后，连权力阶层自身也在某种程度和范围上须遵守其中的部分制约。强大如慈禧太后，听政也须垂帘。传播是意义的共享，它"建构了一套随历史而变化的实践，以及对这些实践的反映……从这一观点看，意义不是再现，而是行为的建构，通过这一建构，人类以互动的方式赋予这个灵动而抗拒的世界以充分的一致和秩序，并以此来支撑他们的意图"③。

中国古代社会是一个以伦理为本位的等级社会——以儒家礼制为基础，"三纲五常"为框架。④所谓"君君臣臣、父父子子""父父子子、兄兄弟弟、夫夫妇妇"，即权力秩序的体现。避讳的使用和流传，看似是一种日常伦理，但在伦理背后，却是将封建秩序内化到人们的生活中。它不是一个主观性的人类偏好，而是

---

① 詹姆斯·W. 凯瑞：《作为文化的传播："媒介与社会"论文集》，丁未译，北京：华夏出版社，2005年，第65页。

② 詹姆斯·W. 凯瑞：《作为文化的传播："媒介与社会"论文集》，丁未译，北京：华夏出版社，2005年，第7页。

③ 詹姆斯·W. 凯瑞：《作为文化的传播："媒介与社会"论文集》，丁未译，北京：华夏出版社，2005年，第63页。

④ 卞仁海：《必也正名：中国人名避讳的历史渊源和文化机理》，《深圳大学学报（人文社会科学版）》2020年第3期，第151-160页。

在一个有着特别结构的世界中隐含的强加于生活的条件。①这种秩序经由人们的行为建构，反过来又建构着人们的生活，人们被镶嵌进由自己行为编织的等级秩序之网中。

由上，"避讳"从原始朴素的巫术或对自然的敬畏逐渐成为社会文化传播的坚固意义场，进而形成文化规约整合社会秩序。在传播类型特质上，传播意义的生成并不来自传播行为提供的"信息"，也不来自于被删除、空白、替换等"对预设信息的否定"的行为，意义的生成高度依赖于"沉默"所处的社会文化意义场。进而，未被传播的信息由受传双方从总体社会意义场中获知，并最终实现意义的通达。

三、"讳"的生成与传播

在传播符号学路径的几种主要模型中，格雷马斯的"符号矩阵"提供了非常清晰的对立范畴分析法。格雷马斯与库尔泰斯以亚里士多德的"命题与反命题"方式建立起"符号矩阵"，扩充了符号分析结构的多种可能性。符号矩阵将二元对立扩展为四个要素的博弈互动，由"是"与"似"两个要素的正负否定展开成为一个辨证的立体矩阵。构成了四组结果：是+似=真；是+非似=密；非是+似=谎；非是+非似=谬。

格雷马斯的符号矩阵集中于语义问题，而缺少对"意图"等语用性要素的涵盖。赵毅衡也认为格雷马斯的述真理论考虑到了发送者，然而却忽略了接收者。②尤其是在"是+非似""非是+似"两个组合中，构成的结果"密""谎"均是从发送者的角度，而未考虑接收者可能具有的能动性。在格雷马斯"行动元"理论中，他更充分地考察了行动者的身份，但行动元模型的行动者是从小说文本分析中得来，同样有必要对理论的普遍适用性进行适当处理。刘涛曾通过将行动元思想融入符号矩阵模型来分析视觉抗争各个要素之间的叙事关系。③对于"'沉默'传播"这一新的传播路径的分析，理论模型的改进有两个要点：一是"施动"要

①　克利福德·格尔茨：《文化的解释》，韩莉译，南京：译林出版社，2014年，第161页。
②　赵毅衡：《诚信与谎言之外：符号表意的"接受原则"》，《文艺研究》2010年第1期，第27-36页。
③　刘涛：《视觉抗争：表演式抗争的剧目结构与符号矩阵》，《西北师大学学报（社会科学版）》2016年第4期，第5-15页。

素的引入①；二是在此前学者的工作基础上，将行动元理论的角色单元从小说文本的工作预设抽象为不受体裁限制的普遍意义分析方法。

由上，我们可以将符号的传播过程视作发送者、文本和接收者三者合力的结果。相应地，符号的表意过程就被划分为三重意义：意图意义、文本意义和解释意义。意图意义是发送者的初衷，文本意义是符号编码的结果，而解释意义是接收者的理解——三者不仅不必然重合，反而常常处于博弈甚至对抗之中。若从承载"避讳意义"的媒介形态来看，可借用凯瑞的文本观将避讳看成由三种传播介质构成的三种不同符号序列：语言避讳、书写避讳和行为避讳。

（一）语言避讳："诚而不言"的"符号空无"规约

"讳"字的本义是"诚而不言"，亦即，在与人交往时，对他人的名讳要"避而不谈"。《礼记·曲礼》载："入竟（境）而问禁，入国而问俗，入门而问讳。"说的是在古代社会中，拜访他人之前必须先了解家主的避讳。在中国古代语境中，国讳复杂，各朝各代都有不同，与人交谈时，对方的家讳也情况不一，极难把握，更加大了交流的难度。对于家讳当事人来说，避讳的符号对象不在场，背后的禁忌意义就引而不发——双方仿佛在一条布满"意义地雷"的路面上交流。交流双方如履薄冰，一旦指向特定意义的符号被不了解避讳意义场的人无意说出，就触发了"意义地雷"从而导致整个交流的失败。须注意的是，此处"交流失败"不是由于"信息的缺乏"，反而是"信息的呈现"——此时，"信息"不再单纯是表示其自身"意思"的代码，而是引起交流秩序崩溃的隐喻性符号，它的出现导致预设意义交流效果无法达成。

虽然符号对象不在场，但是意义却潜在地笼罩在对谈语境中，成为悬在言说者头上的"达摩克利斯之剑"。晋朝王忱，一日去探访名相桓玄，喝酒时说了"温酒"二字，惹得桓玄痛哭流涕，原来王忱是犯了桓玄父亲名"温"的家讳，最终场面尴尬，王忱只好仓皇离去。假使能懂桓玄的家讳，王忱就会对"温"字避而不谈，但他忽略了"温"，打破了"'沉默'传播"的法则而导致交流以失败收场。在这个对话情境中，传播过程可表示为图 6.1。

---

① 胡易容：《"后真相"时代传播符号的"意义契约"重建》，《湘潭大学学报（哲学社会科学版）》2019 年第 4 期，第 122-129 页。

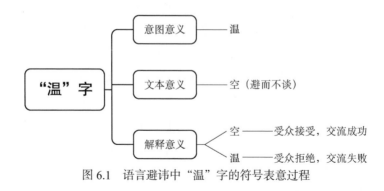

图 6.1 语言避讳中"温"字的符号表意过程

在"诚而不言"的情形下，成功交流指向的是特定符号的"不在场"。换言之，由于避讳对象的"应在而未在"，须借助"空符号"表达相应的意思。其中，空符号常常体现为物的缺失，如空白、黑暗、寂静、无语、无臭、无味、无表情、拒绝答复，等等。这些缺失能被感知，而且经常携带着重要意义。[①]也就是说，空符号是通过符号形式的缺场实现意义的在场，若细加区分，还可以再分为"空符号"和"无符号"（unsigned）。空符号有明显的符号形式边界。例如，避讳的"'沉默'传播"中通过刻意保留的痕迹（如画面的刻意留白、语言的突然中断），造成了空符号而实现传播。但有时"痕迹"并不总出现在交流过程中，而必须回到社会语境提供的整个意义场去发掘"意义"，这种时候更接近于"无符号"。"无符号"是一种意义的待在——仅当被获义意向感知时，无符号逆向才转换为被感知的"空符号"。[②]因为，当言说者未"犯讳"时，传播行为本身并未提供符号，将受传双方置于"讳文化"的语境中时，"符号的空缺"反向建构了"空符号"，进而形成了一场借助空符号所在意义场的传播行为。

（二）书写避讳："言在此而意在他"

媒介载体的差异导致不同避讳形式的具体特性有所不同。相较于语言交流，书写避讳更为正式，且由于其传播过程可能脱离言说者的交流现场，使得"避讳"的"痕迹"更难以被发现。陈垣在《史讳举例》中写道："民国以前，凡文字上不得直书当代君主或所尊之名，必须用其他方法以避之，是之谓避讳。"[③]此处

---

① 赵毅衡：《符号学：原理与推演》，南京：南京大学出版社，2011 年，第 25 页。

② 胡易容、任洪增：《艺术文本中"空符号"与"符号空无"辨析——电影人物影像符号"不在之在"的表意机制》，《社会科学》2019 年第 4 期，第 177-185 页。

③ 陈垣：《史讳举例》，北京：中华书局，2016 年，序第 1 页。

的避讳指的主要就是"书写避讳"。由于脱离了口语避讳的现场，书写避讳形式不得不通过更为多样的形式实现意义的避讳。书写避讳常常不全然是"沉默"，而是通过增删、置换等"顾左右而言他"的方式达成"'沉默'传播"。

在具体书写时，避讳的方法表现在文字的音、形、义的改变上，主要有"改词、更读、变体、空字、缺笔等种类，大略可以分为十二类"①。例如，"清人书中，为避康熙皇帝玄烨之讳，凡于'弦、绉、眩、舷、痃、泫、铉、炫、衒'一类字，依例缺其玄字末点。对孔子的圣讳丘字，除了加'阝'外，往往于'丘'字缺其竖笔"②。避讳方法的复杂给古籍记载带来了极大麻烦，因而被陈垣先生称为"古之流弊"。陆费墀在《历代帝王庙谥年讳谱》中也说："避讳兴而经籍淆，汉唐以来指不胜屈，宋人尤甚。"③

若说口语避讳多体现以直接的沉默——"空符号"，那么书写避讳的主要特征是"言在此而意在他"，也即，通过"被置换"甚至故意错漏的文字，去呈现实际指向的意义。"名讳"的发送者并非是故意欺骗，而是受文化规约不得不这样做，发送者希望接收者能够明白他的真实意图。仍以"意图意义""文本意义"和"解释意义"三个环节来分析书写符号避讳的情形：第一个环节"意图意义"便可以确定是"诚信意图"——"是"；因避讳所需，发送者书写的文本符号是对"原符号"的"回避"或"曲折呈现"，就构成第二个环节"文本意义"的"非似"；第三个环节的"解释意义"指向两种情况："是+非似"达成预期交流，而"是-似"（非是-非似）则可能导致意义交流失败。书写不仅需要通过各种"顾左右而言他"来实现避讳，且这种过程并非"一劳永逸"，而是可能在历时中被不断累加。在书写时，避讳不仅受到最初书写朝代的习规所限，在后世传播过程中，亦受到书写者私讳的影响。如顾炎武《日知录》卷二十三："唐中宗讳显，玄宗讳隆基，唐人凡追称高宗显庆年号多云'明庆'，永隆年号多云'永崇'。赵元昊以父名德明，改宋明道年号为'显道'，而范文正公与元昊书亦改后唐明宗为'显宗'。"④如此一来，国讳加私讳，加之年代久远，符号原意在传播过程中早已发生了无数次变异，指向不明、指向错误都成了常态，书写者的意图意义与解释意义早已相

---

① 王新华：《避讳研究》，济南：齐鲁书社，2007年，第170页。

② 王新华：《避讳研究》，济南：齐鲁书社，2007年，第193页。

③ 陆费墀：《历代帝王庙谥年讳谱》，上海：中华书局，1936年，序。

④ （清）顾炎武撰，（清）黄汝成集释：《日知录集释·卷二十三·以讳改年号》，北京：中华书局，2020年，第1183页。

距甚远了。

由上，在书写避讳中，传播者常常不得不暂时放弃沉默，转而采用"非似"的"不可信文本"来实现意义交流。此情形下，对象切实存在且可被表述，但不可被书写的情形导致符号再现不得不是故意的错、漏、近音等"信息不足符号"的曲折化表述，进而成为"不可信文本"。如果书写者与阅读者能够借助文化意义场绕过"不可信文本"理解书写者的本意，那么此传播过程就是畅通的。对预设的不可言说的内容而言，这些传播者依然是"沉默的存在"，而整个过程依然是"'沉默'的传播"。

（三）行为避讳：泛符号的文化规制

除了言说、书写，避讳也表现为包括身体、姿势甚至整个事件行为的方式在内的广义符号叙述形式。《南部新书》载："遇题目有家讳，即托疾下将息状出来。云：'牒，某忽患心痛，请出试院将息，谨牒。'"①《宋史·刘熙古传》中也有记载："熙古年十五，通易、诗、书；十九，通春秋、子、史。避祖讳，不举进士。"②刘熙古的祖名里有"进"字，因而纵然他一身才华也与进士无缘。因为避讳，一生的命运都为之改变，这个代价不可谓不大，这也从另一面折射出避讳作为社会文化机制所造成的广泛影响。

相较于语言与书写，行为避讳不仅符号和媒介载体更具有多样性，其意义场的情形也更为复杂。语言避讳中，人们只要小心翼翼不让避讳对象的符号出场即可，但在日常生活中，有些避讳对象却不得不在场。此时，受避讳影响的当事人就不得不改变其行为来启动避讳机制而成为"沉默的传播者"。据《青箱杂记》卷二记载："太祖庙讳匡胤，语讹近香印，故今世卖香印者，不敢斥呼，鸣锣而已。"③在这个表意过程中，商贩的意图意义是"香印"，但文本意义却是"鸣锣"，受众在解释时，有两种情况：如果知道鸣锣就是香印的意思，则解释意义为"香印"，若不知此避讳，则以为就是普通的鸣锣声。这不仅是个人对文化的服从，更是一种对避讳所作的符号互动，通过符号表演，完成一场膜拜秩序的"象征仪式"。

---

① 钱易：《南部新书》，北京：中华书局，2002 年，第 35 页。
② 脱脱：《宋史》，北京：中华书局，1985 年，第 9100 页。
③ 吴处厚：《青箱杂记》，北京：中华书局，1985 年，第 19 页。

由上述三种避讳的表意过程可知，无论是语言避讳，还是书写或行为避讳，都是格雷马斯矩阵中"是-非似"的结构体现。结合意义传播过程，可归纳出"讳文化传播"普遍表意机制模型，如图6.2所示。

发送者（潜在接收者）——符号文本——接收者（潜在发送者）
是/合作（诚信意图）——非似（不可信文本）——是/合作（预期意义交流达成）
是（诚信意图）——似（可信文本）——非/不合作（社会意义场压力下的交流崩塌）

图6.2　讳文化的意义传播模型

上述传播过程表明，在构成传播语境的宏大的社会语义场中，预期意义的交流达成须遵循一种"不可信文本"的"否定性传播策略"；反之，若将意图文本"直接呈现"，则可能导致社会意义场压力下的整个交流崩塌，甚至惹祸上身。

四、"沉默"之为传播

在研究避讳的文献中，不少学者认为民国以后"讳"文化式微，因而一直将研究重点落在古代社会。持这种观点的研究者常常预设了特定社会文化场作为"避讳"的存在前提。实际上，"讳"作为一种特定形态的文化传播符号现象，其折射的"'沉默'传播"的机制普遍存在于各种文化传播之中。中国古代"讳文化"庞大复杂的意义场所依托的社会制度不在了，但"'沉默'传播"作为一种文化交流的意义生成机制，可以用于考察一般传播行为。在一定情形下，"讳"甚至可能构成作为被制约方的独特抗争方式。重庆《新华日报》著名的"开天窗"事件，正是通过将"沉默"本身以特定的事件化方式彰显，以表达抗争的立场。

在当前新媒体语境下，"'沉默'传播"也可呈现为网络符号文本的传播策略。脱离了古代文化语境的"避讳"既可能是规避网络审查的符号传播策略，也可能作为亚文化圈层交流方式而普遍存在于网络世界之中。不同的是，古代讳文化是对等级社会权力秩序的服从，而今天的网络"语讳"则遵循当代社会文化或亚文化的传播语义场规制。而且，由于网络交流的"快速性"需要，发送者所发出的"不可信文本"具有了更多的便捷性特征，如在特定敏感话题中，无法明言的表意也可能通过"梗"的方式来表达，这正是避讳在网络文化中的新形态。这些网络语讳甚至能创造出新的流行文化话题，从而在不违反避讳的情况下实现抗争式表意。

反观费斯克提出的"过程效果论"与"符号意义论"之分，两者代表了不同研究逻辑对传播过程的假定。对于后者来说，过程的复杂性是"简单问题"，意义的"复杂"才是重要的核心问题。实际上，即使在信息论中，沉默也并非无法讨论。"0，1"的信息比特本就是由"有无"共同构成，只是当将"沉默"置于"避讳"所代表的整个文化系统中，其"熵"值才被遽然放大。在此情形下，意义并不来自信息比特，而是主要来自于作为文化整体的"语境"。诚如凯瑞对克利福德·格尔茨（Clifford Geertz）的引用所说："对文化的分析不是寻找规律的试验科学，而是寻求意义的一种阐释性科学。我追求的是阐释、阐释表面上神秘莫测的社会表达。"①

最后，"'沉默'传播"并非只是消极的回避，它可能构成弱者积极抗争的工具，也可构成当今网络媒体语境下言说的亚文化圈层化专属话语机制，其可涉及的应用面非常广泛。本节显然未穷尽这些可能性，而重在提出"沉默"这一否定向度的特殊传播机制，以冀引发更多开放性讨论。在"符号意义论"预设的整体语义场下，不确定性提供的多义性解释折射了其"人文学"的本色——任何意义都是意义，而意义本身不可为负。

第二节　以"符号空无"营造"意""境" ②

符号是意义的前提与条件，有符号才有意义。上一节对沉默的分析表明，本应在场的符号缺场，并未构成表意的障碍。不仅如此，符号接受者期待中符号"缺场"留下的空白，反而会形成特定表意张力和效果。中华传统艺术对"空无"的表现具有独特的审美价值，也对现代符号学理论有重要的启迪。本节通过分析传统艺术文本中符号的"不在之在"，辨析了零符号（zero-sign）、空符号、无符号，讨论了"无符号"向"空符号"的转换方式，并在此基础上阐释了符号缺失情形下的表意机制，进而归纳了符号"空无"的普遍意义生成张力。

---

① 詹姆斯·W. 凯瑞：《作为文化的传播："媒介与社会"论文集》，丁未译，北京：华夏出版社，2005 年，第39 页。

② 本节内容，西北民族大学任洪增老师亦有贡献，特此致谢！

一、符号的"离场"：零符号、空符号与无符号

（一）符号离场与表意实现

作为使用符号的动物[①]，人之存在的世界不仅仅是物理意义的空间，而且是一个符号充溢的世界。人每天与之打交道的世界，就是由语言、宗教、神话、艺术等符号编织而成的巨网。人之在世一日，便要不断追问意义之所在。但意义并非一目了然，意义世界是一个有待实现的世界。当人获得某种感知，便迫切地期待解释出意义。这个被意识到的感知就被认为是有意义而成为符号，只是意义不充分在场，而一旦意义实现，符号便完成其使命了。符号学的第一悖论说是"意义解释不在场才需要符号"[②]。反过来，其逆否命题则是，"没有意义可以不用符号表达，也没有不表达意义的符号"[③]，因而说"符号学即意义学"。[④]

然而，"符号"与"意义"的关系并非自明的。上述判断中的前半段——"没有意义可以不用符号表达"可能导致将"符号"与"意义"从"约同"误解为"等同"。这个误会的发生，在于命题中"用"这个动词的直接指向感。显见的事实是，许多表意并未直接"使用"某个符号，而依靠周围可感知的符号形成"缺失"来实现意义传达。传统中国书画当中的"计白当黑"实际上就是通过纸面笔墨符号的缺失来形成更强有力的表意。

在注重条分缕析的现代符号学中，"白""空""无"是否是同一件事？它们如何被符号学理论归纳？以及它们如何实现艺术符号的有效表意？

（二）从零符号、空符号再到无符号

由于"空符号"与"零符号""无符号"长期混用，讨论"符号的空无"与"表达空无的符号"的问题，必须从"零"这一概念说起。"零"作为一种符号的使用，相关探讨由来已久。印度语法学家巴尼尼（Pānini）在他的梵语语法《八章书》（Astādhy-āyī）中就已经涉及此概念。索绪尔指出，"对于观念的表达，实体性

①　恩斯特·卡西尔：《人论》，甘阳译，上海：上海译文出版社，1985 年，第 45 页。
②　赵毅衡：《符号学第一悖论：解释意义不在场才需要符号》，《西华大学学报（哲学社会科学版）》2018 年第 2 期，第 1-5、11 页。
③　赵毅衡：《符号学：原理与推演》，修订本，南京：南京大学出版社，2016 年，第 1 页。
④　赵毅衡：《符号学即意义学》，《中国图书评论》2013 年第 8 期，第 4-6 页。

的符号并非不可或缺，通过'有无的对立'就可以满足语言表达的需求"①。他列举古斯拉夫语属格无标记的"零符号"情形，还在英语和法语的比对中谈到了"零符号"的语法表达。②索绪尔对"零符号"的用法，是特定语法位置不需要符号出现，而实现了特定的语法（语义）的功能的情形。我国最早讨论此话题的刘耀武提到，日本语法学家时枝诚记（Tokieda Motoki）早在1935年就提出了句法中"零符号"（零记号）概念，通常是指"句中被表达的内容不用语言形式表示"的情形。③上述讨论多集中于语法现象，巴尔特则在文学写作中，将"零度"解释为"有意义的缺席"，强调了"缺席"的意义。④

　　"零符号"与"空符号"的混用状态，造成了两个歧义：一是语义上，混同了符号赋值为"零"与"空集"；二是形式上，混淆了符号再现体"有"与"无"。在数理逻辑上，前一个混淆非常容易区别清楚——"零"与"空"意义完全不同。可以据此区别"零符号"与"空符号"。

　　零符号，是指赋值明确为"零"的符号，其在文化中常常表达一种"居中不偏"的意义，如"零度写作"并非不写作，而是以中性或客观的特定方式写作。

　　空符号，用以指代无具体对象的符号；其符号再现体有清晰的边界，而符号对象空缺。数学符号中的"空集"（也常用希腊字母Φ表示），书面语言中的圆圈"○"，电影中的"空镜头"，这些都是空符号。

　　不过，上述两种界定并不能完全涵盖索绪尔、巴尔特等所说的"零符号"。这里界定的"零符号"和"空符号"均有确切的符号再现体，而索绪尔的例子中，若非通过跨语言的比较，"符号之有无"尚无法确定。可见，发生混淆的关键点，即在于符号有无的判断。我国学者王希杰在讨论"语言中的空符号"问题时，主要例证是在不同语言翻译过程中无法找到对应的词，如汉语中的量词在英语中多没有对应词（如"一本书"对应英文"a book"，量词"本"在英语中没有对应的词）。当进行跨语际比较研究时，对这类本来没有对应符号的空白处就代之以空集符号——"Φ"，表示为"a Φ book"。可见，王希杰的"空符号"跟索绪尔所说的"零符号"相同之处在于，若无某种比较关系（如跨语言比较），就无法产生

① Saussure, F. *Course in General Linguistics.* New York: Mcgraw-Hill, 1969, pp.86-87.

② Saussure, F. *Course in General Linguistics.* New York: Mcgraw-Hill, 1969, pp.86-87.

③ 刘耀武：《关于日语句法中的"零符号"问题》，《日语学习与研究》1983年第6期，第11-13页；庞志春：《关于零符号问题》，《日语学习与研究》1986年第1期，第22-24页。

④ 罗兰·巴尔特：《符号学原理》，王东亮译，北京：生活·读书·新知三联书店，1999年，第72页。

"空"或"零"的判断。换言之，他们所说的"零"或者"空"均不是"符号"；一旦采用一个意义明确的"Φ"来表达归纳这些情形，情形就发生了转变——它们都被"Φ"这个意义明确的"空符号"所表意了。

可见，若没有汉语量词这个参照系，英语中a book，就并未发生"空缺"——这个意义本身并不存在，表达这个意义的符号，也就不存在。《空符号论》①一书作者韦世林也注意到了这一点，她认为王希杰所说的"空符号"，实际上是"无符号"，因为并未有事实上的符号存在。这一判断也得到了王教授本人的回应和部分赞同。②不过，韦世林对王希杰的判断——将无符号作为空符号——也成为其他学者对自己的判断。曾庆香曾撰文与韦教授商榷，指出"许多被误解的空符号实际上是一种逻辑推理，并不是符号。"③这个表述非常清楚，但她仅就"空符号"的界定做了探讨，而对于"不是符号活动"的"非符号"或"无符号"参与表意的情况，却没有继续深究。

由此，我们不得不对"无符号"与"空符号"作进一步区分。赵毅衡的看法是"进入感知"，他认为，"作为符号载体的感知，可以不是物质，而是物质的缺失：空白、黑暗、寂静、无语、无臭、无味、无表情、拒绝答复，等等。缺失能被感知，而且经常携带着重要意义"④。可见，在赵毅衡的界定中，无处不在的空白、虚无、黑暗等，一旦被感知，就成为空符号。实际上，"感知"一说预设了以释义者的经验为参照系，例如，索绪尔是语言学家，因而能读解出没有标记的语法。但仅以"感知"为界限，仍然存在可商榷之处。因为特定文本的读者常常变动不居，一千个读者有一千个哈姆雷特。而上述例子中，索绪尔、王希杰解读出的"符号缺失"常常并不为一般语言使用者所觉察。

建议从符号文本、符号发出意向以及读者的解释三个维度综合考察，以区分"空符号"与"无符号"。可以看出，韦世林所说的"空"偏向于指"符号内容"为"空"；而赵毅衡所说的感知对象和物质的缺失，则有可能是"符号本身"的缺失。前文已经清楚地将"空符号"界定为一种"释义为空"的符号，其边界明晰，仅凭自身就有能力指明某个对象集合。举例来说：一则文字文本中，以"空

---

① 韦世林：《空符号论》，北京：人民出版社，2012年。
② 王希杰：《潜词和空符号的再认识与空符号学》，《文化与传播》2012年第1期，第51-57页。
③ 曾庆香：《论空符号——与韦世林教授商榷》，《中外文化与文论》2017年第1期，第23-33页。
④ 赵毅衡：《符号学：原理与推演》，修订本，南京：南京大学出版社，2016年，第25页。

白圆圈"等形式标志出的"空白"与无意留下的页面空白,其意义并不相同,前者为其指向一个边界明确的"空集"——空符号;而后者可能是符号文本制作者无意留下的"意义未定区域",且仅当读者阅读时,其才存在被解释出意义的潜在可能。

我们可以通过与"零符号""空符号"的比较来界定"无符号"的内涵:"零符号"是符号语义问题——符号再现体指向零赋值对象;"空符号"的再现体边界明确,而符号对象空缺——空符号的再现体也常常通过"边界明确而内容为空"这种像似性来指向"对象为空"的意义(如空格、圆圈等);"无符号"则没有发送者的主观意向,也没有符号再现体——当且仅当在获义意向的意义攫取中被分节而间接实现意义。此时,"无符号"转化为"空符号",由读者解读出意义与边界——成为巴尔特所说的"有意义的缺席"。需要指出,这种转换发生过后,"空无"即在一个"元层面"被符号化了,这与通常说的"噪音无意义"就完全不同[1],因为一旦进入获义意向的观照,这些本来没有意义的事物就成为可表意的能指。

从"无符号"到"空符号"的参照系转变决定了判断视角的转化。《西游记》中的无字经书作为一个整体文本可被视为"空符号"。读者可能在符号的缺失中解读出某种意义。它们是从解释者的角度逆向建构出了"空"的意象。但具体到局部,创作者并没有刻意圈定一个"字符"边界——其为"无符号"。换言之,"空"与"无"是相对的,其判定必须有明确的参照系。如果参照系发生转变(如发生了跨层的解读),判定结论就可能发生转变。忽略这种相对性和可转变性,就会陷入各说各话的境地。以曾庆香与韦世林对书画艺术的"留白"的不同看法为例。韦世林认为,留白是一种二维"空符号";而曾庆香认为"段首空两格是空符号,但绘画中的留白却不是空符号,而是符号。同理排版中的天头地脚,任何规格的字距、行距、边距,英语单词与单词之间的空格之类的所有人为制造的空白、空格都是符号"。[2]

在曾庆香看来,"人为制造"构成了是否"符号"的标准。然而,天头地脚是"人为的符号",何以"段首空格"不是?可见"人为制造"这个说法并不可靠。"符号"与"空符号""无符号"区分的参照系,必须在发出者、文本与释义者的综合维度中才能确定。仍以"绘画中的留白"为例:单从"白"这种消色来说,

---

① 何一杰:《无意义的意义:符号学视野下的噪音问题》,《符号与传媒》2018 年第 2 期,第 163-176 页。

② 曾庆香:《论空符号——与韦世林教授商榷》,《中外文化与文论》2017 年第 1 期,第 23-33 页。

显然无法定论。油画的高光是通过白色颜料覆盖实现的，人为痕迹与物质材料均很明显；而在水彩画、国画等透明颜料为材质的绘画中，则通常以"留白"来实现相应效果。从"是否使用了颜料这一物质材料"的角度，前者当然是人为证据非常确凿，而后者却并不必然。再如，一个未受过训练的人被要求画出一个物象，或幼儿在白纸上初学写字，他们往往并没有刻意照顾"留白"。这些无意识留下的"白"算不算人为？将这些无意留下的空白界定为某种表意"符号"可能很勉强。

由此，与其简单地将"人为"作为是否使用符号的分界线，不如以作者、文本、读者间的"相对参照系"来加以判定。在上述案例中，从符号发出者的角度来说，无意识留下的"空白"没有自觉意向性，因而不是符号，也不是空符号，仅是"无符号"；只有当儿童心理学家，或者笔记学家在研究无意识表达，对其解释出来某种意义的时候，它们就被"获义意向"所模塑为"空符号"了。这种重塑与获义意向解读无生命的自然物过程是一样的。反之，当书写者持有"计白当黑"的艺术理念，以"飞白""留白""负空间"创造出"疏阔""开朗"的意境，这里的"白"与"空"是创作者意向性在创作实践中"截断了混沌中的连续性"而形成的分节关系，进而形成了有意义的"空符号"。此处的空符号就是符号的一种，它与一般符号本质上并无不同。"白"不仅可以从"无符号"成为"空符号"，还可以成为意义丰富的符号。例如，对于书写者而言，通常作为背景而不被关注的"纸"并无书写，可以被理解为"此处无符号"。一旦在签订合同的特定语境下，签约双方说"白纸黑字"时，白纸这种书写介质携带的"严肃的契约"这个意义就被摄入了意义系统，而成为表达意义的符号。

空符号的边界明确，可以自行存在并意指明确，而"无符号"指向不确定的待在，是任何形式的"符号之无"，因此无法在外延或边界上加以框定。因为"无符号"未被界定，它就只是自在的。系统中能够理解"无符号"，必须进入某个参照系，成为边界清晰的"空符号"。一旦当我们谈及"空无"的感知，意义发生必然需要某个已经被感知的"实有的"符号场域内形成获义意向。"无符号"进入感知的过程，实际上是"符号化"进程。

由此，符号"空无"的意义阐释，以实有的符号为转化条件——对于符号文本而言，空无的感知必然建立在"实有"而可感的符号文本之经验比对之下。例如，符号文本的时空邻接——"鸟鸣山更幽，蝉噪林愈静"中的"幽""静"即通过"鸟鸣"与"蝉噪"的邻接来实现的。也因此，它的艺术感染力胜于"一鸟不鸣山更幽"。没有具有表意能力的邻接符号衬托，"符号的缺失"就无从说起。更多情况下，这种邻接并不是体现为彼时彼刻的即时时空关系，而是以人的经验构成的"认知图式"为参照背景。在认知经验图式中，应有符号的期待发生了缺失，从而形成了"空符号"的判断。"万籁俱寂"的感知，以车水马龙或人声鼎沸的经验为背景；而"无味"建立在"酸甜苦辣"的比对之上。

由此，"无符号"是一种文本的"非意向性"状态，一旦读者解读出某种意义，其就成为感知中的"空符号"了。

二、中国传统艺术中符号缺场与意境生成

（一）传统艺术中符号的"空"与"无"

中国传统艺术中的"黑"与"白"是中国艺术精神的具体化，也是中华文化符号的经典智慧。这种智慧尤其体现在中国本土发源的道家哲学。老子关于"有"与"无"的哲学思索或可作为符号空无的精神源头。不仅如此，老子对黑白的相成关系也有具体的表述，即"知其白，守其黑，为天下式"。徐复观说，中国文化中的艺术精神，穷究到底，只有由孔子和庄子所显出的两个典型。由庄子所显出的典型，彻底是纯艺术精神的劲歌，而绘画则是庄学的"独生子"，因此作为视觉艺术精神源流的乃是庄学及道家哲学。①

道家精神的影响使中国传统视觉艺术的表达能超越出了可见的实有之物的限制。从符号的原点出发，视觉艺术所用的再现体在皮尔斯符号学三分体系中，是像似之物。这也是西方艺术"模仿论"的基本逻辑。柏拉图在《国家篇》中提出的镜子造物说是模仿论的重要源点。②在柏拉图的理论中，画家所画之物无非是按照依据作为"真"的"理式"制造的具体物之"形"——是一种外在物。艺术家的作品只是对"模仿的模仿"。由此，原物永远比它的复制物高级、准确。画者绘制之像则是永远无法企及的理式世界的模仿物。即便仅仅是外形，画家们也无法实现完美的再现。在达·芬奇的时代，"画家常常沦于绝望，……尤其当他们看到

---

① 徐复观：《中国艺术精神》，沈阳：辽宁人民出版社，2019年，第6页。
② 柏拉图：《文艺对话集》，朱光潜译，北京：人民文学出版社，1963年，第69页。

自己的作品缺少事物之镜像所具有的立体感和生动感"。①

但中国传统艺术的对象从来不是纯然精神世界对立面的物象。古典中国并没有现代艺术的概念。诸如《论语》中所说的"艺"偏向指生活中的具体技能。近现代"艺术"一词是由日本人作为西语"ART"的翻译而沿用至今的。被视为中国艺术精神源头的老庄哲学所追求的最高境界是"道",而道并没有现代意义的艺术对象与其等同,而是"作为人生体验得到了悟时,这边是彻头彻尾的艺术精神"②。徐复观因此认为,中国艺术是以"虚静之心为观照的主体"。可见,在中国传统艺术中,从来就没有一个纯然外在于精神的对象世界,而仅仅是"寄情山水"而已。如此一来,这就导致,中国艺术的意义生成并不拘泥于"有"而可能是经由"心"读出来的。这在理论上为物像之"虚"乃至符号之"无"提供了条件。徐复观总结道,中国画尤其是山水……是以虚、以无为韵。③因此,古人眼中的中国绘画的妙境,乃是无画处皆画。画之空处,反而是全局所关,是妙之所在。

宋代马远的《寒江独钓图》取义自柳宗元五言诗《江雪》,但全画只是一舟,一人垂钓,船下几道水波纹,既无雪也无江,更无千山、万径。但纵览整个画面,浩渺江上,孤寒之感跃然纸上,更是进入观赏者的心中。

这种符号之空所产生的境界或气韵不是专属于视觉艺术的,而是体现在中国古典艺术所有体裁之中。苏轼《送参寥师》云:"欲令诗语妙,无厌空且静。静故了群动,空故纳万境。"可见,在诗歌中,对语言符号之"空"也是非常讲究的。诗歌中的空,与绘画中的恬淡、虚空实现的物理手段不同,但内在是通达的。如果用现代符号学的"空符号论"来分析诗歌中"空"的意境生成,可以从意义生成的符号意义层次将其简要归类为:偏向符号指示义之空、符号形式义之空与符号解释义之空。既包括修辞层面的,也包括语义层面的,更最终指向意境上的空灵。

符号指示义之"空"多用字面表达"空""无""灭""绝"等构成"空"指示意向的字来引出空的视觉形象。前面提到柳宗元《江雪》"千山鸟飞绝,万径人踪灭"即用具有"负"意向的字构成诗的意向场景。此类诗不在少数。例如:王维《山居秋暝》"空山新雨后,天气晚来秋";《鹿柴》"空山不见人,但闻人语响"。

---

① E. H. 贡布里希:《艺术与错觉——图画再现的心理学研究》,林夕、李本正、范景中译,长沙:湖南科学技术出版社,2000年,第69、44页。

② 徐复观:《中国艺术精神》,沈阳:辽宁人民出版社,2019年,第49页。

③ 徐复观:《中国艺术精神》,沈阳:辽宁人民出版社,2019年,第176页。

实际上，字面上不用空亦可形成空的意向，若两相比较的话，字面用空倒是比较实的描述，多用在自然景物，或某个具体的意向。崔颢《黄鹤楼》"昔人已乘黄鹤去，此地空余黄鹤楼；黄鹤一去不复返，白云千载空悠悠"半阙诗用了两个"空"，当然是千古奇句，连诗仙李白也感慨"眼前有景道不得，崔颢题诗在上头"。此诗宏伟开阔，情绪饱满，有一种逼人才情蕴含其间，但并不是"空灵"路数。反而字面上不用"空"这一类字面意思的指示符，通过意向联结的修辞形成的"空"更空灵些。王维诗中，前句往往用"空"的字面或场景，但真正点睛而升华为"空灵意境"的则在无空之空的后一句。《鸟鸣涧》中的"人闲桂花落，夜静春山空"一句的确写得万籁俱寂，几乎一根针掉到地上都会惊扰这极致的静。但使诗歌的意象与意境更上一层的则是打破这静的声音——"月出惊山鸟，时鸣春涧中"。月出无声而能惊扰山鸟，将这份静的空无展现到一个新的高度。时而的鸣叫产生的画面感让前面营造的宁静有了生气，诗也就有了灵魂。此类例子如贾岛《题李凝幽居》前一句"闲居少邻并，草径入荒园"字面上有"少""荒"，是第一个层次的空符号，在字面上写清楚了无人的幽居，但后一句"鸟宿池边树，僧敲月下门"却通过打破这种单一层次的荒凉，引入了声音，使得整个层次得到了提升。

上述不直接借助"空"的同义词来形成空境的手法是通过"有"的比照形成相对的空。若用绘画手段来类比的话，借助字面意指的"空"可理解为用白或黑的墨色来表达物象空无，而后者是通过有声的反衬实现的，更接近于留白的区域带来的空间想象。用符号形式来理解，前者是符义层，而后者则是符形层。留白的实现必须有周边其他绘制对象或画面边框形成的参照系，即所谓"有无相生"的道理。

不过，中国传统艺术的境界并不受限于这种简单的有无相生。这是对画者的身份描述，同样对观者有预想的要求。这意境是经由观者心而生。王维句"大漠孤烟直，长河落日圆"、马致远小令"枯藤老树昏鸦，小桥流水人家，古道西风瘦马"，几乎没有表达情感的修饰，仅仅是物象及其几何形态的朴素描述，意境就跃然而出了。这当中的意境并不是通过直接的符号意指，也不单单是通过特定的修辞格产生的，而是将读者与作者纳入一个共情的传播场域中形成的情感释义。一个牙牙学语的幼童读王维、马致远、陶渊明所感与饱经沧桑"欲说还休"的成年人所读之意相同，而所感之意境并不同。这也是通常将文人画视为中国山水画的最高境界的原因。在这个意境生成的过程中，以艺为媒实现心灵的共情。其中，已被明示的符号是不同读者接触的公约数，而空缺的符号的释义构成了不同读者最大的差异，也是更为关键的要素。因此。前面说"画之空处是妙之所在"不仅指向绘画这种体裁，也可以指向诗和其他艺术形式，而空的实现，不仅需要绘画者的表达，也需要观者共同参与意境意义生产。

（二）"符号缺失"的相对性与艺术符号的"意义完形"

前面提到中国古典艺术的意义实现并不是在艺术符号文本内部即可自足的，而是需要借助外在于艺术符号的其他参与者。这里的参与者，既可能是读画之人，也可以是其他的符号文本。这一点不仅适用于中国古典绘画，而且是符号意义生成的一般法则。也即，符号永远是一个相对性过程。符号的有无相对不仅是一个符号自身作为整体的呈现，也可以用以理解符号文本自身的"缺失"。若将断臂的维纳斯作为一个符号文本，其缺失的只是部分符号，而若将"维纳斯的断臂"作为一个符号，则这个"不存在的断臂"就是一个"无符号"。因此，"无符号"向"符号"的转换常常是通过"不完整符号"来实现的。在一个更大的场域中，"无符号"就不再是整体符号缺失，而是部分的缺失，而这种缺失可以通过在场部分加以补足，以构成意义的完型。

在包含多种媒介的现代艺术，如电影文本中，人物影像符号形式的"缺场"，常常出现以部分取代整体，或以带有人物印记与特征的其他符号来代替整体形象，获得人物符号的完整意义。依照完形心理学的观点，"视知觉对视阈内物像'中断部分'的补足具有审美的选择性……任何一个具有整体性的对象，无论一幅画、一出戏剧或者一部电影，都可以视为一个格式塔。正因为如此，格式塔本身'整体性'的要求会产生一种内在的'完形压强'，在这种力量的驱使下，知觉主体在对一个具体的对象进行审视时，会对其中尚未出场或者缺席的部分进行某种'强制性的补足'"。[①]影片中某些人物符号形式的离场，反而扩大了解释意义获取的"认知差"，形成了获义意向的巨大张力，在这种"完形压强"的作用力下，镜头完成了"缺场"的人物符号的"补全"。

人物影像没有正面、整体面貌呈现，而以背影、服饰符号、仪式中的位置等形式在场，除此以外，人物影像的其他符号形式处于离场状态，在此情形下人物如何表意？影片《大红灯笼高高挂》（*Raise the Red Lantern*, 1991）中，"老爷"陈

---

① 邹璿：《观影主体视知觉的选择性对电影视觉语言的影响》，《新闻界》2011年第7期，第51-53、60页。

佐千（马精武饰演）以小远景、背影、部分身体、声音勾勒出一个模糊形象，这是对原著中陈佐千形象刻画的一次颇具意味的改动。在影片的前期拍摄阶段，摄制组拍摄了人物符号"陈佐千"的近景和特写镜头，然而在后期的剪辑过程中，又把这些"露脸"的镜头删除，目的就是造成一种"神秘化"的"缺场"。到影片结束，观众都不知道"陈老爷"到底是何模样。通过陈佐千的神秘"缺场"，观众从影片感受到象征意味的"封建父权、夫权象征"更强烈了。这种强大的表意张力正是通过一系列的在场符号要素，如灯笼、捶腿、铁屋、水井构成的符号场所传递的。这种在场仿似一张大网笼罩在封闭幽深的大院上空，影片中几个姨太太的命运悲剧正是由这个不在场的模糊的"狠角色"一手导演的。

对于事物的认识与理解，并不一定通过全貌来认知，通常只要了解了最重要的部分，就得到了一个相对完整的观相。对于文学、艺术文本而言，形式是最凸显的语境要素，因为形式把单一符号带进系统之中，这样一来系统中的各个部分就会相互影响。进而单一的符号受系统各部分的压迫而带上意义。[1]电影之所以是电影，就是要按照电影的接受程式来观看、释义，电影文本中，"无论在电影或戏剧中，任何事件只要基本要点得到表现，就会引起幻觉。银幕上的人物只要言谈举止、时运遭际无不跟常人一般，我们就会觉得他们足够真实，既不必再让他们当真出现在我们面前，也不想看见他们占有实在的空间了"。[2]

悬念大师阿尔弗雷德·希区柯克（Alfred Hitchcock）的代表作品《蝴蝶梦》（*Rebecca*, 1940）也是典型一例。由琼·方登（Joan Fontaine）饰演的年轻姑娘也就是后来的德温特夫人嫁入豪门后，发现丈夫麦克西姆·德温特亡故的前妻丽贝卡阴魂不散，一直萦绕在整座曼德丽庄园，神秘的女管家丹弗斯夫人也如幽灵一般不时出现在她的身边。"缺场"的人物——丽贝卡是贯穿于整部影片的"悬念"，揭示丽贝卡的真面孔成了推动整个故事发展的主线。丽贝卡尽管已经死去，也未在镜头中出现，但是她却处处"在场"（该片英文片名便是"Rebecca"），庄园里到处都有以其名字缩写"R"为标志的物品，如信笺、记事簿、餐巾、枕巾等，这些道具作为丽贝卡的替代符号，无时无刻不提醒着她的存在。如幽灵般存在的丹弗斯夫人是丽贝卡的"死忠"，充当了丽贝卡活在世界上的代言人。与缺乏鲜明性格特征的德温特夫妇相比，仿佛丽贝卡才是影片真正的主角。影片结局是出乎意料

①　谭光辉：《"意境理论"的符号学原理》，《符号与传媒》2012年第2期，第124-129页。

②　鲁道夫·阿恩海姆：《电影作为艺术》，杨跃译，北京：中国电影出版社，1981年，第25页。

的：真实的丽贝卡是个美丽但自私、冷酷、放荡的妖女。曼德丽庄园最后在火海中覆灭，无一不是这个已然死掉的丽贝卡"在场"使然。

不仅具体人物符号的意义可以通过部分或其他形式符号形式实现"完形"，群像、团体同样可以"缺场"并由"完形压强"来补全。克里斯托弗·诺兰（Christopher Nolan）执导的第二次世界大战题材的影片《敦刻尔克》（*Dunkirk*, 2017）中，浩大的战争场景中没有出现具体的德军将领、士兵形象，片尾逐渐逼近的德国军队影影绰绰的群像也采用了"虚化"的处理方式。德军之在场是通过猛烈的火力、海滩上堆满的盟军士兵尸体、被击落的英国战机、被炸毁的英国舰艇船舶实现的。极简的处理方式，是诺兰的高明之举。其通过符号的"不在之在"，让观众感知到德军的强势存在。

三、空符号的普遍表意

以上所列举的艺术文本案例，既包括中国古典艺术中符号缺场而生成意义的机制，也包括现代艺术以及电影等多媒介形态中的影像离场。但比较确定的是，符号缺场一定是相对的、有参照系统的，而不可能是全部符号形式及其邻接线索均缺场。缺场符号依然能表达意义，必然依赖其他形式的符号构建出意义场的衬托。感知中的"负向""留白""空缺"不仅不会造成意义解读的障碍，反而形成了更加强烈的表意张力。

空符号的表意，对读者的要求相对较高。理解中国文人文画，需要理解中国艺术精神的源流；理解电影中的"留白""缺场"，也需要观众对镜头语言有基本的素养，成为特定文本的"解释社群"。"无符号"的意义，正是赏析者依据相关线索、情境解释而转化为"空符号"在场，即所谓"不在之在"。

回到前文提出的理论问题，可以赞同"符号是意义的载体与条件，意义不在场才需要符号，没有符号则无法表达意义"的核心思想，但建议其中"没有意义可以不用符号表达，也没有不表达意义的符号"可以更加精确地表述为，"符号必然有意义，而意义必然'借助'符号表达"。从"用"到"借助"一词之改，旨在更清晰地澄清，意义的表达不必然直接出现符号，而可能只是间接地"借助"符号。某些形式离场的符号是靠在场的其他符号形式"完形"来表意的。"无"的内容是靠"有"的解释关联物呈现的。

在考察了电影文本诸种符号缺场情形后，我们建议将学界惯用的术语"空符号"更细致地区分为"零符号""空符号""无符号"——它们之间对符号过程诸形式要素的抽离有一个渐进的过程："零符号"抽离了赋值的指向性；"空符号"抽离了符号对象而仅保留了符号形式边界；"无符号"最具哲学意味——它既没有确定的赋值释义（因为其不必然进入感知），而是一种意义的待在；也无特定"符形"，其不能在任何符号形式内部进行范畴归纳，而是未确定性本身——当且仅当被获义意向感知，而逆向建构为"空符号"。因此，"空白、黑暗、寂静、无语、无臭、无味"本身是"无符号"，而推动其转换为"空符号"的，是"获义意向"。"无符号"本身应被视为"符号之空无"，而非"作为空无的符号"，但前者将不可避免地转化为空符号，进而成为可感知并具有意义的符号系统要素。

从符号归类逻辑角度，区分"符号的空无"与"空符号""零符号"的关系更利于澄清符号自身的范畴。这一界说，也有利于解释符号部分离场，以及预期符号的转移等情形。在电影艺术中，实现表意的既可能是"无符号"也可以是"空符号"与"零符号"。

第三节　中华文化生态系统的符号书写

在东西方文化的对观中，"语言符号"方式的差异相较于思维方式的差异表现得更加显白。语言被视为人类文明的基础符号体系，但很长时间以来，西方语音中心是以拉丁字母为基础来建构语言符号系统的。西方学者将其理所当然地视为文明的标志，而将汉字视为落后、原始的符号形态。尽管语音中心已经成为过去式，但这种符号达尔文主义的逻辑并未被根本反思。仅就纯粹的符号形式而言，汉字的均衡性特征可能令它比字母语言更接近于西方符号学对理想符号的构想。基于这些事实的分析，本节从历史和现实的双重维度，回应了过于简化的线性符号达尔文主义。

一、语音中心与符号偏见

卡西尔从符号角度揭示了人类文明的特殊性。人类文化史也常常被视为符号由原始状态而逐渐变复杂的演化过程。在大部分传统理论家看来，语言符号系统乃是人类文化最独特也是最复杂的符号系统之一。正如索绪尔所说，"语言符号系统是所有符号系统中最重要的"。①尽管语言符号的重要性几乎是所有学者的共识，但从西方语音中心的立场来说，语言符号的重要性主要指"口头的语言"而非"书写的文字"。索绪尔认为，"后者唯一的存在理由是在于表现前者"。②众所周知，索绪尔将研究范围界定于表音体系，特别是"以希腊字母为原始型的体系"③。这种界定也是亚里士多德以来司空见惯的西方语音中心传统。黑格尔认为，拼音文字自在自为地更符合理智的要求，而象形文字语言只有对精神文化处于停滞状态的民族才是适合的。④卢梭持几乎相同看法，他将汉字视为仅仅比最原始的描画物体高级的第二阶段，而字母文字对应文明社会和秩序⑤。此种声音并非仅仅来自对汉字文化缺乏足够理解的西方，也来自于受到西方启蒙的中国近现代知识分子。

从蔡元培的主张到吴玉章的动议，再到鲁迅对汉字拉丁化的呼吁，无不表明20世纪初引领中国文化思想的先进知识分子代表认为汉字与中国的落后有某种必然联系。此后，新中国政府两个阶段尝试通过行政力量推动汉字的拼音化发展。回看历史，汉字消亡论的危机史似乎暂时已经过去，而西方语音中心及其代表的传统也在以雅克·德里达（Jacques Derrida）《论文字学》⑥为标志的解构思潮中被予反思。但这种所谓"过去"又并未彻底成为过去。理论上，从以西方拉丁字母为基础建构的现代符号学理论而言，对汉字这种特殊的书写形式及其反映出来的基本符号规律依然有待深入探寻；另一方面，对于汉语文化世界而言，汉字消亡危机更多是一个成王败寇的"结果制胜论"——这种符号达尔文主义更需要一个基于符号形式自身的理论探讨，其本质上是达尔文主义幽灵在社会与文化领域的显现，只是将这种文化进化论附身于具体的符号形式上。所谓符号达尔文主义，除了承袭了社会达尔文主义的优胜劣汰观，还将符号系统的优劣转化为符号表意效率的实用功能视角，从而将文化的符号简化为一种交流工具。无论是正确看待当代汉字在新媒体文化下所展现的生命力，还是反思汉字刚刚过去不久的消亡危

---

① 费尔迪南·德·索绪尔：《普通语言学教程》，高名凯译，北京：商务印书馆，1980年，第37-38页。
② 费尔迪南·德·索绪尔：《普通语言学教程》，高名凯译，北京：商务印书馆，1980年，第47页。
③ 费尔迪南·德·索绪尔：《普通语言学教程》，高名凯译，北京：商务印书馆，1980年，第51页。
④ 张世英：《黑格尔辞典》，长春：吉林人民出版社，1991年，第560页。
⑤ Rousseau, J.-J. *Essaisurl' origine des Langues.* Paris: Presses Électroniques de France, 1781, p.26.
⑥ 雅克·德里达：《论文字学》，汪家堂译，上海：上海译文出版社，1999年。

机，都需要对这种附体于符号形式逻辑的达尔文主义进行反思。

二、汉字图像理据

在语言符号学研究的传统中，对书写文字研究重视程度不高的原因或许不难理解。表音文字系统与语音系统的对应特征使得书写形式缺乏与符号对象的独立关系。而在汉语中，文字与语音之间的关系却是多维度的。孟华指出，"汉字符号学，基于这样一种学术立场：它不是把汉字看作汉语或语言学的一部分（现代文字学常常这样认为），也不是把汉语看作汉字的一部分（中国传统小学实际上是这样做的），而是把汉字看作它在与汉语、文本、图像、实物、标记、仪式等各种符号的异质关联中发挥作用的独立符号系统，或者说，汉字是看待汉语等其他异质符号的意指方式"①。汉字造字法则的理论是"六书"和"三书"，分别代表了古今学者对汉字造字的重要观点。②

通常认为，第一种汉字造字法，即汉字最基础也最原始的造字方法是象形。"象形者，画成其物，随体诘诎，日月是也"。③象形式的方法与皮尔斯对像似符号的规定较为相近。皮尔斯认为像似符号代替对象的特征是"因为与之相似"。④例如"月"字像一弯明月的形状。不过，现实中的符号象形远比泾渭分明的"符号三分法"要复杂。同时，需要指出，我们所指的最早汉字——从甲骨文开始已经不是纯然的图像文字符号。因此，尽管象形是汉字造字的基础方法，但并不都是皮尔斯所说的那种纯粹的"形象像似"。汉字的像似包含了大量的抽象图表像似的简化，有时甚至是更为抽象的指示符。此外，哪怕是最基本的象形汉字，也具有最低限度的规约性。例如，许多表示动物的名词多为象形字。一个案例如"龙"是人们想象的神异动物。汉字"龙"是根据人们想象的"形象"创制的。与人们想象"像似"的龙得到普遍化的使用，显然是一种社会规约行为。因此，在汉语学界，通常接受在汉字符号为例的符号理论中，理据性与规约性并行不悖。⑤

---

① 孟华：《类文字与汉字符号学》，《符号与传媒》2014年第2期，第142-153页。

② 唐兰：《古文字学导论》，济南：齐鲁书社，1981年，第110页。

③《中华文化精粹分类辞典》编委会：《中华文化精粹分类辞典》，北京：中国国际广播出版社，1998年，第180页。

④ Peirce, C. S. *Collected Papers of Charles Sanders Peirce: Vol. III, Exact Logic.* Cambridge: Harvard University Press, 1933, p. 362.

⑤ 丁尔苏：《符号的任意性与理据性并行不悖》，《符号与传媒》2012年第1期，第118-131页。

第二种基本造字法是指事（indicative）：指事者，"视而可识，察而可见"。相对于象形文字，"指事字"偏向于抽象性的符号简化表示。指事的造字法字比较接近于皮尔斯符号分类的"指示符号"。指示符号是因为因果、邻接、部分与整体等关系而指向对象。指事字还包括一部分"图表像似"，如"三"由三横来表示。由于两者都与对象有某种程度的相似关系，学者陈梦家在《殷墟卜辞综述》中将"象形"和"象意"合称为"象形"。①

这两种造字法都具有明显的初度理据性。理据性的符号被索绪尔的语言学视为系统之外的偶发现象，②但对于汉字来说，它们却是汉字造字的最基础的方法和有机组成部分之一。在此之后的造字法，很大程度上是在象形和指事这两种造字方法形成的初始符号的内部组合衍生的结果。

第三种汉字造字法为"会意"（associative compounds）：会意者，比类合谊，以见指撝。会意对形态的依赖更弱，自由度更大，可以通过"比喻或类比"的方法来实现意指关系。通常需要在使用中加以约定才能实现意义固定化。例如，汉字"酒"是由两个象形字组合而成，分别代表了"液体"和"容器"。

第四种方法称为"形声"（pictophonetic）：形声者，以事为名，取譬相成，江河是也；形旁是指示字的意思或类属，声旁则表示字的相同或相近发音。例如，"樱"的形旁是"木"，表示它是一种树木。形声字是汉字系统化发展的重要阶段，也是加入"语音要素"的阶段。有的字最初是完全象形的，如"齿"，在战国时期加上了表音的"止"（zhi）部。构成了分别表"形"和表"意"的组合。形声字是汉字成熟的一个重要标志，解决了象形文字无法系统化的问题。就数量上来看，形声字也是汉字最主要的形式，占据了汉字百分之八十五以上的字数比例。

其他两种造字法分别是"假借"和"转注"。假借是"依声托事"。通常是在无法找到象形对象的抽象意思时通过借用同音的字来表示该意思。例如，"北"借用两人相背来表示；而"转注"则是意义或形态上相同或相近的字互引解释。现代汉字学者通常认为这两种并不是原生的造字法，而是字的使用法——一种系统内的相互衍生行为。

因此，现代汉字学者唐兰又提出"三书"——"象形、象意、形声"。理论根据是汉字"形、声、意"三个方面构成了汉字的所有符号理据来源。这三个方面

---

① 陈梦家：《殷墟卜辞综述》，北京：中华书局，1988年，第76-77页。
② 费尔迪南·德·索绪尔：《普通语言学教程》，高名凯译，北京：商务印书馆，1980年，第104页。

引申的造字法足以解释一切中国文字。其中，"象形"和"象意"都是表明造字与对象之间的"像似"关系，而"形声"是在前两种造字方法的基础上增加一个表音的组合部分，如江、河。在索绪尔主要研究的表音文字符号世界里，皮尔斯将视野扩延至语言符号之外，从更广义的符号角度出发提出了一种不同的"完美符号"说。他认为完美的符号应是像似符、指示符、象征符三种形式的符号"尽可能均匀的混合符号"。[①]相较于字母文字，汉字因其图像理据而更为接近皮尔斯所说的这种"完美符号"。此处，并不是用一种符号优越论取代另一种，而是旨在通过汉字这种"混合型符号"生命力来破除简单的符号达尔文主义。尤其是，着重分析汉字与拉丁字母文字的最大不同之处——原初图像理据在文化史中的延续以及在不同时代的境遇。

三、汉字演化的"符号均衡"

（一）理据性的自然衰落

几乎世界上所有文字都经历了原初理据的衰落和使用理据的兴起，但它们各自的进程和方式并不相同。赵毅衡指出，中文实际上沿着皮尔斯的符号三分法从像似符号变成指示符号，再演变成规约符号。[②]与拉丁字母与象形文字断裂的历史不同，汉字的演化过程具有相对明晰的连续脉络。汉字经历了甲骨文、金文、篆书、隶书、楷书等的渐进演变。公元前 221 年秦始皇统一六国，将不同书写规则的文字统一为"小篆"。如果说甲骨文还因为表达与对象的像似有"绘画"的痕迹，到金文和小篆，这种与对象物的像似性已经让位于书写的规范造型。镂刻在金属器皿上的文字极其讲究排列的整齐。单个汉字的形态不再用以与对象物发生直接关联，而是作为一种可追溯的理据性保留。小篆统一天下之后，汉字系统的造型就进入了一个更为稳定的阶段。此后最大的变化是从篆书到隶书字体外形由圆变方，画由曲线变为直线以利于提高书写效率。可以说，两千年来的字体变化都是微小的且是沿着可追溯的脉络延续下来的。汉代通行的隶书对于今天人们来说没有任何识别困难。

---

① Peirce, C. S. *Collected Papers of Charles Sanders Peirce, Volumes III and IV,Exact Logic (Published Papers) and The Simplest Mathematics*. Cambridge: Harvard University Press, 1933, p.448.

② 赵毅衡：《符号学：原理与推演》，南京：南京大学出版社，2011 年，第 89 页。

汉字此后发展的最大波动是与"声音"的关系。古代中国汉字没有字母型的注音系统，上古音（先秦两汉）的声训通过汉字同音、双声、叠韵、音转相近来记录汉字的发音。相传唐末一个叫守温的和尚根据当时汉语声母的实际创制了"三十六字母"。[①]至此，汉字形成了"形、音、意"的三元结构结合体，与皮尔斯符号类型的"像似、指示、规约"有某种对应关系（图6.2）。例如，"形"的要素以显著的图像性为主导；而"意"着重于汉字的指示对象；"音"这个要素是由规约主导的（除了少部分象声词之外，这一点索绪尔的判断是正确的）。三者均是汉字的有机构成部分。这种三元结构符号具有很强的稳定性。其中"意"是核心，汉字直接表意而间接表音。不同方言区对字义的理解相同，但读音可以"白读"。这使得汉字能超越方言的差异和语音演变的后果而实现跨时空交流。加拿大学者哈罗德·伊尼斯（Harold Adams Innis）的"媒介偏倚论"，[②]将媒介分为空间和时间两类偏向。根据他的逻辑，声音可以被视为一种空间偏向媒介，它是一种易于变化的不稳定传输介质。表音语言的主导符号是表音化的，其在历时性过程中就有不稳定趋向。这也可以解释为什么同源的拉丁字母在欧洲演化出许多不同的语言系统。巴别塔寓言正是字母世界对这种分离性的写照。中华语言体系内部，不同地域以及不同民族和聚落的方言差异同样非常巨大，但汉字作为一种图像理据的稳定书写介质为这些弥合了发音差异，进而提供了共通交流的基础。因此，无论是朝代更迭还是空间距离，汉字文明始终具有强大的向心力。在中国历史上，少数民族曾经入主中原，成为整个中原王朝政权的主人，但也要学习汉字，以融入汉字主导的文化系统。

（二）汉字符号对完全表音化的"系统免疫"

近现代汉字在表音方向上仍未停下脚步。汉字的表音化发展一方面受到语言符号系统化和标准化的内在驱动，另一方面也受到外来语言系统的冲击。在中西交流过程中，汉字的拼音化有了很大发展。西方基督教传教士来中国传教，通过对汉字注音来学习中文，成为汉字拉丁化最初的源头。为了适应世界潮流，中国人自己也发起了多次拼音化运动。清末发生的切音字运动，通常被视为国人自觉提倡拼音化的起始阶段。1918年，中华民国教育部颁布了第一套法定的37个字母

①　朱星：《三十六字母略说》，《内蒙古师院学报》1981年第1期，第1-5页。

②　哈罗德·伊尼斯：《传播的偏向》，何道宽译，北京：中国传媒大学出版社，2013年，第5页。

注音方案。1928 年又公布第一套法定的拉丁化拼音方案——国语罗马字，用字母的拼法来表示汉语的声调。

几乎同一时间，在中国共产党领导的红色政权区域，展开了以苏联为模板创制的拉丁化新文字运动。相对于切音字和注音字母的温和改良，拉丁化新文字的目标是以拉丁字母代替汉字。许多文化界的人士，如蔡元培、吴玉章、鲁迅等，都支持或直接参与了汉字拉丁化运动。中华人民共和国政府于 1955 年 10 月召开全国文字改革会议，通过《文字必须在一定条件下加以改革》的报告。①中央政府于 1956 年 1 月指示，汉字改革要走世界共同的拼音方向。不过，这并没有得到实施。1958 年，中华人民共和国公布了第二套法定的拉丁化拼音方案。时任总理的周恩来指出：“《汉语拼音方案》是用来为汉字注音和推广普通话的，它并不是用来代替汉字的拼音文字。”②此后，汉字全盘拉丁化的呼声仅在电脑引进中国的初期短暂出现过。随着五笔字型等汉字输入法的发明，计算机的汉字输入问题得到了根本的解决。③至此，汉字的视觉形态得到保留，并兼有汉语拼音作为应对电脑化输入的需求。当前的规范汉字进入了稳定时期。

抛开历史中的特殊人为因素，汉字符号的生命力是异常强大的。从符号系统的平衡性来看，似乎对完全拉丁化具有某种“免疫力”。从与拉丁字母的符号形式区别来看，表音字母是“任意武断”的，而在汉字符号中，理据性与规约性并行不悖。汉字符号“形、音、意”的混合特征构成的均衡状态，接近于皮尔斯所设想的“完美符号”。赵毅衡认为，三种符号类型各有优点：“像似符号使表意生动直观，指示符号使对象集合井然有序，规约符号让表意准确有效。”④反之，过分偏向其中一种特质，都会破坏图像符号在释义上的“弹性”。对符号均衡观念可作如下解读：过度像似的符号缺乏释义的“距离”，其极端形式是“复本”，会妨碍释义的自由程度，也会妨碍符号系统化和表意效率；过度指示的符号意图定点过短，又会导致无限衍义的失败，最终使人们失去对艺术形象的自由“想象”。纯粹任意武断的规约符号，

---

① 吴玉章：《文字必须在一定条件下加以改革——在全国文字改革会议上的报告》，《江苏教育》1955 年第 22 期，第 6-8 页。

② 周恩来：《当前文字改革的任务（1958 年 1 月 10 日在政协全国委员会举行的报告会上的报告）》，《文字改革》1958 年第 2 期，第 1-6 页。

③ 王永民：《幸运、创造和使命——我走过的道路和五笔字型的命运》，《科技导报》1995 年第 9 期，第 46-52 页。

④ 赵毅衡：《符号学：原理与推演》，南京：南京大学出版社，2011 年，第 87 页。

因抛弃了原始理据及其使用的历史惯性，而不利于文化符号与"语境"建立充分的关系。汉字这种"形、音、意"组合的稳定符号系统，如果彻底放弃其中任何一个部分，都将导致原有系统的整体性崩溃。汉字未被彻底表音化的情形显示出，汉字符号系统作为一种文化形态具有自适应（self-adaptation）特性。

（三）视觉符号的自我呈现性：汉字符号的文化衍义与反哺

如前所述，汉字因自身"形、音、意"的内部结构平衡张力而对破坏平衡的彻底拉丁化具有某种免疫力。不仅如此，汉字的"形"还成为它发展成为一种独立艺术形式的条件。汉字作为一种视觉艺术使这种符号具有强大的自我呈现能力，进而形成对汉字文化传承的另一道保护机制。伽达默尔在讨论"纯符号"和具有像似性的"图式表达符号"时指出，由于语词等"纯符号"无法构成对象的摹本，因而在完成表意之后，其自身的使命也就完成了——"自我消融"。① 朗格曾提到：词只是一个符号，我们在理解对方的意思时，不只是理解这个词本身，而是指向它的概念。词的意义存在于它自身以外的地方。我们把握词的内涵或识别出属于它的外延的东西后便不再需要这个词了。② 随着符号表意的推进和实现，符号就终结、消融了。而汉字作为具有像似性的"图式表达符号"，则具有自我呈现的特质。这种特质在汉字符号中体现为书法艺术。我们今天依然能看到作为古汉字的甲骨文、金文、篆书-印章对古体字的保留。书法作为一种艺术保留了传统毛笔和手写的形式，这在一定程度上强化了汉字的连续性。书法艺术学习者的训练过程通常要经过多字体训练，包括篆、隶、行、草等，这使得古汉字的书写方式被包括印章等形式的书法艺术代代相传。

书法理论积累和书法艺术实践使得汉字文化历代书写的原貌得到最大程度的保存。特别值得一提的是汉字的印章艺术。因为多用秦朝时的"篆书"字体，印章艺术又被称为"篆刻"。印章是具有一定独立性的艺术样式。印章的石刻材料与中国最古老的甲骨文在技术手段上与书写形式相当接近。此外，印章作为一种装饰性视觉艺术，特别注重图像性表达。篆刻的基本字形在数千年间仍然很好地传承了早期字体字形。其中专门的肖形印是将图像与文化结合来表达意涵的（如汉

① 汉斯-格奥尔格·伽达默尔：《诠释学 I、II：真理与方法》（修订译本），洪汉鼎译，北京：商务印书馆，2010 年。

② 苏珊·朗格：《艺术问题》，腾守尧、朱疆源译，北京：中国社会科学出版社，1983 年，第 128 页。

朝肖形印章)。

汉字的空间构型诉诸视觉的特征使得字符号的书写具有独特的审美价值。这也是汉字这种符号形式开放衍义的一个维度。符号的"无限衍义"的极限是"文化全体"。汉字符号系统除了作为书写语言的意义传达功能之外，衍生出了一套诉诸视觉空间的艺术符号表意系统。艺术符号表意系统作为一种视觉化表征，无形中构成了汉字符号形态传承的媒介和抵御变化的"保护层"，这恐怕也是拼音化无法取代汉字的又一重要因素。

艺术家对汉字这种"形、音、义"符号结构平衡性的打破进行了大胆的实验。值得一提的是著名艺术家徐冰的两组作品，《析世鉴－天书》（简称《天书》）和《地书：从点到点》（简称《地书》）①。1987 到 1991 年，徐冰以汉字笔画为构成"原料"自创 4000 多个字，而这些字没有一个是可释读的。它们抽掉了汉字的指示性，也抽掉了汉字意义的规约性——因为无人能懂，留下的仅仅是汉字的"视觉性"。这种抽离再次印证，汉字作为一个"形、音、意"的有机系统，无法被拆解开来。2012 年，徐冰再次以"字"为题材，创作了一部几乎人人都能读懂的"emoji"视觉符号叙述作品《地书》。《地书》是由日常使用的图标（icon）写成的小说。正如艺术家在书中自述，这本跨越语言人人能懂的《地书》平等地对待每一个人。这走向另一极端的作品抽去了汉字的"形"，也保留了人们日常生活中的符号规约——"意"。这些抛弃了汉字"方块字"形状特征的符码虽然能作简单表意，却失去了汉字的文化功能，因而只能是艺术家的一次实验品。

由此，汉字符号的张力是由多层面的文化语境构成的复杂体系。"形、音、意"的均衡特性使得汉字在符号形式上具有强大的适应性。这种均衡并不是绝对的均等，而是对一个时代社会文化具有弹性的吸收和免疫。这使得汉字符号系统成为一套活的生命系统；它并不简单排斥外来文化或新的事物，而是用它自身的机体消化、吸收、转化并生成新的鲜活的符号个体。

四、汉字图像性的新契机

这里所说的新媒介文化，是以媒介技术的数字化革命为背景的两个语境：一是以网络和数字化为背景，尤其是 web2.0 以来的交互传播，即《连线》杂志所说

---

① 徐冰:《地书：从点到点》，桂林：广西师范大学出版社，2012 年。

的所有人对所有人的传播；①另一个体现于媒介内容"图像化"——这是一个被称为读图的时代，不仅包括图像的数量，也包括社会文化景观的根本构成方式。汉字因自身图像理据的特殊性而与上述新媒介文化发生了奇妙融合，并衍生出具有时代特征的新符号。具体可归纳为如下几种情形。

（一）图像理据的回归

图像是数字媒体语境下的符号消费需求，而各种形式的设计是满足这类需求的主要生产方式。汉字的图像理据特性使得它内在地具有空间构成效果。现代视觉传达设计兴起于 19 世纪中叶欧美的印刷美术设计（Graphic Design）。视觉传达在中国兴起后，与汉字发生了有趣的结合。现代视觉传达设计在很多方面利用了汉字的图像性特征，也在一定程度上唤起了汉字原初的图像理据。

从前述造字法来分类，现代汉字的象形文字约有四百三十二个，②其中独体字二百零八个③。现代设计艺术常借用这些易于直接识别的原始汉字来表达图像意涵。这是汉字在平面设计中不同于西方文字设计的特别之处。在汉字语境下成长的中国设计师常常会通过现代设计手段唤醒汉字中已经沉睡的原始图像理据，实现设计意义的表达。具体的实现方式是多样的。例如，中国著名设计师王序擅长用写实的对象物来构成传统汉字，他创作的"爪""串""川""丫"这个系列作品试图让阅读者返回到史前象形文字的原点来感受造字的心路历程。未加任何修饰的常见物，拥有原始文明所具有的粗犷、朴素和对最本质内涵的实现表达着对先祖智慧的仰慕。

在更多情况下，汉字理据性所引发的设计创意并不意味着完全图像化。因为图片常常被理解为"未经符号化处置的自然对象"，而汉字从甲骨文开始就已经是一套严格意义的指示符号。如果将对象物直接置于画面而不加额外说明，观者就无法知道表达的实际上是一个"文字指示符号"。因此，设计者往往是通过某种明显的兼有"文字"与"图像"特征的画面来表达这种"图问题间性"。具体来说有两种典型的形式——"图文拼贴式"和"类文字式"。

拼贴式是通过图像要素与文字的拼贴组合构成整体画面——我们可以称其为

① Katz, J. Birth of a digital nation. *Wired Magazine*, 1997, 5(4): 49-52.

② 杨树达：《中国文字学概要》，长沙：湖南人民出版社，2010 年，第 38 页。

③ 张素凤：《古汉字结构变化研究》，北京：中华书局，2008 年，第 39 页。

"半图半文"。这一类设计的典型是设计师韩家英为中国杂志《天涯》所设计的系列封面。①他以汉字部首与图像组合构成对杂志理念和风格的写照。这一风格已经成为《天涯》杂志与众不同的经典识别要素。这种拼贴样式的设计非常容易展现出图与文的并联关系，并常常造成强烈的视觉冲突或反讽效果。

另一种策略是"类文字式"的表达，是指设计师对文字进行有保留的图像化处理，既有一定的图像化效果，又能较为明显地识别文字特征。类文字式的设计表达的特点在于，图像与文字特征的有机融合。这种融合实际上只是将汉字中原有的图像理据的视觉特征加以凸显，在不完全打破汉字"形、音、意"平衡的基础上构成的视觉化效果。不过，由于强化了视觉功能，整个符号已经不再是完全服从于语言文字的指示性，而具有更多的视觉性。孟华称之为"类文字"或"亚文字"并将其界定为"介于图像和文字之间的视觉符号。它们具有一般文字的语言指涉功能，但又保持了图像性而没有完全成为语言的替代品"。②较具代表性的是华人设计师靳埭强的招贴作品。他的风格特征是将汉字的视觉性与汉字水墨画诗意地融合在一起。用水墨画来表达汉字意指对象的形态，并保留汉字结构的识别性特征，形成一种浑然一体的新特征。③对于靳埭强来说，最终目标并不是回归汉字的原始象形态，而是唤起人们对汉字的一种意境联想和视觉美感，因此，设计师在进行设计的时候并不见得用写实性图像来破坏画面的协调统一，而采用具有中国绘画或书法艺术的视觉性符号作为图像性的表达。他的招贴设计在唤起汉字原初理据性的同时，赋予了画面以传统文化的意境之美。这个层面上，图与词的冲突得到了最大程度的消解，整个视觉画面从属于一个更大尺度的符号格式塔。

（二）汉字的再符号化

通常而言，汉字的图像性有两层含义：一层是指汉字造字法则包含像似性理据；另一层则是汉字作为书写符号的视觉结构特性——我们通常称汉字为"方块字"，这即一种视觉特性的称谓。这种特性对汉字与新的设计文化融合产生了直接影响。视觉传达设计者可能直接利用汉字的形态特征（而非初度理据）对汉字进行"再语义化"。再语义化所采取的原理与原初造字是相同的。非常著名的案例是

---

① 华·美术馆：《镜像·韩家英设计展海报作品——天涯》，（2012-11-30）[2018-04-12]. http://www.visionunion. com/article.jsp?code=201211290023.

② 孟华：《试论类文字》，《符号与传媒》2011 年第 2 期，第 59-72 页。

③ 焦晓琼：《靳埭强文化招贴作品鉴赏——〈汉字〉系列之山水风云》，《黑龙江史志》2008 年第 20 期，第 46 页。

2008 年北京奥运会的标志设计。该设计采用了中国印章艺术的"肖形印"手法，同时将北京的"京"字处理为一个跳舞的人。该作品被命名为"舞动的北京"。实际上，这个创意并不是对"京"字原初图像理据的再现。汉字"京"，本义为"人工筑起的高土堆"，在甲骨文中的写法为"京"。奥运会的标志设计因视觉形象而赋予了"跳舞的人"的新含义，是再度符号化的表现。

在拉丁字母中，图像化的设计也很常见，但单个字母意义通常不确定，因此通常意义不会固定化。但汉字的词义相对较为明确，因此这种图像化的手法就有可能让汉字因新的视觉设计而获得新的较为固定的意思。这种情况在网络媒体文化中尤为突出。在中国，许多古老而非常少见的汉字被网友们根据字形演绎出新的含义。这种演绎并不是回到原初的某个理据对象，而是受众的感知在网络新媒体文化语境中的投射。特别典型的案例如：汉字"囧"为象形文字，像窗户之形而表达"光明、明亮"的意思。经过汉字书写的演变，由甲骨文的圆形窗户演变为秦朝小篆开始的方形字体。使得这个汉字有了新的视觉特质——一张沮丧的脸。在视觉图像性主导的网络媒体中被广泛使用，用于表示"伤心、沮丧、难堪"等意思，其具体用法类似"emoji"表情符号"☹"，并与字母"rz"组合成"囧 rz"来象形地表现出"失意体前屈"的整体姿态。该字以其象形性在网络上迅速传播，还诞生了诸多视觉设计应用，如 T-shirt、动漫形象等流行文化设计作品。目前，在官方规定以外的网络交流平台上，"囧"几乎成了一个通行的字。不仅如此，影视作品在传播上也采用了这种方法来迎合受众。2013 年中国票房最高的喜剧电影名为《泰囧》，影片表达了主人公"窘迫"可笑的境遇。显而易见，这里使用的意思并不是"囧"字的本义，而是对网民和网络流行文化中对"囧"的新语义（如电影《泰囧》官方海报的宣传）。

汉字"囧"的重新赋义并不是唯一的案例。有一批汉字在图像化交流的时代参与到网络社交媒体的"类文字"造字运动当中。网络传播及其视觉主导的文化样式创造了符号涌现的"文化原子汤"，给网民提供了自由创想空间。这意味着这是一个人人都可能成为仓颉的时代。

汉字因自身与生俱来的图像性特质而受到网络文化的特别偏爱。从文化特质来看，它既吻合了青年人对视觉的直观需求，又因自身的古老渊源而提供了一种表现独特、另类气质的距离感。某种意义上说，汉字的符号特质与当代中国青少年的视觉文化具有内在契合性。在英语成为世界性交流工具的同时，汉字在青少年中仍然保持着某种特殊的文化价值。

综上，读图时代重唤起了汉字的图像性特征——汉字已经广泛应用于现代视觉传达设计的各个领域。自由网络世界更是提供了一个汉字初创时期的"原始汤"。网络世界语言每年都会出现新创词汇。但不同的是，汉字的图像性在网络媒体的新创词汇中起到了重要作用，并且融入了网络文化内容的新特质和现代视觉设计的内涵。这表明，汉字符号体系，正作为一种具有生命力的符号体系，与图像时代的视觉文化和新媒体文化，融汇成一道新的传媒符号景观。

从甲骨文开始的汉字文明，数千年中历经了朝代和社会形态、文化形态的变化，以及技术变革的冲击，汉字符号始终在各种动荡中保持相对延续性。东西方理论传统均曾对诉诸不同形态的符号介质或感知方式有不同变相的优劣高低之评价。然而，每一种符号达尔文主义都忽略了这种评价的预设文化语境。从汉字经历的历史演变和人类文明的见证来看，它甚至远远超越皮尔斯仅从符号形式上所定义的完美符号。然而，本书所说的"理想的符号"乃是意指汉字符号在其自身所处的历史、文化语境中具有"自洽性"，并且，作为一个开放体系生态系统，保持着对新兴文化的开放性。在图像转向以来的新媒介文化中，汉字展现出良好的融合性、适应性足以表明这一点。讨论生物学层面的达尔文主义对于文化研究是无意义的，更不应用一种狭隘的汉字符号优越论来替代拉丁字母优越论，而应说明在比较文化的意义上，作为文化依托载体的符号是否构成所谓的"理想的符号"不仅是指符号形式特征，更是置于文化语境下的生态系统。

主要参考文献

一、中文参考文献

车文博. 心理咨询大百科全书. 杭州：浙江科学技术出版社，2001.

陈方正. 继承与叛逆：现代科学为何出现于西方？北京：生活·读书·新知三联书店，2009.

陈鼓应. 老子今注今译. 北京：商务印书馆，2003.

陈梦家. 殷墟卜辞综述. 北京：中华书局，1988.

陈启云. 中国古代思想文化的历史论析. 北京：北京大学出版社，2001.

陈寅恪. 寒柳堂集. 北京：生活·读书·新知三联书店，2001.

陈垣. 史讳举例. 北京：中华书局，2016.

段炼. 视觉文化与视觉艺术符号学. 成都：四川大学出版社，2015.

冯大彪，孟繁义，庞毅. 中华文化精粹分类辞典·文化精萃分类. 北京：中国国际广播出版社，1998.

冯契. 哲学大辞典. 分类修订本. 上海：上海辞书出版社，2007.

冯天瑜. 中华文化辞典. 武汉：武汉大学出版社，2001.

胡易容. 图像符号学：传媒文化景观的图式把握. 成都：四川大学出版社，2014.

胡易容，赵毅衡. 符号学–传媒学词典. 南京：南京大学出版社，2012.

胡壮麟. 理论文体学. 北京：外语教学与研究出版社，2000.

江云九，顾凡及. 生物控制论研究方法. 北京：科学出版社，1986.

蒋永福，吴可，岳长龄. 东西方哲学大辞典. 南昌：江西人民出版社，2000.

金炳华. 马克思主义哲学大辞典. 上海：上海辞书出版社，2003.

乐黛云，叶朗，倪培耕. 世界诗学大辞典. 沈阳：春风文艺出版社，1993.

李幼蒸. 理论符号学导论. 北京：社会科学文献出版社，1999.

梁漱溟. 中国文化要义. 上海：学林出版社，1987.

林同华. 中华美学大词典. 合肥：安徽教育出版社，2000.

骆小所. 艺术语言学. 昆明：云南人民出版社，1992.

孟华. 比较文学形象学. 北京：北京大学出版社，2001.

孟森. 心史丛刊. 北京：中华书局，2006.

倪梁康. 胡塞尔现象学概念通释. 北京：生活·读书·新知三联书店，1999.

倪梁康. 胡塞尔选集：上、下. 上海：上海三联书店，1997.

钱锺书. 管锥编：第二册. 北京：中华书局，1986.

沈德符. 万历野获编. 北京：中华书局，1959.

唐兰. 古文字学导论. 济南：齐鲁书社，1981.

唐松波. 语体·修辞·风格. 长春：吉林教育出版社，1988.

王德春. 现代语言学研究. 福州：福建人民出版社，1983.

王夫之. 明诗评选. 保定：河北大学出版社，2008.

王国维. 观堂集林. 北京：中华书局，1959.

王建. 中国古代避讳小史. 北京：中国长安出版社，2014.

王希杰. 汉语修辞学. 修订本. 北京：商务印书馆，2004.

王新华. 避讳研究. 济南：齐鲁书社，2007.

徐冰. 地书：从点到点. 桂林：广西师范大学出版社，2012.

徐冰. 我的真文字. 北京：中信出版社，2016.

阎嘉. 文学理论读本. 南京：南京大学出版社，2013.

杨树达. 中国文字学概要. 长沙：湖南人民出版社，2010.

杨小滨. 否定的美学：法兰克福学派的文艺理论和文化批评. 台北：麦田出版公司，1995.

叶朗. 中国小说美学. 北京：北京大学出版社，1982.

张静. 现代汉语：下册. 上海：上海教育出版社，1983.

张世英. 黑格尔辞典. 长春：吉林人民出版社，1991.

张素凤. 古汉字结构变化研究. 北京：中华书局，2008.

张新军. 可能世界叙事学. 苏州：苏州大学出版社，2011.

张永谦. 哲学知识全书. 兰州：甘肃人民出版社，1989.

赵毅衡. 对岸的诱惑. 成都：四川文艺出版社，2013.

赵毅衡. 符号学文学论文集. 天津：百花文艺出版社，2004.

赵毅衡. 符号学：原理与推演. 南京：南京大学出版社，2011.

赵毅衡. 符号学：原理与推演. 修订本. 南京：南京大学出版社，2016.

赵毅衡. 美国现代诗选. 北京：外国文艺出版社，1984.

赵毅衡. 文学符号学. 北京：中国文联出版公司，1990.

赵毅衡. 新批评文集. 天津：百花文艺出版社，2001.

赵毅衡. 新批评———一种独特的形式主义文论. 北京：中国社会科学出版社，1986.

赵毅衡. 哲学符号学：意义世界的形成. 成都：四川大学出版社，2017.

赵应铎. 汉语典故大辞典：下. 上海：上海辞书出版社，2010.

郑昶，腾固. 中国美术史二种. 上海：上海书店出版社，2011.

郑振铎. 汤祷篇. 上海：上海古典文学出版社，1957.

周宁. 天朝遥远：西方的中国形象研究. 北京：北京大学出版社，2006.

周宪. 艺术理论基本文献. 北京：生活·读书·新知三联书店，2014.

朱青生. 没有人是艺术家，也没有人不是艺术家. 北京：商务印书馆，2000.

二、译文参考文献

艾柯. 符号学理论. 卢德平，译. 北京：中国人民大学出版社，1990.

艾柯. 美的历史. 彭淮栋，译. 北京：中央编译出版社，2007.

艾柯，等. 诠释与过度诠释. 王宇根，译. 北京：生活·读书·新知三联书店，1997.

巴尔特. 写作的零度. 李幼蒸，译，北京：中国人民大学出版社，2008.

贝尔. 资本主义文化矛盾. 蒲隆，赵一凡，任晓晋，等译. 北京：生活·读书·新知三联书店，
　　1989.

波德里亚. 象征交换与死亡. 车槿山，译. 南京：译林出版社，2006.

波利亚科夫. 结构-符号学文艺学：方法论体系与论争. 佟景韩，译. 北京：文化艺术出版社，
　　1994.

柏拉图. 文艺对话集. 朱光潜，译. 北京：人民文学出版社，1963.

布迪厄. 实践感. 蒋梓骅，译. 南京：译林出版社，2003.

布洛克. 现代艺术哲学. 腾守尧，译. 成都：四川人民出版社，1998.

布斯. 修辞的复兴：韦恩布斯精粹. 穆雷，李佳畅，郑晔，等译. 南京：译林出版社，2009.

戴维森. 真理、意义、行动与事件. 牟博，译. 北京：商务印书馆，1993.

丹纳. 艺术哲学. 傅雷，译. 桂林：广西师范大学出版社，2000.

德里达. 论文字学. 汪家堂，译. 上海：上海译文出版社，1999.

迪弗. 艺术之名：为了一种现代性的考古学. 秦海鹰，译. 长沙：湖南美术出版社，2001.

迪利. 符号学基础. 张祖建，译. 北京：中国人民大学出版社，2012.

恩斯特. 魔镜：埃舍尔的不可能世界. 王蓓，田松，等译. 上海：上海科技教育出版社，2003.

费斯克. 传播研究导论：过程与符号（第二版）. 许静，译. 北京：北京大学出版社，2008.

费斯克. 理解大众文化. 王晓珏，宋伟杰，译. 北京：中央编译出版社，2001.

费斯克，等. 关键概念：传播与文化研究辞典（第二版）. 李彬，译注. 北京：新华出版社，
　　2003.

弗雷泽. 反物质：世界的终极镜像. 江向东，黄艳华，译. 上海：上海科技教育出版社，2009.

弗雷泽. 金枝. 汪培基，徐育新，张泽石，等译. 北京：商务印书馆，2017.

弗洛伊德. 日常生活的心理分析. 林克明，译. 上海：上海译文出版社，2015.

福柯. 性经验史. 余碧平，译. 上海：上海人民出版社，2000.

福柯. 知识考古学. 谢强，马月，等译. 北京：生活·读书·新知三联书店，2003.

戈夫曼. 日常生活中的自我呈现. 黄爱华，冯刚，等译. 杭州：浙江人民出版社，1989.

格尔茨. 文化的解释. 韩莉，译. 南京：译林出版社，1999.

格罗斯伯格. 媒介建构：流行文化中的大众媒介. 祁林，译. 南京：南京大学出版社，2014.

葛兰西. 论文学. 吕同六，译. 北京：人民出版社，1983.

贡布里希. 图像与眼睛：图画再现心理学的再研究. 范景中，译. 杭州：浙江摄影出版社，1988.

贡布里希. 艺术与错觉. 林夕，李本正，范景中，等译. 杭州：浙江摄影出版社，1987.

贡布里希. 艺术与错觉：图画再现的心理学研究. 范景中，李本正，林夕，等译. 杭州：浙江摄影出版社，1987.

贡布里希. 艺术与幻觉. 周彦，译. 长沙：湖南人民出版社，1987.

贡布里希. 艺术与人文科学：贡布里希文选. 范景中，译. 杭州：浙江摄影出版社，1989.

古德曼. 构造世界的多种方式. 姬志闯，译. 上海：上海译文出版社，2007.

哈贝马斯. 论现代性//王岳川，尚水. 后现代主义文化与美学. 北京：北京大学出版社，1992.

海德格尔. 存在与时间. 陈嘉映，王节庆，等译. 北京：生活·读书·新知三联书店，1987.

海德格尔. 林中路（修订本）. 孙周兴，译. 上海：上海译文出版社，2004.

胡塞尔. 纯粹现象学通论. 李幼蒸，译. 北京：商务印书馆，1992.

霍夫斯塔特. GEB：一条永恒的金带. 乐秀成，译. 成都：四川人民出版社，1984.

霍克海默，阿道尔诺. 启蒙辩证法. 渠敬东，曹卫东，等译. 上海：上海人民出版社，2003.

霍克斯. 结构主义和符号学. 瞿铁鹏，译. 上海：上海译文出版社，1987.

霍奇，克雷斯. 社会符号学. 周劲松，张碧，等译. 成都：四川教育出版社，2012.

伽达默尔. 诠释学 I、II：真理与方法. 洪汉鼎，译. 修订译本. 北京：商务印书馆，2010 年.

卡勒. 结构主义诗学. 盛宁，译. 北京：中国社会科学出版社，1991.

卡罗尔. 今日艺术理论. 殷曼楟，译. 南京：南京大学出版社，2010.

卡西尔. 人论. 甘阳，译. 上海：上海译文出版社，1985.

卡西尔. 人文科学的逻辑. 关子尹，译. 上海：上海译文出版社，2004.

凯瑞. 作为文化的传播："媒介与社会"论文集. 丁未，译. 北京：华夏出版社，2005.

康德. 纯粹理性批判. 韦卓民，译. 武汉：华中师范大学出版社，2000.

康德. 判断力批判. 邓晓芒，译. 北京：人民出版社，2002.

克里普克. 命名与必然性. 梅文，译. 上海：上海译文出版社，2005.

库尔. 生命符号学：塔尔图的进路. 彭佳，等译. 成都：四川大学出版社，2014.

拉康. 拉康选集. 诸孝泉，译. 上海：三联书店，2001.

拉什，厄里. 符号经济与空间经济. 王之光，商正，译. 北京：商务印书馆，2006.

莱布尼茨. 神正论. 段德智，译. 北京：商务印书馆，2016.

莱顿. 艺术人类学. 李东晔，王红，等译. 桂林：广西师范大学出版社，2009.

朗格. 感受与形式：自《哲学新解》发展出来的一种艺术理论. 高艳萍，译. 南京：江苏人民出版社，2013.

朗格. 艺术问题. 滕守尧，朱疆源，等译. 北京：中国社会科学出版社，1983.

李普曼. 公众舆论. 阎克文，江红，等译. 上海：上海人民出版社，2006.

玛格欧纳. 文艺现象学. 王岳川，译. 北京：文化艺术出版社，1992.

马丁. 当代叙事学. 伍晓明，译. 北京：北京大学出版社，1990.

马尔库赛. 审美之维：马尔库赛美学论著集. 李小兵，译. 北京：生活·读书·新知三联书店，1989.

马尔库赛. 现代美学析疑. 绿原，译. 北京：文化艺术出版社，1987.

马克思. 1844 年经济学哲学手稿. 中共中央马克思恩格斯列宁斯大林著作编译局，译. 北京：人民出版社，2000.

马克思. 剩余价值理论：第 1 册. 中共中央马克思恩格斯列宁斯大林著作编译局，译. 北京：人民出版社，1975.

马克思，恩格斯. 马克思恩格斯全集. 北京：人民出版社，1972.

麦茨. 想象的能指. 王志敏，译. 北京：中国广播电视出版社，2006.

麦克卢汉. 麦克卢汉精粹. 何道宽，译. 南京：南京大学出版社，2000.

麦奎尔，温德尔. 大众传播模式论. 祝建华，武伟，译. 上海：上海译文出版社，1987.

孟德斯鸠. 论法的精神：下. 孙立坚，孙丕强，樊瑞庆，译. 西安：陕西人民出版社，2001.

米切尔. 图像理论. 陈永国，胡文征，等译. 北京：北京大学出版社，2006.

米歇尔. 图像学：形象、文本、意识形态. 陈永国，译. 北京：北京大学出版社，2020.

米耶热. 传播思想. 陈蕴敏，译. 南京：江苏人民出版社，2008.

莫兰. 复杂性思想导论. 陈一壮，译. 上海：华东师范大学出版社，2008.

尼采. 悲剧的诞生. 周国平，译. 上海：上海人民出版社，2009.

尼葛洛庞帝. 数字化生存. 胡泳，译. 海口：海南出版社，1997.

潘诺夫斯基. 视觉艺术的含义. 傅志强，译. 沈阳：辽宁人民出版社，1987.

皮尔斯. 皮尔斯：论符号：李斯卡：皮尔斯符号学导论. 赵星植，译. 成都：四川大学出版社，2014.

索绪尔. 普通语言学教程. 高名凯，译. 北京：商务印书馆，1980.

塔拉斯蒂. 存在符号学. 魏全凤，颜小芳，译. 成都：四川教育出版社，2012.

Tattersall，I. 在达尔文的镜子里. 鲁刚，译. 长春：长春出版社，2004.

泰勒. 原始文化. 连树声，译. 上海：上海文艺出版社，1992.

威利. 符号自我. 文一茗，译. 成都：四川教育出版社，2010.

韦伯. 伦理之业. 王容芬，译. 桂林：广西师范大学出版社，2012.

韦尔施. 重构美学. 陆扬，张岩冰，等译. 上海：上海译文出版社，2010.

维特根斯坦. 逻辑哲学论. 贺绍申，译. 北京：商务印书馆，1985.

文内尔编. 坠落的体育明星. 魏伟，梅林，等译. 成都：四川大学出版社，2015.

亚菲塔. 艺术对非艺术. 王祖哲，译. 北京：商务印书馆，2007.

亚里士多德. 修辞学. 罗念生，译. 北京：生活·读书·新知三联书店，1991.

亚里士多德. 亚里士多德全集：第九卷. 北京：中国人民大学出版社，1994.

伊尼斯. 传播的偏向. 何道宽，译. 北京：中国传媒大学出版社，2013.

英伽登. 对文学的艺术作品的认识. 陈燕谷，晓未，等译. 北京：中国文联出版公司，1988.

张隆溪. 道与逻各斯. 冯川，译. 南京：江苏教育出版社，2006.

三、外文参考文献

藤竹晓. 現代マス·コミュニケーションの理論. 东京：日本放送出版協会，1968.

Adriaans, P. & van Benthem, J. *Philosophy of Information*. Oxford: North Holland, 2008.

Alber, J. Impossible storyworlds—and what to do with them. *Storyworlds: A Journal of Narrative Studies*, 2009(1): 79-96.

Alber, J., Iversen, S. & Nielsen H. S. Unnatural narratives, unnatural narratology: Beyond mimetic models. *Narrative*, 2010, 18(2): 113-136.

Apel, K.-O. *Towards a Transformation of Philosophy*. Milwaukee: Marquette University Press, 1980, pp.94-95.

Artaud, A. *Theatre and Its Double*. New York: Grove, 1958.

Ashline, W. L. The problem of impossible fictions. *Style*, 1995, 29(2): 215-234.

Balla, G. *Dinamismo di un Cane al Guinzaglio(Dynamism of a Dog on a Leash)*. New York: Albright-Knox Art Gallery, 1912.

Bally, C. *Traite de stylistique francaise*. Paris: Klincksieke, 1951.

Barnes, A. C. *Encyclopedia of Aesthetics*. New York: Oxford Univeristy Press, 1998.

Bataille, G. *Visions of Excess: Selecte Writings*. Minneapolis: Univ of Minnesota Press, 1985.

Bateson, G. *Steps to an Ecology of Mind: Collected Essays in Anthropology, psychiatry, evolution, and epistemology*. Chicago: University of Chicago Press, 1972.

Baudrillard, J. *The Transparency of Evil, Essays on Extreme Phenomena*. London: Verso, 1993.

Baudrillard, J. *Selected Writing*. Cambridge: Polity, 1988.

Baum, P. F. *The Principles of English Versification*. Cambridge, Mass: Harvard University Press, 1922.

Beaney, M. *The Frege Reader*. Oxford: Blackwell, 1997.

Beard, C. *Towards Civilization*. New York: Longman & Green, 1930.

Bell, C. *Art*. New York: Frederick Stocks, 1914.

Blanchard, J.-M. F. Semiostyles: Le Ritual de la Literature. *Semiotica*, 1975(14): 297.

Bloom, H. *The Anatomy of Influence: Literature as a Way of Life*. New Haven & New York: Yale University Press, 2011.

Boase-Beier, J. *Stylistic Approaches to Translation*. Shanghai: Shanghai Foreign Languages Press, 2011.

Bois, Y.-A. & Krauss, R. E. *Formless: A User's Guide*. New York: Zone Books & MIT Press, 1997.

Botz-Bornstein, T. What is the difference between culture and civilization? Two hundred fifty years of confusion. *Comparative Civilization Review*, 2012(66): 10-28.

Braman, S. Informational Meta-Technologies// Rosenau, J. N. & Singh, J. P. Information Technologies And Global Politics: The Changing Scope of Power and Governance. Albany: Suny Press, 2002, pp.91-112.

Branco, A. U. and Valsiner, J. Valsiner Jaan. *Communication and Meta-communication in Human Development*. Charlotte, NC: Information Age Press, 2004, p.3.

Bretano, F. *Psychology from the Emperical Standpoint*. London: Routledge & Kegan Paul, 1974.

Buckland, M. K. Information as Thing. *Journal of the American Society for Information Science*, 1991, 42(5): 351-360.

Bunge, M. A. *Philosophy of Science: From Problem to Theory*. Piscataway: Transaction Publishers, 1998.

Burke, Kenneth. *A Rhetoric of Motives*. Berkeley: University of California Press, 1969.

Busa, R. The annals of humanities computing: The index thomisticus. *Computers and the Humanities*, 1980, 14(2): 83-90.

Bush, M. The problem of form in the psychoanalytic theory of art. *Psychoanalytic Review*, 1967, 54(1): 5-35.

Gage, J. Signs of disharmony: Newton's *Optiks* and artists. *Perspective on Science*, 2008, 16(4): 360-377.

Capurro, R. & Hjørland, B. The concept of information. *Annual Review of Infomation Science and Technology*, 2003, 37(1): 343-411.

Cassirer, E. *The Philosophy of Symbolic Forms, Volume Three: The Phenomenology of Knowledge*. Connecticut: Yale University Press, 1957, pp.57-60.

Craig, R. T. Meta-communication. *The International Encyclopedia of Communication Theory and Philosophy*. Malden, MA: Wiley Blackwell and the International Communication Association, 2016, pp.1-8.

Greimas, A. J. & Courtés, J. *Semiotics and Language: An Analytical Dictionary*. Bloomington: Indiana University Press, 1983.

Culler, J. *Structuralist Poetics: Structuralism, Linguistics and the Study of Literature*. Ithaca: Cornell University Press, 1975.

Danto, A. C. *Transfiguration of the Commonplace: A Philosophy of Art*. Cambridge, Mass: Harvard University Press, 1983.

Danto, A. C. *After the End of Art: Contemporary Art and the Pale of History*. Princeton, NJ: Princeton University Press, 1997.

Deely, J. *The Impact on Philosophy of Semiotics: The Quasi-Error of the External World with a Dialogue between a "Semiotist" and a "Realist"*. South Bend, Indiana: St. Augustine's Press, 2003.

Doležel, Lubomír. *Possible Worlds in Humanities, Arts and Sciences: Proceedings of Nobel Symposium 65*. New York: De Gruyter, 1989.

Dreyfus, H. L. *What Computers Still Can't Do: A Critique of Artificial Reason*. Cambridge, Mass: The MIT Press, 1992.

Eco, U. *A Theory of Semiotics*. Bloomington: Indiana University Press, 1976.

Eco, U. *The Role of the Reader: Exploration in the Semiotics of Texts*. Bloomington: Indiana University Press, 1976.

Eco, U. *Interpretation & Overinterpretation*. Cambridge: Cambridge University Press, 1992.

Ehninger, D.*Contemporary Rhetoric: A Reader's Coursebook*. Clenview. Il: Scott, Forrestman, 1972.

Ehrenzweig, A. *The Psychoanalysis of Artistic Vision and Hearing: An Introduction to Theory of UnconsciousPerception*. London: Routledge, 1953.

Ehrenzweig, A. *The Hidden Order of Art: A Study in the Psychology of Artistic Imagination*. Berkeley: University of California Press, 1967.

Elias, N. *The Civilizing Process: The History of Manners*. New York: Urizen Books, 1978.

Eliot, T. S. *Selected Essays 1917-1935*. London: Faber & Baber, 1932.

Enkvist, N. E. *Linguistic Stylistics*. The Hague: Mouton, 1973.

Enkvist, N. E., Spencer, J. & Gregory, M. J. *Linguistics and Style*. Oxford: Oxford University Press, 1964.

Farkas, L. G. & Kolar, J. Anthropometrics and art in the aesthetics of women's faces. *Clinics in Plastic Surgery*, 1987, 14(4): 599-616.

Featherstone, M. *Consumer Culture and Postmodernism*. London & New York: SAGE, 1991.

Fergusson, N. *Virtual History: Alternatives & Counterfactuals*. London: Macmillan, 1998.

Fiske, J. *Introduction to Communication Studies*. 2nd ed. London: Routledge, 1990.

Fricke, H. *Norm und Abweichung*. Muchun: Back, 1981.

Fried, M. *Art and Objecthood*. Chicago: University of Chicago Press, 1998.

Geertz, C. *The Interpretation of Cultures: Selected Essays*. New York: Basic, 1973.

Girle, R. *Possible Worlds*. Bucks: Acumen, 2003.

Gomel, E. *Narrative Space and Time: Representing Impossible Topologies in Literature*. London: Routledge, 2014.

Guyard, M.- F. & Carré, J. M. *La Littérature comparée*. Paris: Presses universitaire de France, 1961.

Habermas, J. *Moral Consciousness and Communicative Action*. Cambridge: Polity Press, 1990.

Hall, S. *Encoding and Decoding in Television Discourse*. London: Routledge, 1993.

Hall, S., Hobson, D, Lowe, A., et al. *Culture, Media, Language: Working Papers in Cultural Studies 1972-79*. London: Routledge, 2003.

Harrison, C., Frascina, F. & Perry, G. *Primitivism, Cubism, Abstraction: The Early Twentieth Century*. London: Open University Press, 1993.

Hawking, S. *The Grand Design*. New York: Random House Digital, Inc, 2011.

Hebdige, D. *Culture: The Meaning of Style*. London: Methuen, 1979.

Hintikka, J. *Game-Theoretical Semantics*. Dordrecht: Springer, 1979.

Hobsbawm, E. J. *Nations and Nationalism since 1780: Programme, Myth, Reality*. London: Cambridge University Press, 1990.

Hombert, J. & Van Tieghem, P. La Littérature comparée. *Revue belge de Philologie et d'Histoire*, 1933, 12(3): 711.

Huntington, S. P. *The Clash of Civilization and the Remaking of World Order*. London: Simon & Schuster, 1996.

Hutcheon, L. *A Theory of Parody: A Teachings of Tentieth-Century of Art Forms*. Chicago: University of Illinois Press, 2000.

Irvin, S. The pervasiveness of aesthetic in ordinary experience. *British Journal of Aesthetics*, 2008(1): 29-44.

Jackman, M. *The Velvet Glove: Paternalism and Conflict in Gender, Class and Race Relations*. Berkeley: University of California Press, 1994.

Jakobson, R. *Two Aspects of Language and Two Types of Aphasic Disturbance, Selected Writings II*. The Hague: Mouton, 1965.

Jakobson, R. Closing statement: Linguistics and poetics//Zhao Yiheng. *A Collection of Semiotics*

Literature. Tianjin: Baihua Literature and Art Publishing House, 2004, pp.160-184.

James, W. *Essays in Psychology.* Cambridge: Harvard University Press, 1983.

Jensen, K. B. *Media Convergence: The Three Degrees of Network, Mass and Interpersonal Communication.* London: Routledge, 2010.

Johnson, F. C. & Klare, G. R. General models of communication research: A survey of the developments of a decade. *Journal of Communication*, 1961, 11(1): 13-26, 45.

Kanger, S. On the characterization of modalities. *Theoria*, 1957, 23(3): 152-155.

Kant, I. *Prolegomena to Any Future Metaphysics: That Will Be Able to Come Forward as Science.* Cambridge: Cambridge University Press, 2004.

Kaprow, A. *Essays on the Blurring of Art and Life.* Berkeley: University of California Press, 1996.

Katz, J. Birth of a digital nation. *Wired Magazine*, 1977, 5(4): 49-52.

Kay, A. & Goldberg, A. Personal dynamic media. *Computer*, 1977, 10(3): 31-41.

Kaye, M. *Intention and Text: Towards an Intentionality of Literary Form.* London: Continuum, 2008.

Kluckhohn, C. *Mirror for Man.* New York: Fawcett, 1944.

Kolak, D. Art and intentionality. *Journal of Aesthetics & Art Crticism,* 1990, 48(2): 158-162.

Krauss, R. E. *The Optical Unconscious.* Cambridge, Mass: The MIT Press, 1996.

Kristeva, J. *Desire in Language: A Semiotic Approach to Literature and Art.* Columbia: Columbia University Press, 1980.

Kroeber, A. L. & Kluckhohn, C. *Culture: A Critical Review of Concepts and Definition.* Cambridge, Mass: Harvard University Press, 1952.

Kull, K. Semiotic ecology: Different natures in the semiosphere. *Sign Systems Studies*, 1998, 26(1): 344-371.

Kutas, M. & Hillyard, S. A. Reading senseless sentences: Brain potentials reflect semantic incongruity. *Science*, 1980, 207(4427): 203-205.

Levinson, J. Defining art historically. *Journal of Aesthetics & Art Criticism*, 1989(1): 24.

Levi-Strauss, C. *The Savage Mind.* Chicago: University of Chicago Press, 1966.

Lewis, D. *On Plurality of the Worlds.* Oxford: Blackwell, 1986.

Lewis, D. *Philosophical Papers, Vol.2: The Paradoxes of Time Travel.* New York: Oxford University Press, 1986.

Lewis, D. On the possible worlds//Chen Bo & Han Linhe(eds.), *Logic and Language: Analects of Analytical Philosophy.* Beijing: Dongfang Publishing House, 2005, pp.624-672, 653.

Lippmann, W. *Public Opinion.* New York: Routledge, 2017. https://doi.org/10.4324/9781315127736.

Livingston, P. Intentionalism in aesthetics. *New Literary History*, 1998, 29(4): 831-846.

Lotman, M. & Lotman, Y. M. *Universe of the Mind: A Semiotic Theory of Culture*. London: IB Tauris, 2001.

Maitre, D. *Literature & Possible Worlds*. London: Middlesex Polytechnic Press, 1983.

Mann, T. *Reflections of a Nonpolitical Man*. New York: Frederick Ungar, 1983.

Marche, S. Literature is not data: Against digital humanities. *Los Angeles Review of Books*, (2012.11.28) [2023-10-13]. https://lareviewofbooks.org/essay/literature-is-not-data-against-digital-humanities.

Mayer-Schönberger, V. & Cukier, K. *Big Data: A Revolution That Will Transform How We Live, Work, and Think*. Houghton: Mifflin Harcourt, 2013.

McIntyre, R. & Smith, D. W. *Husserl and Intentionality: A Study of Mind, Meaning and Language*. Dordrecht and Boston: D. Reidel, 1982.

McLuhan, M. *The Medium is the Massage*. Westminster: Penguin, 2008.

McLuhan, M. *War and Peace in the Global Village*. New York: Bantam, 1968.

Mead, G. H. *Mind, Self and Society*. Chicago: University of Chicago Press, 1934.

Morris, C. *Foundations of the Theory of Signs*. Chicago: University of Chicago Press, 1938.

Morris, W. *News from Nowhere, Or. An Epoch of Rest*. London: Longmans, Green and Co. 1908.

Newton, S. J. *Painting, Psychoanalysis, and Spirituality*. Cambridge: Cambridge University Press, 2001.

Nida, E. A. & Taber, C. R. *The Theory and Practice of Translation*. Shanghai: Foreign Language Education Press, 2003.

Nöth, W. *Handbook of Semiotics: Advances in Semiotics*. Bloomington: Indiana University, 1990.

Ogden, C. K. & Richards, I. A. *The Meaning of Meaning*. New York: Houghton Mifflin Harcourt, 1989.

Pageaux, D.-H. Recherches sur l' imagologie: de l'Histoire culturelle á la Poétique. *Thélème: Revista Complutense de Estudios Franceses*, 1995(8): 135-160.

Pageaux, D.-H. *La littérature générale et comparée*. Paris: Colin, 1994.

Panofsky, E. *Perspective as Symbolic Form*. New York: Zone Books, 1991.

Panofsky, E., & Northcott, K. J. & Snyder, J. The concept of artistic volition. *Critical Inquiry*, 1981, 8(1): 17-33.

Peacocke, C. & Searle, J. R. Intentionality: An essay in the philosophy of mind. *Philosophical Review*, 1986, 95(4): 603.

Pei, M. & Gaynor, F. *Dictionary of Linguistics*. Lanham: Philosophical Library, 1954.

Peirce, C. S. *Collected Papers of Charles Sanders Peirce*, Vols.2. Cambridge, MA: Harvard University Press, 1932.

Peirce, C. S. The simplest mathematics//Hartshorne, C. & Weiss, P., eds. *Collected Papers of Charles Sanders Peirce*. Cambridge: Harvard University Press, 1933.

Robin, R. *Annotated Catalogue of the Papers of Charles S. Peirce.* Cambridge, MA: The University of Massachusetts Press, 1967.

Peirce, C. S. *Collected Papers of Charles Sanders Peirce.* Cambridge, MA: Harvard University Press, 1933.

Peirce, C. S. *Collected Papers of Charles Sanders Peirce: Vol.III, Exact Logic.* Cambridge, MA: Harvard University Press, 1933.

Posner, R. *Basic Tasks of Cultural Semiotics.* Vienna: INST, 2004.

Prior, H., Schwarz, A. & Güntürkün, O. Mirror-induced behavior in the magpie(Pica pica): Evidence of self-recognition. *PLoS biology*, 2008, 6(8): 202.

Raleigh, W. A. *Style.* London: Edward Arnold, 1905.

Remak, H. Origins and evolution of comparative literature and its interdisciplinary studies. *Neohelicon*, 2002, 29(1): 245-250.

Richardson, B. Beyond story and discourse: Narrative time in postmodern and nonmimetic fiction// Richardson, B.(ed.). *Narrative Dynamics: Essays on Time, Plot, Closure and Frames.* Columbus: Ohio State University Press, 2002, pp.47-63, 56.

Ricoeur, P. *History and Truth.* Evanston: Northwestern University Press, 1961.

Rieber, R. *The Individual, Communication, and Society: Essays in Memory of Gregory Bateson.* New York: Cambridge University Press, 1989.

Riffaterre, M. *Essai de stylistique structural.* Paris: Flammarion, 1971.

Rousseau, J.-J. *Essaisurl'origine des Langues.* Presses Électroniques de France, 2008.

Ruesch, J. & Bateson, G. *Communication: The Social Matrix of Psychiatry.* New York: W. W. Norton & Company Inc., 1951.

Ryan, M.-L. *Possible Worlds, Artificial Intelligence, and Narrative Theory.* Bloomington: Indiana University Press, 1951.

Saussure, F. *Course in General Linguistics.* New York: Philosophical Library, 1959.

Schütz, A. *The Problem of Social Reality, Collected Papers vol.I.* The Hague: Martinus Nijhoff, 1973.

Searle, J. R. The Chinese room revisited. *Behavioral and Brain Sciences,* 1982, 5(2): 345-348.

Semino, E. *Language and World Creation in Poems and Other Texts.* London: Routledge, 2014.

Shusterman, R. *Pragmatic Aesthetics, Living Beauty, Retinking Art.* New York: Rowan Littlefield, 2000.

Sonesson, G. View from Husserl's Lectern. *Cybernetics & Human Knowing*, 2009, 16: 3-4.

Spengler, O. *The Decline of the West.* New York: Knopf, 1938.

Sperber, D. & Wilson, D. *Relevance: Communication and Cognition.* Oxford: Blackwell, 1986.

Stalnaker, R. On Considering a Possible World as Actual. *The Aristotelian Society Supplementary*,

2001(75): 1.

Tajfel, H. *Human Groups and Social Categories: Studies in Social Psychology*. Cambridge: Cambridge University Press, 1981.

Thompson, E. P. *William Morris: From Romantic to Revolutionary,* London: Merlin, 1955.

Tolstoy, L. *Tolstoy on Shakespeare*. New York: Funk & Wangnalle, 1906.

Uexküll, J. *Umwelt und Innenwelt der Tiere: Zweite Vermehrte und Verbesserte Auflage*. Berlin: Springer, 1921.

Vitruvius, P. *Ten Books on Architecture*. London: Humphrey Milford Oxford University Press, 1914.

Watzlawick, P., Beavin, J. H. & Jackson, D. D. *Pragmatics of Human Communication: A Study of Interactional Patterns, Pathologies, and Paradoxes*. New York: Norton, 1967.

Wellek, R. & Warren, A. *Theory of Literature*. New York: Hardcourt, Brace, & World, 1956.

Welsch, W. *Grenzgänge der Ästhetik*. Ditzingen: Reclam, 1996; *Undoing Aesthetics*, London: Sage, 1997.

Wilde, O. *The Soul of Man Under Socialism*. London: Harper & Row, 1950.

Williams, C. R. Reclaiming the expressive subject: Deviance and the art of non-normativity. *Deviant Behavior,* 2004, 25(3): 233-254.

Williams, R. *Keywords: A Vocabulary of Culture and Society*. London: Fontana, 1976.

Wimsatt, W. K. *The Verbal Icon: Studies in the Meaning of Poetry*. Lexington: The University of Kentucky Press, 1954.

Wittegenstein, L. *Philosophical Investigation*. London: Blackwell Publishers, 2001.

Wulfgang, W. *Undoing Aesthetics*. London: Sage Publication Ltd., 1997.

附录：术语表

A

阿多诺，西奥多　Adorno, Theodore

阿尔都塞，路易　Althusser, Louis

埃科，翁贝托　Eco, Umberto

奥古斯丁，奥勒留　Augustinus, Aurelius

B

巴尔特，罗兰　Barthes, Roland

巴赫金，米哈伊尔　Bakhtin, Mikhail

霸权　hegemony

伴随文本　co-text

包含　inclusion

包围　enclosure

鲍德里亚，让　Baudrillard, Jean

背景　ground (Rubin)

悖论　paradox

本体论　ontology

本雅明，瓦尔特　Benjamin, Walter

本源　origin

比喻　metaphor

必然性　necessity

编码　encoding

变量　variable

变体　variant

标出性　markedness (Chomsky)

标记　marker

标记符　mark (Peirce)

标准语言　standard language

表述　enunciation

表意　signification

表意符　significative (Peirce)

表意符号　ideogram

伯克，肯尼思　Burke, Kenneth

不通　ungrammaticality (Riffaterre)

不在场　absent

布尔迪厄，皮埃尔　Bourdieu, Pierre

部落化　tribalization (McLuhan)

C

层次的　hierarchical

差异　difference

阐释理论　interpretive theories

超符号　supersign (Eco)

超文本　hyper-text

超真实　hyperreal (Baudrillad)

陈述　enonce (Benveniste); statement

呈符　rheme, rhema (Peirce)

呈现　presentation

程式　formula

崇高　sublime (Freud)

传播　communication (Habermas)

传播学　Communication Studies

纯符号　genuine sign (Peirce)

此在　Dasein (Heidegger)

刺激　stimulus

存在　being

存在论　existentialism

存在主义　existentialism

措辞　diction

错位　displacement

D

大众传播　mass communication

大众传媒　mass media

大众文化　mass culture

丹托，阿瑟　Danto, Arthur

单符　sinsign (Peirce)

德里达，雅克　Derrida, Jacques

迪利，约翰　Deely, John

狄尔泰，威廉　Dilthey, Wilhelm

第二性　secondness (Peirce)

第三性　thirdness (Peirce)

第一位　first (Peirce)

第一性　firstness (Peirce)

典型化　typification

定律　theorem

断裂　disruption

对话(体)的　dialogic (Barkhtin)

对位阅读　contrapuntal reading (Said)

对象　object (Peirce)

对应物　correlative

多媒体　multimedia

多义　polysemy

多元　polyad (Peirce)

多元性　plurality

E

二分　dichotomy

二元　binary

F

发出者　sender

发送者　addresser

反馈　feedback

反映　reflection

范畴　category

范式　paradigm

范围　sphere

方法学的　methodeutic (Peirce)

非语言符号　nonverbal sign

费什，斯坦利　Fish, Stanley

分别　distinction (Bourdieu)

分化　differentiation

分节　articulation

分类　classification

分期　periodization

符号　sign (Peirce); symbol

符号过程　semiosis (Peirce)

符号过程的　semiosic (Peirce)

符号化　semiotization

符号矩阵　semiotic square

符号逻辑　symbolic logic

符号人类学　symbolic anthropology

符号态　semiotic (Kristeva)

符号性　semiocity

符号域　semisphere (Lotman)

符号载体　sign vehicle

符号秩序　symbolic order

符号资本　symbolic capital (Bourdieu)

符码 code

符码化 codification

符形 syntax

符用学 pragmatics

福柯, 米歇尔 Foucault, Michel

弗莱, 诺斯罗普 Frye, Northrop

弗洛伊德, 西格蒙德 Freud, Sigmund

副本 copy (Peirce); replica (Eco)

副文本 paratext (Genette)

复本 double

复调 polyphony (Bakhtin)

复合体 complex

父权 patriarchy

负项 negative term

G

改变 alteration

概括 generalization

干预 intrusion

感官 sense

感知 perception

格雷马斯, A. J. Greimas, A. J.

格式塔 gestalt

个别符 token (Peirce)

工具理性 instrumental rationality

公共领域 public sphere (Habermas)

贡布里希, 恩斯特 Gombrich, Ernst

共时性 synchronic (Saussure)

共项 generals; universal

构筑 structuration

关系呈符 relative rhema (Peirce)

规约 convention (Peirce)

规约符 symbol (Peirce)

规约符号 conventional sign

归纳 induction (Peirce)

归属 belonging

国际文字图像教育系统 International System of Typographic Picture Education, ISOTYPE

H

哈贝马斯, 尤尔根 Habermas, Jürgen

海德格尔, 马丁 Heidegger, Martin

合法化 legitimation

合法性 legitimacy

合理性 plausibility

宏文本 macro text

后结构主义 post-structuralisam

胡塞尔, 埃德蒙德 Husserl, Edmund

互文性 intertextuality

话语 discourse

话语分析 discourse analysis

幻象 phantasm

获义意向 noesis (Husserl)

霍尔, 斯图尔特 Hall, Stuart

霍夫兰, 卡尔 Hovland, Carl

J

基型 prototype

集 aggregate

集合 set

假定 assumption

价值判断 value-judgment

建模体系 modeling system

焦虑 anxiety (Kierkegaard)

交流 communication (Habermas)

交融 syncretism

交往　communication (Habermas)

接收者　addressee

结构　structure

结构主义　structuralism

结论　conclusion (Peirce)

解码　decoding

解释社群　interpretive community

解释项　interpretant (Peirce)

解释学　hermeneutics

解释者　interpreter

界面　interface

禁忌　taboo

精神分析　psychoanalysis

经验主义　empiricism

景观　spectacle

镜像　mirror image

镜像阶段　mirror stage (Lacan)

聚焦　focalization (Genette)

具体化　embodied

句法　syntax

绝似符号　absolute icon

K

卡勒, 乔纳森　Culler, Jonathan

卡西尔, 恩斯特　Cassirer, Ernst

考古学　archeology (Foucault)

可能世界　possible world（Leibniz）

可能性　likeliness

克尔凯郭尔, 索伦　Kiekegaard, Søren

克莱因, 梅兰妮　Klein, Melanie

克里普克, 索尔　Kripke, Saul

克里斯蒂娃, 茱丽娅　Kristeva, Julia

刻板印象　stereotype

空符　Cereme (Hjelmslev)

空符号　blank-sign

控制论　cybernetics

库尔, 卡莱维　Kull, Kalevi

库尔泰斯, 约瑟夫　courtés, Joseph

框架　frame (Minsky)

狂欢　carnival (Bakhtin)

扩散　diffusion

L

拉康, 雅克　Lacan, Jacques

拉斯韦尔, 哈罗德　Lasswell, Harold

拉扎斯菲尔德, 保罗　Lazarsfeld, Paul

莱考夫, 乔治　Lakoff, George

朗格, 苏珊　Lange, Susanne

类比　analogy

类推　analogy

类语言　paralanguage

理查兹, I. A.　Richards, I. A.

理据化　motivatedness

理据性　motivation (Saussure)

理念　idea

里法泰尔, 迈克尔　Riffaterre, Michael

历时性　diachronic (Saussure)

利科, 保罗　Ricoeur, Paul

联想　association

链文本　link-text

列维-斯特劳斯, 克劳德　Lévi-Strauss, Claude

邻接　contiguity (Jakobson)

伦理学　ethics

论符　argument (Peirce)

论证　argument (Peirce)

罗杰斯, 埃弗里特　Rogers, Everett

人格化　personalization

人文主义　humanism

人造的　artificial

任意武断　arbitrariness (Saussure)

认识论　epistemology

认知　cognition

认知的　epistemic (Greimas)

认知差　cognition gap

认知地图　cognitive maps

荣格, 卡尔　Jung, Carl

冗余　redundancy

软实力　soft power

S

萨特, 让−保罗　Sartre, Jean-Paul

三分法　trichotomy

三元　triad (Peirce)

三元关系　triadic relation

商品　commodity

商品化　commodification

熵　entropy

设定　supposition

社群　community

身体的　somatic

深层结构　deep structure

深层时间　deep time

深度　depth (Peirce)

神话　myth

神话学　mythology

神圣　sacred

生成　becoming

生活世界　the life world (Husserl)

诗性　poeticalness

施拉姆, 威尔伯　Schramm, Wilbur

时尚　fashion

时滞　time lag

实存　existence

实践　practice; praxis

实例　instance

实用的　utilitarian

实在　real

实在性　reality

实证主义　positivism

实质　substance

矢量　vector

世俗　secular

视觉的　visual

视像　visual icon

视野　scope

视阈　horizon

受众　audience

述行　performative (Austin)

数理逻辑　mathematical logic

双向互动　bilateral interaction

说明　explanation (Dilthey)

索绪尔　Saussure

所指　signified (Saussure)

T

塔拉斯蒂, 埃罗　Tarasti, Eero

探究　inquiry

提喻　synecdoche

替代　substitution (Freud); surrogate

替代符号　substitutive sign

听觉的　auditory

通感　synaesthesia

同构　analogy

统觉　apperception (Husserl)

透明　transparency
图式　image schema (Johnson); schema
图腾　totem
图像　image
图像学　iconography, iconology
推定　presumption
推理　reasoning (Peirce)

W

外延　denotation
完整性　wholeness
威廉斯，雷蒙德　Williams, Raymond
微文本　micro-text
韦勒克，雷奈　Wellek, Rene
维尔比，莱迪　Welby, Lady
维姆萨特，威廉　Wimsatt, William
谓项　predicate
文本　text
文本间性　intertextuality
文本性　textuality
文明　civilization
文体学　stylistics
文学性　literariness (Shklovsky)
污名　stigma (Goffman)
无意识　unconscious (Freud)
物　object (Baudrillard)
物化　desemiotization
误读　misreading
误解　misunderstanding

X

西比奥克，托马斯　Sebeok, Thomas
系统内　intrasystemic
系统性　systemacity

下降　descent (Peirce)
显现　manifestation
现代性　modernity
现象学　phenomenology
限制　restriction
限制符码　restricted code
线性　linearity
相似　similarity
相似性　likeness; resemblance
详制符码　elaborated code
想象界　Imaginary Order (Lacan)
项　term
像似性　iconicity (Peirce)
象征　symbol
消费　consumption
消费社会　consumer society
心灵　mind
心智　intelligence
信号　signal
信息过载　information overload
信息社会　information society
信息图形　infographics
型符　legisign (Peirce)
形而上学　metaphysics
形式的　formal
形式科学　formal science
形式论　formalism
形式主义　formalism
形象　figure (Rubin)
形象的　imaginal (Peirce)
形象学　imagology
行动　action
行动者　agent

行动主体　agent

行为主义　behaviourism

性情　disposition (Bourdieu)

休谟, 大卫　Hume, David

修辞　rhetoric

修辞格　figure; trope

虚构性　fictionality

叙事　narrative

叙事学　narratology

叙述　diegesis; narrative

叙述学　narratology

叙述者　narrator

悬搁　epoché (Husserl)

Y

雅柯布森, 罗曼　Jakobson, Roman

延伸　extension

言说　utterance

言语　parole (Saussure)

演示　performance (Chomsky; Goffman)

演绎　deduction (Peirce)

叶尔姆斯列夫, 路易斯　Hjelmslev, Louis

一般符号　general sign

仪式　ritual

异化　alienation

异质的　heterogeneous

异质性　heterogeneity

意动　conative (Jakboson)

意识形态　ideology

意向　intention (Husserl)

意向性　intentionality (Husserl)

意义层次　hierarchy of meanings

意义关系　meaning relation

意义世界　world of meaning

意义学　significs (Welby)

意指　significate

议程设置　agenda setting (McCombs & Shaw)

音位　phoneme

音位学　phonology

隐含作者　implied author (Booth)

映射　mapping (Lakoff & Johnson)

用语　diction

有声的　vocal

有效性　validity

于克斯库尔, 雅各布　Uexkull, Jakob

舆论　public opinion

语境　context

语境论　contextualism (Richards)

语象　verbal icon (Wimsatt)

语言的　verbal

语言游戏　language game (Wittgenstein)

语义化　semantization

语用学　pragmatics

欲望　desire (Lacan)

阈限　liminality (Turner)

元传播　meta-communication (Bateson)

元符号　meta-sign

元认知　metacognition

元语言　metalanguage

原型　archetype (Jung); prototype

原真的　primordial

Z

再生产　reproduction

再现　representation

再现体　representamen (Peirce)

后 记

本书从开始写作到完稿，前后历经十余年，其中一些观点已然发生变化。若说有什么贯穿其中的线索，大约是对自己的几点告诫。

首先是沉下心讨论一点基础问题，做些经得起时间搁置而学理上仍成立的东西。因此，尽管本书也会涉及"后真相""数字人文"等当今流行的话题，但要义却不在于讨论"后真相"这个术语本身，而旨在探讨符号传播的"契约"如何建立。

其次是做"思想实验"而非社会调查。符号学与社会调查乃至控制实验等科学方法的结合都潜力巨大。我自知鲁钝而无法在各种方法上游刃有余，因而选择探索符号学的思想实验路径。例如，关于"完美符号""核符号"等的探讨均着重从逻辑上推演符号跨越文化、跨越时间的可能遭遇。

最后，避免用二元论的方式处理中外文化与学术，因为那实际上前置地将"西方"等同于中国以外的全部世界。西方学术客观上构成了现代符号学体系中的基础框架。文化的创新传承，与世界上所有重要的复兴一样，不是回到历史现场，而是以一种更开放自信的胸襟吸纳现代符号学诸种有益的学养之后，重新审视传统中国文化可能带给传播符号学的新启示。或许，我们可以换个角度，不必将这种工作比喻为从传统文化中汲取救人治病的"青蒿素"，也不必回到中西之争的二元框架，反而是寻求互鉴中的融合。基于此，本书尝试用"讳"文化中的符号表意机制改写基于信息论的传播模型，以中国古典艺术中的"空妙之境"丰富"空符号"的例证，用汉字符号及其演化生态反思过于简化的"线性符号达尔文主义"……

最后几段文字我想留给对本书写作产生直接启迪和思想激荡的师友。

赵毅衡教授不仅是本书写作的启发者和勉励者，更是最佳"对方辩友"。这位忘记年龄的智者总在等待青年学者的挑战并报以鼓励的微笑。从全书超百次对先生观点的引述不难看出他对本书影响之深。从某种意义上说，本书也可视为先生《哲学符号学：意义世界的形成》等形式论五书并不完备的脚注。

对本书写作同样产生重要影响的是蒋荣昌教授。荣昌先生《历史哲学》中宏大而深刻的叙事观深深影响了我对历史时间的看法。更巧的是，在彼此各自忙碌的时间里，我们不约而同关注到了"核威慑下的世界"。我讨论"跨越深时间"的"核符号学"问题时，恰读到荣昌教授《核威胁下的人类自由与和平》（*Human Freedom and World Peace under the Nuclear Threat*）（2023），荣昌先生对人类命运的总体观照与深思震慑人心。

特别感谢予我莫大鼓励的陈力丹教授。三十年前力丹先生就指出，强化我国传播学的理论基础，需要有扎实的符号学功底，并将符号学称为"通往当代巴别塔的阶梯"。作为中国传播学界最早倡导符号学方法者之一，先生极有远见且始终关注和鼓励符号学在传播学中的发展。受到力丹先生这样远见卓识师长的鼓励而"集结于巴别塔之下"，是我辈后学之幸。

在写作中，我曾与诸多同仁、学友开展过交流，并受到指点或得到启示。唐小林教授《信息社会符号学》对"符号与媒介"关系的探讨别具文学理论家的洞见；陆正兰教授从艺术视角对霍尔解码理论的创新回应，常被我引用为符号学方法应用于传播学理论创新的典范；饶广祥、宗争、赵星植、方小莉、董明来、赵禹平、于广华诸同仁的学术妙思让我受益良多；康亚飞学友、任洪增学友对"核符号学""讳文化""空符号"等章节有重要贡献；以及，本书的引注文献核对工作得到了四川大学符号学–传媒学研究所马翾昂、袁文杰、张福银、李婉婷、母棱、陈艳杰诸位学友的大力支持，在此一并表示感谢！

对本书写作最后的告白，是她可能远未达到一部体系完备的《文化传播符号学论纲》的预期，而至多是以符号学为视域的理论体悟，其中缝缝补补的痕迹和缺漏甚多。行文至此，突然一句话涌现在脑海——这意义世界何尝不是缝缝补补？

胡易容

甲辰孟春初七日，四川大学竹林村